80386/80486
Handbuch für Programmierer

Ross. P. Nelson

80386/80486

Handbuch für Programmierer

Dieses Buch ist die deutsche Übersetzung von:
Ross P. Nelson: Microsoft's 80386/80486 Programming Guide, 2nd Edition
Microsoft Press, Redmond, Washington 98052-6399
Copyright © 1991 by Microsoft and Ross P. Nelson

Dieses Buch ist keine Original-Dokumentation zur Software der Firma Microsoft.
Sollte Ihnen dieses Buch dennoch anstelle der Original-Dokumentation in Verbindung mit Disketten verkauft worden sein, die die entsprechende Software der Firma Microsoft enthalten, so handelt es sich wahrscheinlich um eine Raubkopie der Software. Benachrichtigen Sie in diesem Fall bitte umgehend die Microsoft GmbH, Edisonstr. 1, 8044 Unterschleißheim - auch die Benutzung einer Raubkopie kann strafbar sein.

Das in diesem Buch enthaltene Programmaterial ist mit keiner Verpflichtung oder Garantie irgendeiner Art verbunden. Autor, Übersetzer und der Verlag übernehmen folglich keine Verantwortung und werden keine daraus folgende oder sonstige Haftung übernehmen, die auf irgendeine Art aus der Benutzung dieses Programmaterials oder Teilen davon entsteht.

Das Werk einschließlich aller Teile ist urheberrechtlich geschützt. Jede Verwertung außerhalb der engen Grenzen des Urheberrechtsgesetzes ist ohne Zustimmung des Verlags unzulässig und strafbar. Das gilt insbesondere für Vervielfältigungen, Übersetzungen, Mikroverfilmungen und die Einspeicherung und Verarbeitung in elektronischen Systemen.

15 14 13 12 11 10 9 8 7 6 5 4 3 2 1
93 92

ISBN: 3-86063-200-0

© Microsoft Press Deutschland
(ein Unternehmensbereich der Microsoft GmbH)
Frankfurter Ring 224, D-8000 München 40
Alle Rechte vorbehalten

Übersetzung: Arne Schäpers für Schäpers DaTec, München
Umschlaggestaltung: CCW-Wiescher, München
Satz: Schäpers DaTec, München
Belichtung: Printshop Schimann, 8071 Brautlach
Herstellung und Typografie: Andreas Hommer, München
Druck: Paderborner Druck Centrum

Inhaltsverzeichnis

Danksagungen	**9**

Einführung	**11**
Zahlensysteme	12
Datentypen	12
Assembler-Schreibweise	13
Symbole für Operationen	14
32 Bit-Befehlssatz	15
Betriebssysteme	15

1	**Die Entwicklung der 80x86-Familie**	**17**
	Die ersten Bausteine	17
	Der 8080	17
	Der 8086	18
	Der 80286	24
	Der Druck des Wettbewerbs	26
	Der 32 Bit-Mikroprozessor von Intel	27
	Der 80486	28
	Weitere Entwicklungen	29
	Zusammenfassung	29

2	**Die CPU-Architektur**	**31**
	Eine Datenverarbeitungsfabrik	31
	Die Mikroarchitektur der CPU	35
	Die Mikroarchitektur des 80486	37
	Die Struktur des Befehlssatzes	38
	Der Registersatz	43
	Fließkomma-Operationen	53

3 Hauptspeicher und Segmentierung — 69

Linearer und segmentierter Speicher — 69
Virtuelle Adressierung — 72
Hintergründiges über die Segmentverwaltung — 84
Zusammenfassung — 91

4 Die wichtigsten Befehle — 93

Befehlsformat — 94
Operanden — 94
Befehlskategorien — 108
Fließkomma-Erweiterungen — 129

5 Das Schutzkonzept — 137

Selektoren — 137
Deskriptoren — 138
Privilegstufen — 139
Deskriptor-Formate — 149
Multitasking — 151
Interrupts und Ausnahmebedingungen — 158

6 Paging und Cache-Verwaltung — 183

Paging — 183
Der Cache des 80486 — 197

7 Drei Prozessoren auf einem Chip — 203

Real Mode — 203
Protected Mode — 210
Der virtuelle 8086er-Modus — 213

8 Befehlssatz der 80386/486 Prozessoren — 219

9 Fließkomma-Befehle — 453

A Zweierpotenzen	537
B ASCII-Zeichensatz	539
C Opcode-Tabellen	541
D Befehlsformat und Zeitbedarf	555
E Tabelle zur Befehlsdekodierung	597
F Unterschiede zwischen den Prozessoren	605
Stichwortverzeichnis	611

Danksagungen

Für das Entstehen dieses Buches gebührt einer ganzen Reihe von Fachleuten mein Dank. Mit einigen habe ich Gespräche geführt und auch direkt zusammengearbeitet; andere haben im Hintergrund mitgewirkt und dennoch wertvolle Hilfe geleistet. Die Zusammenarbeit mit Mitarbeitern von Microsoft Press war eine positive Erfahrung, und mein aufrichtiger Dank gilt ihnen für ihre Unterstützung und ihre Anregungen. Weiterhin danke ich Ray Duncan dafür, daß er das Projekt vorantrieb. Ich danke der Intel Corporation für die Zusammenarbeit, Matt Trask und Jim Johnson für die Überprüfung der technischen Fakten, meinen Mitarbeitern bei Answer Software für ihre Unterstützung und insbesondere Pam dafür, daß sie an mich glaubte.

Dies ist ein Buch über die Mikroprozessor-Technik - und wurde natürlich auch mit Hilfe dieser Technik erstellt: Einen großen Teil der ersten Manuskriptversion schrieb ich mit einem Toshiba T1000 Portable, während ich im Gebiet von Santa Clara herumreiste. Satz und Korrekturen des Manuskripts geschahen übrigens mit Word für Windows - einem Programm, dessen Korrektur- und »Anstreich«-Möglichkeiten ich nach wie vor für unschlagbar halte.

Ross Nelson

Einführung

Der Intel-Mikroprozessor 80386 ist seit der Einführung des 8080 am Anfang der PC-Technik wahrscheinlich am ausgiebigsten behandelte CPU-Chip. Seit der ersten Ausgabe dieses Buches, in der es um den 80386 ging, hat Intel drei weitere Prozessoren mit der gleichen Grund-Architektur herausgebracht: zur Familie der 80386-Prozessoren gehören nun der ursprüngliche 80386, der 80386SX, der 80376 und das neueste und schnellste Mitglied der Familie, der 80486. Ich habe dieses Buch erweitert, um die Unterschiede zwischen den Prozessoren herauszuarbeiten.

Während Kapitel 1 die Entwicklungsgeschichte der Mikroprozessor-Familie 80x86 darstellt, beschäftigen sich die folgenden Kapitel jeweils mit einem Aspekt der Prozessor-Architektur: In Kapitel 2 geht es um die Organisation der CPU selbst, in Kapitel 3 um die Speicherarchitektur; Kapitel 4 widmet sich dem grundlegenden Befehlssatz sowie den Fließkomma-Erweiterungen. Kapitel 5 erläutert den Protected Mode, Kapitel 6 die Mechanismen des Paging und der Cache-Verwaltung (die erst seit dem 80486 existieren). Kapitel 7 behandelt die Kompatibilität zu älteren Mitgliedern der 80x86-Familie sowie die drei Modi (Real, Virtual 8086 und Protected), in denen sich der 80386 und seine Nachfolger betreiben lassen. Die Kapitel 8 und 9 stellen schließlich den gesamten Befehlssatz in alphabetischer Ordnung vor und sind in erster Linie zum Nachschlagen gedacht.

Dieses Buch befaßt sich ausschließlich mit der Software-Seite, d.h. der Programmierung. Hardware-Eigenschaften werden nur insofern behandelt, als sie für die Erläuterung bestimmter Befehle notwendig sind. Falls Sie an den Hardware-Parametern dieser Prozessoren interessiert sind, können Sie die entsprechenden Datenblätter und Handbücher von Intel anfordern.

Um aus diesem Buch den größten Nutzen ziehen zu können, sollten Sie mit Computersystemen vertraut sein. Insbesondere vorteilhaft ist die Kenntnis binärer und hexadezimaler Arithmetik sowie eine gewisse Erfahrung bei der Programmierung in Maschinensprache, die Sie im Umgang mit anderen Prozessoren erworben haben.

Ein Großteil dieses Buches ist dem Protected Mode gewidmet. Solange Sie ausschließlich unter DOS arbeiten, müssen Sie sich nicht unbedingt mit dieser Betriebsart auseinandersetzen. Arbeiten Sie dagegen mit einem anderen Betriebssystem oder wollen Sie die Gedankengänge der Entwickler von OS/2, Microsoft Windows, PC-MOS/386 und der PC-Version von UNIX nachvollziehen, dann bleibt Ihnen eine Auseinandersetzung mit dem Protected Mode wohl nicht erspart.

Einführung

Die in diesem Buch verwendeten Konventionen sind in den folgenden Abschnitten zusammengefaßt. Wenn Sie mit anderen Intel-Mikroprozessoren vertraut sind, sind Ihnen diese Begriffe sicherlich bekannt.

Zahlensysteme

Ich verwende Zahlen mit drei Basen: binär (Basis 2), dezimal (Basis 10) und hexadezimal (Basis 16). Sie können davon ausgehen, daß numerische Werte die Basis 10 haben, wenn ihnen weder ein Suffix »B« (für binär) noch ein »H« (für hexadezimal) folgen. Zum Beispiel:

```
1Ah = 26 = 00011010b
```

Datentypen

Die gebräuchlichsten Datentypen sind Größen mit 8, 16 und 32 Bit. Werte mit 8 Bit werden in diesem Buch als *Byte* bezeichnet, für 16 Bit verwende ich die Bezeichnung *Wort* und für 32 Bit den Terminus *Doppelwort*, der verschiedentlich auch als *DWord* abgekürzt wird. Diese Einteilung ist insofern ungewöhnlich, als der Begriff »Wort« üblicherweise für die Standardgröße von Daten steht: Auf den VAX-Computern von Digital Equipment versteht man darunter ein Datum mit 32 Bit (wobei 16-Bit-Größen konsequent zum »Halbwort« werden), dasselbe gilt für die Motorola-Familie 68000 und die IBM-Großrechner 370 und 390.

Eigentlich wäre die Bezeichnung »Wort« auch beim 80386 angebracht, da dieser Prozessor und sein Nachfolger ebenfalls mit 32-Bit-Operanden arbeiten. Da die Vorgänger 8086 .. 80286 aber unter einem Wort ein Datum mit 16 Bit verstehen und Intel den 80386 als direkten Nachfolger dieser Prozessoren betrachtet, blieb auch die Bezeichnung erhalten. Diese Konvention erspart einem einige Probleme mit existierenden Übersetzungsprogrammen: Wenn Sie ein Programm für die Prozessoren 8086, 80286, 80386 und 80486 schreiben wollen, können Sie dazu ein und denselben Assembler verwenden.

Bei der Familie 80x86 ist das kleinste adressierbare Datenelement das Byte. Alle anderen Datenelemente können in Bytes aufgeteilt werden. Wie im folgenden Diagramm dargestellt, speichert der Prozessor größere Datenelemente so, daß das niederwertigste Byte auf der niedrigsten Adresse erscheint.

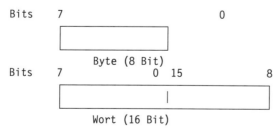

Datentypen

DWord (32 Bit)

Nehmen wir einmal an, daß der Wert 100F755Dh ab der Adresse 10 gespeichert wird. Die einzelnen Speicherzellen enthalten in diesem Fall die folgenden Bytes:

Adresse	10	11	12	13
Inhalt	5Dh	75h	0Fh	10h

Es ist jedoch zu kompliziert und unnötig, Wörter und Doppelwörter in Bytefolgen aufzuteilen, so daß in diesem Buch grafische Darstellungen diese Größen als eine Einheit enthalten. Wesentlich übersichtlicher ist die folgende Darstellung:

Bits 31   0

| 100F755Dh |

Der 80386 und seine Nachfolger kennen eine Reihe von Befehlen zur Manipulation einzelner Bits bzw. größerer Bitfelder. Eine bitweise Bearbeitung findet bei diesen Operationen allerdings nur im logischen Sinne statt: Auch wenn ein entsprechender Befehl nur ein einziges Bit manipuliert, liest und schreibt der Prozessor dabei im Minimalfall ein komplettes Byte.

Assembler-Schreibweise

Ein ausführbarer Befehl kann zwischen 8 und 128 Bit lang sein und stellt ein Bitmuster dar, das von der Logik in der CPU dekodiert wird. Da das Schreiben eines Programms unter Verwendung von Bitmustern nicht nur recht aufwendig, sondern vor allem fehlerträchtig sein dürfte, verwendet man einen *Assembler* - also ein Programm, das im Minimalfall eine bestimmte Menge von Schlüsselwörtern und Symbolen in einen Befehl übersetzt, d.h. für bestimmte Zeichenfolgen bestimmte Bitmuster generiert. Der Vorrat an Schlüsselwörtern und Symbolen wird Assemblersprache genannt. In den meisten Fällen existiert eine direkte Korrespondenz zwischen Befehlen in Assemblersprache und den dazugehörigen Bitfolgen. Der Assembler würde einen Befehl wie z.B.

```
ADD    EBX, 5    ; Register EBX + 5 -> EBX
```

in das folgende Bitmuster übersetzen:

1000000001100001100000101B

Die Befehlsnamen sind mnemonische Namen und belegen gewöhnlich das zweite Feld in einer Befehlszeile. Die nachfolgenden Felder sind die Operanden des Befehls und können verschiedene Formen haben. Die einfachste ist ein numerischer Wert wie z.B die 5 im soeben verwendeten Beispiel. Ein Registername ist eine weitere Form eines Operanden.

Ein Ausdruck in eckigen Klammern wie z.B. [EBP+2] ist ein Operand, der für einen Bezug auf den Hauptspeicher steht.

Alle in diesem Buch verwendeten mnemonischen Befehlsnamen entsprechen dem Intel-Standard. Beachten Sie bitte, daß diese Namen nicht notwendigerweise die exakte Kodierung für einen Befehl angeben: Beispielsweise hat der Befehl INC (»Increment« = Erhöhung) einerseits eine allgemeine Form für (mehr oder minder beliebige) Operanden, andererseits hängt das vom Assembler erzeugte Bitmuster aber recht stark von der Art des Operanden ab. Zwei Beispiele dazu:

```
INC   EAX                ; Register EAX + 1 -> EAX
INC   BYTE PTR [40h]     ; Inhalt der Speicherzelle 40h um eins erhöhen
```

Im ersten Fall geht es um das Erhöhen eines Wertes mit 32 Bit (Register EAX), im zweiten Fall um das Erhöhen einer einzelnen Speicherzelle, die ihrerseits nur ein Datum mit 8 Bit enthält. Dementsprechend unterschiedlich fallen die vom Assembler generierten Codes für beide Befehle aus. (Sorgen machen muß man sich wegen unterschiedlicher Operandengrößen übrigens nicht: Der Assembler wird in jedem Fall den Befehlscode auswählen, der eine bestimmte Operation in der kürzesten Form beschreibt.)

Was Manipulationen einzelner Bits sowie Operationen mit Flags betrifft, habe ich mich ebenfalls an die Terminologie von Intel gehalten: Die Zuweisung des Wertes »1« an ein Bit bzw. Flag wird in diesem Buch als *Setzen* bezeichnet, die Zuweisung des Wertes »0« als *Zurücksetzen*. (In diesem Zusammenhang findet sich in der Literatur auch immer wieder der Begriff »Löschen«, der meiner Meinung nach ein wenig mißverständlich ist: Ein Bit verschwindet schließlich nicht spurlos, wenn man ihm den Wert »0« zuweist.)

Symbole für Operationen

Für arithmetische und logische Operationen werden in diesem Buch die folgenden Symbole verwendet:

Operator	Bedeutung	Operator	Bedeutung
+	Addition	&	logisches UND
-	Subtraktion	>	Größer als
x	Multiplikation	<	Kleiner als
/	Division	>>	bitweises Schieben nach rechts
~	Nicht	<<	bitweises Schieben nach links
=	Gleich	≤	Kleiner gleich
!=	Ungleich	≥	Größer gleich
|	logisches ODER	⇒, ⇐	Zuweisung
^	exklusives ODER		

32 Bit-Befehlssatz

Die Prozessoren 80386, 80386SX und 80486 unterstützen mehrere Betriebsarten, die mit denjenigen früherer Intel-Prozessoren (8086 und 80286) kompatibel sind. Ich konzentriere mich in diesem Buch auf neue Eigenschaften und gehe auf die 16 Bit-Architektur des 8086 bzw. 80286 nur insoweit ein, als sie zum Verständnis einzelner Befehle notwendig ist. Programmierer, die den 80386 oder 80486 als Ersatz für die früheren Prozessoren verwenden, können sich weiterhin auf die Informationen aus den Handbüchern dieser Prozessoren stützen, da ihre Architektur als Untermenge in den Prozessoren 80386/486 enthalten ist.

Betriebssysteme

Die Architektur der 80386-Familie ist derart komplex, daß ein einzelnes Programm wohl nur selten sämtliche Möglichkeiten dieser Prozessoren nutzt. An verschiedenen Stellen beginne ich Sätze z.B. mit »Das Betriebssystem wird ...« oder »Hier wird das Betriebssystem ...«. Dabei geht es grundsätzlich nicht um ein spezielles Betriebssystem, sondern um eine Aufgabe, die üblicherweise durch ein System wie MS-DOS, UNIX usw. implementiert wird, d.h. nicht in den Aufgabenbereich eines Anwendungsprogramms fällt.

Die Entwicklung der 80x86-Familie

1

Obwohl ich mehr als ein Jahrzehnt mit Mikroprozessoren gearbeitet habe, entstehen bei dem Begriff »Computersystem« vor meinem geistigen Auge immer noch Bilder von der Installation im Keller der Bibliothek der Montana State University. Dort »lebte« hinter Glaswänden unter klimatisierten Bedingungen Siggie, das Computersystem der Universität (ein Sigma 7 von Xerox). In mehreren gefrierschrankgroßen Einheiten untergebracht, erledigte Siggie den gesamten Rechenbedarf.

Bereits 1986 konnte der Mikroprozessor 8086 als Herzstück eines Desktop-Mikrocomputers eingesetzt werden, der eine höhere Rechenleistung als Siggie hatte - und das, obwohl die Grundlagen der 80x86-Familie aus einer Ära stammen, in der Computer wie Siggie die Grenze des technisch Machbaren darstellten. Von den Nachfolgern des »Urmodells« 8086 gar nicht erst zu reden: Das bis dato jüngste Mitglied - der 80486 - stellt lediglich einen weiteren Schritt einer Reihe dar, die nach Angaben von Intel bis ins Jahr 2000 geplant ist.

Die ersten Bausteine

Der 80486 ist das momentan letzte Glied in einer Kette von Mikroprozessoren, die von der Intel Corporation hergestellt werden. Intel erhebt Anspruch darauf, 1971 die Mikroprozessortechnik erfunden zu haben - und zwar als Ergebnis einer Anfrage von einer (inzwischen nicht mehr existierenden) japanischen Firma. Dabei sollte ein kundenspezifischer Schaltkreis als »Gehirn« für einen neuen Rechner entwickelt werden. Ted Hoff, Mitarbeiter in der Intel-Entwicklung, schlug statt dessen vor, einen programmierbaren »Allzweck-Rechnerschaltkreis« (»General Purpose CPU«) zu entwerfen. Daraus entstand der Prozessor 4004. Bald darauf folgten die Bausteine 4040 und 8008, die sich sehr wohl bereits als vollständige Mikroprozessoren bezeichnen lassen - auch wenn ihnen noch viele Eigenschaften fehlten, die man heutzutage mit dem Begriff »Prozessor« verbindet.

Der 8080

Der Chip, der zur Geburt der Mikrocomputerindustrie führte, war nach vorherrschender Meinung der 8080 und stellt ebenfalls eine Erfindung von Intel dar. Ein Artikel in der September-Ausgabe 1975 von *Popular Electronics* beschäftigte sich mit der Idee eines »Personal«-Computers, und der Rest ist Geschichte: der 8080 war die CPU (»Central Processing Unit« = Zentrale Verarbeitungseinheit) in bahnbrechenden Systemen wie dem Altair und dem IMSAI. Intel erfreute sich seiner Monopolstellung auf dem Markt allerdings nicht sehr lange: Die Motorola Corporation brachte den 6800 auf den Markt, MOS Technology antwortete mit dem 6502, und zwei Entwickler des 8080 wechselten von Intel zur Zilog Corporation, die bald darauf den Z80 vorstellte. Im Gegensatz zum 6800 und dem 6502, deren Architektur sich völlig von derjenigen der Intel-Prozessoren unterschied, war der Z80 zum 8080 kompatibel, hatte jedoch einen erweiterten Befehlssatz und lief etwa doppelt so schnell. Der Kampf um die CPU-Vorherrschaft war damit entbrannt.

Der 8080 war eine 8 Bit-Maschine, d.h. verarbeitete 8 Datenbits parallel. Er hatte einen einzigen Akkumulator (das Register A) sowie sechs sekundäre Register (B, C, D, E, H und I). Diese sechs Register konnten für arithmetische 8 Bit-Operationen oder bei paarweiser Kombination (BC, HL) für 16 Bit-Speicheradressen verwendet werden. Durch die Adressierung mit 16 Bit war beim 8080 ein Zugriff auf 2^{16} Speicherzellen bzw. 64 Kilobyte möglich.

Intel entwickelte auch eine Verbesserung des 8080 unter dem Namen 8085: einen zum 8080 kompatiblen Prozessor, der eine höhere Rechenleistung und ein einfacheres Hardware-Interface hatte.

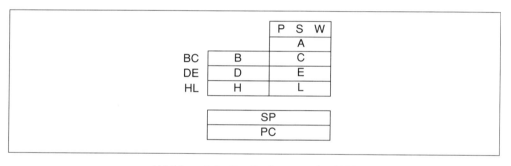

Abbildung 1.1 - Der Registersatz des 8080

Der 8086

Ab 1978 hat sich Intel unter dem Druck der schnelleren und leistungsstärkeren Mikroprozessoren anderer Hersteller der 16 Bit-Architektur zugewandt und den 8086 als Nachfolger des 8080 vorgestellt. Obgleich sein Befehlssatz neu war, wurde die Kompatibilität zum 8080 erhalten. Abbildung 1.2 zeigt den Zusammenhang zwischen den Registern der beiden Prozessoren.

Für den 8080 geschriebene Programme lassen sich zwar mit dem 8086 nicht direkt verarbeiten, aber fast jeder 8080-Befehl hat im 8086 eine direkte Entsprechung bzw. läßt sich schlimmstenfalls mit zwei oder drei 8086-Befehlen simulieren. Konsequent erstellte Intel ein Übersetzungsprogramm, mit dem sich Assembler-Programme für den 8080 in Assembler-Programme für den 8086 umwandeln ließen. Mit diesem Programm wurden die ersten BASIC-Versionen von Microsoft sowie der WordStar von MicroPro auf neue Systeme portiert. Dieses Bemühen um Kompatibilität wurde für Intel auf dem Mikrocomputer-Markt zu einem Markenzeichen, das in den folgenden Jahren erhalten blieb: Jede neue Mikrocomputer-Generation war in der Lage, die Programme zu verarbeiten, die für die vorhergehende Generation geschrieben wurde.

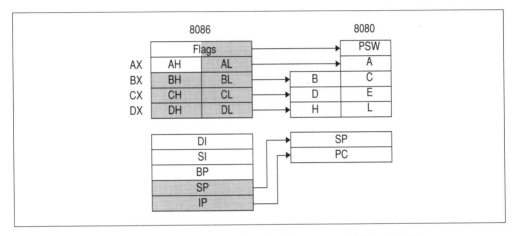

Abbildung 1.2 - Registerstruktur der Prozessoren 8080 und 8086

Zusätzlich zum Bemühen um Software-Kompatibilität war Intel an der Unterstützung höherer Programmiersprachen interessiert. Da im eigenen Hause fast alles in einer zu Algol ähnlichen Sprache namens PL/M programmiert wurde, ging man davon aus, daß eine Sprache wie eben PL/M oder Pascal die dominierende Entwicklungsgrundlage für Mikroprozessoren werden würde. Aus diesem Grund hat Intel viele 8086-Register speziellen Aufgaben zugeordnet, wie es auch in Abbildung 1.3 zu erkennen ist.

Kapitel 1 - Die Entwicklung der 80x86-Familie

	Flaggen		
AX	AH	AL	
BX	BH	BL	allgemeine Rechenregister
CX	CH	CL	
DX	DH	DL	

DI	Destination Index (Zielindex)
SI	Source Index (Quellindex)
BP	Base pointer (Basiszeiger)
SP	Stack pointer (Stackzeiger)
IP	Instruction pointer (Befehlszeiger)

CS	Codesegment
DS	Datensegment
SS	Stacksegment
ES	Extrasegment

Abbildung 1.3 - Der Registersatz des 8086

Die nächsten zwei Beispiele zeigen die Verwendung fest zugeordneter Register. Abbildung 1.4 stellt dar, in welcher Weise höhere Sprachen - beispielsweise Pascal - den Stackpointer (SP) und den Base Pointer (BP) verwenden.

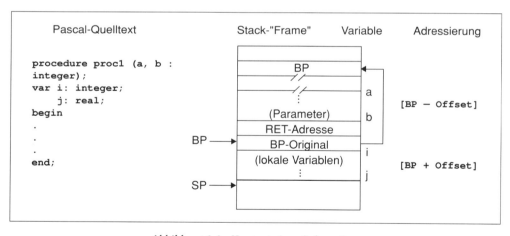

Abbildung 1.4 - Kontext einer Subroutine

In einem Pascal-Programm bleibt der Kontext der gerade ausgeführten Subroutine im Stack erhalten. Die von der aufrufenden Routine an die Subroutine gelieferten Werte (Parameter) befinden sich zuerst im Stack, gefolgt vom gespeicherten IP und dem abgespeicherten BP der aufrufenden Routine an zweiter bzw. dritter Stelle. Der Kontext enthält ebenfalls Stackplatz für beliebige temporäre oder lokale Variablen, die die Subroutine verwendet. Der Zugriff auf die Parameter und die lokalen Variablen geschieht über den aktuellen Wert des Basiszeigers.

Betrachten wir nun die Pascal-Zuweisung in Abbildung 1.5. Da ein kompletter Datensatz kopiert werden muß, erzeugt der Compiler einen Befehl zur Blockübertragung, der die Register SI, DI und CX verwendet.

Der Vorteil fest zugeordneter Register besteht darin, daß sie eine speichereffiziente Art der Befehlscodierung erlauben. Der Befehlscode »Opcode« legt exakt fest, was getan werden muß. Zum Beispiel ist es bei dem Befehl MOVSB nicht nötig, die drei Operanden Quelle, Ziel, Zähler anzugeben. Infolgedessen ist der Opcode MOVSB nur ein Byte lang. Ein Nachteil ergibt sich allerdings, wenn Sie SI oder DI für andere Operationen verwenden und einen MOVSB-Befehl ausführen wollen: Da MOVSB eben *nur* mit SI, DI und CX arbeitet, muß man die Inhalte dieser Register notfalls zwischenspeichern.

Der 8086 führte auch die Segmentierung in die Computerwelt ein. Ein Segment ist ein Speicherbereich, der mit einer festen Adresse beginnt, die durch den Wert in einem Segment-Register bestimmt wird. Dieses Konzept wurde wegen der Kompatibilität zum 8080 eingeführt und ist aufgrund der dadurch bedingten Einschränkungen wahrscheinlich die am meisten verabscheute Eigenschaft des 8086. Jedes Segment hatte dort 64 Byte und entsprach dem Adreßbereich eines 8080. Durch die Segmentierung können Sie die beim 8080 verwendete 16 Bit-Adressierung beibehalten, während sich der durch den Prozessor adressierbare Speicher (durch die Verwendung mehrerer Segmente) vergrößern läßt. Der 8086 hat vier Segment-Register, die in einem Adreßbereich von einem MByte auf beliebige Adressen zeigen können. Sie sind folgendermaßen definiert:

CS (Codesegment): Alle Aufrufe (CALL) und Sprünge (JMP) beziehen sich auf Adressen im Codesegment.

DS (Datensegment): Die meisten Speicher-Adressierungsbefehle beziehen sich auf eine Relativadresse (»Offset«) im Datensegment.

SS (Stacksegment): Alle PUSH- und POP-Befehle greifen auf dieses Segment zu. Weiterhin verwenden Adressierungen über das BP-Register ebenfalls das Segment, das über das Register SS indiziert ist.

ES (Extrasegment): Dieses Segment gibt bei bestimmten Stringbefehlen das Zielsegment an.

Die Art, in der eine Anwendung den Speicher verwaltet, bleibt innerhalb eines Programms gewöhnlich konstant. Als Intel den 8086 einführte, wurden drei Speichermodelle diskutiert, die in Abbildung 1.6 dargestellt sind.

Das Modell *Tiny* ahmte den Adreßbereich des 8080 nach. Das Codesegment und das Datensegment befinden sich im gleichen Speicherbereich, das Programm ist auf 64 KByte begrenzt. Für das Modell *Small* war die weiteste Verbreitung zu erwarten, da hier die Programmgröße verdoppelt werden konnte. Da es separate Code- und Daten-Segmente hat, konnten die Programme auf 128 KByte erweitert und trotzdem die 16 Bit-Adressierung beibehalten werden. Beim Modell *Large* werden mehrere Code- und Datensegmente benutzt und damit der gesamte Adreßbereich von 1 MByte verwendet.

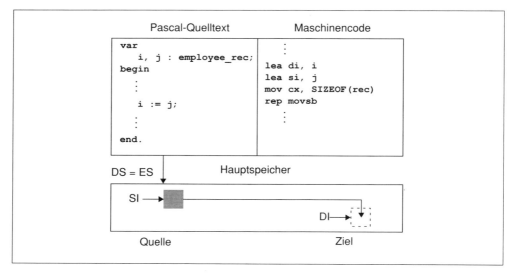

Abbildung 1.5 - Blockübertragung

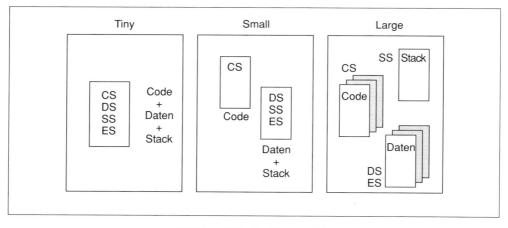

Abbildung 1.6 - Speichermodelle

Als 1978 der 8086 eingeführt wurde, waren die meisten Mikrocomputer auf 64 KByte beschränkt. Fast niemand konnte sich vorstellen, wie schnell die Segment-Begrenzung auf 64 KB zu einem ernsthaften Problem werden könnte. Das Modell *Large* erlaubt den Programmen zwar, den gesamten Adreßbereich von 1 MB auszunutzen, bedingt aber die Verwendung von Zeigern mit 32 Bit. Auf einer 16 Bit-Maschine erforderte aber ein 32 Bit-Zeiger ein Zugeständnis an Speichergröße und Leistung, das die meisten Programmierer nicht gern eingingen. In den frühen 80er Jahren wurde auch die 1 MB-Grenze zu einer untragbaren Beschränkung. Weitere Speichermodelle mit Namen wie *Compact* und *Medium* wurden eingeführt, um auch für leicht veränderte Aufgabenstellungen das Maximum an Geschwindigkeit herauszuholen.

Andere Prozessoren in der Familie 80x86 waren die Prozessoren 8088, 80186 und 80188. Der 8088, der ein Jahr nach dem 8086 eingeführt wurde, hat die gleiche interne 16 Bit-Struktur, aber einen externen Bus mit 8 Bit Breite (und entsprechend eingeschränktem Durchsatz). Auf dem 8088 lassen sich dieselben Programme wie auf dem 8086 ausführen, jedoch um rund 30 Prozent langsamer. Der 8088 wurde überaus erfolgreich, als ihn IBM für den PC und den PC/XT auswählte. Die Modelle 80186 und 80188 erschienen Anfang 1982. Sie haben dieselbe Architektur wie der 8086, sind aber um zusätzliche Elemente für direkten Speicherzugriff (DMA), einen Zähler/Zeitgeber und ein vereinfachtes Hardware-Interface erweitert. Beide arbeiten mit einem höheren Takt als ihre Vorgänger und werden auch heute noch vor allem für Steuerungsaufgaben eingesetzt.

Der 8087

Ein innovativer Teil der CPU-Familie 8086 ist der Coprozessor. Intel definierte eine spezielle Klasse sogenannter *Escape-Befehle*, die der Prozessor nur soweit auswertet, wie es zum Erzeugen von Speicheradressen notwendig ist. Ein weiterer Prozessor, der seinerseits die Kommunikation zwischen dem 8086 und dem Hauptspeicher überwacht, kann auf Escape-Befehle reagieren, sie selbstständig decodieren und dabei die von der CPU ausgegebenen Adressen nutzen. Abbildung 1.7 verdeutlicht diesen Prozeß.

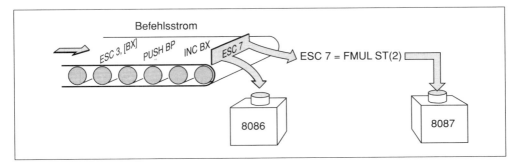

Abbildung 1.7 - Das Coprozessor-Interface des 8086

Der einzige für den 8086 entwickelte und nach diesem Verfahren arbeitende Coprozessor ist der 8087, der einen Fließkomma-Befehlssatz mit 80 Bit Genauigkeit implementiert. Intel arbeitete bei seiner Entwicklung eng mit dem Institute of Electrical and Electronics Engineers (IEEE) sowie Professoren der Berkley-Universität in Kalifornien zusammen, um eine Fließkommaverarbeitung zu entwerfen, die flexibel und genau war. Diese Fließkommadarstellung und ihre numerischen Eigenschaften sind seitdem im IEEE-Standard 754 festgehalten.

Der 8087 trug stark zum Erfolg des 8086 bei. Ein Desktop-Computer, der sowohl den 8086 als auch den 8087 enthält, ist für wissenschaftliche Aufgaben wesentlich besser geeignet als ein System mit dem 8086 allein. Der Grund dafür liegt in der Geschwindigkeit: Der 8087 implementiert Fließkomma-Funktionen in Hardware, die ein Programm mit dem 8087 in mühsamer Kleinarbeit (und damit erheblich langsamer) erledigen müßte. Im Zusammenhang mit dem 8087 wurden jedoch die Probleme mit der Segmentgröße von 64 KByte deutlich. Die gewünschten Rechenleistungen standen Wissenschaftlern und Ingenieuren nun zwar zur Verfügung, Probleme der realen Welt machen aber oft sehr große Wertefelder erforderlich. Die 64 KB-Segmentgröße begrenzt Arrays mit Fließkommazahlen doppelter Genauigkeit auf 1024 Elemente. Software, die in der Lage war, diese Einschränkung zu umgehen, war zwar bald verfügbar, jedoch war das Speichermodell *Large* schwer zu programmieren, und es war langsam.

Der 80286

Der nächste wesentliche Schritt von Intel war die Einführung des 80286 im Jahre 1982. Dieser Prozessor ist einerseits zu seinen Vorgängern kompatibel, andererseits aber um einen entscheidenden Punkt erweitert: Er kann in zwei verschiedenen Betriebsarten arbeiten. Der *Real Mode* stellt seinen Standard-Modus dar, in dem er die Arbeitsweise des 8086 simuliert. Im neu hinzugekommenen *Protected Mode* arbeitet der 80286 zwar im Prinzip noch mit demselben Befehlssatz, interpretiert die Inhalte der Segmentregister aber auf andere Weise - und ermöglicht so nicht nur die Verwaltung größerer Speicherbereiche, sondern auch die Trennung mehrerer quasi-paralleler Prozesse.

Obwohl sich die für den Protected Mode entwickelten Betriebssysteme stark von Betriebssystemen für den Real Mode unterscheiden, lassen sich Anwendungen entwickeln, die beide Betriebsarten verwenden. Das Schreiben derartiger Programme setzt allerdings die Beachtung einiger Einschränkungen in puncto Speicherverwaltung voraus.

Leider nimmt MS-DOS - auf 80x86-Maschinen wohl das Betriebssystem per se - bei Speicherzugriffen auf Kontrollmechanismen irgendwelcher Art nicht die geringste Rücksicht, weshalb sich der Protected Mode weder zusammen mit diesem Betriebssystem noch den dafür geschriebenen Anwendungen einsetzen läßt. Konsequent wurde der 80286 über viele Jahre als eine Art besserer und schnellerer 8088 angesehen: ihm fehlte eine Basis in Form eines Betriebssystems, auf der er die Vorzüge des Protected Mode ausspielen konnte. Dies war umso bedauerlicher, als der Protected Mode des 80286 den physikalisch adressierbaren Speicher von 1 MB auf 16 MB erweitert, die Implementierung eines virtuellen Speichers erlaubt und in einer Multitasking- oder Multiuser-Umgebung die Trennung der einzelnen Tasks ermöglicht.

UNIX-Versionen machen von diesem Modus Gebrauch, waren auf 80286-Maschinen aber chancenlos, weil die Konkurrenz auf diesem Gebiet üblicherweise wesentlich leistungsfähigere (und natürlich teure) 32 Bit-Rechner einsetzt. Aus diesem Grund führte Microsoft zusammen mit IBM das Betriebssystem OS/2 ein, das fast alle Möglichkeiten des Protected Mode nutzt, und zu dem sich in den letzten Jahren Windows 3.x als das Protected Mode-System schlechthin dazugesellt hat.

Der 80286 ist der erste für »ernsthafte« Anwendungen geschaffene Intel-Mikroprozessor. Er basiert auf einer Studie der Architektur von Minicomputern und Großrechnern und wurde in erster Linie auf Multitasking, Datenintegrität und Datensicherheit hin entwickelt. Neben den damals bekannten Vorbildern gab es zwei weitere wesentliche Einflüsse: Das Multics-Projekt und die felsenfeste Überzeugung, daß sich Pascal zur Standardsprache für Anwenderprogramme entwickeln würde.

Wer glaubt, daß der Protected Mode das Produkt der wilden Phantasie einiger Intel-Entwickler sei, wird durch die Konferenzunterlagen des Multics-Projekts eines besseren belehrt. Dieses Projekt begann Mitte der 60er Jahre als gemeinsames Forschungsvorhaben des MIT, der Bell Laboratories und der Firma General Electric: Es deckte sowohl Hard- als auch Software auf der Grundlage des Großrechners GE 645 ab. Die folgende Tabelle stellt lediglich einen Auszug der Ergebnisse dar:

- Virtuelles Speicherkonzept*
- Ringförmige Schutzebenen
- Adressierung über Segmente*
- Zugriffsberechtigungen über Deskriptoren
- Call-Gates
- »Conforming-Code«-Segmente

(Die mit einem Sternchen gekennzeichneten Punkte sind keine direkten Erfindungen der Multics-Gruppe, die sie allerdings zum ersten Mal zum integralen Bestandteil eines Systems machte). Einige Multics-Funktionen fanden auch ihren Weg in vorhandene 80286-basierte Software. OS/2 von IBM verwendet zum Beispiel einen dynamischen Linker, der ebenfalls eine mit dem Multics-Project eingeführte Neuerung darstellt.

Der Einfluß von Pascal auf den Aufbau des 80286 wird durch die Erweiterung des Befehlssatzes um das Konstrukt ENTER/CLEAR deutlich. Diese Befehle vereinfachen das Erstellen eines »Stack-Frame« zur Aufnahme eines Subroutinen-Kontextes, wie es in Abbildung 1.4 gezeigt wird. ENTER kann auch den Kontext- oder Stack-Frame der vorhergehenden Subroutine kopieren. Diese Fähigkeit wird bei Programmiersprachen wie

FORTRAN oder C nicht verlangt, ist jedoch bei Sprachen wie Pascal und Ada nützlich, wo es eine Strukturierung der Prozedurvereinbarungen gibt.

Der 80287

Intel führte auch einen neuen Coprozessor für den 80286 ein, der allerdings eine leichte Enttäuschung war: Obwohl der 80286 Programme zwei- oder dreimal so schnell wie der 8086 abarbeitet, ist die Leistungsfähigkeit des 80287 etwa die gleiche wie die des 8087. Die interne Struktur des 8087 wurde nur minimal verändert (womit sich auch die unveränderte Geschwindigkeit erklärt). Was dagegen verändert wurde, war die Schnittstelle zwischen der CPU und dem Coprozessor, der hier den Befehlsstrom nicht mehr überwachen muß.

Bei dieser in Abbildung 1.8 dargestellten neuen Methode entschlüsselt die Haupt-CPU die ESC-Befehle und gibt die Daten dann über I/O-Befehle zum Coprozessor weiter. Da Adressierungen im Real-Mode anders als im Protected Mode verlaufen, hätte der Coprozessor unter Beibehaltung der alten Interface-Methode verschiedene Modi beherrschen müssen. Bei der neuen Schnittstelle überprüft der 80286 erst einmal alle Adressen auf Gültigkeit, bevor er den 80287 verständigt. Als Nebeneffekt kann der Coprozessor mit einer anderen Taktfrequenz als der Hauptprozessor laufen und läßt sich auch mit anderen CPUs als dem 80286 verwenden.

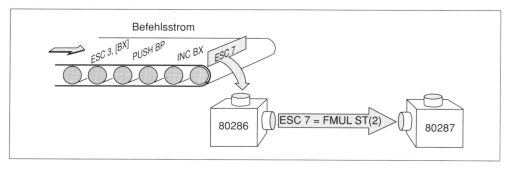

Abbildung 1.8 - Coprozessor-Interface des 80286

Der Druck des Wettbewerbs

Zwischen der Einführung des 8086 und des 80286 entwickelte Motorola die Familie 68000, die zum stärksten Konkurrenten Intels auf dem Mikrocomputer-Markt wurde. Für die Entwickler-Gemeinschaft waren mehrere Eigenschaften der Motorola-Mikroprozessoren sehr attraktiv. Die 68000-Familie arbeitet intern mit einem 32-Bit-Registersatz für Daten und Adressierungen, der Anwendungen die Verwaltung großer Speicherbereiche ohne die Beschränkungen auf 64 KB-Segmente erlaubt. Unter anderem wird dadurch das Portieren von Betriebssystemen (wie z.B. UNIX) und von Minicomputer-Applikationen auf 680x0-Systeme wesentlich erleichtert.

Motorola hebt auch die »Orthogonalität« des 68000-Befehlssatzes hervor: Im Gegensatz zu den Prozessoren 8086 und 80286 mit ihren Spezialregistern können Entwickler beim 68000 für jeden Befehl beliebige Register verwenden. Obwohl alle 68000-Mikroprozessoren 32 Bit breite Register haben, waren die ersten beiden CPUs (68000 und 68010) bei Adressen auf 24 und bei Daten auf 16 Bit begrenzt. 1985 begann Motorola jedoch, Muster des 68020 zur Verfügung zu stellen, dessen Adreß- und Datenbus mit vollen 32 Bit arbeitet. Obgleich Intel den größten Teil des Mikrocomputer-Marktes für kommerzielle Anwendungen beherrschte, verwendeten Hersteller von wissenschaftlich-technischen Workstations fast ausschließlich Motorola-CPUs für ihre Produkte.

Der 32 Bit-Mikroprozessor von Intel

Die Entwicklungsingenieure von Intel sahen sich mit zwei Problemen konfrontiert: Kompatibilität und Verarbeitungsgeschwindigkeit. Um den Marktanteil bei kommerziell eingesetzten PCs zu sichern, war die Kompatibilität zur vorhergehenden Generation ein unbedingtes Muß: Der Marketingbereich von Intel erwähnte oft die »Millionen und Abermillionen« von Bytes in bereits existierenden Programmen, die ein neuer Prozessor zu bewältigen hatte. Gleichzeitig brauchten sie ein Produkt, das die Nachteile der Architektur der 8086-Familie beseitigte, die Motorola einen Anteil auf dem wissenschaftlich-technischen Markt bescherten. Das Ergebnis der Bemühungen - der 80386 - erledigt diese Probleme, indem er in mehreren Betriebsarten arbeitet. Direkt nach einem RESET-Impuls benimmt er sich wie ein 80286 im Real-Mode, d.h. ist nicht mehr als ein sehr schneller 8086. Er verwendet 16 Bit-Register sowie die Segmentierung des 8086 und ist auf die Verwaltung von 1 MB Hauptspeicher begrenzt.

Erst nach einer Umschaltung in den Protected Mode zeigt der 80386 seine Stärken, mit denen er einen 80286 klar in den Schatten stellt. In diesem Modus wird jedes Segment durch ein Bit gekennzeichnet: es gibt an, ob das Segment »80286-kompatibel« (und damit auf 64 KByte begrenzt) oder mit vollen 32 Bit adressiert wird (und deshalb die Größe von einigen Terabytes haben kann). Dazu kommen einige weitere Funktionen wie etwa die Indizierung von Arrays über Prozessorbefehle, ein fast vollständig orthogonaler Befehlssatz und einige spezielle Debug-Register, die man beim 80286 ebenfalls vergeblich sucht.

Für den Protected Mode geschriebene Betriebssysteme können einzelne Tasks im *virtuellen 8086-Mode* ausführen. In diesem Modus ausgeführte Anwendungen »sehen« einen völlig normalen 8086, der im Real Mode betrieben wird. Das Betriebssystem kann allerdings bestimmte Arten von I/O-Operationen sozusagen als übergeordnete Instanz überwachen und gegebenenfalls sperren. Anwendungen, die gegen Regeln des Betriebssystems verstoßen, erzeugen dann automatisch (und »unwissentlich«) einen Interrupt, der das Betriebssystem wieder auf den Plan ruft. Das Betriebssystem kann nun entscheiden, ob es die I/O-Operation zuläßt (bzw. selbst ausführt), die Anwendung fortsetzt oder abbricht. Da sich im virtuellen 8086-Mode der normale Adreßbereich von 1 MByte auf einen beliebigen Speicherbereich abbilden läßt, können mehrere Tasks quasi-parallel in separat simulierten Systemen ausgeführt werden.

Mit dem 80386 kommt Intel den Vorgaben des Multics-Projekts wieder ein gutes Stück näher: Dort wurde unter anderem die Technik des *demanded paging* (»Speicheranforderung bei Bedarf«) vorgeschlagen, die aus dem Bereich der Mini- bzw. Großcomputer stammt und im 80386 durch eine in Hardware implementierte Verwaltung realisiert wird.

Intel setzte auch eine Tradition fort, die mit dem 8088 begann: Man bot eine Billigversion des Prozessors an. Der 80386SX ist intern mit dem 80386 identisch, hat jedoch nur einen externen 16-Bit-Datenbus und einen 24-Bit-Adreßbus. Diese Variante ist im allgemeinen mit niedrigeren Taktfrequenzen als die Vollversion erhältlich (die zur Unterscheidung auch 80386DX genannt wird).

Eine weitere Variante des 80386 ist der 80376. Dieser Baustein ist mit dem 80386SX identisch - wenn man davon absieht, daß er ausschließlich mit 32 Bit Protected Mode arbeitet und Paging nicht unterstützt. Der 80376 wurde vor allem für Embedded Controller-Anwendungen entwickelt: Er kann keine für den Real Mode geschriebenen Programme verarbeiten, einen virtuellen 8086-Mode kennt er ebenfalls nicht.

Der 80387

Zu dem 80386 kam natürlich auch ein neuer Coprozessor hinzu - eigentlich sind es sogar zwei: der 80387 für den 80386DX und der (mit einem 16 Bit-Datenbus arbeitende) 80387SX als Gegenstück zum Sparmodell 80386SX. Das Interface zwischen der CPU und den Coprozessoren ist das gleiche wie beim Gespann 80286/287. Wer es etwas kostengünstiger haben will, dem steht die Möglichkeit offen, den 80386 mit dem langsameren 80287 zu verbinden. Hauptplatinen, die mit einer entsprechenden Fassung auf den 80387 vorbereitet sind, bieten allerdings eine kräftige Leistungssteigerung im Fließkomma-Bereich: In Benchmark-Programmen wurde als Mittelwert eine rund fünfmal schnellere Verarbeitung als beim 80287 erreicht.

Der 80486

1989 erblickte das neueste Produkt aus der Intel-Entwicklung das Licht der Welt: der 80486. Während sein Programmiermodell weitgehend mit dem das 80386 identisch ist, hat sich hier auf der Hardware-Seite einiges getan: Die am häufigsten verwendeten Befehle sind direkt implementiert und werden in einem einzigen Maschinenzyklus ausgeführt, dazu kommt ein integrierter Cache mit 8 KByte - und nicht zuletzt ein direkt auf dem Chip untergebrachter Coprozessor. Ergänzt wird der 80486 durch einige Änderungen im Design, die den Einsatz mehrerer parallel arbeitender Prozessoren in einem System vereinfachen.

Getreu der Firmenphilosophie wurde auch dem 80486 eine kostengünstigere Variante zur Seite gestellt: Der 80486SX arbeitet intern wie der 80486, hat extern aber dieselben Beschränkungen wie der 80386SX. Ein Coprozessor fehlt dem 80486SX ebenfalls. Er ist als separater Baustein unter dem Namen 80487SX erhältlich.

Weitere Entwicklungen

Mit dem 80486 ist die 80x86-Familie noch lange nicht abgeschlossen. Unter anderem hat Intel in jüngster Zeit mit einer Reihe externer und interner Erweiterungsmöglichkeiten wieder für Bewegung auf dem Markt gesorgt:

- Das »Prozessor-Paket« RapidCAD setzt sich aus zwei Bausteinen zusammen, die sich extern wie das Gespann 80486SX/80487SX verhalten - intern aber mit derselben Elektronik wie der 80486 arbeiten. Mit diesen beiden Chips läßt sich ein 80486SX-System ohne weitere Änderung der Hardware in ein (leicht eingeschränktes) 80486-System verwandeln.

- Die DX2-Serie stellt eine zweite Möglichkeit für Nachrüstungen dar, bei der es allerdings um die Beschleunigung existierender 80486-Systeme geht: Dort kommt ein 80486 zum Einsatz, der intern mit der doppelten Taktfrequenz arbeitet. Auf diese Weise läßt sich ein mit 25 MHz arbeitendes System für interne Operationen auf 50 MHz beschleunigen, aus 33 MHz werden 66 usw.

Über die nächste Generation sind inzwischen ebenfalls einige Details bekannt: Wenn man den Gerüchten glauben darf, wird sie (aus Gründen des Copyright-Schutzes) *nicht* den Namen 80586 tragen; der Prozessor soll sich aus dem 80486, einen erweiterten Cache sowie dem Kern des ebenfalls von Intel stammenden RISC-Prozessors i860 zusammensetzen.

Zusammenfassung

Der 80386 ist das erste Mitglied der 80x86-Familie, das sich als echter 32 Bit-Prozessor bezeichnen läßt. Da sich sein Nachfolger 80486 in der Programmierung nur in einem einzigen Detail - nämlich dem integrierten Cache - unterscheidet, wird der Terminus »80386« im weiteren einheitlich für die Modelle 80386, 80386SX, 80376, 80486SX und 80486 verwendet.

Die Entwicklung der einzelnen Prozessoren wurde durch eine größere Zahl von Faktoren bestimmt: die Idealvorstellungen der Entwickler, die Grenzen der Kompatibilität (von denen einige aus den frühen Jahren des 8080 stammen) - und natürlich von Spekulationen über die Zukunft (wie die Rolle von Pascal und die Dominanz von UNIX). Geradlinig war der Weg von einem CP/M-kompatiblen Prozessor zu einem 32 Bit-System übrigens nicht - auch wenn die Rechenleistung mit jeder Generation sprunghaft angewachsen ist (wie die folgende Tabelle zeigt):

	8086/87	80286/287	80386/387	80486
Integer	1.0	2.7	9.0	20.0
Fließkomma	1.0	1.7	10.0	40.0

Tabelle 1.1 - Relative Verarbeitungsgeschwindigkeiten

Der 80486 ist bei der Verarbeitung von Integerwerten also rund 20mal schneller als das Urmodell, wobei sich die Messungen durchgehend auf die Taktfrequenz des 8086 - also auf 4,77 MHz - beziehen.

Nachdem ich nun die Ursprünge und die Entwicklung der 80x86-Familie kurz skizziert habe, geht es in den weiteren Kapiteln nicht mehr um Geschichte - sondern ausschließlich darum, wie man mit diesen Prozessoren arbeitet.

Die CPU-Architektur

2

Als Charles Babbage 1837 über der Idee eines Rechenautomaten brütete, nannte er sein großartiges Projekt »analytische Maschine«. Zu dieser Zeit war der Terminus »Maschine« eine geeignete Metapher für einen Rechenapparat, wenn man speziell an die mechanischen Aspekte der Idee von Babbage dachte: Treibstoff, Verbrennung und Leistung waren der Input und Rechenleistung der Output.

Eine Datenverarbeitungsfabrik

In den letzten Jahren ließ der auch heutzutage noch maschinenähnliche Zyklus von Computern seine Grenzen immer stärker erkennen. Ein moderner Mikroprozessor ist mehr mit einer Fabrik als mit einer Maschine zu vergleichen. Als Herzstück dieser datenverarbeitenden Fabrik bleibt die rechentechnische Maschine. Sie ist jedoch von einer Anzahl unterstützender Abteilungen umgeben.

Abbildung 2.1 stellt unsere imaginäre Fabrik für Geräte dar. Sie besteht aus drei Abteilungen: Versand und Einkauf, Materialwirtschaft und Produktion. Die Versand- und Einkaufsabteilung befaßt sich mit der Außenwelt. Sie bestellt Lastwagenladungen voll Material von Lieferanten und leitet sie an die Materialwirtschaft weiter. Die einzelnen Artikel werden hier sortiert und gelagert, bis man sie braucht. Die Produktionsabteilung - die »Maschine« der Fabrik - stellt aus dem angelieferten Material Geräte her und leitet sie an die Versand- und Einkaufsabteilung weiter, von wo aus sie in die Außenwelt versendet werden.

Die Effektivität dieses Modells liegt im gleichzeitigen Ablauf der verschiedenen Aktivitäten. Im selben Moment, in dem die Materialwirtschaft das zur Herstellung der Geräte benötigte Material anfordert, baut die Produktionsabteilung die für die aktuelle Lieferung benötigte Anzahl von Geräten, und die Versand- und Einkaufsabteilung pflegt Kontakte mit der Außenwelt, kauft Teile und Material ein und versendet die neu hergestellten Geräte.

Kapitel 2 - Die CPU-Architektur

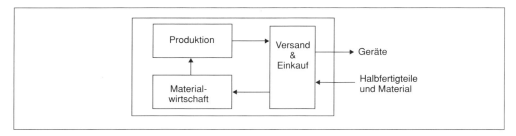

Abbildung 2.1 - Gerätefabrik

Der 80386 und der 80486 können wie unsere imaginäre Fabrik einen oder mehrere Befehle gleichzeitig verarbeiten. Im Jargon der Computerindustrie wird dies *Pipelining* genannt.

In Abbildung 2.2 habe ich die Gerätefabrik als Datenverarbeitungsfabrik analog zur Funktionsweise eines Mikroprozessors neu entworfen. Die Versand- und Einkaufsabteilung holt Bytes aus dem Speicher. Befehle gehen dann zur Materialwirtschaft, wo sie entschlüsselt und gespeichert werden. Nach Bedarf werden die neuen Befehle und notwendige Operanden zur Produktionsabteilung - der Rechenmaschine - weitergereicht. Die Ergebnisse einer Operation gehen zurück in die Versand- und Einkaufsabteilung, die die Ergebnisse außerhalb der CPU im Speicher aufbewahrt.

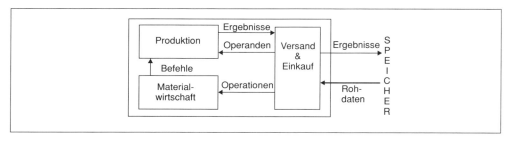

Abbildung 2.2 - Datenverarbeitungsfabrik

Obwohl es sehr einfach erscheint, ist dieses Bild vom Informationsfluß durch den Mikroprozessor her korrekt. Die drei Abteilungen im Beispiel entsprechen, wie in Abbildung 2.3 dargestellt, den sechs logischen Einheiten im 80386. Der 80486 ist etwas komplexer. Bei ihm sind eine zusätzliche Verarbeitungseinheit für Fließkommaoperationen und ein Cache hinzugefügt, der sich zwischen dem Rest des Prozessors und dem Hauptspeicher befindet. Jede Einheit arbeitet zu den anderen Einheiten parallel. In späteren Abschnitten dieses Kapitels werden die Operationen jeder Einheit beschrieben.

Eine Datenverarbeitungsfabrik

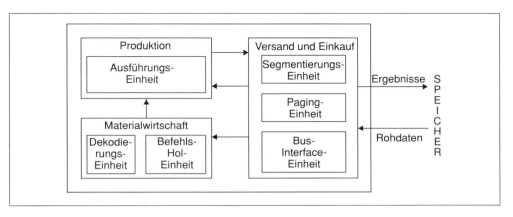

Abbildung 2.3 - Die 80386-Fabrik

Die Fabrik in Gang halten

Der Herzschlag eines Mikroprozessors ist das Taktsignal (»Clock«). Dieser regelmäßige elektronische Impuls synchronisiert alle Einheiten des Prozessors. Wie aus Abbildung 2.4 zu ersehen, hat das Taktsignal Rechteckform und eine bestimmte Frequenz. Befehlszeiten, Speicherzugriffszeiten und Verarbeitungsverzögerungen werden in Takten oder in kompletten Rechteckwellen gemessen. Der 80386SX steht in Versionen zur Verfügung, die entweder mit 16 oder 20 Megahertz (MHz) arbeiten. Der DX oder Standard-80386 ist in verschiedenen Modellversionen verfügbar, die mit Geschwindigkeiten von 16 bis 40 MHz laufen. Der 80486 DX ist in Versionen von 25, 33 und 50 MHz lieferbar, der 80486SX in Versionen mit 20 und 25 MHz. Die nachfolgende Abbildung zeigt ein System, das mit einer Taktfrequenz von 25 MHz arbeitet: Eine Rechteckwelle hat dort eine Länge von 40 Nanosekunden.

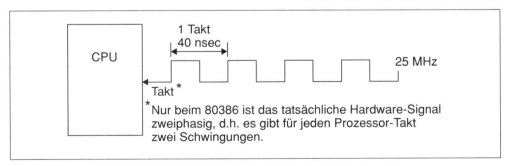

Abbildung 2.4 - Eine Rechteckwelle

Unter Verwendung der in Anhang D enthaltenen Tabellen kann man die Zeit berechnen, die die Verarbeitung eines einzelnen Befehls benötigt. Nehmen Sie die Zeit für einen einzelnen Zyklus, und multiplizieren Sie sie mit den für den Befehl angegebenen Takten. Sie erhalten die Länge eines vollständigen Zyklus, indem Sie 1000 durch die Taktfrequenz (in MHz) teilen. Zum Beispiel ist die Zykluszeit bei einem 80386 mit 16 MHz 1000/16 oder gleich 62,5 Nanosekunden. Beachten Sie, daß der tatsächliche Hardware-Taktgeber im 80386 (SX oder DX) mit der doppelten Chip-Taktfrequenz arbeitet. Dieser wird Zweiphasen-Taktgeber genannt. Der 80486 verwendet einen einphasigen Takt; die DX2-Modelle tun dasselbe, verdoppeln diesen Takt aber intern noch einmal.

Geschwindigkeitsvorteile bei paralleler Arbeitsweise

Durch die Pipeline-Arbeitsweise des 80386 und des 80486 werden Anteile der Ausführungszeit von Befehlen sozusagen versteckt: einige notwendige Operationen zum Ausführen eines Befehles laufen bereits während des vorhergehenden Befehls. Die nachfolgende Tabelle zeigt den Unterschied zwischen der Ausführung eines typischen Befehls (ADD ECX, [EBP+8]) im 80386 und seiner Ausführung in einem ähnlichen, aber imaginären Prozessor ohne Pipelining.

Operation	Mit Pipelining	Ohne Pipelining
Befehl lesen	0 Takte	2-4 Takte
Befehlsdekodierung	0 Takte	1 Takt
Operandenadresse übersetzen	0-6 Takte	2-8 Takte
Operanden lesen	3 Takte	3 Takte
Ausführung	2 Takte	2 Takte
Gesamt	5-11 Takte	10-18 Takte

Durch das Pipelining kann der 80386 einen Befehl etwa zweimal so schnell ausführen wie ein ähnlicher Prozessor, der jeden Schritt des Befehls sequentiell bearbeitet. Einige Befehle, die keinen Operanden haben, scheinen wegen der parallelen Arbeitsweise der Arbeitseinheiten des 80386 in Nullzeit ausgeführt zu werden.

Der 80486 zieht aus diesem Prinzip einen noch größeren Vorteil, weil die reine Ausführungszeit hier noch einmal verringert wurde: Bei vielen Befehlen kommt dieser Prozessor mit einem einzigen Takt aus, und die Operandenlesezeit beträgt nur 2 Takte. Der 80486 enthält zusätzlich einen auf dem Chip integrierten Cache mit 8 KByte Größe, der vor allem bei Programmschleifen zum Tragen kommt. Wenn sich die Operandenadresse auf einen Wert bezieht, der im Cache gespeichert ist, beträgt die Operandenlesezeit 0 -

was bedeutet, daß der gesamte Befehl in nur einem einzigen Takt ausgeführt werden kann.

Die Mikroarchitektur der CPU

Abbildung 2.5 stellt ein Blockdiagramm der internen Arbeitseinheiten des 80386 dar. Obwohl der Programmierer den 80386 normalerweise als »Black Box« betrachten kann, ist es dennoch interessant, zu sehen, *wie* dieser Prozessor seine hohe Geschwindigkeit durch interne Arbeitsteilung erreicht.

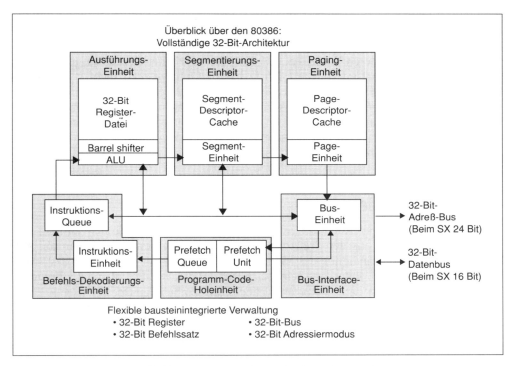

Abbildung 2.5 - Die Mikroarchitektur des 80386
(Wiedergabe mit freundlicher Genehmigung der Intel Corporation)

Bus Interface (BIU)

Die Bus-Interface-Einheit (BIU = »Bus Interface Unit«) des 80386 ist das Tor zur externen Welt. Eine andere Einheit, die Daten von »außerhalb« benötigt, fordert die BIU auf, diese Operation auszuführen. Wenn ein Befehl Daten in den Speicher oder zu einem Port transportieren muß, erhält die BIU Daten und Adresse zusammen mit der Aufforderung zu einer Schreibaktion. Die BIU arbeitet nur mit physikalischen (Hardware-) Adressen, so daß Operandenadressen, falls erforderlich, zuerst durch die Segmentierungseinheit und die Paging-Einheit gehen müssen.

Befehls-Prefetch

Der Job der Prefetch-Einheit (Einheit zum Vorauslesen) ist relativ einfach. Die Befehls-Dekodierungseinheit entfernt Daten aus der 16-Byte-Warteschlange, und die Prefetch-Einheit versucht, die Warteschlange voll zu halten. Die Prefetch-Einheit fordert die BIU ständig auf, den Speicherinhalt von der nächsten Befehlsadresse zu holen. Sobald die Prefetch-Einheit die Daten empfängt, plaziert sie sie in die Warteschlange, und wenn die Warteschlange nicht voll ist, fordert sie weitere 32 Datenbits aus dem Speicher an. Die BIU behandelt Anforderungen aus der Prefetch-Einheit eine Idee weniger wichtig als Anforderungen von anderen Einheiten. Auf diese Weise erhalten gerade ausgeführte Befehle, die Operanden anfordern, die höchste Priorität und werden nicht verlangsamt. Befehle werden jedoch so oft wie möglich »vorausschauend« geholt. Die Prefetch-Einheit wird immer dann informiert, wenn die Ausführungseinheit ein CALL, ein JMP oder einen Interrupt verarbeitet und die bis dato im voraus gelesenen Bytes deshalb nicht mehr verwendbar werden. In diesen Fällen macht sie sich unverzüglich an das »Einsammeln« von Befehlen ab der neuen Adresse (also der Zieladresse des JMP, CALL bzw. des Interrupts).

Befehlsdekodierung

Die Aufgabe der Befehlsdekodierungseinheit ist der der Prefetch-Einheit ähnlich. Sie nimmt einzelne Bytes aus der Prefetch-Warteschlange und bestimmt die Anzahl von Bytes, die zur Vervollständigung des nächsten Befehls nötig sind. Ein Befehl des 80386 kann zwischen 1 und 16 Bytes lang sein. Nachdem der gesamte Befehl aus der Prefetch-Warteschlange geholt ist, setzt die Befehlsdekodierungseinheit den Operationscode in ein internes Befehlsformat um und plaziert den dekodierten Befehl in die Befehls-Warteschlange, die maximal drei Befehle umfaßt. Die Befehlsdekodierungseinheit informiert auch die BIU, ob der gerade dekodierte Befehl einen Speicherzugriff nötig macht. Auf diese Weise lassen sich Operanden bereits vor der eigentlichen Befehlsausführung vorausschauend lesen.

Ausführung

Die Ausführungseinheit ist der Teil der CPU, der Berechnungen durchführt. Sie ist für Schiebeoperationen, Additionen, Multiplikationen usw. zuständig, die zum Ausführen eines Befehls notwendig sind. Der Registersatz befindet sich innerhalb der Ausführungseinheit. Die Einheit enthält auch einen sogenannten Barrel-Shifter, der Mehrfach-Bitverschiebungen mit einem einzigen Takt durchführen kann. Der Prozessor verwendet diese Einheit nicht nur bei Schiebebefehlen, sondern auch zum Beschleunigen von Multiplikationen und zum Erzeugen indizierter Adressen. Die Ausführungseinheit teilt der BIU mit, wenn sie Daten hat, die in den Arbeitsspeicher oder über einen Port geschrieben werden müssen.

Segmentierung

Die Segmentierungseinheit übersetzt segmentierte in lineare Adressen und benötigt dazu im Maximalfall einen Takt, der aufgrund der parallelen Arbeitsweise des 80386 allerdings fast immer vollständig verborgen bleibt. Sie enthält einen Cache, der für jedes der sechs Segment-Register einen vollständigen Deskriptor aufnimmt. Details dazu finden Sie in Kapitel 3.

Paging

Die Paging-Einheit übernimmt die linearen Adressen, die durch die Segmentierungseinheit erzeugt wurden, und wandelt sie in physikalische Adressen um. Wenn Paging aktiviert ist, wird der lineare Adreßraum des 80386 in »Seiten« zu jeweils 4096 Bytes aufgeteilt. Jede Seite kann auf eine individuelle physikalische Adresse abgebildet werden.

Der Zusammenhang zwischen linearen und physikalischen Adressen wird über die Einträge einer Page-Tabelle festgelegt. Die Paging-Einheit enthält einen assoziativ gesteuerten Cache, Translation-Lookaside-Buffer (TLB) genannt, der die Einträge (physikalische und lineare Adressen) der jeweils zuletzt verwendeten 32 Seiten enthält. Falls ein Page-Tabelleneintrag im TLB nicht gefunden wird, holt ein 32 Bit-Speicherlesezyklus den Eintrag aus dem RAM. Unter typischen Betriebsbedingungen sind Zugriffe dieser Art bei weniger als 2 Prozent aller Speicheradressierungen erforderlich. Die zum Lesen einer nicht in der TLB enthaltenen physikalischen Adresse benötigte Zeit liegt bei 5 Takten, reduziert sich aufgrund der statistischen Verteilung aber im Schnitt auf einen halben Takt. Weitere Details zu der mit Paging verbundenen Logik finden Sie in Kapitel 6.

Die Mikroarchitektur des 80486

Abbildung 2.6 enthält ein Blockdiagramm der Mikroarchitektur des 80486, das derjenigen des 80386 ziemlich ähnlich ist. Sie unterscheidet sich z.B. durch eine zusätzliche Ausführungseinheit für Fließkomma-Operationen und einen Cache, der die BIU der 80386er-Logik ersetzt. Natürlich arbeitet der 80486 ebenfalls mit einem Bus-Interface, das hier allerdings nur in Aktion tritt, wenn sich eine Anforderung nicht direkt über den Cache erledigen läßt.

Die Fließkomma-Verarbeitungseinheit des 80486 kann parallel zur Standard-Ausführungseinheit arbeiten. Sie wird in diesem Kapitel an späterer Stelle behandelt.

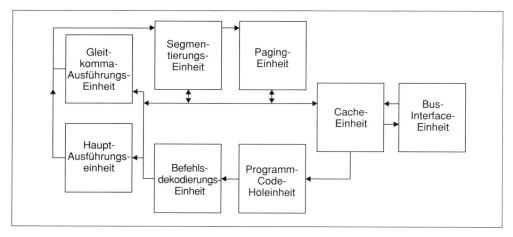

Abbildung 2.6 - Die Mikroarchitektur des 80486

Die Cache-Verbindung

Der Cache des 80486 ließe sich als spezielles Notizbuch für Speicheradressierungen bezeichnen und verschafft diesem Prozessor erhebliche Leistungsvorteile gegenüber seinen Vorgängern. (Auch beim 80386 finden sich übrigens bereits mehrere Caches, die allerdings speziellen Zwecken vorbehalten sind; der TLB ist einer davon.)

Bereits der langsamste 80486 hat mit seinen 25 MHz eine Zykluszeit von 40 Nanosekunden. Ein externer RAM, der auf die Anforderungen eines Prozessors so schnell reagieren kann, ist unbezahlbar. Deshalb verwenden Entwickler langsamere RAMs und arbeiten mit *Wait States* - also mit Leerzyklen, die der Prozessor im Wartezustand auf den Speicher verbringt. Der Cache-Speicher behält Kopien der Daten des externen Speichers und macht so bei wiederholten Zugriffen auf ein und dasselbe Datum Wait-States genauso überflüssig wie echte Speicherzugriffe, die mit mindestens zwei Takten zu Buche schlagen. Allerdings ist dazu eine ausgesprochen trickreiche Verwaltung notwendig. Weitere Details finden Sie in Kapitel 6.

Die Struktur des Befehlssatzes

Die Prozessortypen 80386, 80386SX, 80486 und 80486SX arbeiten sämtlich mit 32 Bit, weshalb die »typische« Operandengröße ebenfalls 32 Bit beträgt. Da diese Bausteine auch 32 Bit parallel verarbeiten, sagt man üblicherweise, daß sie eine Wortlänge von 32 Bit haben. Leider ist der Begriff »Wort« mehrdeutig, solange es sich um Intel-Prozessoren dreht.

Der Einfachheit halber bezeichnet man eine Größe mit 16 Bit als Wort, wie man das in 8086- und 80286-Umgebungen tat. Der Begriff DWord oder Doppelwort bezeichnet eine Größe mit 32 Bit. Der Begriff 32-Bit-Wort wird ebenfalls verwendet.

Bits und Bitfelder

Obwohl die Standardgröße für Operanden in der Prozessorfamilie 80386 32 Bit ist, können diese Prozessoren Größen verschiedener Länge verarbeiten. Das Elementarste ist das Bit. Ein Bit ist eine einzelne Binärziffer, und die 80x86-Familie implementiert eine Reihe von Befehlen, die einzelne Bits testen und verändern. Bits werden in einem Register oder Speicherplatz als Offset adressiert. Das niederwertigste Bit in einem Operanden wird Bit 0 genannt. Das höchstwertige Bit im niederwertigen Byte ist Bit 7, und das niederwertigste Bit des nächsten Bytes ist Bit 8. Abbildung 2.7 stellt die Bits in einem Register und im Speicher dar. Wenn sich der Operand im Speicher befindet, können auch negative Bit-Offsets verwendet werden. Bit -1 ist das Bit in dem Byte, das der Speicheradresse unmittelbar vorausgeht.

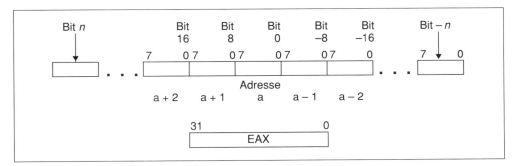

Abbildung 2.7 - Bitstrings

Byte

Das Byte ist in der 80x86-Familie die Grundeinheit für die Adressierbarkeit: Die Speicheradresse 2 steht für das dritte Byte - und nicht für das dritte DWord. Ein Byte ist eine 8-Bit-Größe, die entweder als vorzeichenbehafteter oder als vorzeichenloser Wert interpretiert werden kann. Abbildung 2.8 gibt die Struktur eines Bytes und den Wertebereich wieder, der sich damit darstellen läßt.

Abbildung 2.8 - Der Wertebereich eines Bytes

Wenn ein Byte als vorzeichenlose Zahl interpretiert wird, lassen sich Werte von 0 bis 255 darstellen. Interpretationen als vorzeichenbehaftete Zahl geschehen über das sogenannte .i.Zweierkomplement;: diese Betrachtungsweise erlaubt es, einem Byte Werte von -128 bis +128 zuzuordnen. Die Bestimmung des Wertes einer Zweierkomplement-Zahl geschieht auf folgende Weise:

1. Prüfung des höchstwertigen Bits (MSB = most significant bit). Wenn es den Wert 0 hat, handelt es sich um eine positive Zahl, die sich als vorzeichenloser Wert lesen läßt. Hat es dagegen den Wert 1, geht es um eine negative Zahl.

2. Der absolute Wert negativer Zahlen ergibt sich durch ein Komplement (d.h. dem Invertieren sämtlicher Bits) und eine nachfolgende Addition von 1.

Wir betrachten zum Beispiel den Binärwert 10111100b. Das MSB ist gesetzt und signalisiert, daß es sich um eine negative Zahl handelt. Um den absoluten Wert zu ermitteln, nimmt man das Komplement (01000011B) und addiert 1 hinzu. Das Ergebnis 01000100b ist dezimal 68: 10111100b stellt also den Wert -68 dar.

Worte

Wie zuvor definiert, sind Wörter 16-Bit-Größen. Abbildung 2.9 stellt den Wertebereich ein, der in einem Wort gespeichert werden kann. Wenn ein Wort in den Speicher geschrieben wird, wird es in zwei aufeinanderfolgenden Bytes untergebracht. Das niederwertige Byte wird in die angegebene, das höherwertige Byte in die direkt darauffolgende Speicherzelle geschrieben.

Abbildung 2.9 - Der Wertebereich eines Wortes

Wort-Werte werden in der gleichen Weise wie Byte-Werte als vorzeichenbehaftet oder vorzeichenlos interpretiert. Der einzige Unterschied besteht darin, daß Bit 15 das MSB darstellt, und daß es natürlich einen größeren Bereich möglicher Werte gibt.

DWords (Doppelworte)

DWords sind 32-Bit-Größen. Wie Bytes und Worte können sie vorzeichenbehaftet oder vorzeichenlos sein. Die zusätzlichen Bits erlauben eine Darstellung von ganzzahligen Werten, die größer als 2 Milliarden sind. Abbildung 2.10 stellt den Wertebereich für DWords und die Art und Weise dar, wie sie im Speicher gespeichert werden. Wie Worte werden auch DWords im Speicher mit dem niederwertigen Byte zuerst gespeichert. Wenn das niederwertige Byte bei Adresse m gespeichert wird, landet das höchstwertige Byte bei Adresse m+3.

Abbildung 2.10 - Der Wertebereich eines DWords

In der Computerindustrie gibt es keine Übereinstimmung über die Methode, große Werte in Bytes zum Speichern aufzuteilen. Computer wie die VAX von DEC verwenden die gleiche Technik wie der 80386. Andere, wie die IBM 370 und der Motorola 680x0 speichern die höherwertigen Bytes zuerst. Zu Ehren von Jonathan Swift werden die beiden Formate »big-endian« (Motorola) und »little-endian« (Intel) genannt. Im 80486 sind zwei Befehle zum Formatwechsel von DWords neu. Das Datenformat muß beachtet werden, wenn man Programme von einem Computer zum anderen portieren will.

QWords

QWords sind numerische Größen mit 64 Bit. Nur Fließkomma-Befehle adressieren QWord-Operanden im Speicher, wobei es zwei Ausnahmen gibt: Der 80386-Befehl zur Multiplikation zweier Werte mit 32 Bit erzeugt einen 64-Bit-Wert mit den höherwertigen 32 Bit in Register EDX und den niederwertigen 32 Bit in Register EAX. Der (ebenfalls ab dem 80386 definierte) Divisionsbefehl arbeitet mit einem 64 Bit großen Dividenden, der im gleichen Register-Format gespeichert ist.

ASCII und BCD

Im Speicher oder den Rechenregistern abgelegte Bitmuster lassen sich nicht nur als direkte numerische Werte, sondern auch auf andere Weise interpretieren. Eine dieser Interpretationsmöglichkeiten besteht aus der Zuordnung von Zeichen, wie sie im ASCII-Code festgelegt ist. (Das Kürzel ASCII steht für *American Standard of Information Interchange*, in etwa: Amerikanischer Standard-Code zum Informationsaustausch). ASCII-Werte sind 7-Bit-Daten, die in separaten Bytes (mit 8 Bits) gespeichert sind; das höchstwertige Bit hat also jeweils den Wert 0. Bei dieser Interpretation stellt beispielsweise das Binärmuster 0101011B das Pluszeichen (»+«) dar; 1010011B steht für den Buchstaben »S«, und 0110101B für die Ziffer »5«. Anhang B enthält eine Tabelle aller ASCII-Zeichen.

Eine andere Interpretationsform läuft unter dem Kürzel BCD, das für B*inary Coded Decimal* (binär codierte Dezimal[ziffern]) steht. Dabei geht es um Darstellungen von Dezimalziffern im Binärformat. Das Kodieren einer Dezimalziffer erfordert 4 Bit. Da die Verwendung von nur 4 Bit in einem Byte uneffektiv ist, werden in einem einzelnen Byte oft zwei BCD-Ziffern gespeichert. Diese Darstellung wird *Packed BCD* genannt. Abbildung 2.11 stellt dar, wie Werte in BCD-Schreibweise gespeichert werden.

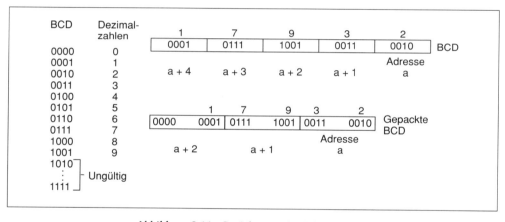

Abbildung 2.11 - Speicherung im BCD-Format

Da weder ASCII noch BCD eine fixe Anzahl von Bytes vorschreiben (wie es bei Worten, DWords usw. der Fall ist), lassen sich diese Formate zur Speicherung beliebig großer bzw. beliebig genauer Werte verwenden. Die Prozessoren 80386 und 80486 unterstützen ASCII- und BCD-Arithmetik durch die Befehle Decimal Adjust und ASCII Adjust. ASCII- und BCD-Arithmetik werden in Kapitel 4 behandelt.

Der Registersatz

Zusätzlich zum Implementieren der Logik, die dem Ausführen von Befehlen dient, haben der 80386 und der 80486 auf dem Chip Speicherbereiche, die Register genannt werden. Da sie sich innerhalb der CPU befinden, kann auf Operanden in Registern viel schneller zugegriffen werden als in einem externen Speicher. Die allgemeinen Register werden verwendet, um Operanden zu speichern, auf die oft zugegriffen wird. Andere Register enthalten spezielle Werte, die bestimmte Verhaltensweisen des Prozessors festlegen.

Der Registersatz ist in fünf Klassen unterteilt: die allgemeinen Register, die zur Datenspeicherung und für rechentechnische Aufgaben genutzt werden; Segment-Register, die die Speicheradressierung beeinflussen; Schutzregister, die das Betriebssystem unterstützen; Steuerregister, die das Verhalten des Prozessors verändern; und Debug- und Test-Register, die entsprechend ihren Bezeichnungen verwendet werden.

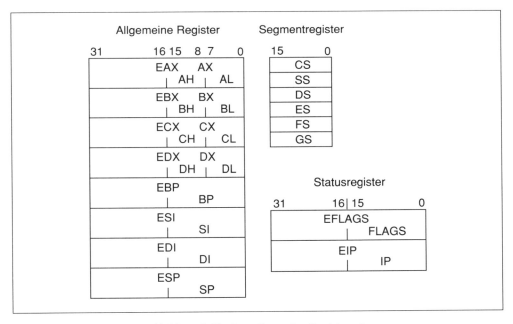

Abbildung 2.12 - Der allgemeine Registersatz

Allgemeine Register

Die allgemeinen Register werden, wie in Abbildung 2.12 dargestellt, EAX, EBX, ECX, EDX, ESI, EDI, EBP und ESP genannt. Im allgemeinen kann jeder beliebige Befehl jedes beliebige Register außer ESP verwenden und zwar entweder als einen Operanden oder als einen Zeiger auf einen Operanden im Speicher. Ausnahmen von dieser Regel werden in Kapitel 4 im Rahmen der Befehlsreferenz behandelt.

In der 80x86-Familie lassen sich Teile dieser Register separat adressieren. Auf welchen Teil eines Registers zugegriffen wird, hängt davon ab, ob der Prozessor 8-Bit-, 16-Bit- oder 32-Bit-Operationen ausführt. Jeder Registerbereich hat einen eigenen Namen. Zum Beispiel ist EAX der Name eines der 32-Bit-Register. Die niedrigeren 16 Bits werden mit AX adressiert, von denen wiederum die 8 niederwertigen Bits mit AL und die höherwertigen 8 Bits mit AH adressiert werden. Diese Namen sind aus der vorhergehenden Generation von Mikroprozessoren, den 8080 und 8086, übernommen worden. Beim 80386 wurde der Registersatz des 80286 auf 32 Bit erweitert - und zwar auf dieselbe Weise, wie beim 8086 und beim 80286 die 8-Bit-Register des 8080 auf 16 Bit erweitert wurden. Beim 80486 wurden keine Veränderungen im Registersatz eingeführt. Abbildung 2.13 enthält eine Darstellung der Registererweiterungen.

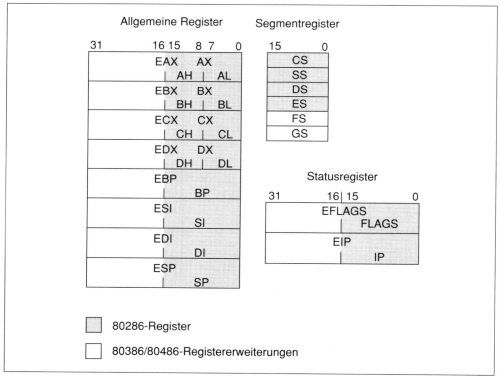

Abbildung 2.13 - Register des 80286 und des 80386 im Vergleich

Zwei zusätzliche Register speichern Statusinformationen über den aktuellen Befehlsstrom. Das Register EIP enthält die Adresse des aktuell ausgeführten Befehls, und das Register EFLAGS enthält eine Anzahl von Feldern, die sich auf verschiedene Befehle beziehen.

Wie die anderen Register haben EIP und EFLAGS ebenfalls 16-Bit-Komponenten: IP und FLAGS. Die 16-Bit-Formen dieser Register werden im virtuellen 8086-Modus und in für den 80286 geschriebenem Code verwendet.

EFLAGS-Register

Die Struktur des EFLAGS-Registers sieht wie folgt aus:

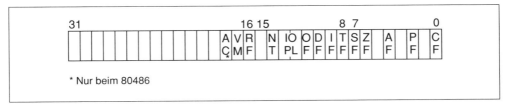

Abbildung 2.14 - Das Register EFLAGS. Das Bit AC ist eine Erweiterung des 80486

AC - Alignment Check: Dieses Bit existiert nur im 80486. Wenn es gesetzt ist, erwartet der 80486, daß alle Speicheradressierungen geradzahlig bzw. auf DWord-Grenzen ausgerichtet sind. In diesem Fall wird die zum Bearbeiten von Operanden notwendige Zahl von Zyklen auf dem minimal möglichen Wert gehalten. Durch die Art und Weise wie das Bus-Interface arbeitet, muß ein 32-Bit-Operand mit einer Adresse beginnen, die durch 4 teilbar ist - ansonsten sind zwei zusätzliche Speicherzyklen zum Lesen bzw. Schreiben erforderlich. Wenn AC zurückgesetzt ist, wird der 80486 trotz der Geschwindigkeitseinbußen einfach die notwendigen Zyklen ausführen und sich damit in derselben Weise wie ein 80386 verhalten.

Das AC-Bit ist ausschließlich für Prüfungen gedacht: Falls es gesetzt ist, reagiert der Prozessor auf »krumme« Speicheradressen mit einem INT 17h und zeigt so an, daß das laufende Programm die Möglichkeiten des Prozessors noch nicht optimal ausnutzt. Dieser Prüfmechanismus greift nicht nur für DWords, sondern auch für Objekte mit 16 Bit, d.h. bezieht 80286-kompatible Selektor/Offsetpaare mit ein. Fließkommazahlen mit doppelter und erweiterter Genauigkeit müssen an Speicheradressen ausgerichtet werden, die durch 8 teilbar sind. (Beachten Sie: Das AC-Bit gilt nur für Anwenderprogramme, deren Code auf Privilegstufe 3 ausgeführt wird.)

VM - Virtueller 8086-Modus: Wenn dieses Bit gesetzt ist, befindet sich der Prozessor im virtuellen 8086-Modus, d.h. führt ein für den 8088 geschriebenes Programm aus. Die mit dem virtuellen 8086-Modus verbundenen Probleme werden in Kapitel 7 behandelt. Anwendungen können das VM-Bit nicht verändern, und Befehle, die EFLAGS verändern, lassen das VM-Bit unverändert. Nur ein Task-Wechsel oder ein Interrupt/Interrupt-Return können das VM-Bit ändern.

RF - Resume Flag: Dieses Bit kontrolliert, ob während der Ausführung eines Befehls ein Debug-Fehler erzeugt werden kann. Wenn während der Programmausführung eine Ausnahmebedingung auftritt, legt der Prozessor die CS-, EIP- und EFLAGS-Register auf dem Stack ab und führt einen Sprung zum entsprechenden Exception-Handler aus. In dem auf dem Stack abgelegten EFLAGS-Register wird das Bit RF gesetzt, das der Prozessor beim Rücksprung zum unterbrochenen Befehl deshalb auch in gesetzter Form in das EFLAGS-Register übernimmt. Da Debug-Interrupts bei gesetztem RF-Bit gesperrt sind, wird so verhindert, daß ein Befehl rekursive Interrupts auslöst. Andere Fehler (wie z.B. Paging-Fehler oder Schutzverletzungen) werden wie üblich behandelt. Debug-Exceptions haben gegenüber allen anderen Ausnahmebedingungen des 80386/80486 Vorrang. Wenn also ein Befehl Mehrfachfehler verursacht, löst nur der erste dieser Fehler einen Transfer zum Debug-Handler aus. Der Prozessor löscht das RF-Bit nach Ausführung des unterbrochenen Befehls. Kapitel 5 enthält eine detailliertere Abhandlung der Ausnahmebedingungen und der Debugging-Unterstützung.

NT - Nested-Task-Flag: Dieses Bit wird durch einen Task-Wechsel (via CALL, Interrupt oder Trap) gesetzt und signalisiert im gesetzten Zustand, daß ein Zurückschalten zur vorherigen Task via IRET möglich ist. Task-Wechsel werden in Kapitel 5 näher behandelt.

IOPL - I/O-Privilege Level: Dieses 2-Bit-Feld legt fest, welche Privilegstufe (0..3) zum Ausführen von I/O-Befehlen notwendig ist. Obwohl dieser Wert im EFLAGS-Register gespeichert ist, läßt er sich nur auf eine einzige Art und Weise verändern: durch die Befehle POPF bzw. POPFD eines Programms, das seinerseits auf Privilegstufe 0 arbeitet.

Die aktuelle Privilegstufe (CPL = Current Privilege Level) muß zur Ausführung der folgenden Befehle kleiner oder gleich dem Wert von IOPL sein: IN, INS, OUT, OUTS, CLI oder STI. Routinen, die aufgrund einer entsprechenden Kombination dieser beiden Werte das Recht haben, I/O-Befehle auszuführen, werden als *I/O-Privilegiert* bezeichnet.

OF - Overflow-Flag: Dieses Bit wird gesetzt, wenn das Ergebnis einer arithmetischen Operation zu groß oder zu klein für das Zielregister bzw. die Zieladresse ausfällt. Solange es um vorzeichenbehaftete Werte geht, nimmt der Prozessor für das Ziel einer Operation sozusagen ein Bit weniger Platz an als eigentlich vorhanden ist, um ein eventuelles Vorzeichen-Bit noch mit unterbringen zu können. Konsequent ist das OF-Flag bei vorzeichenlosen Rechenoperationen ohne Bedeutung:

```
MOV AL,127    ; der in einem vorzeichenbehafteten Byte maximal mögliche Wert
ADD AL,2      ; Ergebnis wäre 129. Vorzeichenbehaftet = 81h = -127 => OF = 1
              ; Vorzeichenlos ist 129 dagegen völlig OK
```

Der Registersatz

```
MOV CX,-35000    ; CX = 7748h, OF = 0
SUB CX,7002      ; Ergebnis wäre 5BEEh, d.h. mit Vorzeichen 42002 => OF = 1
                 ; sollte eigentlich -42002 (FFFF5BEEh in ECX) sein
```

DF - Direction-Flag: Dieses Bit verändert das Verhalten folgender String-Befehle: MOVS, STOS, LODS, CMPS, SCAS, INS und OUTS. Wenn DF 0 ist, arbeiten diese String-Befehle mit aufsteigenden Adressen; ist dieses Flag dagegen gesetzt, wird in Richtung absteigender Adressen gesucht bzw. kopiert. Der Befehl STD setzt das DF-Flag, der Befehl CLD löscht es.

IF - Interrupt-Enable-Flag: Wenn dieses Bit gesetzt ist, reagiert der Prozessor auf Hardware-Interrupts; ist es dagegen gelöscht, werden Interrupt-Anforderungen über die Hardware des Systems ignoriert. Beachten Sie, daß das IF-Flag keinen Einfluß auf den NMI-Interrupt hat (der exakt aus diesem Grund seinen Namen Non-Maskable, d.h. »nicht maskierbar« trägt). Der Prozessor reagiert immer auf Fehler (Ausnahmen) und Software-Interrupts, unabhängig davon, ob das IF-Bit gesetzt ist oder nicht.

Mit dem Befehl STI läßt sich das IF-Flag setzen, der Befehl CLI löscht es. Weitere Möglichkeiten zur Veränderung bestehen im Befehl IRET (der das EFLAGS-Register vom Stack liest) und den Befehlen POPF sowie POPFD; sie verändern das Interrupt-Enable-Flag allerdings nur, wenn die sie ausführende Routine I/O-Privileg hat.

TF - Trap-Flag: Dieses Flag ist ausschließlich für die Fehlersuche in Anwendungsprogrammen vorgesehen: Wenn es gesetzt ist, löst der Prozessor nach dem Ausführen jedes Befehls selbständig einen INT 03h aus. Debugger, die dieses Flag setzen, können Programme in Einzelschritten ausführen. Die Debugging-Fähigkeiten der 80386-Familie werden in Kapitel 5 behandelt.

SF - Sign-Flag: Dieses Flag gibt nach der Ausführung arithmetischer Befehle das Vorzeichen wieder. Es stellt eine Kopie des höchstwertigen Bits des Ergebnisses dar, d.h. ist für negative Werte gesetzt, und für positive Werte gelöscht:

```
MOV EDX,-1       ; SF durch MOV nicht verändert
ADD EDX,3        ; EDX = 2 (positiv) => SF = 0
NEG EDX          ; EDX = -2 (negativ) => SF = 1
```

ZF - Zero-Flag: Dieses Flag wird gesetzt, wenn das Ergebnis einer arithmetischen Operation der Wert 0 ist.

```
MOV AL,0         ; ZF durch MOV nicht verändert
OR  AL,AL        ; AL unverändert, ZF = 1
```

AF - Auxiliary-Carry-Flag: Dieses Bit zeigt an, daß bei einer arithmetischen Operation ein Übertrag zwischen den unteren und den oberen vier Bits (»Nibbles«) eines Registers stattgefunden hat. Es wird vor allem bei ASCII- und (»packed«) BCD-Befehlen verwendet. Das folgende Beispiel basiert auf der Annahme, daß die Ziffern »4« und »7« in Form ihrer ASCII-Codes dargestellt werden:

```
MOV AL,'4'    ; Ziffer 4 (ASCII-Code 34h). AF durch MOV nicht verändert
ADD AL,'7'    ; plus 7 = '11', d.h. Übertrag notwendig => AF = 1
AAA           ; ASCII Adjust => AL = 1, AH = AH + 1
```

PF - Parity-Flag: Dieses Flag wird gesetzt, wenn das Ergebnis einer arithmetischen Operation eine durch zwei teilbare Anzahl gesetzter Bits enthält (»gerade Parität«). In früheren Zeiten wurde es hauptsächlich für die Paritätsprüfung bei der Datenfernübertragung eingesetzt, wobei dieses Prüfverfahren inzwischen allerdings stark an Bedeutung verloren hat.

```
MOV AL,91h    ; PF durch MOV nicht verändert
ADD AL,05h    ; AL = 96h = 10010110b, PF = 1
```

CF - Carry-Flag: Dieses Flag wird gesetzt, wenn eine arithmetische Operation einen Übertrag erforderlich macht. Die Funktion des Carry ähnelt der des Overflow-Flags - nur daß es hier um vorzeichenlose Werte geht.

```
MOV AL,127    ; CF durch MOV nicht verändert
ADD AL,2      ; AL = 129, OF = 1, CF = 0
ADD AL,129    ; Ergebnis 0102h: AL = 02h, CF = 1 (Übertrag)
ADC AH,0      ; AH = AH + 1 bei gesetztem Carry

MOV AL,3      ; CF durch MOV nicht verändert
SUB AL,4      ; AL = 0FFh, CF = 1 (Übertrag, "Borrow")
SBC AH,0      ; AH = AH - 1 bei gesetztem Carry
```

Segmentregister

Die in den Segmentregistern enthaltenen Werte bestimmen, welche Speicherbereiche ein Programm verwendet. Vier der insgesamt sechs Segmentregister werden für bestimmte Zwecke verwendet, die anderen beiden stehen als Zeiger auf beliebige Speicherbereiche zur Verfügung. Die Register CS, DS, SS und ES wurden vom 80286 übernommen und haben die gleichen Funktionen wie dort. Zwei zusätzliche Register FS und GS wurden für den 80386 eingeführt und sind auch im 80486 zu finden.

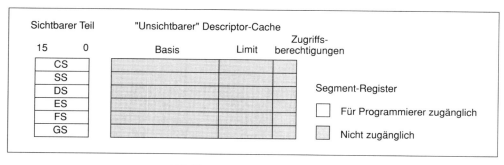

Abbildung 2.15 - Segmentregister

Mit den Segmentregistern ist ein Deskriptor-Cache verbunden, der die Anfangsadresse des Speichersegmentes und andere relevante Daten enthält. Einzelheiten über die Beziehung zwischen Segmenten und Speicheradressen finden Sie in Kapitel 3. Der Deskriptor-Cache für Segmentregister ist Programmierern lediglich indirekt zugänglich. Nur auf den 16-Bit-Registerteil kann direkt zugegriffen werden. Abbildung 2.14 stellt die Segmentregister und den internen Deskriptor-Cache dar.

Register für den Protected Mode

Für den Betrieb im Protected Mode definieren der 80386 und der 80486 vier weitere Register, die in Abbildung 2.16 dargestellt sind.

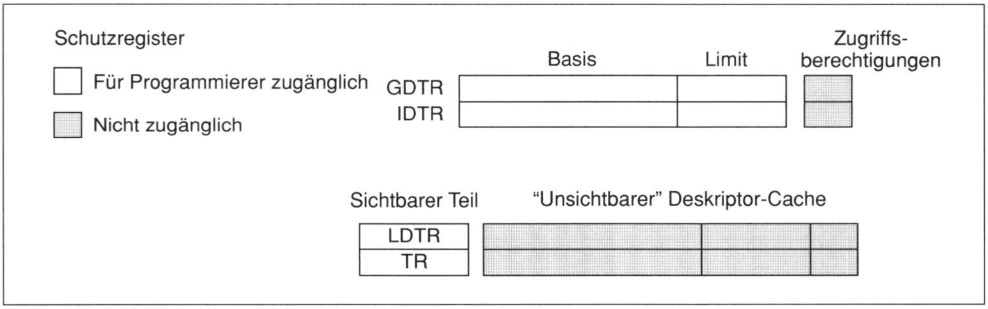

Abbildung 2.16 - Register für den Protected Mode

Die Bezeichnungen dieser Register und ihre sinngemäße Übersetzung:

GDTR - Global Descriptor Table Register - Segmentregister für die globale Deskriptor-Tabelle (GDT)

IDTR - Interrupt Descriptor Table Register - Segmentregister für die Interrupt-Tabelle

LDTR - Local Descriptor Table Register - Segmentregister für die jeweils aktuelle lokale Deskriptor-Tabelle

TR - Task Register - Segmentregister für den Status des jeweils im Vordergrund laufenden Prozesses

Die Register GDTR und IDTR enthalten die Startadressen der GDT bzw. IDT in linearer Form zusammen mit der Größe dieser Tabellen bzw. dem gültigen Größenlimit.

Die Register LDTR und TR sind in derselben Weise wie die Segmentregister strukturiert: Ihr Inhalt setzt sich aus einem Selektor mit 16 Bit und einem (für den Programmierer nicht verfügbaren) Deskriptor-Cache zusammen. Das Register LDTR enthält einen Selektor für einen LDT-Deskriptor, das Register TR enthält einen Selektor für den TSS-Deskriptor (Task State Segment = Task-Status-Segment) des aktuell ausgeführten Prozesses. Details zu diesen Tabellen finden Sie in Kapitel 5.

Steuerregister

Im Prozessor 80386 sind die Steuerregister für die Paging-Mechanismen und die Zusammenarbeit mit einem numerischen Coprozessor zuständig, im 80486 läßt sich dort zusätzlich die Arbeitsweise des chipinternen Caches beeinflussen. Diese Register lassen sich nur über Befehle der Form MOV CTx, <Register> verändern, wobei das ausführende Programm auf Privilegstufe 0 laufen muß. Die folgende Liste stellt einen Abriß der einzelnen Funktionen dar, zu denen Sie in den Kapiteln über Paging und Coprozessoren weitere Details finden.

CR0 - Control Register (Steuerregister) 0

Das folgende Diagramm zeigt den Inhalt von Steuerregister 0. Die Befehle LMSW und SMSW ermöglichen den Zugriff auf die 16 niederwertigen Bit von CR0 als Maschinenstatus-Wort.

```
 31 30 29              18 16 15           8 7   5 4 3 2 1 0
 P C N                  A  W                   N E T E M P
 G D W                  M  P    Reserviert     E T S M P E   CR0
```

Abbildung 2.17 - Das Register CR0

PG - Paging: Durch das Setzen dieses Bits wird der Paging-Mechanismus aktiviert. Üblicherweise übernimmt das das Betriebssystem als Teil seiner Initialisierung. Details zum Thema Paging finden Sie in Kapitel 6.

CD - Cache Disable: Dieses Bit ist nur im 80486 definiert und sorgt dort im gesetzten Zustand für ein »Einfrieren« des Cache-Inhalts: Bereits im Cache enthaltene Werte werden auch weiterhin aus diesem Zwischenspeicher gelesen, ein »Cache Miss« - also Zugriffe auf Speicherzellen, deren Werte nicht im Cache gespeichert sind - führen aber nicht zu einer automatischen Aktualisierung (und ggf. dem Hinauswurf anderer Werte). Im Normalzustand ist dieses Bit gelöscht, d.h. es findet eine automatische Aktualisierung des Cache-Inhalts statt. Um den Cache komplett abzuschalten, muß neben dem CD-Bit auch das NW-Bit gesetzt und danach der Cache über den Befehl INVD entleert werden.

NW - No Write Through: Dieses Bit ist ebenfalls nur im 80486 definiert und wird dort normalerweise auf den gleichen Wert wie CD gesetzt. Im gesetzten Zustand verhindert es die automatische Aktualisierung des Caches bei Schreibaktionen des Prozessors. Die Kombination CD = 1 / ND = 0 bewirkt, daß der Cache-Inhalt bei Schreibaktionen aktualisiert wird, bei Leseaktionen aber unverändert bleibt.

AM - Alignment Mask: Dieses Bit ist nur im 80486 definiert und stellt sozusagen den Einschalter für das Flag »Alignment Check« im Register EFLAGS dar: Prüfungen der Ausrichtung von Speicheroperanden (und eventuell dadurch ausgelöste Interrupts) finden nur statt, wenn sowohl das AC-Bit in EFLAGS als auch das AM-Bit in CR0 gesetzt ist. Wenn AM zurückgesetzt ist, ignoriert der Prozessor den Zustand des AC-Bits.

WP - Write Protect: Dieses Bit ist nur im 80486 definiert und beeinflußt dort das Verhalten der Paging-Einheit. Solange es zurückgesetzt ist, verhält sich der 80486 bei Schreiboperationen genauso wie der 80386. Ist es dagegen gesetzt, kommt eine zusätzliche Prüfung hinzu: Schreibaktionen auf als »Read only« gekennzeichneten Speicherseiten lösen in diesem Fall auch dann einen Schutzfehler aus, wenn das schreibende Programm auf Privilegstufe 0 arbeitet. Weitere Details finden Sie in Kapitel 6.

NE - Numerics Exception: Dieses Bit ist nur im 80486 definiert und legt dort fest, in welcher Weise der Prozessor auf Fließkomma-Ausnahmezustände reagiert. Wenn es gesetzt ist, löst der Prozessor bei unmaskierten Fließkomma-Fehlern wie der 80386 einen INT 16 aus; ist es zurückgesetzt, dann schaltet der Prozessor in einen »DOS-kompatiblen« Modus um und reagiert auf derartige Fehler mit einem INT 13.

ET - Extension Type: Dieses Bit gibt an, ob ein numerischer Coprozessor installiert ist oder nicht. Konsequent ist es beim 80486 durchgehend gesetzt; bei den Prozessormodellen 80486SX, 80386DX und 80386SX findet dagegen als Teil des Startprozesses eine entsprechende Prüfung statt, deren Ergebnis sich im ET-Bit widerspiegelt. Der 80836 unterscheidet hier zwischen den Coprozessortypen 80387 und 80287: für den 80387 wird das ET-Bit gesetzt (und ein Protokoll mit 32 Bit zur Kommunikation verwendet), in Kombination mit einem 80287 bleibt es zurückgesetzt, der Prozessor verwendet ein 16-Bit-Protokoll. (Ein zurückgesetztes ET-Bit steht beim 80386 also entweder für »System mit 80287« oder für »System ohne Coprozessor«.)

TS - Task Switched: Dieses Bit wird durch Task-Wechsel gesetzt und bewirkt in diesem Zustand das Auslösen eines Interrupts durch Coprozessor-Befehle. Multitasking-Betriebssysteme können diesen Interrupt mit einer Routine besetzen, die den Status des numerischen Coprozessors sichert. Auf diese Weise läßt sich bei Task-Wechseln eine Menge Zeit einsparen: Das Zwischenspeichern des Coprozessor-Status macht das Schreiben von rund 100 Bytes erforderlich und geschieht nur, wenn es auch wirklich notwendig ist (d.h. die neue Task den Coprozessor auch tatsächlich benutzt).

EM - Emulate Math Coprocessor: Wenn dieses Bit gesetzt ist, reagiert der Prozessor auf Fließkomma-Befehle mit einem Interrupt. Ein Betriebssystem kann diesen Interrupt mit einer eigenen Routine besetzen, die entweder den Coprozessor eines anderen Herstellers steuert oder die notwendigen Rechenschritte über Unterprogramme erledigt. Sinnvoll ist das EM-Bit in erster Linie bei den Prozessortypen 80486SX, 80386DX und 80386SX, bei denen nicht *per se* von der Existenz eines Coprozessors ausgegangen werden kann: Ein Betriebssystem sollte dort als Teil des Startvorgangs prüfen, ob ein Coprozessor vorhanden ist; je nach Ergebnis dieser Prüfung kann es entweder separate Fließkomma-Routinen installieren und das EM-Bit setzen oder das EM-Bit zurücksetzen und die Abwicklung von Fließkomma-Befehlen diesem Coprozessor überlassen.

MP - Monitor Coprocessor: Dieses Bit beeinflußt die Arbeitsweise des WAIT-Befehls und ist im Detail in Kapitel 8 beschrieben.

PE - Protect Enable: Das Setzen dieses Bits schaltet den Prozessor vom Real Mode in den Protected Mode um. Normalerweise wird diese Operation vom Betriebssystem übernommen und nur einmal - nämlich als Teil des Startprozesses - ausgeführt. Im Gegensatz zum 80286 erlauben der 80386 und seine Nachfolger auch eine Umschaltung in umgekehrter Richtung, d.h. vom Protected Mode in den Real Mode zurück. Einige Betriebssysteme (wie OS/2 und Windows) verwenden diese Technik, um den Mischbetrieb von Programmen im Protected Mode und im Real Mode zu ermöglichen.

CR1 - Control Register (Steuerregister) 1

Dieses Register ist für zukünftige Mitglieder der 80x86-Familie reserviert. Es wird weder im 80386 noch im 80486 verwendet.

CR2 - Control Register (Steuerregister) 2

Dieses Register wird vom Prozessor bei einem Speicherseitenfehler mit der (linearen) Adresse des Befehls geladen, der den Fehler verursacht hat. Details dazu finden Sie in Kapitel 6 im Zusammenhang mit dem Paging-Mechanismus.

CR3 - Control Register (Steuerregister) 3

Dieses Register wird ebenfalls im Zusammenhang mit dem Paging-Mechanismus verwendet. Die 20 höherwertigen Bits stehen für die lineare Startadresse der Seitenzuordnungstabelle; die 12 niederwertigen Bits sind im 80386 reserviert und sollten dort grundsätzlich zurückgesetzt sein. Der 80486 verwendet zwei dieser Bits: Bit 3 wird als PWT bezeichnet und steuert Page Write-Through, Bit 4 trägt den Namen »Page Cache Disable« (PCD). Details dazu finden Sie in Kapitel 6.

Debug- und Test-Register

Der 80386 enthält neben acht Debug- zwei Test-Register, zu denen im 80486 weitere drei Test-Register dazukommen. Die Test-Register TR3-TR5 sind für den Cache zuständig (und deshalb nur beim 80486 definiert), die Register TR6 und TR7 ermöglichen Diagnoseprogrammen eine Funktionsprüfung des Translation-Lookaside-Buffer (TLB).

Die Debug-Register sind im Gegensatz zu den Test-Registern durchlaufend mit DR0 .. DR7 numeriert. Sie erlauben das Setzen von Haltepunkten (»Breakpoints«) *per Hardware* und eröffnen damit Möglichkeiten, die bei älteren Mitgliedern der 80x86-Familie externen Hardware-Zusätzen (»In-Ciruit Emulatoren«) vorbehalten waren. Über die Register DR0 .. DR3 wird dabei festgelegt, auf welche Adressen der Prozessor reagieren soll; das Register DR7 bestimmt, ob er beim Lesen von Daten, beim Schreiben von Daten oder beim Lesen eines Befehls von dieser Adresse einen Interrupt auslöst. Da die entsprechenden Vergleiche von der Hardware des Prozessors durchgeführt werden, sind Modifikationen des zu prüfenden Programms (wie etwa das direkte Einsetzen eines INT63h) nicht notwendig; die Ausführung des Programms geschieht in Echtzeit, d.h. ohne Geschwindigkeitseinbußen. Details zu Techniken der Fehlersuche unter Einsatz der Debug-Register finden Sie in Kapitel 5.

Fließkomma-Operationen

Eine direkte Unterstützung von Fließkommaarithmetik war in der 80x86-Familie ursprünglich nicht vorgesehen: Statt dessen bot Intel separate Bausteine an, die diese Funktionen übernehmen sollten. Der 80486 ist das erste Mitglied dieser Prozessorfamilie, bei dem eine Fließkomma-Einheit direkt auf dem Chip integriert ist. Ihr Befehlssatz entspricht zu hundert Prozent dem Coprozessor 80387, der zur Unterstützung des 80386 entwickelt wurde. Der 80386 arbeitet entweder mit dem 80387 oder dem 80287 zusammen, wobei es sich bei letzterem um einen langsameren Coprozessor mit einem 16-Bit-Interface handelt, der ursprünglich für den 80286 entwickelt wurde. Die Verarbeitungsgeschwindigkeit des 80287 beträgt etwa 320 000 Whetstones bei 10 MHz Taktfrequenz. (Ein Whetstone ist ein relativer Wert zur Messung des Durchsatzes bei Fließkomma-Operationen.) Der 80387 hat mit seinem 32-Bit-Interface natürlich einen höheren Durchsatz: Bei 16 MHz Taktfrequenz kommt er auf etwa 1 800 000 Whetstones. Er wird vom 80486 mit seinem direkt integrierten Coprozessor aber um Längen geschlagen: Denn dort lassen sich bei 25 MHz rund 4 000 000 Whetstones messen. Anhang F beschreibt die Unterschiede zwischen dem 80287 und dem 80387. Im nachfolgenden Text werde ich den Begriff NDP (»Numeric Data Processor«) verwenden, wenn auf den 80287, den 80387 oder die Fließkommafähigkeiten des 80486 Bezug genommen wird. Bei Ausnahmen werden die Prozessornamen explizit genannt.

Der NDP ist eine weitere Quelle für Parallelität im System. Sobald die Ausführungseinheit einen Fließkommabefehl erkennt, leitet sie ihn zum NDP weiter und beginnt dann ohne Verzögerung mit der Bearbeitung des nächsten Befehls - unabhängig davon, wie lang der NDP für die Ausführung »seines« Befehls benötigt. Sollte es sich bei diesem »nächsten Befehl« wieder um eine Fließkomma-Operation handeln, muß natürlich eine entsprechend lange Pause eingelegt, d.h. auf das Ende des vorangehenden Fließkomma-Befehls gewartet werden.

Ein Programm, das auf einen vom NDP berechneten und in den Hauptspeicher geschriebenen Wert aufbaut, muß sicherstellen, daß der Coprozessor seine Schreibaktion beendet hat, bevor es diesen Wert über den Prozessor erneut lesen läßt. Der Befehl FWAIT stellt die in diesen Fällen notwendige Synchronisation sicher. (Tatsächlich handelt es sich dabei um ein direktes Synonym für den Befehl WAIT, dem lediglich aus Gründen der Übersichtlichkeit der Buchstabe »F« hinzugefügt wurde, der auch allen anderen Coprozessor-Befehlen vorangeht.) Da der NDP im 80486 nicht physikalisch vom Prozessor getrennt ist, können eventuelle FWAITs bei diesem Prozessor entfallen. Der mit dieser Optimierung gewonnene Zuwachs an Geschwindigkeit ist allerdings nicht gerade berauschend - und wird überdies teuer bezahlt, weil ein ohne FWAIT arbeitendes Programm unter Umständen nicht mehr auf einem 80386 lauffähig ist.

Über das EM-Bit des Registers CR0 erlauben der 80386 und seine Nachfolger, einen numerischen Coprozessor notfalls durch Routinen eines Betriebssystems zu emulieren. Details zur Funktion dieses Bits finden Sie im vorangehenden Abschnitt.

Weitere Datenformate

Der NDP unterstützt drei Fließkomma-Formate und ein ganzzahliges BCD-Format direkt, kommt aber auch mit ganzzahligen Werten (in den Größen 16, 32 und 64 Bit) zurecht, die bereits im Zusammenhang mit dem Prozessor besprochen wurden. Abbildung 2.18 gibt einen Überblick über sämtliche numerischen Formate.

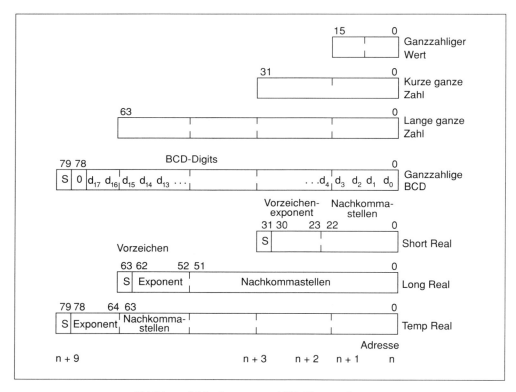

Abbildung 2.18 - Integer- und Fließkommaformate

Weitere Datenformate

Fließkommazahlen

Der NDP unterstützt drei verschiedene Fließkommaformate und erlaubt dem Programmierer so, Kompromisse zwischen dem Speicherplatzbedarf und der Genauigkeit der Ergebnisse zu machen. Das Format *Short Real* unterscheidet rund sieben Dezimalstellen und wird auch als *einfache Genauigkeit* (»Single Precision«) bezeichnet, weil ein in dieser Art gespeicherter Wert in ein einzelnes Maschinenwort von 32 Bit Länge hineinpaßt. Das Format *Long Real*, auch als *doppelte Genauigkeit* bekannt, stellt eine Fließkommazahl mit bis zu 15 Dezimalstellen dar und belegt denselben Platz wie ein doppeltes Maschinenwort (64 Bit). Das dritte Format wird *Temp* (temporär) *Real* oder *erweiterte Genauigkeit* genannt. Temporäre Fließkommazahlen sind 80 Bit lang und haben eine Genauigkeit von etwa 19 Dezimalstellen.

So wie die wissenschaftliche Schreibweise Fließkommagrößen in dezimaler Schreibweise darstellt (z.B. $4{,}74 \times 10^3$), ist das Fließkommaformat von Intel eine Art wissenschaftliche Binärschreibweise. Das allgemeine Format einer Fließkommazahl ist "$f \times 2^e$", wobei f einen Binärbruch und e den Exponenten zur Basis 2 darstellt. Numerische Werte werden hier in drei separate Felder unterteilt: das Vorzeichen, den Exponenten und den Binärbruch, der auch als *Mantisse* bezeichnet wird.

Das Vorzeichenfeld ist ein einzelnes Bit: Im gesetzten Zustand signalisiert es eine negative, im zurückgesetzten Zustand eine positive Zahl. Im Gegensatz zur Integer-Arithmetik und dem damit verbundenen Zweierkomplement macht der Vorzeichenwechsel bei Fließkommazahlen keine Umrechnung des Wertes erforderlich. Das Format ermöglicht die Darstellung von +0.0 und -0.0, was unter bestimmten Umständen sinnvoll sein kann.

Das Exponentenfeld stellt einen Multiplikator von 2^n dar. Seine Größe wird von der Genauigkeit des jeweiligen Wertes bestimmt: im Format Short Real belegt es 8 Bits, im Format Long Real 11 und im Format Temp Real 15 Bits. Um negative Exponenten (wie beispielsweise 2^{-6}) zu ermöglichen, wird im Exponentenfeld eine dem Zweierkomplement verwandte Technik benutzt: Man geht von einem voreingestellten Wert (»Bias«) aus, den der Coprozessor jeweils von dem tatsächlich gespeicherten Wert abzieht. Für das Format Short Real hat dieser »Bias« den Wert 127. Wenn das Exponentenfeld beispielsweise den Wert 130 enthält, dann ist damit letztlich der Wert $2^{130-127}$ - also 2^3 - gemeint. Im Format Long Real wird der Wert 1023, und im Format Temp Real der Wert 16383 vom jeweiligen Exponenten abgezogen. Die Werte 0 und 1 in Exponentenfeldern stehen nicht für 2^{-126} bzw. 2^{-127}, sondern werden als reserviert betrachtet: Sie signalisieren ein spezielles Format des gesamten Wertes.

Das Mantissenfeld enthält die Nachkommastellen der Fließkommazahl. Seine Größe ist ebenfalls von der Genauigkeit abhängig. Im Format Short Real belegt es 23 Bits, im Format Long Real 52 und im Format Temp Real 64 Bits. Abbildung 2.19 zeigt, wie Fließkommabrüche zu interpretieren sind. Die Mantisse wird auf zwei verschiedene Arten kodiert: im Format Temp Real enthält das entsprechende Feld den Binärbruch in der Form $s_0 s_1 s_2 ... s_{63}$, wobei s_n das Bit n der Mantisse ist.

Die Autoren des Formates IEEE-754 haben einen Trick in der Darstellung von Fließkommazahlen verwendet, um in den Formaten Short Real und Long Real eine Binärstelle einzusparen. In wissenschaftlicher Schreibweise stellen die Zahlen 40.103×10^7, 4.0103×10^8 und 0.040103×10^{10} denselben Wert dar. Für die binäre Schreibweise gilt Analoges: Das Verschieben des Bruchs um eine Stelle läßt sich durch Erhöhen bzw. Erniedrigen des Exponenten wieder ausgleichen. Da eine »mehrdeutige« Darstellung ein und desselben Wertes aber zu Problemen bei Vergleichen führen würde, entschied man sich dafür, den Binärbruch *grundsätzlich* so weit nach links zu verschieben (und den Exponenten entsprechend zu erniedrigen), bis eine binäre »1« als höchstwertiges Bit erscheint. Als Ergebnis ist die erste Binärziffer *jeder* Fließkommazahl eine »1« - und man kann sich ihre explizite Speicherung einfach sparen. Konsequent ist der Binärbruch im Format Short Real und Long Real letztlich die Wertefolge $1.s_0.s_1s_2...s_n$, wobei n bei Short den Wert 22, bei Long den Wert 51 hat.

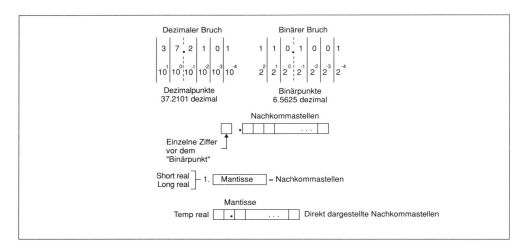

Abbildung 2.19 - Fließkommabrüche

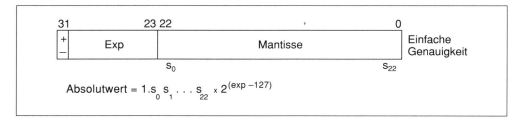

Abbildung 2.20 - Das Format Short Real

Der »Bias« hat im Format Short Real einen Wert von 127. Die Mantisse enthält ein implizites »1«-Bit an erster Stelle; sie ermöglicht eine Genauigkeit von etwa sieben Dezimalstellen. Der darstellbare Wertebereich geht von $\pm 1.18 \times 10^{-38}$ bis $\pm 3.40 \times 10^{38}$.

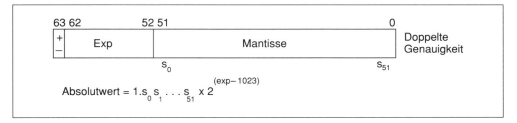

Abbildung 2.21 - Das Format Long Real

Der »Bias« hat im Format Long Real einen Wert von 1023. Die Mantisse enthält ein implizites »1«-Bit an erster Stelle; sie ermöglicht eine Genauigkeit von etwa 15 Dezimalstellen. Der darstellbare Wertebereich geht von $\pm 2.23 \times 10^{-308}$ bis $\pm 1.79 \times 10^{308}$.

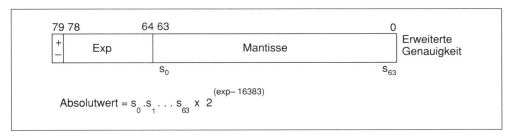

Abbildung 2.22 - Das Format Temp Real

Der »Bias« hat im Format Long Real einen Wert von 16383. Die Mantisse enthält im Gegensatz zu den beiden anderen Formaten *kein* implizites »1«-Bit; sie ermöglicht eine Genauigkeit von etwa 19 Dezimalstellen. Der darstellbare Wertebereich geht von $\pm 3.37 \times 10^{-4932}$ bis $\pm 1.18 \times 10^{4932}$.

Fließkommazahlen

Neben sich sozusagen selbst erklärenden Werten wie 3.14159 und 6.03×10^{23} bietet der NDP eine Möglichkeit zur Darstellung von Zahlen, die nur im mathematischen Sinne Werte sind - nämlich Unendlichkeiten (»Infinity«), denormalisierte Zahlen und sogenannte *NaNs*, wobei dieses Kürzel für »Not a Number« steht.

Unendlichkeiten werden unabhängig von ihrem Vorzeichen durch ein mit binären Einsern gefülltes Exponentenfeld und Mantissen dargestellt, die ihrerseits den Binärbruch 1.0 enthalten. Beachten Sie, daß 1.0b im Format Short und Long Real aufgrund des impliziten »1.« schlicht aus einer durchgehenden Folge zurückgesetzter Bits besteht; im Format Temp Real handelt es sich dagegen um die Binärzahl 10000000...0b.

Der Terminus »denormalisiert« steht für Zahlen, die »zu klein« für das jeweils gewählte Format sind. Sie werden durch einen Exponenten von 0 und einen Binärbruch dargestellt, der abweichend von den sonstigen Konventionen *keine* implizit führende »1« hat. Eine Fließkommazahl, die sowohl einen Exponenten mit 0 als auch eine Mantisse mit 0 hat, stellt den Wert 0.0 dar.

»Not a Number«-Werte stehen für Ergebnisse mathematisch nicht definierter Operationen sowie lediglich qualitativ definierte Werte. Sie sind auf zweierlei Weise gekennzeichnet: durch ein Exponentenfeld, das ausschließlich aus gesetzten Bits besteht, und durch eine Mantisse mit einem anderen Wert als »Unendlich«. Bei NaNs wird zwischen den Varianten »quiet« und »signaling« unterschieden: Eine signalisierende NaN hat einen Bruch der Form 1.0xxx...xB, wobei x irgendeinen Bitwert darstellt, und löst einen Interrupt aus, sobald sie als Operand verwendet wird. Beachten Sie, daß der durch das x dargestellte Binärwert nicht Null sein kann, da dieser Wert für Unendlich reserviert ist. Signalisierende NaNs können nicht vom NDP erzeugt werden - sie lassen sich aber vom Programmierer definieren, der damit irgendeine bestimmte Ausnahmebedingung erzeugen will. »Ruhige« NaNs werden über das Format 1.1xxxxxB dargestellt (wobei auch hier wieder gilt, daß die führende »1« bei Short und Long Reals implizit ist). Derartige NaNs sind das Ergebnis mathematisch undefinierter Operationen. Jeder Befehl, der einen der beiden Typen von NaN als Operanden erhält, erzeugt als Ergebnis wiederum eine NaN.

Die folgende Tabelle faßt zusammen, welche Kombinationen von Exponenten und Mantissen der Coprozessor als spezielle Werte betrachtet:

Vorzeichen	Exponent	Bruch	Wert
x	11...11B	1.1xx...xxB	ruhige NaN
x	11...11B	1.0xx...xxB	signalisierende NaN
x	11...11B	1.00...0b	Unendlich
x	00...00b	0.xxxxxxB	denormalisierte Zahl
x	00...00b	0.00...0b	Null

Das Zeichen *x* soll hier andeuten, daß der aktuelle Wert des jeweiligen Bits keine Rolle für die Klassifizierung spielt. (Eine gewisse Ausnahme stellen signalisierende NaNs dar, bei denen zumindest eines der hier als *x* bezeichneten Bits in der Mantisse gesetzt sein muß). Es sei noch einmal daran erinnert, daß das führende »1«-Bit nur im Format Temp Real tatsächlich vorhanden ist. Denormalisierte Zahlen existieren nur in den Formaten Short und Long Real, sie werden dort durch den Exponentenwert 0 erkannt.

Binärcodierte Dezimalzahlen

Der andere neue Datentyp, den der NDP unterstützt, ist eine gepackte ganzzahlige Dezimalzahl mit 18 Ziffern, die in 10 aufeinanderfolgenden Bytes gespeichert wird. Das höchstwertige Bit wird als Vorzeichen interpretiert, wobei wie üblich der Wert 0 für eine positive, der Wert 1 für eine negative Zahl steht. Die restlichen sieben Bits des höchstwertigen Bytes bleiben unbenutzt; die darauffolgenden 9 Bytes enthalten jeweils zwei BCD-Ziffern.

79	72 71	64 63	56 55	48 47	40 39	32 31	24 23	16 15	8 7	0
s	0	d d	d d	d d	d d	d d	d d	d d	d d	d d

Abbildung 2.23 - BCD-Format

Der Wertebereich von BCD-Zahlen geht von 0 bis ±999 999 999 999 999 999. Programmierer, die mit BCD-Zahlen arbeiten, lassen in einigen Fällen Interrupts bei Rundungen zu, d.h. setzen das PM-Bit und das Bit 5 im Steuerwort entsprechend). Der Grund dafür liegt darin, daß das BCD-Format vor allem in der Finanzmathematik eingesetzt wird - und dort kommt es im höchsten Maße darauf an, Rundungsverluste zu vermeiden.

Der NDP-Registersatz

Der NDP enthält 8 Fließkommaregister mit je 80 Bits sowie einige Status- und Steuerregister. Fließkomma-Operationen verwenden diese Register anstelle der allgemeinen Register des 80386 bzw. 80486.

Im Gegensatz zu den allgemeinen Registern des 80386/80486 werden die Rechenregister des Coprozessors in der Art eines Stacks adressiert. Welches der Register die momentane Spitze des Stacks darstellt, wird durch einen Zähler im Statuswort-Register festgelegt; dieses Register ist über den Bezeichner ST (oder ST(0)) erreichbar. Das direkt »darunterliegende« (als vorletztes geladene) Register erhält die Bezeichnung ST(1), das darauffolgende Register die Bezeichnung ST(2) usw.

Diese Adressierung läßt sich am einfachsten anhand eines Beispiels erläutern. Nehmen wir also an, daß Abbildung 2.25 (auf der übernächsten Seite) den Anfangszustand des NDP zeigt. Register 2 stellt dort die momentane Spitze des Stacks dar, enthält aber momentan keinen Wert. (Der 80387 definiert ein sogenanntes Tag-Register, das für jedes der Rechenregister 2 Bits definiert, die ihrerseits für den aktuellen Zustand stehen).

Die einzelnen Grafiken in Abbildung 2.25 zeigen die Belegung der Register und den Stack bei der Berechnung des Polynoms y = $3x^2-7x+4$ durch das folgende Code-Fragment:

```
x       DD  ?           ; kurze reelle Variable »x«
y       DD  ?           ; Rechenergebnis
const   DW  ?           ; für Integer-Konstanten

        FLD x           ; x auf den Stack (2.24a)
        FLD ST(0)       ; und kopieren (2.24b)
        FMUL ST(0)      ; x^2 (2.24c)
        MOV const,3     ; ganzzahliger Multiplikator 3
        FIMUL const     ; Stack-Spitze (ST(0)) mit 3 multiplizieren (2.24d)
        MOV const,7     ; ganzzahlige Konstante 7
        FILD const      ; Integer 7 -> Stack-Spitze (2.24e)
        FMULP ST(2),ST  ; ST(2) = x * 7, pop ST (2.24f)
        FSUBRP ST(1),ST ; ST(1) = ST - ST(1), pop ST (2.24g)
        MOV const,4     ; ganzzahlige Konstante
        FIADD const     ; 3x^2 - 7x + 4 (2.24h)
        FSTP  y         ; Ergebnis speichern, pop ST(1) (2.24i und j)
```

Welches NDP-Register über ST(n) angesprochen wird, ist also von der momentanen Stack-Spitze abhängig, die ihrerseits im Statuswort des Coprozessors (Feld TOP) verzeichnet ist. Der folgende Abschnitt erläutert die restlichen Bits dieses Registers.

Abbildung 2.24 - Die Register des 80387

Weitere Datenformate

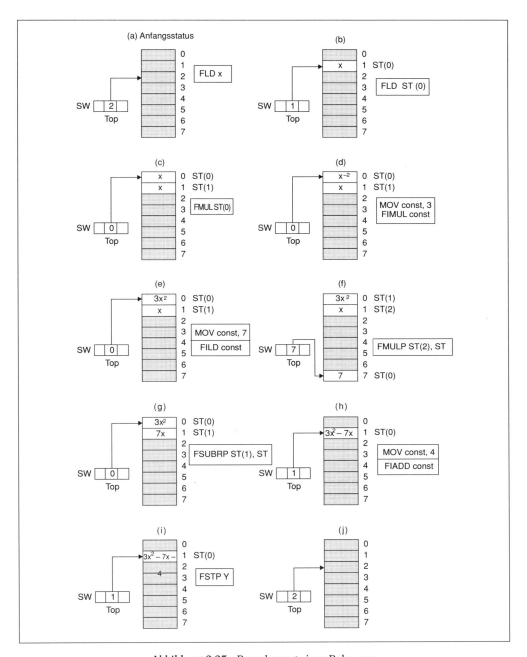

Abbildung 2.25 - Berechnung eines Polynoms

Statuswort-Register

Das Statuswort-Register kann wie folgt dargestellt werden:

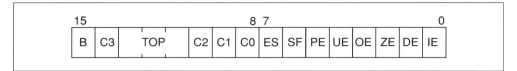

Abbildung 2.26 - Das Statuswort-Register

B - Busy (»beschäftigt«): Dieses Bit ist gesetzt, wenn der NDP einen Befehl ausführt oder sich in einer Behandlungsroutine für unmaskierte Ausnahmebedingungen (siehe Bits 0 bis 5 des Statuswortes) befindet. Über den Befehl FNSTSW AX läßt sich das gesamte Statusregister kopieren und danach das Busy-Bit prüfen.

C3, C2, C1, C0 - Condition Codes (Bedingungscodes): Diese Bits werden durch Vergleiche und Prüfungen des Coprozessors gesetzt. Details zu den dabei entstehenden Bitkombinationen finden Sie in Kapitel 9 im Zusammenhang mit den jeweiligen Befehlen.

TOP - Top Of Stack (Stack-Spitze): Die drei Bits dieses Feldes sind als Wert im Bereich von 0 bis 7 zu interpretieren und geben an, welches Rechenregister der Coprozessor momentan als ST(0) betrachtet. Das Laden von Werten erniedrigt diesen Zähler, das Speichern von Werten zusammen mit einem POP erhöht ihn. Da lediglich drei Bits zur Indizierung verwendet werden, geschieht die Adressierung sozusagen ringförmig: wenn momentan beispielsweise das Rechenregister 0 die Stack-Spitze darstellt, setzt der Befehl FLD x den Zähler auf 7.

ES - Error Summary (Fehlerübersicht): Dieses Bit wird durch jede unmaskierte Ausnahmebedingung gesetzt und zeigt an, daß *irgendein* Fehler geschehen ist. Um welche Art von Ausnahme es letztlich geht, muß über eine Prüfung der Bits 0 bis 5 des Steuerregisters ermittelt werden. (Das Maskieren von Ausnahmebedingungen geschieht über das Masken-Register).

SF - Stack Fault (Stackfehler): Dieses Bit wird gesetzt, wenn der NDP einen Überlauf (mehr als acht Operanden) oder einen Unterlauf (POP eines nicht besetzten Registers) feststellt. Da das entsprechende Feld im 80287 undefiniert ist, sollte es erst nach gründlicher Prüfung des Coprozessor-Typs ausgewertet werden. (Stackfehler erzeugen die Ausnahmebedingung »Invalid Operation«, d.h. setzen das IE-Bit des Statusregisters.)

Die Bits 0 bis 5 des Statuswortes signalisieren Ausnahmebedingungen des Coprozessors und machen einen kurzen Abriß der allgemeinen Mechanismen erforderlich. Wenn eine Rechenoperation in irgendeiner Hinsicht Ungewöhnliches ergibt, reagiert der NDP mit zwei Schritten: dem Setzen des entsprechenden Flags und einer Prüfung, ob das im

Steuerwort-Register mit diesem Flag korrespondierende Bit gesetzt ist oder nicht. Ist es nicht gesetzt, gilt die Ausnahmebedingung als »nicht maskiert« - und der Coprozessor löst einen Interrupt aus.

Flags für Ausnahmebedingungen sind überdies eine Art Einbahnstraße: Nachdem sie einmal gesetzt sind, bleiben sie in diesem Zustand, bis das Programm das Statusregister explizit zurücksetzt. Aus diesem Grund kann ein Programm mehrere Operationen hintereinander ausführen und erst dann die Ausnahmebits prüfen. (Die Alternative wäre eine Prüfung nach jeder einzelnen Operation).

PE - Precision Exception (Genauigkeits-Ausnahme): Dieses Flag wird gesetzt, wenn der NDP das Ergebnis eines Fließkommabefehls nicht exakt darstellen kann. Ein Bruch wie 1/3 läßt sich beispielsweise weder dezimal noch binär exakt darstellen: Im ersten Fall ergibt sich die Folge 0.3333..., im zweiten Fall die Folge 1.01010101... Beide Folgen sind lediglich eine Näherung an das mathematisch exakte Ergebnis.

Wenn ein Wert aus dem Format Temp Real in ein Format mit niedrigerer Genauigkeit umgewandelt wird und dabei Dezimalstellen verlorengehen, setzt der Coprozessor das PE-Bit ebenfalls.

Die Genauigkeits-Ausnahmebedingung ist fast immer maskiert, da ein gerundetes oder abgeschnittenes Ergebnis in den meisten Fällen genügt.

UE - Underflow Exception (Unterlauf-Ausnahmebedingung): Dieses Flag wird gesetzt, wenn das Ergebnis einer Operation so klein ist, daß es sich nicht mehr darstellen läßt. Der kleinste Wert, der im Format Temp Real darstellbar ist, liegt bei 3.37×10^{-4932}. Der Versuch, das Quadrat einer Zahl wie 10^{-3000} zu bilden, ergibt eine Unterlauf-Ausnahmebedingung. Dasselbe gilt für den Versuch, eine Zahl wie 10^{-3000} vom Format Temp Real in das Format Long Real umzuwandeln.

OE - Overflow Exception (Überlauf-Ausnahmebedingung): Dieses Flag wird gesetzt, wenn das Ergebnis einer Operation so groß ist, daß es sich nicht mehr darstellen läßt. Der größte Wert, der im Format Temp Real darstellbar ist, liegt bei 1.18×10^{4932}. Der Versuch, eine Zahl wie 10^{3000} zu quadrieren, erzeugt folglich eine Überlauf-Ausnahmebedingung. Dasselbe gilt für die Umwandlung eines solchen Wertes vom Format Temp Real in das Format Long Real oder Short Real.

ZE - Zero Divide Exception (Ausnahmebedingung für die Division durch Null): Dieses Flag wird bei expliziten und impliziten Divisionen durch 0 gesetzt. (Implizite Divisionen durch 0 können beispielsweise bei der Berechnung von Sinus, Kosinus, Rest, usw. im Zusammenhang mit unzulässigen Argumenten entstehen.)

DE - Denormal Exception (Denormal-Ausnahmebedingung): Dieses Flag wird gesetzt, wenn eine Operation eine denormalisierte Zahl als Operanden verwendet - insbesondere bei dem Versuch, eine solche Zahl im Speicher abzulegen.

IE - Invalid Operation Exception (Ausnahmebedingung für ungültige Operationen): Dieses Flag dient sozusagen als Sammelbecken für alle Arten von Fehlern, die durch die restlichen Bits nicht abgedeckt sind. In diese Klasse fallen arithmetische Fehler (wie zum Beispiel der Versuch, die Quadratwurzel aus einer negativen Zahl zu ziehen) und Programmierfehler (wie zum Beispiel die Angabe eines Registers, das momentan überhaupt keinen Wert enthält).

Steuerwort-Register

Die Bits dieses Registers legen das Verhalten des Coprozessors bei bestimmten Operationen sowie beim Eintreten von Ausnahmebedingungen fest. Abbildung 2.27 gibt die einzelnen Bitfelder und ihre Namen wieder.

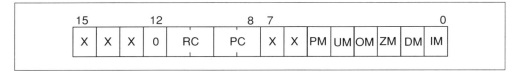

Abbildung 2.27 - Das Steuerwort-Register

Bit 12 = 0: Im 80287 unterscheidet dieses Bit zwischen den sogenannten affinen und projektiven Unendlichkeitsmodellen. Das affine Modell (Bit 12 gesetzt) unterscheidet zwischen positiven und negativen Unendlichkeiten, d.h. verwendet einen Zahlenstrahl; das projektive Modell (Bit 12 zurückgesetzt) betrachtet die Menge darstellbarer Zahlen als Kreis, d.h. arbeitet mit einer einzigen (vorzeichenlosen) Unendlichkeit. Im 80387 und dem 80487SX bzw. dem 80486 wird durchgehend das affine Modell verwendet; das Bit ist allerdings zurückgesetzt.

RC - Rounding Control (Rundungs-Steuerung): Dieses Bitfeld legt fest, in welcher Art Rundungen stattfinden. Da es zwei Bits umfaßt, sind insgesamt vier Wertekombinationen möglich:

Wert	Beschreibung
00	Rundung zum jeweils nächstliegenden Wert, wobei geradzahlige Werte bei Äquidistanz vorgezogen werden: aus 1.5 wird 2.0 (und nicht 1.0)
01	Aufrunden in Richtung negativer Unendlichkeiten
10	Abrunden in Richtung positiver Unendlichkeiten
11	Abrunden in Richtung Null, d.h. Abschneiden

Die Standardvorgabe für das Feld RC ist der Wert 00, d.h. eine Rundung zum jeweils nächstliegenden Wert.

Zur Demonstration der Rundung postulieren wir einen NDP, der lediglich ganzzahlige Werte im Bereich von -5 bis +5 darstellen kann. Abbildung 2.28 zeigt die Rundungsergebnisse für die Werte 2.33, 1.66, -1.33 und -2.33 in jedem Rundungsmodus.

PC - Precision Control (Genauigkeits-Steuerung): Die Bits dieses Feldes legen fest, mit welcher Genauigkeit der NDP Additionen, Multiplikationen, Divisionen und Wurzelberechnungen ausführt. Insgesamt sind vier Kombinationen der beiden Bitwerte möglich:

Wert	Format
00	Short Real (24-Bit-Mantisse)
01	Reserviert für künftige Coprozessoren
10	Long Real (53-Bit-Mantisse)
11	Temp Real (64-Bit-Mantisse)

Die Standardvorgabe für das Feld PC ist der Wert 11, d.h. die Genauigkeit Temp Real. Alle anderen Rechenoperationen des NDP erzeugen entweder grundsätzlich Ergebnisse mit der Genauigkeit Temp Real oder lassen sich in diesem Punkt explizit festlegen.

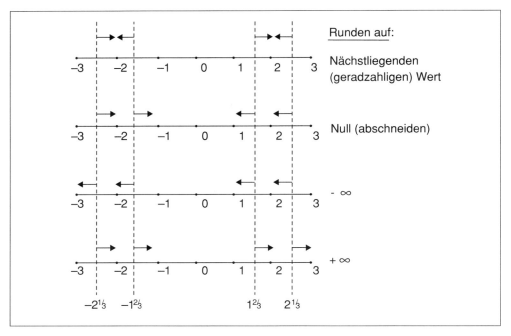

Abbildung 2.28 - Rundungs-Steuerung

PM, UM, OM, ZM, DM, IM - Masken-Bits: Die restlichen Bits des Steuerwort-Registers korrespondieren direkt mit den gleichnamigen Ausnahmeflags des Statuswort-Registers und werden als Masken für Ausnahme-Interrupts interpretiert:

Kürzel	Name
PM	Precision Mask (Genauigkeits-Maske)
UM	Underflow Mask (Unterlauf-Maske)
OM	Overflow Mask (Überlauf-Maske)
ZM	Zero Divide Mask (Maske für Division durch Null)
DM	Denormal Operand Mask (Denormal-Operanden-Maske)
IM	Invalid Operation Mask (Maske für ungültige Operation)

Ein gesetztes Bit im Steuerwort-Register »maskiert« den entsprechenden Ausnahmezustand: In diesem Fall setzt der NDP gegebenenfalls das dazugehörige Ausnahme-Flag, löst aber keinen Interrupt aus.

Tag-Register

Dieses Register setzt sich aus acht Feldern mit zwei Bits zusammen, die den Zustand des jeweiligen Rechenregisters widerspiegeln. Das Feld T0 (die niederwertigsten beiden Bits) steht für den Zustand des Rechenregisters 0, T1 (die nächsten beiden Bits) steht für das Rechenregister T1 usw. Da für jedes Register zwei Bits zur Verfügung stehen, sind insgesamt vier Kombinationen möglich:

Wert	Bedeutung
00	Das Register enthält einen gültigen Wert
01	Das Register enthält den Wert 0.0
10	Das Register enthält eine Unendlichkeit, eine denormalisierte Zahl oder eine NaN
11	Das Register ist leer, d.h. enthält überhaupt nichts

Das Tag-Register wird vom Programmierer normalerweise nicht verwendet. Ein Debugger, der den Inhalt des Fließkomma-Stacks darstellt, muß es allerdings prüfen, um den Inhalt der Fließkommaregister zu interpretieren.

Bitte beachten Sie, daß die Zuordnung zwischen den Feldern des Tag-Registers und den Rechenregistern absolut, d.h. unabhängig von der momentanen Spitze des Rechenstacks ist.

Fehleradressen-Register

Neben den Rechen- und Steuerregistern definiert der NDP noch ein weiteres Registerpaar, das ausschließlich bei der Behandlung von Fehlern eine Rolle spielt. Das Fehleradressen-Register hält bei jeder Fließkomma-Operation die lineare Adresse des Befehlscodes fest. Aus diesem Grund kann eine Routine zur Behandlung von Ausnahmezuständen präzise ermitteln, welcher Befehl den Fehler verursacht hat. Direkt ansprechen lassen sich diese Register allerdings nicht: Um die dort gespeicherte Adresse zu ermitteln, muß ein Programm den NDP-Kontext mit dem Befehl FSTENV im Speicher ablegen und dann dieses Wertefeld auslesen.

Der Grund für die Notwendigkeit separater Fehleradressen-Register liegt in der Parallelität: Es ist ohne weiteres denkbar, daß ein durch den NDP ausgelöster Fehler-Interrupt sozusagen mit Verspätung eintrifft - nämlich dann, wenn der zwischenzeitlich ebenfalls aktive Prozessor bereits einige weitere (für ihn bestimmte) Befehle bearbeitet hat. Konsequent läßt sich die Adresse des Fließkomma-Befehls nicht direkt aus der durch den Interrupt auf den Stack gelegten Rücksprung-Adresse ermitteln (die vom Prozessor - und nicht vom Coprozessor stammt).

Kapitel 2 - Die CPU-Architektur

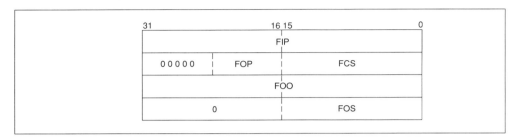

Abbildung 2.29 - Die Felder der Fehleradressen-Register

FIP - Floating Point Instruction Pointer (Fließkomma-Befehlszeiger): Dieses Register wird mit dem Inhalt von EIP geladen, wenn ein Coprozessor-Befehl ausgeführt wird.

FCS - Floating-Point Code Segment (Fließkomma-Codesegment): Dieses Register wird mit dem Inhalt des Registers CS geladen, wenn ein Fließkomma-Befehl ausgeführt wird.

FOP - Floating-Point Opcode (Fließkomma-Befehlscode): Dieses Register wird mit 11 Bits des Opcodes geladen. Ein Coprozessor-Befehl hat grundsätzlich folgendes Format:

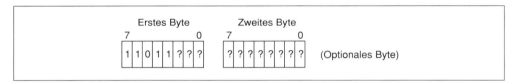

Abbildung 2.30 - Format von NDP-Befehlen

Da die höherwertigen fünf Bits des Opcodes grundsätzlich aus der Folge »11011« bestehen, verzichtet man auf ihre Speicherung: Das FOP-Register enthält lediglich die drei niederwertigen Bits des ersten sowie das vollständige zweite Byte des Befehls. Auf Systemen mit älteren Ausgaben des 80386 ist das FOP-Register undefiniert, und im Protected Mode stehen diese Daten nur bei Verwendung eines 80486 zur Verfügung. Aus diesem Grund ignorieren die meisten Fehlerbehandlungsroutinen das FOP-Register komplett und halten sich statt dessen an FSC/FIP.

FOS - Floating-Point Operand Segment (Fließkomma-Operandensegment): Dieses Register enthält die Segmentadresse des jeweils zuletzt verwendeten Hauptspeicher-Operanden.

FOO - Floating-Point Operand Offset (Fließkomma-Operanden-Offset): Dieses Register enthält die Offset-Adresse des jeweils zuletzt verwendeten Hauptspeicher-Operanden.

Hauptspeicher und Segmentierung

3

Die segmentierte Speicherarchitektur ist nicht nur ein einzigartiges Merkmal, sondern wohl auch der Fluch der Prozessorfamilie 80x86. Tatsächlich ist der 80386 der erste dieser Prozessoren, bei dem die Segmentierung nicht *per se* eine Behinderung des Programmierers darstellt - sondern das Gegenteil davon.

Linearer und segmentierter Speicher

Die Schnittstelle zwischen CPU und Hauptspeicher ist praktisch bei allen Computersystemen dieselbe: sie besteht aus einer Reihe von Adreß- und Datenleitungen, die den Prozessor mit den RAM-Bausteinen verbinden. Die CPU legt eine Adresse auf den Adreßbus, d.h. setzt den Pegel jeder einzelnen Leitung entweder auf 0 (»0«) oder 5 Volt (»1«). Die Speicherbausteine interpretieren das auf diese Weise entstehende Bitmuster als Adresse und aktivieren die entsprechende Speicherzelle, die nun ihrerseits (bei einer Leseaktion) das in ihr gespeicherte Datum auf den Datenbus legt (d.h. die Pegel der einzelnen Leitungen dieses Busses bestimmt). Eine Leseaktion besteht aus der Sicht des Prozessors also aus der Ausgabe einer Adresse und dem Einlesen der »zurückkommenden« Pegel auf dem Datenbus; bei einer Schreibaktion legt der Prozessor nicht nur die Spannungen auf dem Adreßbus, sondern auch auf dem Datenbus fest. Abbildung 3.1 stellt die Verbindungen zwischen CPU und Speicher schematisch dar.

Da jede Adreßleitung nur einen von zwei Zuständen (»0« oder »1«) annehmen kann, lassen sich mit n Adreßleitungen 2^n Speicherzellen unterscheiden (»adressieren«). Die Hardware arbeitet dabei *linear*, d.h. ordnet jeder der 2^n möglichen Kombinationen exakt eine Speicherzelle zu.

Das *logische Speichermodell* der meisten Computer orientiert sich ebenfalls an dieser Beziehung, d.h. stellt eine direkte Abbildung der Hardware dar: auf einem Prozessor der Motorola-Serie 680x0 ist es beispielsweise durchaus möglich, sämtliche Speicherzellen (von Adresse 0 bis x^n-1) der Reihe nach über ein beliebiges Indexregister auszulesen.

Kapitel 3 - Hauptspeicher und Segmentierung

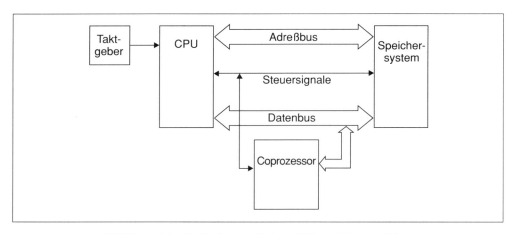

Abbildung 3.1 - Verbindung zwischen CPU und Hauptspeicher

Die Intel-Prozessoren der Reihe 80x86 unterscheiden dagegen zwischen dem physikalischen Aufbau des Hauptspeichers und der bei Adressierungen verwendeten Logik: Aus der Sicht eines Programms ist der Hauptspeicher dort in *Segmente* unterteilt. Innerhalb jedes Segmentes verläuft die Adressierung linear. Denn die Adresse 0 ist einer Speicherzelle mit der physikalischen Adresse x zugeordnet, die Adresse 1 einer Speicherzelle x+1 usw. Diese Adressierung geschieht jedoch relativ zum Anfang eines Segments, dessen Startadresse über zusätzliche Register festgelegt wird, und ist deshalb aus physikalischer Sicht relativ. Konsequent spricht man in diesem Zusammenhang nicht von »Adressen«, sondern von *Offsets* (»Abstandswerten«). Die Zugriffsmöglichkeiten eines Programms beschränken sich grundsätzlich auf die momentan gewählten Segmente, d.h. erstrecken sich prinzipiell nicht auf den gesamten Hauptspeicher.

Auf den ersten Blick erscheint diese Methode der Speicherverwaltung nur allzu natürlich. Schließlich sind Programme typischerweise in Code- und Datensegmente unterteilt. Ein Programm kann aus einem einzigen Codesegment und aus einem einzigen Datensegment oder aus einer Vielzahl von Code- und Datensegmenten bestehen. Beim Multitasking isoliert die Segmentierung auch einzelne Prozesse voneinander. Falls *mein* Programm nur meinen Code und meine Daten zu Gesicht bekommt, kann auch im Falle eines Programmierfehlers den Code und die Daten *Ihres* Programms nicht verändern. Abbildung 3.2 stellt ein solches System dar, in dem der Speicher in mehrere voneinander unabhängige Segmente aufgeteilt ist.

Die Prozessoren 80386 und 80486 haben jeweils sechs Segmentregister. Die Werte in diesen Registern bestimmen die Speichersegmente, auf die ein Programm zugreifen kann. Das Register CS zeigt auf das Segment, das den Code des Programms enthält und von den Befehlen CALL und JMP adressiert wird. Das Register DS zeigt auf den Datenbereich des Programms.

Linearer und segmentierter Speicher

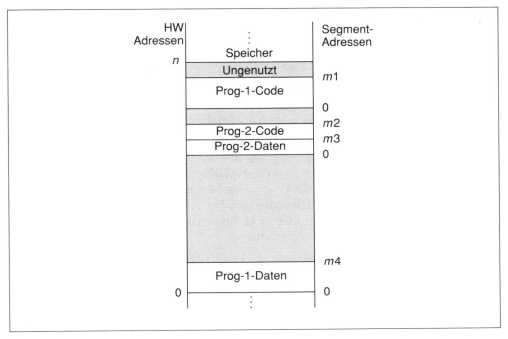

Abbildung 3.2 - Ein in Segmente unterteilter Hauptspeicher

Zum Beispiel kopiert der Befehl

MOV AL, [0]

das erste Byte des Datensegmentes in das Register AL. (Wie üblich beginnt die Zählung hier nicht mit 1, sondern mit 0.)

Das Stacksegment (auf das Register SS zeigt), ist gewöhnlich (aber nicht notwendigerweise) mit dem Datensegment identisch: SS und DS enthalten denselben Wert, d.h. zeigen beide auf dieselbe Segment-Startadresse. Die Befehle PUSH und POP speichern Daten in oder lesen Daten aus dem Stacksegment.

Drei weitere Register (ES, FS und GS) sind im Gegensatz zu CS, DS und SS nicht speziellen Zwecken vorbehalten und können deshalb frei verwendet werden. Üblicherweise benutzt man diese Segmentregister für den Zugriff auf weniger häufig benutzte Daten wie beispielsweise COMMON-Variablen in einem FORTRAN-Programm.

Obwohl sich der Befehl MOV implizit auf das Datensegment bezieht, ist dieser Zusammenhang nicht zwingend: Über ein sogenanntes *Segment-Präfix* kann man den Prozessor veranlassen, anstelle von DS ein anderes (direkt angegebenes) Segmentregister zur

Adressierung zu verwenden. Die folgenden beiden Beispiele verdeutlichen diese Möglichkeit:

```
MOV  AL, ES:[0]      ; explizites Präfix: ES
MOV  AL, CS:[0]      ; explizites Präfix: CS
```

Das Register AL wird im ersten Fall mit dem Inhalt der Speicherzelle 0 des Segments geladen, dessen Adresse im Register ES enthalten ist. Im zweiten Fall liest der Prozessor das Byte 0 des Segments, in dem sich auch der Lesebefehl selbst befindet - also das erste Byte seines eigenen Programmcodes.

Die älteren Mitglieder der 80x86-Familie arbeiten ebenfalls mit segmentierter Adressierung, begrenzen einzelne Segmente aber auf 64 KByte. Für die Portierung von 8080-Code war diese Festlegung ideal - für Programme heutiger Größe und Komplexität stellt sich jedoch ein ausgesprochenes Hindernis dar. Bei den Prozessoren 80386 und 80486 kann ein einzelnes Segment bis zu 4 GByte (4 Millionen Bytes) groß sein, was nicht nur für die allernächste Zukunft ausreichen dürfte.

Aufgrund dieser Segmentgröße läßt sich ab dem 80386 auch ein Speichermodell simulieren, das im Englischen den treffenden Namen *Flat Model* trägt. Der verfügbare Speicher wird hier lediglich in zwei riesenhafte Segmente für Code und Daten unterteilt; alle Programme arbeiten mit identischen Werten für CS bzw. DS. Dieses Verfahren, das nur einen kleinen Teil der Möglichkeiten des 80386 nutzt, vereinfacht vor allem die Portierung kompletter Systeme, die für Maschinen mit linearer Adressierung geschrieben sind - wie beispielsweise UNIX.

Virtuelle Adressierung

Solange sie nicht im Real Mode arbeiten, betrachten die Prozessoren 80386 und 80486 den Speicher als *virtuell*: Welche physikalische Speicherzelle ein Befehl tatsächlich anspricht, wird nicht direkt, sondern über eine zusätzliche Umsetzung festgelegt. (Ein Betriebssystem, das diese Möglichkeit nutzt, muß natürlich durch geeignete Verwaltungsroutinen für Ordnung sorgen, d.h. die Zusammenhänge zwischen logischen und physikalischen Adressen sozusagen im Kopf behalten.)

Tatsächlich ist dieses Konzept gar nicht einmal so kompliziert, wie es auf den ersten Blick aussehen mag. Nehmen wir zum Beispiel an, mir sagt jemand: »Leg den Bericht auf den Tisch deines Chefs!«. In meiner Abteilung würde dies bedeuten: »Leg den Bericht auf den Tisch von Simon Legree!«. Wenn ich jedoch in eine neue Abteilung wechsle, würde ich dann möglicherweise den Bericht auf den Tisch von Ralph Möllers legen. »Der Tisch des Chefs« ist ein virtueller Speicherplatz, und ich kann den Befehl ausführen, um meinen Bericht abzuliefern - auch wenn der »Zieltisch« abhängig vom Kontext wechselt.

Eine virtuelle Adresse wird in der Prozessorfamilie 80x86 durch zwei Werte festgelegt: einen *Selektor* (die »Abteilung«) und einen *Offset* (den »Schreibtisch des Chefs« innerhalb dieser Abteilung). Selektoren bestehen aus 16 Bit, stellen sozusagen den Namen ei-

Virtuelle Adressierung

nes Speichersegments dar und werden in Segmentregister (CS, DS, ES usw.) geladen. Der Offset stellt (wie auch im Real Mode) eine Entfernung zum Anfang des jeweiligen Segments dar. Im folgenden einige Beispiele für virtuelle Adressen:

Virtuelle Adresse	Übersetzte Virtuelle Adresse
3F11:00000000	Offset 0h von Selektor 3F11h
01A9:0001FF00	Offset 1FF00h von Selektor 01A9h
EC2C:31887004	Offset 31887004h von Selektor EC2Ch

Die CPU bildet aus dem Selektor und dem Offset-Anteil einer virtuellen Adresse einen Wert mit 32 Bit, der *lineare Adresse* genannt wird. Abbildung 3.3 verdeutlicht die zugrundeliegende Logik. Solange der Paging-Mechanismus nicht aktiviert ist, stellt die lineare Adresse die tatsächliche physikalische Speicheradresse dar. (»Paging« stellt eine zusätzliche Stufe der Umsetzung dar und ist im Detail in Kapitel 6 besprochen).

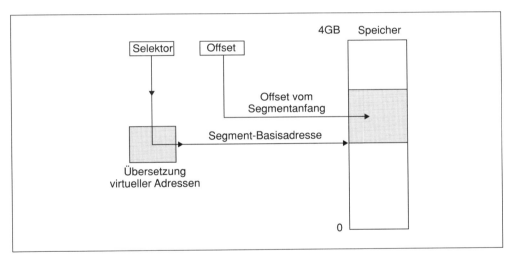

Abbildung 3.3 - Die Umsetzungslogik für virtuelle Adressen

Übersetzung virtueller in lineare Adressen

Der Prozessor verwendet den Selektor als Index in einer (üblicherweise vom System unterhaltenen) *Deskriptor-Tabelle*. Ein *Deskriptor* stellt eine Folge von Daten dar, die (bei Speichersegmenten) die Charakteristika eines Speicherbereichs beschreiben: Hier sind die (lineare) Basisadresse, die Größe, die Zugriffsrechte und die Privilegstufe enthalten.

Die Basisadresse stellt die (lineare) Startadresse des Segments im Hauptspeicher dar und wird zu den von einem Programm verwendeten Offset-Anteilen addiert. Abbildung 3.4 verdeutlicht diesen Prozeß für den Befehl:

MOV AL,[0010F405h] ; DS = 13A7h

Das System verwendet den Selektor 13A7h als Index in der Deskriptor-Tabelle der Speichersegmente und erhält (für unser Beispiel) die Information, daß das über diesen Selektor erreichbare Segment die lineare Basisadresse 0032DD000h hat. Diese Basisadresse wird zu dem vom Programm angegebenen Offset (0010F405h) hinzuaddiert: Das Ergebnis ist die lineare Adresse 33EC405h.

Obwohl lineare Adressen grundsätzlich eine Breite von 32 Bit haben, finden sich bei den SX-Varianten der Prozessoren 80386 und 80486 lediglich 24 Adreßleitungen: Dort ist der physikalische Adreßraum also kleiner als sein logisches Gegenstück. Beim 80386DX und dem 80486DX sind beide Räume dagegen identisch, weil diese beiden Modelle auch physikalisch mit 32 Adreßleitungen arbeiten.

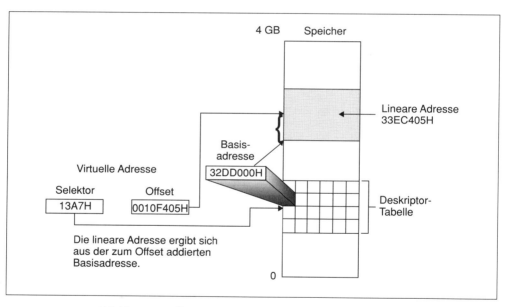

Abbildung 3.4 - Übersetzung von virtuellen in lineare Adressen

Die in einem Deskriptor angegebene *Segmentgröße* (»Limit-Feld«) legt zusammen mit der Basisadresse das Ende des jeweiligen Segments fest und hat eine reine Kontrollfunktion: Bei der Berechnung der linearen Adresse prüft der Prozessor automatisch, ob sich

Virtuelle Adressierung

das Programm an die vom Betriebssystem vergebenen Segmentgrenzen hält. Anders gesagt: jeder Versuch, über das (logische) Ende eines Segments hinaus zu lesen oder gar zu schreiben, endet mit einem vom Prozessor ausgelösten Interrupt, der als *allgemeine Schutzverletzung* (»General Protection Fault«) bezeichnet wird.

Üblicherweise besetzt das Betriebssystem den entsprechenden Vektor, übernimmt in einem solchen Fall wieder die Kontrolle und kann ein »durchgedrehtes« Programm deshalb zur Räson bringen. (Details zu Schutzverletzungen und anderen Ausnahmebedingungen finden Sie in Kapitel 5.)

Die in einem Selektor gespeicherten Zugriffsrechte und die Privilegstufe legen zum einen den Typ des Segments, zum anderen die für einen Zugriff erforderliche Privilegstufe des Programms fest.

Segment-Deskriptoren

Nach diesen Erläuterung stellen Sie sich einen Deskriptor vermutlich so vor, wie ihn Abbildung 3.5 wiedergibt - also in Form eines Datensatzes mit ordentlich voneinander getrennten Feldern. Da Speicherplatz aber auch bei einem Adreßraum von 4 GByte eine kostbare Sache ist und die Kompatibilität zum 80286 eine nicht unerhebliche Rolle spielt, sieht die tatsächliche Implementation eines Deskriptors leider nicht ganz so aufgeräumt aus - siehe Abbildung 3.6.

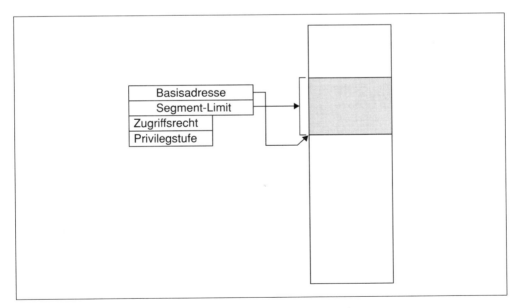

Abbildung 3.5 - Gedankenmodell eines Deskriptors

Kapitel 3 - Hauptspeicher und Segmentierung

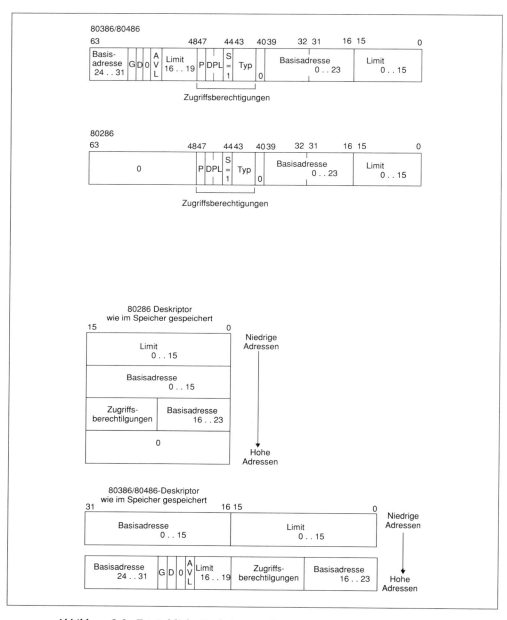

Abbildung 3.6 - Tatsächliche Deskriptoren der Prozessoren 80286/80386/80486

Basisadresse im Segment-Deskriptor legt die (lineare) Startadresse des Segments fest, d.h. die Adresse des Bytes 0 innerhalb des Segments. Dieses Feld umfaßt insgesamt 32 Bits, die in den Bytes 2, 3, 4 und 7 des Deskriptors gespeichert sind. Der Prozessortyp 80286 definiert Basisadressen nur mit 24 Bits, die konsequent in den Bytes 2, 3 und 4 untergebracht sind. (Intel hat bei der Programmierung des 80286 darauf hingewiesen, daß die Bytes 6 und 7 eines Deskriptors dort grundsätzlich auf 0 gesetzt sein müssen; auf diese Weise wird sichergestellt, daß für den 80286 geschriebene Programme auch zusammen mit den Prozessoren 80386 und 80486 problemfrei bleiben.)

Limit: legt die Größe des Segments fest, dessen lineare Endadresse sich konsequent aus »Basisadresse + Limit-Feld« ergibt. Dieses Feld umfaßt 20 Bit, es ist in den Bytes 0 und 1 des Deskriptors sowie die niederwertigen 4 Bits von Byte 6 untergebracht - eine Aufteilung, die ihren Grund wiederum in den Unterschieden zum Prozessor 80286 hat.

Wie sich durch einfaches Nachrechnen feststellen läßt, decken 20 Bits allerdings gerade einmal 2^{20} = 1 MByte ab - also einen Adreßraum, der ungefähr in der Mitte zwischen den 64 KByte des Real Mode und den zuvor erwähnten 4 GByte pro Segment liegt. Tatsächlich geht bei dieser Größenangabe nicht unbedingt um Bytes, sondern um Datenelemente - siehe nächster Absatz.

Granularity bedeutet *Auflösung*. Dieses Bit befindet sich in Byte 6 des Deskriptors und legt fest, welche Einheit für das Limit-Feld als Grundgröße dient: Solange es 80286-kompatibel zurückgesetzt ist, verwendet der Prozessor für die Segmentgröße die Einheit Byte - wird es dagegen auf 1 gesetzt, verringert der Prozessor seine »Auflösung« drastisch - nämlich von einem auf 4096 Bytes. Auf diese Weise kommt die maximale Segmentgröße von 4 GByte zustande: Ein Bereich von 2^{20} »Speicherseiten« zu jeweils 2^{12} Bytes ergibt $2^{20+12} = 2^{32}$ Bytes.

Zwei Beispiele zur Verdeutlichung. Nehmen wir erst einmal an, daß das Granularitätsbit 80286-kompatibel zurückgesetzt ist, das Limit-Feld also mit der Einheit Byte arbeitet. Das Register DS zeige auf einen solches Segment, dessen Limit-Feld den Wert 20h (dezimal 32) enthält - das letzte legal adresssierbare Byte innerhalb dieses Segments hat also den Offset 001Fh (dezimal 31).

Ungültiger Befehl	Grund
MOV EAX,[1234h]	Speicheradresse oberhalb des Segmentendes
MOV EAX,[001Dh]	Segmentende während der Leseaktion überschritten
MOV AL,[0020h]	Speicheradresse oberhalb des Segmentendes
MOV [001Fh], AX	Segmentende während der Schreibaktion überschritten

Gültiger Befehl	Grund
MOV EAX,[0000h]	angesprochene Speicherzellen: 0..3
MOV EAX,[001Ch]	angesprochene Speicherzellen: 1Ch..1Fh
MOV AL,[001Fh]	adressiert lediglich die Speicherzelle 1Fh
MOV [001Eh], AX	setzt die Speicherzellen 1Eh..1Fh

Nehmen wir als zweites Beispiel ein Segment an, dessen Limit-Feld den Wert 0000h enthält und dessen Granularitätsbit gesetzt ist. Konsequent besteht dieses Segment aus einer einzigen »Speicherseite« mit 1000h (dezimal 4096) Bytes Umfang, die höchste erlaubte Offset-Adresse ist also 0FFFh.

Ungültiger Befehl	Grund
MOV EAX,[1234h]	Speicheradresse oberhalb des Segmentendes
MOV EAX,[0FFDh]	Segmentende während der Leseaktion überschritten
MOV AL,[1020h]	Speicheradresse oberhalb des Segmentendes
MOV [0FFFh], AX	Segmentende während der Schreibaktion überschritten

Gültiger Befehl	Grund
MOV EAX,[0000h]	letztes gelesenes Byte ist 3h
MOV EAX,[0FFCh]	letztes gelesenes Byte ist 0FFCh
MOV AL,[0FFFh]	letztes gelesenes Byte ist 0FFFh
MOV [0FFEh], AX	letztes geschriebenes Byte ist 0FFFh

Access Rights (Zugriffsberechtigungen): Der Deskriptorteil für Zugriffsberechtigungen hat folgendes Format:

7	6 5	4	3 2 1	0
P	DPL	S	TYPE	A

Virtuelle Adressierung

Das Bit P steht für »present« (vorhanden) und stellt die Grundlage des Paging-Mechanismus dar: Es wird nur gesetzt, wenn das durch den Selektor angegebene Segment momentan physikalisch im Speicher vorhanden ist. (Betriebssysteme mit virtueller Speicherverwaltung können Segmente bei Bedarf auf die Festplatte auslagern und signalisieren diese Operation über ein gelöschtes P-Bit im Deskriptor. Zugriffe über einen Deskriptor, dessen P-Bit gelöscht ist, lösen einen Interrupt aus: Das Betriebssystem übernimmt in diesem Fall wieder die Kontrolle und sorgt für das Zurückladen der Daten von der Festplatte in einen freien Bereich des Hauptspeichers. Nach der Aktualisierung des Deskriptors und dem erneuten Setzen des P-Bits wird der entsprechende Zugriff wiederholt. Details dazu finden Sie im Kapitel über den Paging-Mechanismus.)

Das Feld *DPL* legt fest, welche Privilegstufe ein Programm haben muß, das über den Deskriptor auf das Segment zugreift. Mögliche Werte gehen hier von 0 bis 3, wobei 0 die höchste und 3 die niedrigste Privilegstufe darstellt. Prozesse können in direkter Weise nur auf Segmente zugreifen, die dieselbe oder eine niedrigere Privilegstufe als ihr eigenes Codesegment haben. Für Aufrufe von Unterprogrammen gilt ein ähnlicher Mechanismus, der allerdings noch etwas weiter eingeschränkt ist: Von einem Programm-Codesegment mit der Privilegstufe x lassen sich ausschließlich Unterprogramme aufrufen, deren Codesegmente ebenfalls die Privilegstufe x haben. (Wie in Programm dann beispielsweise Aufrufe des Betriebssystems ausführt? Über ein sogenanntes Gate (»Tor«) - ein Konstrukt, das speziell für den Wechsel des Prozessors zwischen Privilegstufen vorgesehen ist.)

Die Privilegstufe eines Programms (CPL = »Current Privilege Level«) entspricht der Privilegstufe des Codesegments, aus dem dieses Programm seine Befehle liest. Typischerweise laufen kritische Teile eines Betriebssystems (die den meisten Schutz benötigen) auf der Privilegstufe 0, Treiber und anderes »Zubehör« auf Privilegstufe 1 - und Anwendungen auf der untersten Stufe, die der 80386 definiert. (Details zum Schutzkonzept finden Sie in Kapitel 5.)

Das *Segment-Bit* (»S«) ist für Speichersegmente immer auf 1 gesetzt. Anders gesagt: ein Deskriptor, bei dem dieses Bit zurückgesetzt ist, beschreibt kein Segment des Hauptspeichers, sondern ein Objekt anderer Art. (Details zu derartigen Objekten finden Sie ebenfalls in Kapitel 5.)

Das *Typ-Feld* eines Deskriptors gibt an, welche Operationen mit dem jeweiligen Segment erlaubt ist. Da es sich aus drei Bits zusammensetzt, sind insgesamt acht Segmentarten unterscheidbar:

Typ	Beschreibung
0	Datensegment, schreibgeschützt
1	Datensegment, Lesen und Schreiben erlaubt
2	für zukünftige Erweiterungen reserviert
3	nach unten erweiterbares (»expand down«) Datensegment, Lesen und Schreiben erlaubt
4	Codesegment, Zugriffe auf die Ausführung der Befehle beschränkt
5	Codesegment, ausführbar und per Programmbefehl lesbar
6	»Conforming«-Codesegment, nur ausführbar
7	»Conforming«-Codesegment, ausführbar und lesbar

Der Prozessor prüft automatisch, ob ein Programm die über das Typ-Feld eines Segments festgelegten Zugriffsregeln einhält. Die folgenden Operationen lösen einen Interrupt aus:

- Laden des CS-Registers mit einem Selektor für Datensegmente (Typen 0 bis 3)
- Schreibzugriffe jeder Art auf die Segmenttypen 0, 2 sowie 4 bis 7
- Programmgesteuerte Lesezugriffe auf die Segmenttypen 2, 4 und 6

Details zu »expand down«-Datensegmenten finden Sie weiter hinten in diesem Kapitel, Details zu »Conforming«-Codesegmenten in Kapitel 5.

Das *Accessed-Bit* eines Descriptors wird vom Prozessor gesetzt, wenn er den entsprechenden Selektor in ein Segmentregister lädt. Es dient für Betriebssysteme mit virtueller Speicherverwaltung als Indikator dafür, daß der entsprechende Speicherbereich momentan in Benutzung ist (d.h. nach Möglichkeit nicht auf die Festplatte ausgelagert werden sollte).

Neben den bereits beschriebenen Daten enthält ein Segment-Deskriptor drei weitere Felder, die die folgende Tabelle kurz beschreibt:

Bit/Feld	Beschreibung
Bit 4	(AVL) steht für System-Programmierer zur Verfügung. Mögliche Anwendungen umfassen spezielle Segmente zur Stringverwaltung (»Garbage Collection«) und Segmente, bei denen sich das System auf konstante Basisadressen verläßt. ▶

Virtuelle Adressierung

Bit/Feld	Beschreibung
Bit 5	ist für zukünftige Erweiterungen reserviert und muß auf 0 gesetzt sein.
Bit 6	Dieses Bit wird für Codesegmente als D-Bit, für Datensegmente als B-Bit bezeichnet. In Codesegmenten, die von den erweiterten Möglichkeiten des 80386 und seiner Nachfolger Gebrauch machen, ist es gesetzt; im gelöschten Zustand zeigt es ein 80286-kompatibles Codesegment an. In Datensegmenten mit mehr als 64 KByte Größe (die von einem 80286 nicht verwaltet werden können) ist dieses Bit ebenfalls gesetzt.

Nach unten erweiterbare Segmente

»Expand Down«-Segmente (Segmenttypen 2 und 3) stellen eine spezielle Variante von Datensegmenten dar, die vor allem für den Stack von Prozessen verwendet wird. Abbildung 3.7 stellt einen Stack dar, der in seinem eigenen Segment untergebracht ist.

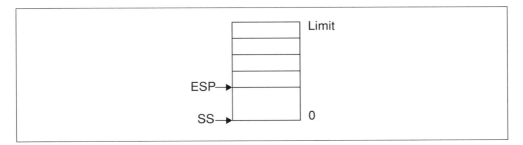

Abbildung 3.7 - Der Stack in einem eigenen Segment

Je mehr Daten auf diesem Stack gespeichert werden, desto weiter nähert sich der Stackzeiger (ESP) dem Segmentbeginn. Sollte er irgendwann den Wert 0 unterschreiten, wird (wie bei jeder Adressierung über Segmentgrenzen hinaus) ein Interrupt ausgelöst, der das Betriebssystem auf den Plan ruft, ihm aber hier nur eine einzige Möglichkeit läßt - nämlich den Abbruch des Programms.

Nach unten hin erweiterbare Datensegmente lösen dieses Problem auf eine Weise, die zunächst recht eigenwillig erscheint: Während zulässige Offsets in einem normalen Segment im Bereich von 0 .. *Limit* liegen, beginnen Expand Down-Segmente mit *Limit*+1 und enden mit FFFFFFFFh. Abbildung 3.8 verdeutlicht diesen Unterschied.

Kapitel 3 - Hauptspeicher und Segmentierung

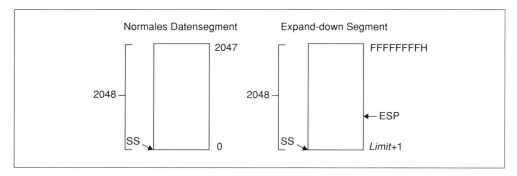

Abbildung 3.8 - Normale Datensegmente vs. Expand Down-Segmente

Der Vorteil dieses Verfahrens besteht darin, daß das Betriebssystem die Größe des Segmentes im Falle eines Falles erweitern kann, ohne auf dem Stack liegende Offset-Adressen korrigieren zu müssen. Ein Betriebssystem, das Stacks in Expand Down-Segmente legt, kann auf einen vom Prozessor signalisierten Stackfehler reagieren, indem es das entsprechende Segment in einen anderen (größeren) Bereich des Hauptspeichers verschiebt, danach das Limit-Feld *erniedrigt* - mithin das Segment in Richtung absteigender Adressen erweitert - und danach die Anweisung wiederholen läßt, die den Fehler ausgelöst hat. Abbildung 3.9 zeigt, wie man einem Programm mit dieser Technik während seiner Laufzeit ein größeres Stacksegment unterschieben kann.

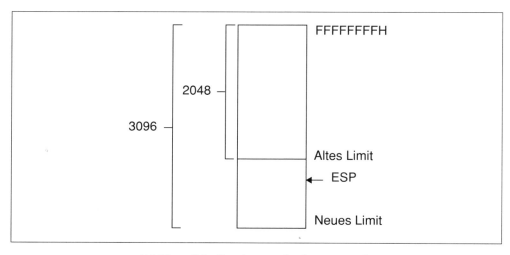

Abbildung 3.9. -Erweiterung der Segmentgröße

Virtuelle Adressierung

Beim Anlegen von Expand Down-Segmenten gibt es einen weiteren Unterschied zu beachten: Die lineare Basisadresse muß dort so gesetzt werden, daß sie dem ersten Byte *oberhalb* von *Limit* entspricht. Obwohl der Prozessor bei Adreßangaben Vorzeichen unberücksichtigt läßt, sind auch hier Subtraktionen möglich - nämlich dann, wenn man mit einem bewußten Überlauf der verwendeten 32-Bit-Arithmetik arbeitet:

Basisadresse + FFFFFFFFh = Basisadresse + -1 = Basisadresse -1

Deskriptor-Tabellen

Generell verwendet ein System zwei unterschiedliche Arten von Deskriptoren, die in separaten Tabellen zusammengefaßt sind: Die *Global Descriptor Table* (»GDT«) enthält die Deskriptoren für Segmente, die *Interrupt Descriptor Table* (»IDT«) die Deskriptoren für Interrupts, deren Beschreibung Sie in Kapitel 5 finden.

Ein Betriebssystem kann zusätzliche mehrere lokale Deskriptor-Tabellen (»LDTs«) definieren. Ob ein bestimmter Prozeß seine Segmente über die GDT oder über eine LDT adressiert, wird über die Art des Selektors bestimmt.

Alle drei Tabellen sind nicht auf bestimmte Adressen im Hauptspeicher fixiert: Ihre linearen Basisadressen werden über speziell für diesen Zweck reservierte Register bestimmt. (Wie wohl auch nicht anders zu erwarten, tragen diese Register die Namen GDTR, IDTR und LDTR).

Selektoren

Wie in den vorangehenden Abschnitten erläutert, beschreibt ein Deskriptor ein Segment und wird seinerseits über einen Selektor ausgewählt. Selektorwerte stellen in erster Linie einen Index in die entsprechende Deskriptor-Tabelle dar, zu dem sich allerdings noch einige weitere Felder gesellen:

Das Feld *Index* stellt den eigentlichen Index dar, der sich auf die über das Bit TI festgelegte Tabelle bezieht: Wenn TI zurückgesetzt ist, adressiert der Prozessor die GDT (d.h. verwendet die im Register GDTR gespeicherte Basisadresse); ist TI dagegen gesetzt, wird die momentan aktive LDT benutzt, d.h. die Basisadresse aus dem Register LDTR gelesen. Der im Feld RPL (»Requested Privilege Level« = gewünschte Privilegstufe) angegebene Wert kann sich von der Privilegstufe des über den Selektor adressierten Segments unterscheiden. Details zum Wie und Warum finden Sie in Kapitel 5.

Kapitel 3 - Hauptspeicher und Segmentierung

Zur Demonstration der Logik nehmen wir an, daß der Wert 1A3Bh einen gültigen Selektor darstellt. Seine Unterteilung in die drei Felder INDEX, TI und RPL ergibt:

Selektor = 1A3Bh	INDEX = 0347h (dezimal 839)	
0001101000111011B	TI = 0	Deskriptor aus der GDT
	RPL = 3	niedrigste Privilegstufe

Abbildung 3.10 stellt diesen Unterteilungsprozeß grafisch dar.

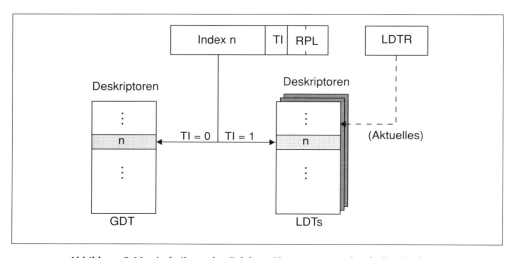

Abbildung 3.10 - Aufteilung der Selektor-Komponenten durch die Hardware

Hintergründiges über die Segmentverwaltung

Die virtuelle Adressierung eröffnet Systemdesignern eine ganze Reihe höchst interessanter Möglichkeiten, von denen ein virtueller Speicher nur eine ist - wenn auch vielleicht die herausragendste. Worum es dabei geht? Eine virtuelle Speicherverwaltung spiegelt Anwendungsprogrammen erheblich mehr Hauptspeicher vor, als physikalisch im System existiert.

Zur Verdeutlichung postulieren wir ein System, dessen Hauptspeicher Abbildung 3.11 darstellt, und nehmen an, das dort vier Prozesse quasi-parallel betrieben werden sollen: Prozeß A benötigt 400 KByte, Prozeß B gibt sich mit 100 KByte zufrieden, Prozeß C braucht wiederum 400 KByte, und Prozeß D kommt mit 200 KByte Speicher aus. Nehmen wir des weiteren an, daß die eine Hälfte dieses Platzes für Daten, die andere für den jeweiligen Programmcode benötigt wird.

Das Betriebssystem lädt die ersten drei Prozesse und stellt dann fest, daß für den Prozeß D nur noch 100 KByte Platz bleiben (vgl. Abbildung 3.12). Konsequent erzeugt es sowohl für den Code als auch für die Daten von D entsprechende Deskriptoren, lädt aber nur den Code in den Hauptspeicher - das Datensegment von D wird als nicht vorhanden (»not present«) gekennzeichnet.

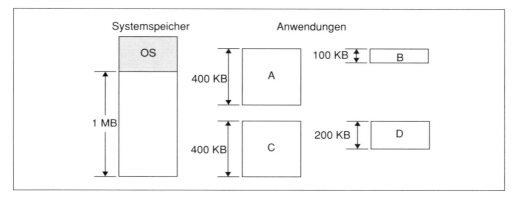

Abbildung 3.11 - Ausgangsstatus eines Multitasking-Systems

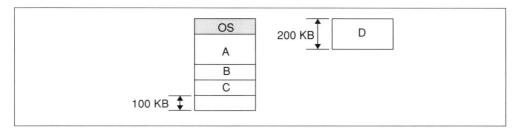

Abbildung 3.12 - Erstbelegung der Tasks im Hauptspeicher

Da unser postuliertes System Multitasking-fähig ist, beinhaltet es eine zentrale Prozeßverwaltung (»Scheduler«), die die Startadresse jedes Prozesses - also die Inhalte des Registerpaars CS:EIP - in einer eigenen Tabelle speichert. Nachdem die Ladevorgänge beendet sind, macht sich das System an die Ausführung: CS:EIP von A werden eingesetzt, und dieser Prozeß bekommt einige Millisekunden Rechenzeit, bevor das System per Interrupt wieder die Kontrolle übernimmt; CS:EIP von A speichert und die Kontrolle nach demselben Verfahren erst an B, dann an C und schließlich an D übergibt. Der erste Befehl, mit dem der Prozeß D auf sein eigenes (und momentan nicht geladenes) Datensegment zugreifen will, erzeugt einen Interrupt, der den Prozessor wiederum zum Betriebssystem zurückführt. Die Speicherverwaltung des Betriebssystems muß nun auf irgendeine (möglichst effiziente) Weise ermitteln, für welchen Speicherbereich ein »Auslagern« auf die Festplatte am lohnendsten erscheint. Nehmen wir einmal an, der Prozeß B würde auf einen Tastendruck des Benutzers warten, der bis dato noch nicht eingetroffen ist: Das System kopiert also die Daten der für B reservierten Segmente auf die Festplatte, kennzeichnet die dazugehörigen Deskriptoren mit »not present« und schafft so neuen Platz im Hauptspeicher, in den sich nun die Daten von D laden lassen. Nachdem der Deskriptor für das Datensegment von D mit der neuen Adresse aktualisiert ist, wird der Prozeß D fortgesetzt. Abbildung 3.13 gibt den neuen Zustand des Systems wieder.

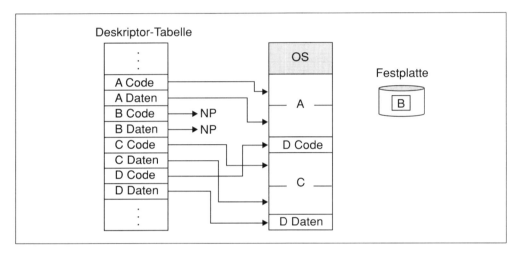

Abbildung 3.13 - Austausch der Prozesse

Das Betriebssystem fährt nun damit fort, die Rechenzeit gleichmäßig zwischen den Prozessen A, C und D zu verteilen. Irgendwann reagiert der Benutzer auf die Eingabeaufforderung des momentan ausgelagerten Prozesses B, der folglich wieder in den Hauptspeicher geladen werden muß. Sollte sich zu diesem Zeitpunkt einer der anderen drei Prozesse im Wartezustand auf ein bestimmtes Ereignis befinden, ist die Sachlage klar - ansonsten muß das System ein anderes Entscheidungskriterium bemühen, um die Frage zu beantworten, welcher der Prozesse nun anstelle von B ausgelagert wird. Nehmen wir an, es entscheide sich für A.

Da B relativ wenig Platz braucht, wird nur ein Teil von A ausgelagert und das dazugehörige Segment als »nicht geladen« gekennzeichnet. In den dadurch freigewordenen Platz wird B geladen, wobei das System nach dem Aktualisieren der Deskriptoren von A und B den in Abbildung 3.14 wiedergegebenen Zustand erreicht.

Der springende Punkt: Der Prozeß B befindet sich nun zwar wieder im Hauptspeicher - aber in einem anderen physikalischen Adreßbereich als bei seinem Start. Daß sich dadurch dennoch keine Probleme ergeben, liegt an der für ein Programm unsichtbaren Umsetzung seiner Selektoren in physikalische Adressen: Den von B nach wie vor verwendeten Deskriptoren hat das Betriebssystem beim Umladen des Programms schlicht andere Basisadressen zugeordnet.

Die weitere Verteilung von Rechenzeit und Speicherplatz läuft nach exakt demselben Prinzip, d.h. dem gelegentlichen Austausch von Daten und Programmcode zwischen Hauptspeicher und Festplatte. Aus diesem Austauschen (»Swapping«) bezieht nicht nur das Prinzip selbst, sondern auch für das Auslagern verwendete »Swap-Datei« ihren Namen.

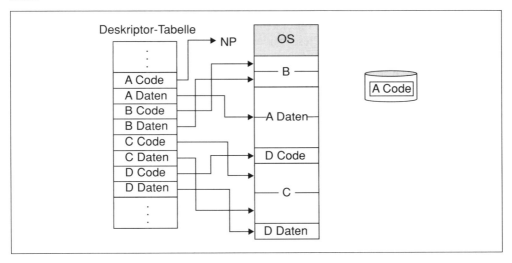

Abbildung 3.14 - Austausch (»Swap«) der Prozesse A und B

Geschwindigkeitsbetrachtungen

Die im vorangehenden Abschnitt wiedergegebene Prinzipbeschreibung ist ein recht exaktes Abbild einer realen Implementation, bedeckt den wichtigsten Punkt aber schamhaft mit dem Mäntelchen des Schweigens: Wer einen vergrößerten Hauptspeicher über einen (langsameren) Hintergrundspeicher wie eine Festplatte simuliert, braucht vor allem Zeit - nämlich für das Hin- und Herkopieren der Daten zwischen den beiden Medien. Da selbst die schnellste Festplatte rund um den Faktor 50 langsamer als der normale Hauptspeicher ist, läßt sich dieses Prinzip nicht bis zum Exzeß betreiben - oder eben doch: Im Extremfall entsteht ein System, das den überwiegenden Teil seiner Leistung im Umschaufeln von Prozeßdaten verbrät. (Im Amerikanischen wurde dafür der Terminus »Thrashing« erfunden, der sich trotz aller Holprigkeit mit »Müllen« recht treffend ins Deutsche übersetzen läßt.)

Erfreulicherweise bieten die Intel-Prozessoren einige Ansatzpunkte für Optimierungen. Der erste und wohl wichtigste betrifft Codesegmente: Da sie per Definition unveränderlich sind, kann man sich ihre Speicherung bei einem »Auslagern« sparen - und sie bei Bedarf einfach aus der Programmdatei selbst erneut nachladen. Auf diese Weise läßt sich der Zeitbedarf von Code- gegenüber Datensegmenten halbieren. (Für Datensegmente steht mit dem Segmenttyp 0 (»schreibgeschützt«) eine analoge, aber in der Praxis nicht so häufig genutzte Möglichkeit zur Verfügung.)

Ein weiterer Trick zur Steigerung der Leistung liegt in der Verwendung gemeinsamer Codesegmente. Nehmen wir einmal anstelle der Prozesse A, B, C und D vier Benutzer an, von denen zwei dasselbe Programm verwenden - beispielsweise ein Rechenblatt. Natürlich arbeiten beide Benutzer mit unterschiedlichen Daten, benötigen also separate Datensegmente. Letztlich werden diese beiden Datensegmente aber mit denselben Programmbefehlen bearbeitet, der deshalb nicht unbedingt in Form zweier separater Kopien im Speicher stehen muß. Abbildung 3.15 stellt eine solche Mehrfach-Verwendung von Programmcode grafisch dar. (Betriebssysteme wie OS/2 und Windows treiben dieses Prinzip sozusagen auf die Spitze: Dort stellt das System ganze Bibliotheken zur Verfügung, die *sämtlichen* Programmen gemeinsam zur Verfügung stehen - und jeweils nur in Form einer einzigen Kopie im Hauptspeicher existieren.)

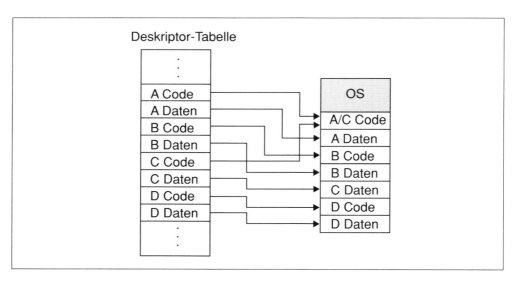

Abbildung 3.15 - Prozesse A, B, C und D im physikalischen Speicher

Zu guter letzt kann eine segmentorientierte virtuelle Speicherverwaltung auch ein Problem lösen, mit dem die meisten Multitasking-Systeme zu kämpfen haben: der *Fragmentierung* - also der ungewollten Unterteilung des Speichers in eine hohe Zahl kleiner Segmente, die den Verwaltungsaufwand exponentiell anwachsen läßt. Abbildung 3.16

verdeutlicht das Problem zusammen mit seiner Lösung, die bei der Verwendung von Segmenten ausgesprochen elegant ausfällt. Aufräumarbeiten dieser Art (»Compacting«) kosten allerdings auch bei Intel-Prozessoren eine Menge Rechenzeit.

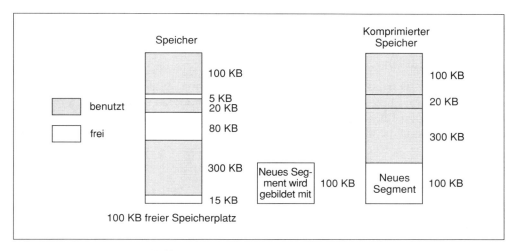

Abbildung 3.16 - Fragmentierung des Speichers

Lohnt sich die Sache?

Wie die vorangehenden Abschnitte zeigen, ist virtuelle Speicherverwaltung nicht nur eine recht komplexe Angelegenheit, sondern unter Umständen auch mit einem dramatischen Leistungsverlust verbunden: Wie bereits erwähnt, kann man ein auf dieser Technik aufbauendes Betriebssystem ohne weiteres dazu bringen, sich mehr oder minder nur noch mit sich selbst zu beschäftigen. Womit sich natürlich die Frage stellt, ob der ganze Aufwand eigentlich lohnt.

Die Antwort ist in den allermeisten Fällen ein klares Ja - und die Begründung dafür eigentlich recht einfacher Natur: Einem System mit 2 MByte realem Hauptspeicher, das beim Betrieb einer Anwendung von 5 MByte Umfang nicht gerade mit Leistung glänzt, steht ein System gegenüber, auf dem diese Anwendung *überhaupt nicht* läuft - oder besser gesagt: erst dann läuft, nachdem man eine Menge Geld in zusätzlichen Speicher investiert hat. Nehmen wir noch dazu an, daß Sie eine solche Anwendung nur einmal in der Woche brauchen: Solange Sie mit einem linearen (und entsprechend hochgerüsteten) System arbeiten, liegen die für teures Geld gekauften drei zusätzlichen MBytes an sechs von sieben Tagen ungenutzt herum.

Das virtuelle Speicherkonzept macht auch dem Programmentwickler das Leben leichter. Was soll man tun, wenn das eigene Programm ein möglichst großes Array zur Speicherung seiner Daten erforderlich macht? Bei einer linear arbeitenden Maschine bleibt einem nichts anderes als die Schätzung übrig, wieviel Speicher dem normalen Anwender im Minimalfall zur Verfügung steht - und eine Beschränkung auf diesen kleinsten gemeinsamen Nenner. Sollte sich diese Vorgabe als unzureichend erweisen (was nach Murphys Gesetzen *immer* der Fall ist), dann muß man eine eigene Art von Speicherverwaltung implementieren. Auf diese Art und Weise wird nicht nur das Rad beinahe täglich neu erfunden, sondern auch die Komplexität von Programmen ganz erheblich gesteigert - und damit natürlich auch das Fehlerrisiko.

Tatsächlich läßt sich das Schreiben derartiger Programme mit dem Versuch vergleichen, eine Rede in zwei Sprachen gleichzeitig zu halten. Unnötig zu erwähnen, daß man sich wesentlich leichter tut, wenn man eine der beiden Sprachen einem Übersetzer überläßt - egal, wie schwierig die Kommunikation mit diesem Übersetzer anfänglich auch aussehen mag.

Keine Rose ohne Dornen

Bis jetzt haben wir uns ausschließlich mit den Vorteilen von Segmenten und der virtuellen Speicherverwaltung befaßt. Bekanntlicherweise gibt es aber nichts umsonst - und auch die Intel-Prozessoren zahlen einen Preis für ihre Möglichkeiten.

Ein erster Teil dieses Preises ist zeitlicher Natur: Ein Anwendungsprogramm arbeitet mit Selektoren zur Indizierung von Deskriptoren, die ihrerseits die lineare Speicheradresse eines Segments enthalten. Konsequent muß der Prozessor diese beiden Stufen der Indirektion jedesmal nachvollziehen, wenn man den Inhalt eines Segmentregisters wechselt - mithin einen Deskriptor laden, der immerhin 8 Bytes umfaßt. Dazu kommt, daß das entsprechende Segment als »accessed« gekennzeichnet wird - also neben 8 Lesezugriffen auch eine Schreiboperation stattfindet.

Folglich setzt sich der Zeitbedarf zum Laden eines Segmentregisters aus zwei Lesezyklen à 32 Bit, einem Schreibzyklus mit 8 Bit sowie den Zyklen zusammen, die für das Lesen des Operanden (also des neuen Selektors) gebraucht werden. Dazu kommen die internen Operationen des Prozessors: die Prüfung der Deskriptortabellen-Größe, die Indizierung über den Selektor, der Vergleich der Privilegstufen und die Prüfung des Segmenttyps ... Insgesamt werden für diese Operation im Minimalfall 22 Takte benötigt - also rund die 11fache Zeit wie für das Laden eines allgemeinen Rechenregisters.

Die Prüfung von Segmentgrenzen ist ebenfalls ein zweischneidiges Schwert. Einerseits läßt sie sich auch innerhalb eines Programms hervorragend einsetzen: Wer für jedes Array und jedes Datenobjekt ein separates Segment definiert, hat damit eine Fehlerprüfung geschaffen, die ihresgleichen sucht. Andererseits, je größer die Zahl von Objekten und damit Segmenten wird, desto öfter müssen Segmentregister mit neuen Werten geladen werden. Dazu kommt außerdem, daß ein solches Programm neben Offsets à 32 Bit auch noch separate Selektoren verwalten, d.h. sich pro Objekt mit einer zweigeteilten Adresse herumschlagen muß - und leider bieten weder die üblichen Programmiersprachen noch die Intel-Prozessoren selbst direkte Möglichkeiten zur Behandlung derartiger Adressen an.

Zu guter letzt muß man sich zwangsläufig mit dem Problem der Fragmentierung befassen. Segmente stapeln sich leider nur in der Theorie von selbst in ordentlicher Reihenfolge im Hauptspeicher: In der Praxis haben sie stark unterschiedliche Größen - und ein Betriebssystem, das hier den Überblick behalten will, bekommt eine Menge zu tun.

Zusammenfassung

Wie dieses Kapitel zeigt, hat die Segmentierung durchaus ihre Schattenseiten. Einerseits bietet sie die Möglichkeit zur Implementation einer virtuellen Speicherverwaltung zusammen mit einem ausgereiften Schutzkonzept und vereinfacht die Fehlersuche - andererseits läßt sie Monstren wie Zeiger mit 48 Bit zu und bestraft jeden Wechsel zwischen Segmenten mit einem stark erhöhten Zeitbedarf.

Erfreulicherweise zeigen sich die Prozessoren der 80x86-Familie gerade in diesem Punkt aber ausgesprochen flexibel - sie stellen dem Entwickler drei Möglichkeiten zur Verfügung:

- Sie können die Segmentierung vollständig ignorieren, indem Sie den gesamten physikalischen Hauptspeicher in ein Code- und ein Datensegment unterteilen. In diesem als »Flat« bezeichneten Speichermodell arbeiten sämtliche Programme mit denselben Werten für CS bzw. DS und verwenden lediglich unterschiedliche Offset-Adressen.

- Eine erste Alternative dazu besteht aus einem System, das jedem Prozeß ein einzelnes Code- und ein einzelnes Datensegment zuordnet. Jeder Prozeß bekommt damit einen eigenen Adreßraum zugewiesen, den er lediglich über Offset-Anteile anspricht - und nur das Betriebssystem selbst muß sich mit Deskriptoren, Segmentregistern und anderen Spezialitäten der Intel-Prozessoren herumschlagen.

- Die zweite Alternative ist ein stark segmentiertes System, in dem jede Anwendung nicht nur von der Existenz der Segmentregister weiß, sondern sie auch aktiv benutzt - beispielsweise, um ihre Datenobjekte in voneinander getrennten Segmenten unterzubringen.

Jede dieser drei Möglichkeiten hat ihre Vor- und Nachteile. Das »Flat Model« entspricht dem Speicherkonzept der VAX bzw. der Prozessorfamilie 680x0 von Motorola und muß dennoch nicht auf eine virtuelle Speicherverwaltung verzichten, die sich in diesem Fall über den Paging-Mechanismus implementieren läßt (siehe Kapitel 6). Ein Schutz des Betriebsystems und/oder anderer Prozesse gegen »abgestürzte« Anwendungen besteht hier jedoch nicht.

Die zweite Möglichkeit stellt sowohl in puncto Geschwindigkeit als auch hinsichtlich des Schutzes eine Art Kompromiß dar: Während das System als Ganzes gegen wildgewordene Programme ausreichend geschützt ist, gestaltet sich die Suche nach versehentlich überschrittenen Objektgrenzen genauso schwierig wie im linearen Speichermodell - und bei Task-Wechseln kommt ein gewisser zeitlicher Überbau dazu, weil dabei auch die Segmentregister umgeladen werden müssen. Virtuelle Speicherkonzepte lassen sich bei diesem Modell übrigens entweder über Segmente, den Paging-Mechanismus oder auch über beide Konzepte zusammen implementieren.

Die dritte Methode ähnelt dem Konzept, das das Betriebssystem OS/2 für die Programmierung im Speichermodell *Large* bereits für den 80286 zur Verfügung stellt. Mit ihr läßt sich eine (nach heutigem Ermessen) absolut sichere Systemumgebung schaffen, die durch Prüfungen, häufiges Umladen von Segmentregistern und den damit verbundenen Überbau aber mit Sicherheit nicht das Maximum der potentiellen Rechenleistung aus dem Prozessor herausholt.

Die wohl beste Eigenschaft der 80x86-Familie besteht darin, eben nicht nur eine bestimmte Konfiguration, sondern eben alle drei Alternativen zu unterstützen. Sie bietet Entwicklern damit die Möglichkeit, ein System wahlweise im Hinblick auf Sicherheit oder auf Geschwindigkeit hin zu optimieren.

Die wichtigsten Befehle

4

Die Prozessoren der Familie 80386 orientieren sich am klassischen von Neumann-Konzept: Sie sind *speicherprogrammierbare Maschinen*, bei denen sich der Programmcode im selben Speicher wie Daten und Operanden befindet. (Der amerikanische Mathematiker John von Neumann hat dieses Prinzip Anfang der 40er Jahre beschrieben und später auch als einer der ersten realisiert.) Alternativen zur von Neumann-Architektur sind zwar bekannt, aber nicht gerade weit verbreitet - weshalb man guten Gewissens sagen kann, daß praktisch jeder handelsübliche Computer auf der Speicherprogrammierung basiert.

Speicherprogrammierbare Prozessoren haben neben der grundlegenden Architektur eine weitere gemeinsame Eigenschaft: Sie arbeiten mit einer internen Ablaufsteuerung, die Daten aus dem Speicher liest, sie als Befehl interpretiert, diesen Befehl ausführt (d.h. ihn in ein Folge weiterer Lese- und Schreibaktionen umsetzt) - und danach den gesamten Zyklus von vorne beginnt. Bei den meisten modernen Prozessoren geschieht die Umsetzung von Befehlen in Aktionen über eine Art fest eingebauter Unterprogramme, den sogenannten Mikrocode, weshalb ein Maschinenzyklus - also das Lesen, Interpretieren und Ausführen eines Befehls - verschiedentlich auch als Mikrozyklus bezeichnet wird.

In einem der ersten Programmspeicher-Computer, dem EDVAC, wurde jeder Maschinenbefehl in fünf Felder unterteilt. Ein Bitmuster in einem Feld bestimmte die auszuführende Operation, zwei Felder legten die Eingabe-Operanden fest, ein Feld gab an, wo das Ergebnis zu speichern sei, und das letzte Feld gab den Speicherplatz für den nächsten Befehl an. Dieses letzte Feld wurde bereits beim ersten Nachfolger des EDVAC ersatzlos gestrichen: Wenn man Befehle lückenlos in Reihenfolge aufsteigender Adressen speichert, läßt sich die Adresse des jeweils nächsten Befehls über einen Zähler ermitteln, den der Prozessor einfach jeweils um die Anzahl zuvor gelesener Bytes erhöht.

Trotz aller Erweiterungen und Fortschritte ist dieses Prinzip in den letzten 50 Jahren praktisch unverändert geblieben, weshalb sich auch der Mikrozyklus des 80486 mit einen recht einfachen Algorithmus beschreiben läßt:

1. Adressieren des Speichers über EIP und Lesen eines Befehls
2. Erhöhung von EIP um die Anzahl der gelesenen Befehls- und Operandenbytes
3. Ausführung des Befehls
4. Sprung zu Schritt 1, d.h. Start des nächsten Mikrozyklus

Natürlich stellt dieser Algorithmus eine ausgesprochen grobe Verallgemeinerung dar: Er berücksichtigt weder die quasi-parallele Verarbeitung mehrerer Befehle (»Pipelining«, siehe Kapitel 1) noch die Zwischenspeicherung des Prozessorstatus für eine eventuelle Wiederholung von Befehlen, die Ausnahmezustände hervorrufen. Dennoch ist diese Beschreibung für das Verständnis des grundlegenden Ablaufs ausreichend.

Befehlsformat

Befehlscodes werden in exakt derselben Weise wie Zeichen, Fließkommazahlen, ganze Zahlen oder irgendwelche andere Datentypen gespeichert: Je nach Kontext kann ein Wert wie 0F5h also für die Dezimalzahl 245, für das Zeichen »J« des erweiterten IBM-Zeichensatzes oder den Befehl CMC (»Complement Carry Flag«) stehen. Zusammen mit Operanden kann ein Befehl für die Prozessoren der 80x86-Familie zwischen 1 und 16 Bytes umfassen. Sein allgemeines Format sieht so aus:

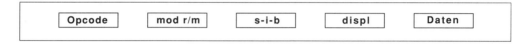

Der *Opcode* setzt sich aus 1 oder 2 Bytes zusammen. Die Bytes *mod r/m* und *s-i-b* legen die Art der Operanden und den Adressierungsmodus fest. Das Feld *displ* ist Teil einer eventuellen Speicheradresse und kann 1, 2 oder 4 Bytes umfassen. Das Feld *Data* ist für direkt angegebene Werte reserviert, es kann ebenfalls zwischen 1, 2 oder 4 Byte Länge variieren. Schließlich können dem Opcode-Feld bis zu vier Präfixe vorangehen.

Die Reihenfolge der einzelnen Felder ist zwingend - im Gegensatz zu ihrem Vorhandensein. Wie bereits erwähnt, besteht der Befehl CMC nur aus einem einzigen Byte; im Befehl

```
XCHG EAX, EBX   ; 66 93
```

erscheinen lediglich ein Opcode und das Feld *mod r/m*. Tatsächlich stellen Befehle, die sämtliche Felder enthalten, eher die Ausnahme dar. Ein Beispiel dafür:

```
ADD [EBP+8][ESI*4], 1122   ; 67 81 94 35 08 22 11
```

Anhang D listet die Bitmuster auf, aus denen sich Befehle und Opcodes zusammensetzen; Anhang E enthält eine Tabelle mit der Systematik: Mit ihrer Hilfe lassen sich Bitmuster sozusagen zu Fuß dekodieren.

Operanden

Der Hauptzweck von Befehlen liegt in der Manipulation von *Operanden*, wobei man hier je nach Art der Adressierung in fünf Kategorien unterteilt: implizit, Register, direkt, I/O und Speicher.

Implizite Operanden

Operanden, die durch den Befehl selbst festgelegt werden, bezeichnet man als implizit. Ein Beispiel dafür ist der Befehl CLI (»Clear Interrupt Flag«), der das IF-Bit des EFLAGS-Registers zurücksetzt, sein »Operationsziel« also sozusagen als Teil des Befehls selbst enthält. (Anders gesagt: da sich mit dem Befehl CLI *ausschließlich* das IF-Bit manipulieren läßt, ist eine zusätzlich explizite Angabe unnötig.) Weitere Beispiele für Befehle mit impliziten Operanden sind PUSH, POP, CALL und IRET - sie beziehen sich grundsätzlich auf den Stack. Da der Stack jedoch ein Teil des Hauptspeichers ist, werde ich auf diese Befehle erst im Abschnitt über Speicher-Operanden näher eingehen. Die folgenden Befehle sind weitere Beispiele für implizite Operanden:

Befehl	Erläuterung
AAA	Korrektur des Registers AL nach ASCII-Addition
CMC	Carry-Flag (CF-Bit in EFLAGS) invertieren
CLD	Richtungsflag zurücksetzen

Registeroperanden

Ein Befehl mit einem Registeroperanden führt eine Operation mit dem Wert durch, der in einem der internen Register (vgl. Abbildung 4.1) gespeichert ist. Welches Register in einem solchen Fall als Ziel oder Quelle dient, wird über den entsprechenden mnemonischen Namen angegeben.

Bei Registeroperanden ist zu beachten, daß der Befehlssatz des 80386 und seiner Nachfolger zwar weitgehend, aber nach wie vor nicht vollständig orthogonal ist: eine Operation wie INC *Reg* (Erhöhen des Registerinhalts um 1) läßt sich beispielsweise auf sämtliche allgemeinen Rechenregister anwenden, nicht aber auf Segmentregister. In ähnlicher Weise können die Steuer- und Debug-Register nicht zur Speicherung von Operanden für arithmetische Operationen benutzt werden. Die folgenden Befehle sind Beispiele für die Verwendung von Registeroperanden:

Befehl	Erläuterung
INC ESI	den in ESI gespeicherten Wert um eins erhöhen
SUB ECX, ECX	ECX von sich selbst subtrahieren (Ergebnis: 0)
MOV AL, DL	den in DL gespeicherten Wert nach AL kopieren
MOV EAX, CR0	den Inhalt von CR0 nach EAX kopieren
CALL EDI	Unterprogramm-Aufruf mit Startadresse in EDI

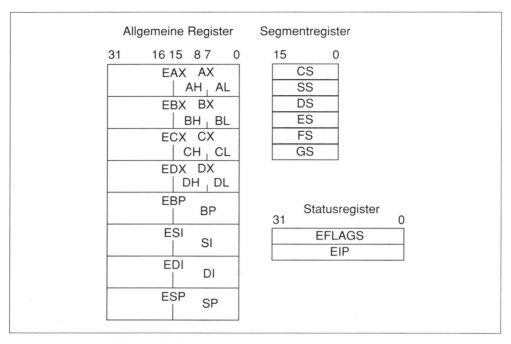

Abbildung 4.1 - Der Registersatz der Prozessoren 80386/80486

Direkt angegebene Operanden

Direkt angegebene Operanden stellen Werte dar, die als Teil des Befehls gespeichert sind. (Im Englischen wird dafür der Terminus »immediate« verwendet, der in der deutschen Literatur verschiedentlich auch als »unmittelbar« erscheint. In beiden Fällen ist gemeint, daß der Operand nicht erst aus einem Register oder von einer durch ein Register angegebenen Speicheradresse gelesen werden muß, sondern eben direkt im Befehl steht.) Betrachten wir als Beispiel den Befehl ADD EAX,3: Dort ist der zu EAX zu addierende Wert direkt hinter dem Opcode gespeichert, befindet sich also als Teil des Befehls im Codesegment. Die folgenden Befehle stellen Beispiele für direkt angegebene Operanden dar:

Befehl	Erläuterung
MOV EAX, 7	EAX mit dem Wert 7 laden
BT EDI, 3	Bit 3 des in EDI gespeicherten Wertes prüfen
JC 3C1h	Sprung zur (Offset-)Adresse 3C1h, wenn CF gesetzt ist

I/O-Operanden

Ein sinnvoll arbeitendes System kann sich nicht auf den Datenaustausch zwischen Prozessor und Hauptspeicher beschränken, sondern benötigt zusätzlich eine Verbindung zur Außenwelt, die bei Desktop-Computern meistens aus einer Tastatur und einem Bildschirm besteht. Üblicherweise werden hier zwei verschiedene Techniken verwendet: Die erste (und aufwendigere) besteht aus der Konstruktion einer Elektronik, die dem Prozessor das jeweilige Gerät wie eine Ansammlung von Speicherzellen erscheinen läßt. Eine angeschlossene Tastatur stellt in diesem Fall eine Speicheradresse dar, die sich nur lesen läßt und sozusagen aus dem Nichts heraus mit neuen Werten - den ASCII-Codes eingegebener Zeichen - füllt. Eine zweite, wesentlich einfachere Möglichkeit ist in die Prozessoren der 80x86-Familie direkt eingebaut: bei I/O-Befehlen verhält sich der Prozessor im Prinzip wie bei einem normalen Zugriff auf den Hauptspeicher, schaltet aber eine zusätzliche Steuerleitung. Die Elektronik des Systems kann anhand des Pegels dieser Leitung entscheiden, ob die Aktion den Hauptspeicher oder Zusatzgeräte wie Tastatur und Bildschirm betrifft. Da man die durch zusätzliche Elektronik gebildeten »Tore zur Außenwelt« im Englischen als *Ports* bezeichnet, hat sich für Ein-/Ausgabeoperationen der Begriff *Portbefehle* durchgesetzt. Der 80486 bringt in diesem Zusammenhang etwas zusätzliche Logik mit ins Spiel: Er verzichtet sinnvollerweise darauf, über Portbefehle gelesene bzw. geschriebene Daten in seinen Cache aufzunehmen.

Da es nicht sonderlich sinnvoll wäre, ein System mit 4 Milliarden externen Anschlüssen zu definieren, die sich überdies noch virtuell verwalten lassen, bleibt die Logik der Segmentierung bei Portbefehlen außen vor: Portadressen sind grundsätzlich »absolut«, und die Entwickler von Intel haben sich auf insgesamt 65536 verschiedene Adressen beschränkt.

Mit einer Lese- oder Schreibaktion lassen sich im Zusammenhang mit Ports 1, 2 oder 4 Bytes auf einmal übertragen, wobei die Startadresse bei Wörtern ganzzahlig durch 2 und bei DWords ganzzahlig durch vier teilbar sein muß. Das Register AL (AX, EAX) stellt bei Schreibbefehlen grundsätzlich die Quelle, bei Lesebefehlen grundsätzlich das Ziel der Operation dar. In direkter Form lassen sich lediglich Portadressen im Bereich von 0 bis 0FFh angeben; für Portadressen mit 16 Bit muß das Register DX benutzt werden. Die folgende Tabelle gibt einige Beispiele für Portbefehle wieder:

Befehl	Erläuterung
IN AL,04h	Byte von Port 04h lesen
OUT 1Ch,AX	Wort zu Port 1Ch (Adressen 1Ch, 1Dh) schreiben
IN AX,DX	Wort von dem durch DX angegebenen Port lesen
IN EAX,DX	DWord von dem durch DX angegebenen Port lesen

Speicheroperanden

Befehle, die die Inhalte von Zellen des Hauptspeichers verwenden, setzen die Angabe einer Adresse voraus - also der »Hausnummer« der gewünschten Speicherzelle. Die Prozessoren der 80x86-Familie stellen für diese Angabe mehrere Alternativen zur Verfügung, d.h. kennen eine Reihe unterschiedlicher *Adressierungsarten*. Erfreulicherweise benötigt der Prozessor auch bei ausgesprochen komplexen Adressierungen nur unwesentlich mehr Rechenzeit als bei den einfacheren Varianten, weshalb man sich als Entwickler in erster Linie auf die tatsächlichen Anforderungen seines Programms konzentrieren kann.

Adressierungen geschehen grundsätzlich relativ zum Beginn des für den jeweiligen Befehl verwendeten Segments, d.h. arbeiten mit einem Offset (»Abstandswert«) zum Segmentbeginn. Die Zählung beginnt dabei mit 0: Die Offset-Adresse 0 steht also für das erste, die Offset-Adresse 1 für das zweite Byte innerhalb des Segments. (Details zum Thema Segmentierung finden Sie in Kapitel 3.)

Der weitaus überwiegende Teil der Befehle bezieht sich implizit auf das Segment, dessen Startadresse im Register DS enthalten ist. Ein Befehl wie

```
MOV    AL,[0]
```

liest die erste Speicherzelle aus dem Datensegment des Programms (und kopiert den dort enthaltenen Wert in das Register AL). Diese Standardvorgabe läßt sich über das Voranstellen eines *Segment-Präfix* außer Kraft setzen. Beispielsweise sorgt das Präfix

```
SS:
MOV    AL,[0]
```

dafür, daß anstelle von DS das Register SS verwendet wird, liest also das erste Byte des Stacksegments. Segment-Präfixe beziehen sich ausschließlich auf den direkt darauffolgenden Befehl, weshalb eine Folge wie

```
CS:              ; Präfix: Codesegment
CMC              ; Invertieren des Carry-Flags
MOV    AL,[0]    ; liest DS:[0]!
```

sinnlos ist: Der Prozessor stellt hier fest, daß sich das Präfix auf den direkt darauffolgenden Befehl CMC nicht anwenden läßt, ignoriert es - und liest beim übernächsten Befehl wie gehabt aus dem Datensegment.

Da auf einzelnen Zeilen stehende Präfixe Listings recht unübersichtlich machen, hat man sich darauf geeinigt, sie zusammen mit dem jeweiligen Speicheroperanden anzugeben. Die folgenden beiden Befehle sind deshalb identisch:

```
SS:
MOV    AL,[0]       ; entspricht der tatsächlichen Reihenfolge der Befehlsbytes

MOV    AL, SS:[0]   ; hat exakt denselben Effekt
```

Im zweiten Fall stellt der Assembler das Präfix für SS ebenfalls dem gesamten Befehl voran, obwohl es im Quelltext erst vor dem Operanden erscheint.

Direkte Adressierung

Die einfachste Form der Speicheradressierung wird *direkte Adressierung* genannt: Ähnlich wie bei direkt angegebenen Operanden ist die Speicheradresse hier zusammen mit dem Befehl gespeichert (und wird in diesem Zusammenhang auch verschiedentlich als *Displacement* bezeichnet). Es kann sich bei dieser Angabe um einen Wert mit 16 oder mit 32 Bit handeln.

Die Unterscheidung zwischen direkt angegebenen *Operanden* und direkt angegebenen *Adressen* geschieht über eckige Klammern: ein Befehl wie

```
MOV  AX, 1234
```

steht also für »Register AX mit dem Wert 1234 laden«, der Befehl

```
MOV  AX, [1234]
```

wird vom Assembler dagegen als »AX mit dem Wert laden, der ab der Adresse 1234 gespeichert ist« interpretiert. (Die eckigen Klammern sollen andeuten, daß es in diesem Fall nicht um direkte Werte, sondern um Inhalte geht.)

Die folgenden Befehle stellen Beispiele für direkt angegebene Adressen dar:

Befehl	Erläuterung
INC DWORD PTR[17h]	den ab Adresse 17h (Speicherzellen 17h..1Ah) gespeicherten Wert um 1 erhöhen
MOV AL,[1A33D4h]	Wert aus Speicherzelle 1A33D4h in AL kopieren
SHL BYTE PTR[1FFh],3	den in Adresse 1FFh gespeicherten Wert um drei Bits nach links verschieben (= Multiplikation mit 8)

Ein Hinweis: Ich verwende bei den Beispielen dieses Kapitels durchgehend numerische Speicheradressen, um Erläuterungen möglichst übersichtlich (lies: wenig abstrakt) zu halten. In der Praxis benutzt man derartige Werte allerdings nur in Ausnahmefällen: Sowohl Assembler als auch Compiler arbeiten so gut wie ausschließlich mit symbolischer Adressierung, d.h. verwenden Variablennamen und berechnen nicht nur die dafür verwendeten numerischen Adressen, sondern auch die Wortgrößen selbständig. Ein Konstrukt mit direkten Angaben - beispielsweise

```
INC    DWORD PTR [15F2h] ; 32-Bit-Operand
```

wird dadurch zu einer Variablendeklaration, auf die irgendwann ein wesentlich übersichtlicherer Befehl folgt:

Kapitel 4 - Die wichtigsten Befehle

```
COUNT   DD      ?               ; DWord für eine Variable COUNT reservieren
        ...
        INC     COUNT           ; COUNT um eins erhöhen
```

Offensichtlich hat sich der Assembler hier gemerkt, daß COUNT als Variable mit 32 Bit definiert wurde, d.h. setzt den Zusatz DWORD PTR selbständig ein. (Unnötig zu erwähnen, daß man sich bei einem Namen wie COUNT wesentlich seltener vertippt als bei einer Angabe wie 15F2h. Sollte es doch einmal geschehen, macht sich der Assembler mit einer Meldung im Sinne von »Variablenname unbekannt« bemerkbar - was wesentlich angenehmer sein dürfte als ein fertiges Programm, das sich aus zunächst unerklärlichen Gründen danebenbenimmt.)

Die folgenden Befehle stellen Beispiele für die Verwendung symbolischer Variablennamen dar:

Befehl	Erläuterung
COUNT DD 10	DWord reservieren und mit 10 initialisieren
FLAG DW ?	Wort reservieren ohne Initialisierung
NAME DB 20 DUP (?)	20 aufeinanderfolgende Bytes reservieren
DEC COUNT	COUNT um eins erniedrigen
MOV AL, NAME	erstes Byte von NAME -> AL
MOV AL, NAME[1]	zweites Byte von Name -> AL
OR FLAG, 4000h	Bit 7 von FLAG setzen

Basisadressierung

Bei diesem Modus ist die Startadresse des anzusprechenden Speicherbereichs in einem Register enthalten: Wenn ein Register wie EBX beispielsweise den Wert 1234h enthält, dann liest der Befehl

```
MOV     AX,[BX]
```

die Speicherzellen 1234h sowie 1235h und kopiert die dort enthaltenen Werte in AX.

Alle sieben allgemeinen Rechenregister lassen sich im Zusammenhang mit dieser Adressierungsart verwenden; für die Register EBP und ESP kommt eine Besonderheit hinzu: Wenn ihr Inhalt als Basisadresse benutzt wird, adressiert der Prozessor nicht das Datensegment, sondern den Stack. Anders gesagt: Basisadressierungen über EBP und ESP enthalten implizit das Präfix SS:.

Ähnlich wie bei direkt angegebenen Operanden und direkt angegebenen Adressen wird auch hier über eckige Klammern unterschieden: Der Befehl

```
MOV     AX,BX
```

lädt das Register AX mit dem in BX enthaltenen Wert, beim Befehl

MOV   AX,[BX]

interpretiert der Prozessor dagegen den in BX enthaltenen Wert als Adresse der Speicherzelle, deren Inhalt in AX kopiert werden soll. Die folgenden Befehle stellen Beispiele für die Verwendung von Basisadressen dar:

```
MOV     AL, [ECX]           ; Byte von der durch ECX angegebenen Adresse in AL lesen
DEC     WORD PTR [ESI]      ; Wort ab der durch ESI angegebenen Adresse erniedrigen
XCHG    EBX, [EBX]          ; DWord ab der durch EBX angegebenen Adresse -> EBX
CALL    [EAX]               ; Aufruf der Routine, deren Startadresse ab der durch EAX
                            ; angegebenen Speicheradresse steht
```

Basisadresse plus Displacement

Diese Adressierungsart stellt eine Variante dar, die vor allem beim Zugriff auf strukturierte Variablen und Parameter häufig verwendet wird. Nehmen wir beispielsweise an, Sie haben *Point* definiert, der sich aus zwei Koordinaten *x* und *y* zusammensetzt, die ihrerseits den Typ *Word* haben. Die Variable *Point.x* beginnt mit der gleichen Adresse wie *Point* selbst, die Variable *y* ist zwei Bytes oberhalb von *x* gespeichert. Wenn das Register ESI die Adresse von *Point* enthält, stehen nun zwei Möglichkeiten zur Verfügung, die Variable *Point.y* zu lesen: Entweder erhöht man ESI um zwei, liest den Wert und setzt ESI danach wieder auf die Startadresse von *Point* zurück - oder man weist den Prozessor über den Befehl

MOV AX,WORD PTR [ESI+2]

einfach an, zwei Bytes »hinter« der momentan durch ESI angegebenen Adresse mit der Leseaktion zu beginnen. Analoges gilt für das Adressieren von Parametern in Unterprogrammen: Wenn man von der üblichen Konstruktion ausgeht, bei der EBP auf einen bestimmten Punkt innerhalb des Stacks zeigt, dann lassen sich die »oberhalb« dieses Punktes gespeicherten Parameter in der Form [EBP+x] adressieren.

Zur Verdeutlichung sehen wir uns das zuvor erwähnte Beispiel mit einem Variablentyp *Point* noch einmal in ausgeführter (symbolischer) Form an:

```
POINT    struc               ; Definition einer strukturierten Variablen
X        DW ?                ; POINT.X (X-Koordinate)
Y        DW ?                ; POINT.Y (Y-Koordinate)
POINT    ends

CORNER   POINT<>             ; eine Variable des Typs POINT
         ...
         LEA ESI,CORNER      ; ESI mit der Adresse der Variablen laden
         MOV AX,[ESI].X      ; X-Koordinate in AX laden
         INC [ESI].Y         ; Y-Koordinate um eins erhöhen
         ...
```

Indizierte Adressierung plus Displacement

Bei der indizierten Adressierung, die vor allem bei der Bearbeitung von Arrays zum Einsatz kommt, wird der Inhalt eines Registers als Teil der Adresse benutzt, zu der üblicherweise noch ein fixer Startwert (»Displacement«) hinzukommt. Mit Ausnahme von ESP lassen sich alle sieben allgemeinen Rechenregister für diese Art der Adressierung verwenden. Nehmen wir beispielsweise einmal an, Sie definieren ein Array mit 100 Byte-Elementen ab der Startadresse 77AAh. Das erste Array-Element hat folglich die Adresse 77AAh, das zweite die Adresse 77AABh usw. Bei Verwendung der Adressierungsart »Basisadresse plus Displacement« sähe ein Zugriff auf das zweite Array-Element ungefähr so aus:

```
LEA ESI,77AAh      ; ESI auf die Startadresse des Arrays
MOV AL,[ESI+1]     ; zweites Array-Element laden
```

Hier ist allerdings die Indexnummer des gewünschten Elements fix codiert: In einer Schleife zur Bearbeitung sämtlicher Array-Elemente ließe sich dieser Befehl also nicht verwenden.

```
MOV ESI,1          ; Indexnummer des gewünschten Elements
MOV AL,[ESI+77AAh] ; das durch ESI angegebene Element laden
```

Einige weitere Beispiele, die wiederum mit symbolischer Adressierung arbeiten:

```
MOV AL,VECTOR[ECX]   ; das durch ECX angegebene Element des Arrays VECTOR
SUB MYARRAY[EAX],2   ; das durch EAX angegebene Element von MYARRAY
                     ; um zwei erniedrigen
```

Auf den ersten Blick mag es so aussehen, als sei hier gegenüber der Adressierungsart »Basisadresse plus Displacement« lediglich die Reihenfolge vertauscht: Im ersten Fall ist die Indexnummer, im zweiten Fall die Basisadresse des jeweiligen Arrays fix codiert. Im Prinzip stimmt diese Feststellung schon - allerdings nur, solange die Array-Elemente aus einzelnen Bytes bestehen.

Das folgende Fragment eines C-Programms tritt den Beweis für diese Behauptung an. Es berechnet die Summe der Quadrate eines Arrays:

```
int V[V_MAX] ;     // Integer-Array mit V_MAX Elementen
register int i;    // Schleifenzähler

  for (int sum = 0, i = 0; i < V_MAX; i++)
    sum += v[i] * v[i];
```

Wenn wir davon ausgehen, daß der C-Compiler den Datentyp *int* mit 32 Bit speichert, werden zwei separate Werte innerhalb der Schleife benötigt: Der Zähler *i* und die Adresse von *V[i]* (d.h. des jeweils über *i* indizierten Elements). Letztere wird nach dem üblichen Verfahren ermittelt - also der Multiplikation *i* * Elementgröße (= *i* * 4) plus Startadresse von *V*. Für *V[3]* ergibt sich beispielsweise damit die Adresse $V + 3*4 = V+12$.

Konsequent könnte der von einem C-Compiler für das zuvor gezeigte Fragment erzeugte Code ungefähr folgendermaßen aussehen:

```
        XOR  ECX,ECX       ; Schleifenzähler auf 0
        MOV  SUM,ECX       ; Variable SUM auf 0
L1:     CMP  ECX,V_MAX     ; Array-Ende erreicht?
        JGE  DONE          ; -> ja, Ende
        MOV  EAX,ECX       ; nein: Index nach EAX kopieren
        SHL  EAX,2         ; * Elementgröße (= * 4)
        MOV  EAX,V[EAX]    ; Array-Element i laden
        IMUL EAX           ; quadrieren
        ADD  SUM,EAX       ; zu SUM addieren
        INC  ECX           ; Index um eins erhöhen
        JMP  L1            ; nächstes Element
DONE:   ...
```

Der durch Fettschrift hervorgehobene Programmteil erledigt die notwendige Umrechnung des Index in die Speicheradresse des jeweiligen Array-Elements. Da Operationen dieser Art sozusagen zum täglich Brot von Programmierern (und Compilern) gehören, definieren die Prozessoren 80386 und 80486 hier eine spezielle Optimierungsmöglichkeit, die *Skalierung* genannt wird: für Arrays mit Elementgrößen von 2, 4 und 8 Bytes läßt sich die zur Adreßberechnung notwendige Multiplikation in einem einzigen Befehl zusammenfassen. Das zuvor gezeigte Beispiel verkürzt sich damit auf:

```
        XOR  ECX,ECX       ; Schleifenzähler auf 0
        MOV  SUM,ECX       ; Variable SUM auf 0
L1:     CMP  ECX,V_MAX     ; Array-Ende erreicht?
        JGE  DONE          ; -> ja, Ende
        MOV  EAX,V[ECX*4]  ; Array-Element i laden
        IMUL EAX           ; quadrieren
        ADD  SUM,EAX       ; zu SUM addieren
        INC  ECX           ; Index um eins erhöhen
        JMP  L1            ; nächstes Element
DONE:   ...
```

Auf diese Weise werden nicht nur zwei Befehle (Laden und Multiplikation) eingespart, sondern unter Umständen auch eine erhebliche Menge Rechenzeit. Tatsächlich benötigt der Prozessor zur Ausführung des Befehls

MOV   EAX, V[ECX*4]

exakt dieselbe Zeit wie für:

MOV   EAX, V[EAX]

Einige Besonderheiten im Zusammenhang mit der Skalierung: EBP bezieht sich bei skalierten Indizierungen nicht implizit auf den Stack, sondern arbeitet ebenfalls im Datensegment. Die Ausnahme von dieser Regel stellen Befehle dar, die sowohl die Basisadresse als auch die Indexadresse über ein Register angeben und EBP beteiligen: Solange EBP dabei nicht mit einem Skalierungsfaktor verwendet wird, interpretiert der Prozessor dieses Register als Basisadresse (und bezieht sich damit wieder implizit auf den Stack). Insgesamt ergeben sich also vier mögliche Kombinationen, die die folgende Tabelle zusammenfaßt:

Befehl	Erläuterung
ADD [ECX][EBP], 7	SS: EBP als Basisadresse verwendet
MOV AX, ARRAY[EBP]	SS: EBP als Basisadresse verwendet
MOV EAX, [ECX][EBP*4]	DS: ECX als Basis, EBP skaliert
INC BYTE PTR[ECX*8][EBP], X	SS: EBP als Basis, ECX skaliert

Während die Modelle 8086 und 8088 zum Berechnen von Operandenadressen je nach Komplexität der Adressierungsart zwischen 5 und 17 Takte benötigen, bleibt der Zeitbedarf des 80386 unabhängig von der Adressierungsart konstant. Die Ausnahme stellen Adressierungen dar, die nicht nur die Basisadresse, sondern auch einen Index über ein Register angeben: In diesem Fall wird ein zusätzlicher Takt benötigt. Der 80486 spart diesen Takt aufgrund der internen Parallelverarbeitung in den meisten Fällen wieder ein, d.h. erledigt die notwendigen Operationen bereits während der Dekodierung des Befehls.

Basisadresse plus Displacement plus Index

Diese Adressierungsart ist die komplexeste, die die 80x86-Familie zu bieten hat. Sie wird vor allem für Zugriffe auf Arrays verwendet, die sich auf dem Stack befinden (wobei EBP üblicherweise die Basisadresse darstellt). Eine weitere Anwendungsmöglichkeit stellt die Behandlung von Arrays dar, deren Startadresse in einem Register gespeichert ist.

Displacements kommen hier nur mit ins Spiel, wenn die Elemente eines auf diese Weise adressierten Arrays überdies noch strukturiert sind, wie es beispielsweise bei einem *Point*-Array auf dem Stack der Fall wäre. (Tatsächlich kommt man um ein Displacement in keinem Fall herum: Der Assembler setzt bei direkten Adressierungen dieser Art nötigenfalls selbständig den Wert 0 ein.) Da das für die Indizierung verwendete Register zusätzlich noch skaliert werden kann, lassen sich Befehle konstruieren, die fast schon komplette Unterprogramme sind:

Befehl	Erläuterung
MOV AL, [EBP+8][ESI]	Kopie des durch ESI indizierten Array-Elements nach AL. Das Array befindet sich auf dem Stack, seine Basisadresse ist EPB+8, seine Elementgröße 1 Byte ▶

Befehl	Erläuterung
INC WORD PTR [EBX+EAX*2]	Erhöhen des durch ESI indizierten Array-Elements um eins. Das Array befindet sich auf dem Stack, seine Basisadresse ist EPB, seine Elementgröße 2 Bytes
MOV DX, PT[EAX*4][ESI].Y	Kopie des Feldes Y einer Datenstruktur nach DX. Die Datenstruktur umfaßt 4 Bytes und ist in einem Array gespeichert, dessen Startadresse durch den Bezeichner PT angegeben wird, EAX enthält die Indexnummer des gewünschten Elements

Das letzte dieser drei Beispiele scheint nicht mit einem, sondern gleich mit zwei fixen Displacements zu arbeiten: Der Startadresse des Arrays (PT) und dem »Offset« Y innerhalb eines Elements. Tatsächlich erlauben Assembler diese Schreibweise nur der Übersichtlichkeit halber: Wer sich den erzeugten Befehlscode genauer ansieht, findet dort einen einzigen (vom Assembler aufaddierten) Wert.

Stack-Adressierung

Wie der Name bereits andeutet, handelt es sich beim Stack um einen Speicherbereich, der logisch nach dem Prinzip eines Stapels behandelt wird: Der jeweils zuletzt daraufgelegte Wert muß als erstes wieder heruntergenommen werden, bevor man an die darunterliegenden Daten kommt. Aus der englischen Bezeichnung »Last In, First Out« für diese Logik wurde das Kürzel LIFO gebildet; die Alternative »First In, First Out« (FIFO) ist ebenfalls in Abbildung 4.2 grafisch verdeutlicht.

Stackbefehle legen in den meisten Fällen nur einen einzigen Operanden explizit fest, der zweite Operand - der Stack - ergibt sich implizit. Der Prozessor geht davon aus, daß der gesamte über das Stacksegment (also das Register SS) verfügbare Speicherbereich ausschließlich für Speicherungen dieser Art verwendet wird, was aber in der Praxis nicht unbedingt der Fall sein muß: In den Speichermodellen *Tiny*, *Small* und *Compact* zeigen DS und SS auf ein und dasselbe Segment, das folglich nicht nur den Stack, sondern auch die Daten des Programms enthält. Konsequent setzt man bei derartigen Programmen eine Stackprüfung ein: Sie sollte im Falle eines Falles mit einer Meldung darauf aufmerksam machen, daß der Stack überladen wurde und in die Daten des Programms überläuft.

Bei Programmen, die mit einem separaten Stacksegment arbeiten, übernimmt der Prozessor diese Prüfung selbst: Der Befehl PUSH (Speichern auf dem Stack) prüft automatisch, ob das als Stackzeiger verwendete Register ESP vor der Speicherung einen Wert größer/gleich 4 hat. Falls ja, wird die Speicherung ausgeführt (und ESP dabei entsprechend erniedrigt) - falls nein, reagiert der Prozessor mit dem Auslösen des Interrupts 12h (»Stack Fault«).

Analoges gilt für den POP-Befehl, der das oberste Element vom Stack herunternimmt: Hier prüft der Prozessor zuerst, ob ESP minimal noch vier Bytes vom oberen Limit des Segments entfernt ist (und löst gegebenenfalls einen Interrupt aus); ansonsten wird dieses Register entsprechend erhöht.

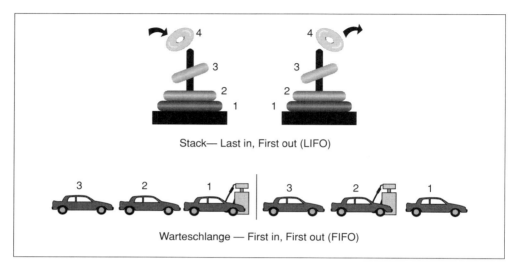

Abbildung 4.2 - LIFO- vs. FIFO-Strukturen

Wie aus dieser Beschreibung ebenfalls hervorgehen soll, stimmt die in Abbildung 4.2 verdeutlichte Logik in einem Punkt nicht mit der Wirklichkeit überein: Das »Auflegen« eines Wertes auf den Stack *erniedrigt* den Zeiger ESP - mithin wächst der Stack also in Richtung absteigender Adressen. Um ein allzugroßes Durcheinander zu vermeiden, ist man trotzdem auch in der Terminologie auf der anschaulichen Seite geblieben - obwohl das »Herunternehmen« eines Wertes vom Stack den Stackzeiger letztlich *erhöht*. (Konsequent wird auch der Wert, auf den ESP zeigt, als »Stackspitze« bezeichnet - und nicht etwa als »unteres Ende«).

Die Befehle PUSH und POP speichern direkt angegebene Werte, die Inhalte von Registern oder die Inhalte von Speicherzellen auf dem Stack bzw. lesen sie von dort. Zusätzlich existieren einige Befehle, die vor einer Veränderung von EIP den alten Wert auf den Stack legen: Auf diese Weise wird es beim Aufruf von Unterprogrammen möglich, die aufrufende Routine zu einem späteren Zeitpunkt fortzusetzen.

Der für den Aufruf von Unterprogrammen verwendete Befehl CALL hat ein einziges Argument - nämlich die Startadresse des Unterprogramms - und beinhaltet mehrere implizite Operationen:

- Erniedrigen von ESP, d.h. Bereitstellen von Platz zur Speicherung von EIP.
- Kopie des momentanen Inhalts von EIP auf den Stack. EIP enthält zu diesem Zeitpunkt bereits die Adresse des nächsten Befehls - also des Befehls, der unmittelbar nach dem Rücksprung aus dem Unterprogramm ausgeführt werden soll.
- Einsetzen der zusammen mit CALL angegebenen Adresse in EIP. Der Prozessor liest daraufhin den nächsten Befehl von der Speicherzelle, deren Adresse nunmehr in EIP steht.

Der Befehl RET macht diese Schritte sozusagen rückgängig, d.h. kopiert das oberste Stack-Element wieder in das EIP-Register (und erhöht ESP dabei wieder entsprechend).

Eine weitere Verwendung des Stacks liegt in der Übergabe von Daten (»Parametern«) an Unterprogramme. In den meisten Fällen benutzt man dazu eine weitgehend standardisierte Logik (»Stack Frame«), die in Abbildung 4.3 zusammen mit dem eigentlichen Aufruf verdeutlicht ist.

Der Stack ist nicht auf die Speicherung von Werten mit 32 Bit begrenzt: Zumindest theoretisch lassen sich dort auch einzelne Wörter unterbringen, indem man Register wie AX, BX usw. oder als Wort zusammengefaßte Speicherzellen als Operand der Befehle PUSH und POP verwendet. Auch wenn es auf den ersten Blick nicht so aussehen mag, ist ein Befehl wie PUSH EAX, verbunden mit einem Ignorieren der höherwertigen 16 Bits, letztlich aber wesentlich effizienter; dasselbe gilt für Speicheroperanden, die man zuvor mit MOVSX bzw. MOVZX unter gleichzeitigem Löschen der höherwertigen Bits in ein Register kopieren kann. Der Grund dafür liegt in der Arbeitsweise der Hardware-Schnittstelle zwischen Prozessor und Hauptspeicher: Zugriffe lassen sich nur dann in einem einzigen Zyklus abwickeln, wenn die dabei verwendete Startadresse ganzzahlig durch vier teilbar ist. Für jede Lese- und Schreibaktion, die über eine »krumme« Startadresse stattfindet, braucht der Prozessor mindestens einen Takt mehr. Woraus folgt: Wenn ein Programm durchgehend mit DWords arbeitet und zwischendurch ein einzelnes Wort auf den Stack legt, werden die nachfolgenden DWord-Zugriffe auf den Stack um rund 30 Prozent langsamer - und bleiben es so lange, bis das Wort wieder entfernt ist. (Mit der Ausrichtungsprüfung des 80486 wird ein solches Programm ebenfalls Ärger bekommen - siehe Kapitel 3).

Aus diesem Grund verwenden der 80386 und der 80486 im Protected Mode auch bei der Zwischenspeicherung von Segmentregistern (CS, SS, DS, ES, FS und GS) eine implizite Erweiterung auf 32 Bit, d.h. speichern diese Register in Form von DWords.

Kapitel 4 - Die wichtigsten Befehle

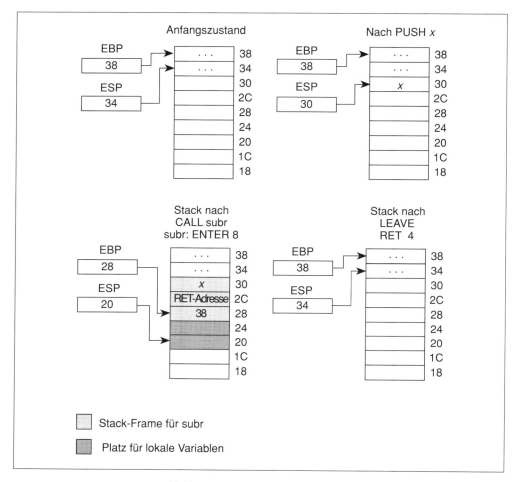

Abbildung 4.3 - Verwendung des Stacks

Befehlskategorien

Sämtliche Mitglieder der 80x86-Familie gehören zur Klasse »Allzweck-Prozessoren«, d.h. sind nicht (wie etwa Embedded Controller, Signal- oder Grafikprozessoren) auf bestimmte Aufgaben spezialisiert. Dementsprechend universell und weit gefächert ist der Befehlssatz ausgelegt. Die folgenden Abschnitte versuchen, anhand einer ungefähren Kategorisierung zumindest einen Überblick zu vermitteln.

Arithmetik

Unter arithmetischen Operationen wird in diesem Kontext die Manipulation ganzzahliger Operanden mit 8, 16 und 32 Bit Größe verstanden, die sowohl mit als auch ohne Berücksichtigung eines Vorzeichens stattfinden kann. Die dafür verwendeten Befehle haben (mit wenigen Ausnahmen) die folgende Form:

```
OPCODE  dest, src   ; (Opcode Ziel, Quelle)
```

Etwas formaler: Arithmetik-Befehle verknüpfen einen Quell- mit einem Zieloperanden und speichern das Ergebnis im Zieloperanden. Der Zieloperand kann ein Register oder ein Bereich des Hauptspeichers sein; für den Quelloperanden gilt dasselbe, nur daß dort noch die Möglichkeit einer direkten Angabe hinzukommt. Alle Arten von Quell- und Zieloperanden lassen sich miteinander kombinieren, wenn man von einer Ausnahme absieht: Befehle, die einen Speicherbereich sowohl als Ziel als auch als Quelle verwenden, sind nicht definiert.

Die folgende Tabelle gibt die Befehle wieder, die in die Kategorie »arithmetische Operationen« fallen:

Befehl	Erläuterung
ADD	Addition ganzer Zahlen
ADC	Addition mit Übertrag
SUB	Subtraktion ganzer Zahlen
SBB	Subtraktion mit Übertrag
CMP	Vergleich zweier (ganzzahliger) Werte

Neben der Veränderung des Zieloperanden haben diese Befehle einen (erwünschten) Nebeneffekt: Abhängig vom Ergebnis setzen sie die Bits AF, CF, OF, PF, SF und ZF des Registers EFLAGS.

Additionen, Subtraktionen und Vergleiche arbeiten grundsätzlich mit zwei Operanden und werden deshalb auch als *binär* oder *dyadisch* bezeichnet. Die Prozessoren der 80x86-Familie kennen zusätzlich zwei *unäre* (*monadische*) Befehle, bei denen Ziel und Quelle identisch (bzw. der zweite Operand implizit) ist:

Befehl	Erläuterung
INC	Erhöhung des Operanden um 1
DEC	Erniedrigung des Operanden um 1

Die Operanden können hier ebenfalls ein Register oder ein Speicherbereich sein. Mit Ausnahme des Carry-Flags (Bit CF) werden die Bits des EFLAGS-Registers ebenfalls abhängig vom Ergebnis gesetzt.

Schließlich existieren noch vier Befehle, bei denen die Adressierung der Operanden sozusagen irregulär verläuft:

Befehl	Erläuterung
DIV	vorzeichenlose Division
IDIV	vorzeichenbehaftete Division
MUL	vorzeichenlose Multiplikation
IMUL	vorzeichenbehaftete Multiplikation

Diese vier Befehle arbeiten mit einem einzigen explizit angegebenen Quelloperanden; sie legen nicht nur das Ziel - nämlich den Akkumulator - implizit fest, sondern bestimmen auch *die Größe des zweiten Quelloperanden* aus der Größe des ersten:

Operandengröße	Ziel (»Akku«)
8 Bit	AL
16 Bit	AX
32 Bit	EAX
64 Bit	EDX,EAX

Die Befehle DIV und IDIV hinterlassen die Flags des EFLAGS-Registers in undefinierter Form; die Befehle MUL und IMUL setzen CF und OF, die restlichen Flags (SF, ZF, AF und PF) bleiben hier ebenfalls undefiniert.

Da der Befehl IMUL vor allem für die Berechnung von Startadressen innerhalb strukturierter Variablen (Arrays und Records) eingesetzt wird, haben ihm die Entwickler von Intel insgesamt drei unterschiedliche Formate spendiert:

Befehl	Wirkung
IMUL *src*	*Akku x src*, Ergebnis in Akku bzw. EDX/EAX
IMUL *dest, src*	*dest = dest x src*
IMUL *dest, src*, data	*dest = src x* data

Dezimalarithmetik

Dezimale Berechnungen laufen bei den Prozessoren der 80x86-Familie in zwei voneinander getrennten Schritten ab: sie bestehen aus einer binären arithmetischen Operation, auf die ein Befehl zur Dezimalkorrektur folgt. (Die Notwendigkeit für diese Korrektur ergibt sich daraus, daß BCD-Zahlen in gepackter Form mit einer Dezimalziffer pro Nibble gespeichert sind - und nicht als »durchgehender« binärer Wert.) Die folgenden Befehle verwenden entweder das Register AL oder das Register AX als impliziten Operanden, der gleichzeitig Ziel und Quelle darstellt:

Befehl	Erläuterung
AAA	ASCII-Anpassung nach Addition
AAD	ASCII-Anpassung vor Division
AAM	ASCII-Anpassung nach Multiplikation
AAS	ASCII-Anpassung Subtraktion
DAA	Dezimal-Anpassung nach Addition
DAS	Dezimal-Anpassung nach Subtraktion

Logikbefehle

Befehle dieser Art leiten ihren Namen aus der Tatsache ab, daß sie keine Annahmen über die Art der beteiligten Operanden machen: Sie arbeiten schlicht auf der Basis einzelner Bits und kümmern sich nicht im mindesten darum, ob der Programmierer diese Bits als Teil eines ASCII-Zeichens, einer BCD-Zahl oder eines beliebigen anderen Wertes betrachtet. Binäre Befehle dieser Art sind:

Befehl	Erläuterung
AND	logisches UND
OR	logisches ODER
XOR	exklusives ODER
TEST	logisches UND, wobei lediglich EFLAGS modifiziert wird

Die Mitglieder der 80x86-Familie definieren lediglich einen einzigen unären logischen Befehl:

Befehl	Erläuterung
NOT	invertiert sämtliche Bits des Operanden

Mit Ausnahme von NOT verändern alle logischen Befehle die Flags OF, SF, ZF, PF und CF. Das Flag AF bleibt undefiniert.

Die Prozessoren 80386 und 80486 definieren zusätzlich eine Reihe von Befehlen zur Bearbeitung von Bitfeldern. Das Format dieser Befehle ist:

OPCODE *dest, index*

Dest stellt dabei das zu prüfende Bitfeld dar, bei dem es sich entweder um den Inhalt eines Registers oder um einen Bereich des Hauptspeichers handeln kann; *index* legt fest, welches Bit innerhalb dieses Feldes zu prüfen ist. Bei Verwendung eines Registers als *dest* ist *index* naturgemäß auf den Wertebereich 0..31 begrenzt - steht *dest* dagegen für einen Bereich des Hauptspeichers, dann kann *index* Werte im Bereich von -2^{31} bis $+2^{31}$ annehmen. Die folgende Tabelle gibt die Befehle zur Bearbeitung von Bitfeldern wieder:

Befehl	Erläuterung
BT	»Bit Test« - Kopie des Bits nach CF
BTC	»Bit Test Clear« - Kopie nach CF, Invertierung in *dest*
BTR	»Bit Test Reset« - Kopie -> CF, *dest*-Bit = 0
BTS	»Bit Test Set« - Kopie -> CF, *dest*-Bit = 1

Abbildung 4.4 verdeutlicht die Logik bei der Indizierung von Bitfeldern.

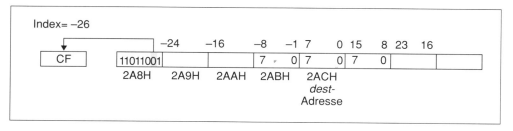

Abbildung 4.4 - Bit-Indizierung bei BT-Befehlen

Zwei weitere Befehle suchen Bitfelder nach gesetzten Bits ab:

Befehl	Erläuterung
BSF *dest, src*	»Bit Scan Forward« - in Richtung aufsteigender Indices
BSR *dest, src*	»Bit Scan Backward« - in Richtung absteigender Indices

Src gibt hier das zu untersuchende Bitfeld an, bei dem es sich um ein Register handeln muß. *dest* muß ebenfalls für ein Register stehen: Dort legt der Prozessor den Index zum ersten gesetzten Bit ab, das die Suche zutage gefördert hat. Die Größe des Zieloperanden *Dest* legt zusätzlich fest, ob sich die Suche über 16 oder über 32 Bit erstreckt (vgl. Abbildung 4.5).

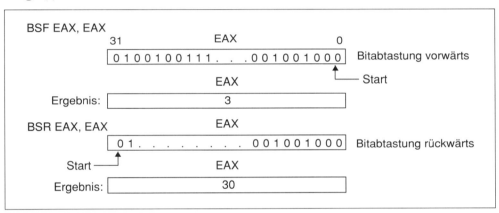

Abbildung 4.5 - Absuchen von Bitfeldern

Schiebe- und Rotierbefehle fallen ebenfalls in die Kategorie »logische Operationen«. Sie haben die allgemeine Form:

OPCODE *dest,* COUNT

Dest kann hier entweder für einen Speicherbereich oder für ein Register stehen; COUNT legt fest, um wie viele Bitpositionen der dort gespeicherte Wert verschoben werden soll. Abbildung 4.6 verdeutlicht die Logik, die darauffolgende Tabelle gibt eine Übersicht über die zur Verfügung stehenden Befehle:

Kapitel 4 - Die wichtigsten Befehle

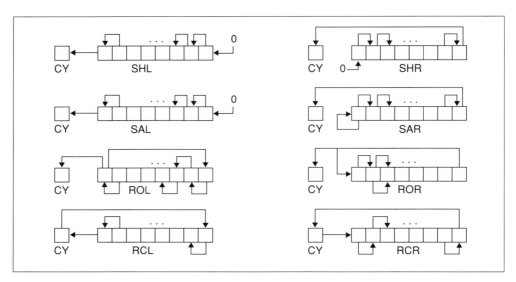

Abbildung 4.6 - Shift- und Rotier-Befehle

Befehl	Erläuterung
SHL	logisches Schieben nach links
SHR	logisches Schieben nach rechts
SAL	arithmetisches Schieben nach links
SAR	arithmetisches Schieben nach rechts
ROL	Rotation nach links ohne Carry
ROR	Rotation nach rechts ohne Carry
RCL	Rotation nach links über Carry
RCR	Rotation nach rechts über Carry

Zusätzlich stehen zwei recht komplexe »Doppel-Schiebebefehle« zur Verfügung:

Befehl	Erläuterung
SHLD *dest, src,* COUNT	logisches doppeltes Schieben nach links
SHRD *dest, src,* COUNT	logisches doppeltes Schieben nach rechts

Die Wirkungsweise dieser beiden Befehle bedarf wohl einiger Erläuterung: SHLD und SHRD kopieren *dest* und *src* erst einmal in ein unsichtbares Register, wobei *dest* den höherwertigen Teil bildet; danach folgt die Schiebeaktion um COUNT Bitpositionen. SHLD kopiert den nun im höherwertigen Teil dieses Register stehenden Wertes nach *dest*, SHRD tut dasselbe mit dem niederwertigen Teil. *src* bleibt bei diesen Operationen unverändert.

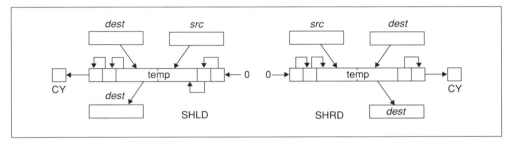

Abbildung 4.7 - SHLD und SHRD

Befehle für den Datentransfer

Befehle dieser Kategorie dürften in den meisten Programmen wohl den Löwenanteil stellen, wobei sich der Programmierer eigentlich nur einen einzigen Befehlsnamen merken muß:

MOV *dest, src*

Tatsächlich verbirgt sich hinter MOV eine geradezu unüberschaubare Anzahl von Einzelbefehlen, wobei sich der Assembler erfreulicherweise von selbst um die notwendigen Unterscheidungen kümmert. Die Formalien sehen folgendermaßen aus: *dest* und *src* können für sowohl ein Register als auch für eine (auf beliebige Art gebildete) Speicheradresse stehen; für *src* ist überdies die direkte Angabe von Werten möglich. Die verschiedenen Arten von Operanden lassen sich auf beliebige Weise miteinander kombinieren, wobei hier allerdings dieselbe Ausnahme wie bei arithmetischen Befehlen gilt: Befehle, die sowohl als Ziel als auch als Quelle einen Speicheroperanden angeben, sind nicht definiert.

MOV ist zudem nicht auf die allgemeinen Rechenregister beschränkt: Dieser Befehl stellt die einzige Möglichkeit für den Zugriff auf die Steuerregister CR0..CR3, die Debug- und Testregister DR0..DR7 bzw. TR6 und TR7 dar. Außerdem läßt sich MOV auf die Segmentregister (CS..GS) anwenden.

Hundertprozentig orthogonal ist MOV allerdings nicht: Es gibt speziell in puncto Adressierungsarten einige Kombinationen, die zwar von der Logik her möglich, in der Praxis aber nicht definiert sind. Diese Ausnahmen werden in Kapitel 8 behandelt.

Die folgende Tabelle gibt fünf weitere Datentransfer-Befehle wieder:

Befehl	Erläuterung
XCHG *dest, src*	Austausch der beiden Operanden
BSWAP *reg*	Tausch von nieder- und höherwertigem Byte (80486)
MOVSX *dest, src*	Kopie mit Vorzeichenerweiterung
MOVZX *dest, src*	Kopie mit vorzeichenloser Erweiterung
SET*cc dest*	*dest* abhängig von den Flags auf 0 oder 1 setzen

XCHG vertauscht die Inhalte seiner beiden Operanden. Einer der beiden Operanden muß ein Register sein, der andere kann entweder aus einem Register oder einer Speicheradresse bestehen. Da Befehl häufig zur Implementation von Semaphoren in Multiprozessor-Systemen verwendet wird, gibt der Prozessor automatisch ein LOCK-Signal aus, wenn es sich bei einem Operanden um einen Speicherbereich handelt.

Der erst ab dem 80486 definierte Befehl BSWAP vertauscht in einem 32-Bit-Register die Bytes 0 und 3 sowie die Bytes 1 und 2. Auf diese Weise lassen sich numerische Werte zwischen den Formaten big endian (Motorola) und little endian (Intel) konvertieren.

MOVSX und MOVZX haben eine starke Ähnlichkeit mit dem MOV-Befehl, vergrößern den Operanden *src* aber während der Kopie: Aus einem Byte wird ein Wort, aus einem Wort wird ein DWord mit 32 Bit. MOVSX berücksichtigt bei dieser Erweiterung ein eventuelles Vorzeichen, MOVZX füllt die höherwertigen Bits dagegen schlicht mit 0 auf.

SET*cc*-Befehle setzen *dest* abhängig von den Bits des EFLAGS-Registers auf 0 oder 1 und sparen damit die sonst üblichen Sprünge bei der Prüfung von Bedingungen ein:

Befehl	Setzt dest auf 1, wenn...
SETA *dest*	»above« - größer (vorzeichenloses x > y) / CF = 0 & ZF = 0
SETAE *dest*	»above equal« - größer oder gleich / CF = 0
SETB *dest*	»below« - kleiner (vorzeichenloses x < y) / CF = 1
SETBE *dest*	»below equal« - kleiner oder gleich / CF = 1 Ã ZF = 1
SETC *dest*	»carry« - Übertrag / CF = 1
SETE *dest*	»equal« - gleich / ZF = 1
SETG *dest*	»greater« - größer (vorzeichenbehaftetes x > y) / SF = OF & ZF = 0
SETGE *dest*	»greater equal« - größer oder gleich / SF = OF
SETL *dest*	»less« - kleiner (vorzeichenbehaftetes x < y) / SF != OF
SETLE *dest*	»less equal« - kleiner oder gleich / SF != OF oder ZF = 1 ▶

Befehl	Setzt dest auf 1, wenn...
SETNA dest	»not above« - nicht größer (SETBE)
SETNAE dest	»not above equal« - nicht größer oder gleich (SETB)
SETNB dest	»not less« - nicht kleiner (SETAE)
SETNBE dest	»not less equal« - nicht kleiner oder gleich (SETA)
SETNC dest	»no carry« - kein Übertrag / CF = 0
SETNE dest	»not equal« - nicht gleich / ZF = 0
SETNG dest	»not greater« - nicht größer (SETLE)
SETNGE dest	»not greater equal« - nicht größer oder gleich (SETL)
SETNL dest	»not less« - nicht kleiner (SETGE)
SETNLE dest	»not less equal« - nicht kleiner oder gleich / SF = OF & ZF = 0
SETNO dest	»no overflow« - kein Überlauf / OF = 0
SETNP dest	»no parity« - Parität ungerade / PF = 0
SETNS dest	»no sign« - positiv / SF = 0
SETNZ dest	»not zero« - ungleich 0 / ZF = 0
SETO dest	»overflow« - Überlauf / OF = 1
SETP dest	»parity« - Parität gerade / PF = 1
SETPE dest	»parity equal« - Parität gerade / PF = 1
SETPO dest	»parity odd« - Parität ungerade / PF = 0
SETS dest	»sign« - negativ / SF = 1
SETZ dest	»zero« - Null / ZF = 1

Stackbefehle

Stackbefehle legen Daten auf den Stack (PUSH) bzw. lesen sie von dort (POP). Der Operand von PUSH ist der auf den Stack zu legende Wert; der Operand von POP gibt an, wohin das momentan oberste Element des Stacks kopiert werden soll.

Die Befehle PUSHAD und POAD arbeiten ohne explizite Operanden: Sie speichern sämtliche allgemeinen Rechenregister auf dem Stack bzw. lesen sie von dort (vgl. Abbildung 4.8). Das Register ESP wird von PUSHAD ebenfalls erfaßt und geschrieben, von POPAD aber ignoriert: Sein Inhalt berechnet sich auch nach einem POPAD in der üblichen Weise, d.h. über die Formel »alter Wert plus Anzahl der vom Stack gelesenen Bytes«.

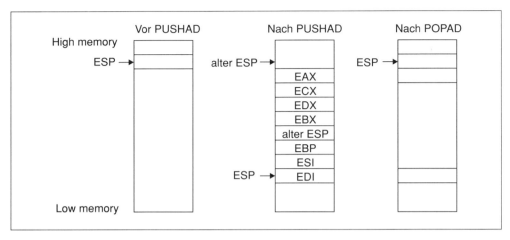

Abbildung 4.8 - PUSHAD und POPAD

Sprünge und Aufrufe

Wie in Kapitel 3 erläutert, liest der Prozessor im Normalfall den jeweils nächsten Befehl über das Register EIP, erhöht den in diesem Register gespeicherten Wert entsprechend, führt den Befehl aus und beginnt diesen Zyklus dann von vorne. *Sprungbefehle* verändern den Wert dieses Registers direkt: Sie legen explizit fest, von welcher Adresse der jeweils nächste Befehl gelesen wird. *Aufrufbefehle* verwenden denselben Mechanismus, speichern zuvor aber den alten Wert von EIP auf dem Stack - und ermöglichen so die spätere Fortsetzung des Programms hinter dem Punkt, an dem der Aufruf stattfand. *Software-Interrupts* stellen in zweierlei Hinsicht eine Erweiterung von Aufrufbefehlen dar: Zum einen speichern sie neben dem momentanen Stand von EIP auch das Register EFLAGS auf dem Stack, zum anderen wird die Adresse der aufzurufenden Routine indirekt (über eine Interrupt-Nummer) ermittelt. Abbildung 4.9 verdeutlicht den typischen Ablauf eines Programms, das mit Sprüngen und Aufrufen von Unterprogrammen arbeitet.

Sprünge lassen sich weiterhin in die Kategorien »bedingt« und »bedingungslos« unterteilen: Bei einem bedingten Sprung führt der Prozessor einen Vergleich mit den Bits des EFLAGS-Registers durch und führt den Sprung nur aus, wenn sich eine Übereinstimmung ergibt. Wie die Bezeichnung nahelegt, sind bedingungslose Sprünge von derartigen Prüfungen unabhängig, d.h. werden ohne zusätzliche Vergleiche von Flags ausgeführt. Aufrufe und Software-Interrupts fallen in diese Kategorie: Einen Befehl wie »CALLNZ« (»führe den Aufruf aus, wenn ZF zurückgesetzt«) sucht man also vergebens.

Das Argument eines bedingten Sprungs ist grundsätzlich ein »Offset« - also ein (relativer) Wert, den der Prozessor zum momentanen Inhalt von EIP hinzuaddiert. Dasselbe gilt für Aufrufe ohne Beteiligung der Segmentregister: Sie werden ebenfalls in der Form »addiere xyz u EIP« codiert. Allzusehr darum kümmern muß man sich allerdings nicht, weil der Assembler die Berechnung der notwendigen »Abstandswerte« automatisch übernimmt.

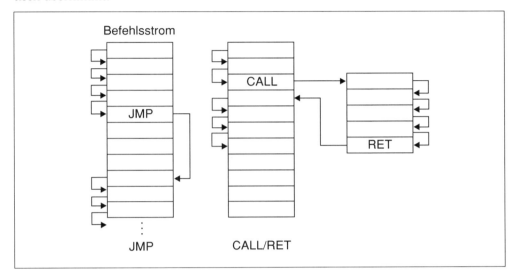

Abbildung 4.9 - Die Befehle JMP und CALL

Die folgende Liste gibt die mnemonischen Namen der Sprungbefehle zusammen mit den vom Prozessor geprüften Bits des EFLAGS-Registers wieder:

Befehl	Sprung ausgeführt, wenn...
JA *Offset*	»above« - größer (vorzeichenloses x > y) / CF = 0 & ZF = 0
JAE *Offset*	»above equal« - größer oder gleich / CF = 0
JB *Offset*	»below« - kleiner (vorzeichenloses x < y) / CF = 1
JBE *Offset*	»below equal« - kleiner oder gleich / CF = 1 Ã ZF = 1
JC *Offset*	»carry« - Übertrag / CF = 1
JCXZ *Offset*	»CX zero« - CX gleich 0
JECXZ *Offset*	»ECX zero« - ECX gleich 0
JE *Offset*	»equal« - gleich / ZF = 1
JG *Offset*	»greater« - größer (vorzeichenbehaftetes x > y) / SF = OF & ZF = 0
JGE *Offset*	»greater equal« - größer oder gleich / SF = OF ▶

Kapitel 4 - Die wichtigsten Befehle

Befehl	Sprung ausgeführt, wenn...
JL *Offset*	»less« - kleiner (vorzeichenbehaftetes x < y) / SF != OF
JLE *Offset*	»less equal« - kleiner oder gleich / SF != OF oder ZF = 1
JNA *Offset*	»not above« - nicht größer (SETBE)
JNAE *Offset*	»not above equal« - nicht größer oder gleich (SETB)
JNB *Offset*	»not less« - nicht kleiner (SETAE)
JNBE *Offset*	»not less equal« - nicht kleiner oder gleich (SETA)
JNC *Offset*	»no carry« - kein Übertrag / CF = 0
JNE *Offset*	»not equal« - nicht gleich / ZF = 0
JNG *Offset*	»not greater« - nicht größer (SETLE)
JNGE *Offset*	»not greater equal« - nicht größer oder gleich (SETL)
JNL *Offset*	»not less« - nicht kleiner (SETGE)
JNLE *Offset*	»not less equal« - nicht kleiner oder gleich / SF = OF & ZF = 0
JNO *Offset*	»no overflow« - kein Überlauf / OF = 0
JNP *Offset*	»no parity« - Parität ungerade / PF = 0
JNS *Offset*	»no sign« - positiv / SF = 0
JNZ *Offset*	»not zero« - ungleich 0 / ZF = 0
JO *Offset*	»overflow« - Überlauf / OF = 1
JP *Offset*	»parity« - Parität gerade / PF = 1
JPE *Offset*	»parity equal« - Parität gerade / PF = 1
JPO *Offset*	»parity odd« - Parität ungerade / PF = 0
JS *Offset*	»sign« - negativ / SF = 1
JZ *Offset*	»zero« - Null / ZF = 1

Schleifenbefehle stellen eine spezielle Variante von Sprungbefehlen dar, die sich vor allem in *for*-Schleifen ausgesprochen effizient einsetzen läßt (daher der Name). Die drei in der folgenden Tabelle aufgelisteten Befehle erniedrigen das Register ECX (den Schleifenzähler) um eins und führen einen Sprung aus, solange der Wert 0 noch nicht erreicht ist.

Befehl	Erläuterung
LOOP *Offset*	ECX = ECX -1, danach Sprung, falls ECX != 0
LOOPZ *Offset*	ECX = ECX -1, danach Sprung, falls ECX != 0 und ZF = 1
LOOPNZ *Offset*	ECX = ECX -1, danach Sprung, falls ECX != 0 und ZF = 0

Die Befehle LOOPE (»loop equal«) LOOPNE (»loop not equal«) erscheinen in dieser Tabelle nur deshalb nicht, weil sie Synonyme von LOOPZ und LOOPNZ darstellen.

Stringbefehle

Befehle dieser Art sind eine Spezialität der 80x86-Familie, die Operationen mit großen Speicherblocks stark vereinfacht. Mit ihnen lassen sich Speicherbereiche beliebiger Größe kopieren, miteinander vergleichen oder nach bestimmten Werten absuchen.

Sämtliche Stringbefehle verwenden nicht nur eines, sondern gleich mehrere Register des Prozessors implizit: DS:ESI muß beim Kopieren und bei der Absuche die Startadresse des Quellbereiches enthalten, ES:EDI für Kopien und Vergleiche die Adresse des Zielbereichs. Das Register ECX dient beim Bearbeiten ganzer Blocks über einen einzigen Befehl als Wiederholungszähler.

Stringbefehle können sowohl in Richtung aufsteigender als auch in Richtung absteigender Adressen arbeiten, was vor allem beim Kopieren überlappender Speicherbereiche eine Rolle spielt. Entscheidend ist hier das Richtungsflag (DF) im EFLAGS-Register: wenn es zurückgesetzt ist, erhöht der Prozessor ESI (und ggf. EDI) nach jeder Einzeloperation; ist es gelöscht, werden diese Register um die Anzahl der jeweils bearbeiteten Bytes (1, 2 oder 4) erniedrigt. Die folgenden Befehle sind definiert:

Befehl	Erläuterung
MOVS	»move string« - Kopie von DS:ESI nach ES:EDI
CMPS	»compare string« - Vergleich von DS:ESI mit ES:EDI
STOS	»store string« - Akku an der via ES:EDI angegebenen Adresse speichern
LODS	»load string« - Akku mit dem über DS:ESI indizierten Wert laden
SCAS	»scan string« - Vergleich ab ES:EDI mit Akku

Über das Präfix REP (»repeat«) läßt sich der Prozessor anweisen, diese Operationen mehrfach zu wiederholen: Wie bereits erwähnt, dient das Register ECX in diesem Fall als Zähler. Zusammen mit diesem Präfix läßt sich beim Suchen und Vergleichen festlegen, wann die Operation beendet werden soll. Die Präfixe REPZ (»repeat while zero«) und REPNZ (»repeat while not zero«) stellen Synonyme zu REPE bzw. REPNE dar.

Präfix	Erläuterung
REPE	beim Suchen: Wiederholung, solange der Akku denselben Wert wie der via ES:EDI adressierte Speicherbereich hat (oder ECX Wiederholungen stattgefunden haben); bei Vergleichen: Wiederholung, solange die via DS:ESI und ES:ESI adressierten Speicherbereiche dieselben Werte enthalten (oder ECX Wiederholungen stattgefunden haben)
REPNE	sozusagen das Gegenteil: Such- und Vergleichsoperationen werden bei Übereinstimmung abgebrochen

Zeigermanipulation

Befehle dieser Kategorie laden einen aus insgesamt 48 Bit bestehenden Zeiger in ein beliebiges Registerpaar, das sich aus einem Segmentregister und einem allgemeinen Rechenregister zusammensetzt. Die allgemeine Form sieht so aus:

L*xx*   reg, mem

xx steht dabei für eines der Segmentregister (SS, DS, ES, FS oder GS), *reg* für ein allgemeines Rechenregister und *mem* für eine (auf beliebige Weise gebildete) Speicheradresse.

Der Befehl LEA (»load effective address«) erwartet eine (ebenfalls auf beliebige Weise gebildete) Speicheradresse als Operanden und lädt diese Adresse - also nicht etwa den Inhalt der darüber erreichbaren Speicherzelle(n). Der folgende Ausriß demonstriert die Anwendung dieses Befehls im Rahmen einer Parameterübergabe:

```
VECTOR  DD  20 DUP (?)        ; Array mit 20 DWord-Elementen
        ....

        MOV  EAX,9            ; Index zum 10. Element
        LEA  AX,VECTOR[EAX*4] ; Adresse dieses Elements -> EAX
        PUSH EAX              ; als Parameter auf den Stack
        CALL XYZ              ; Aufruf eines Unterprogramms
```

Da LEA überwiegend mit Additionen und bitweisen Verschiebungen von Werten auskommt, arbeitet dieser Befehl wesentlich schneller als eine »zu Fuß« codierte Multiplikation zur Berechnung von Variablenadressen. Konsequent haben ihn die Entwickler von Intel recht vielseitig gestaltet. Die folgende Tabelle zeigt, welche Möglichkeiten für arithmetische Berechnungen LEA eröffnet:

Befehl	Erläuterung
LEA EAX, [EAX*2]	Multiplikation mit 2 (Index)
LEA EAX, [EAX+EAX*2]	Multiplikation mit 3 (Basis + Index)
LEA EAX, [EAX*4]	Multiplikation mit 4 (Index)
LEA EAX, [EAX+EAX*4]	Multiplikation mit 5 (Basis + Index)
LEA EAX, [EAX*8]	Multiplikation mit 8 (Index)
LEA EAX, [EAX+EAX*8]	Multiplikation mit 9 (Basis + Index)

Da LEA die Flags unverändert läßt, kann man hier allerdings nicht prüfen, ob sich bei einer solchen Operation ein Überlauf oder der Wert 0 ergeben hat. Folglich sollte man Optimierungen dieser Art ausschließlich an den Stellen verwenden, an denen Überläufe und andere Widrigkeiten unwahrscheinlich sind.

Im Prinzip läßt sich LEA auch als Additionsbefehl betrachten, der vier anstelle von zwei Operanden benutzt - womit sich die folgende Formel ergibt:

dest reg <- index reg + base reg + const

Tatsächlich entspricht ein Befehl wie

LEA ECX, [EAX][ESI][3]

letztlich den folgenden Operationen:

```
MOV     ECX, EAX
ADD     ECX, ESI
ADD     ECX, 3
```

Hier wird also eine Basisadresse (EAX) kopiert, ein Index (ESI) nach einer eventuellen Skalierung und schließlich noch eine Konstante hinzuaddiert.

Ein- und Ausgabe

Für Lese- und Schreibaktionen im Zusammenhang mit Ports stehen drei unterschiedliche Befehlsformate zur Verfügung. Die einfachste dieser Formen sieht so aus:

```
IN      acc, PORT
OUT     PORT, acc
```

Acc steht hier für den Akku (AL, AX oder EAX), *PORT* für die Adresse des zu lesenden bzw. zu beschreibenden Ports und muß in direkter Form angegeben werden. Da der Prozessor für *PORT* lediglich ein einzelnes Byte reserviert, ist man mit dieser Befehlsform auf die ersten 256 der insgesamt 65536 möglichen Portadressen beschränkt.

Portadressen oberhalb von 0FFh (dezimal 256) lassen sich über die folgenden Befehle erreichen:

```
MOV   DX,PORT    ; DX mit der Portadresse laden
IN    acc, DX    ; Lesen des durch DX angegebenen Ports
OUT   DX, acc    ; Schreiben zu dem durch DX angegebenen Port
```

Die dritte und letzte Variante von Portbefehlen stellt eine Variante der Stringbefehle dar: INS (»input string«) liest von einer über das Register DX angegebenen Portadresse und speichert den gelesenen Wert in dem über ES:EDI angegebenen Speicherbereich. Das Richtungsflag (DF) legt hier wie bei den Stringbefehlen fest, ob EDI danach um die Anzahl der gespeicherten Bytes erhöht oder erniedrigt wird. OUTS (»output string«) verwendet einen über das Registerpaar DS:ESI indizierten Bereich des Hauptspeichers als Quelle und schreibt die von dort gelesenen Werte zu einem ebenfalls über DX angegebenen Port.

Beide Befehle lassen sich wahlweise mit dem Präfix REP versehen, wobei der Prozessor auch hier wieder das Register ECX als Zähler verwendet: Sie werden dann solange wiederholt, bis ECX auf den Wert 0 heruntergezählt ist.

Da sich bei Multitasking-Systemen sämtliche aktiven Prozesse ein und dieselben Ein-/Ausgabegeräte (Tastatur, Bildschirm, Massenspeicher usw.) teilen müssen, wären Zugriffe zur Unzeit hier unter Umständen folgenschwer. Aus diesem Grund definieren die Prozessoren der 80x86-Familie im Zusammenhang mit Ports ein separates Schutzkonzept: Ein Prozeß, dessen Privilegstufe (CPL) unterhalb der Privilegstufe für I/O-Operationen (IOPL) liegt, löst bei Portzugriffen automatisch einen Interrupt aus. (Welche Portadressen einem Programm zur Verfügung stehen und welche nicht, läßt sich über eine Tabelle festlegen, die im Task State Segment untergebracht ist.)

Präfixe

Wie der Name bereits vermuten läßt, werden Präfixe anderen Befehlen vorangestellt. Sie setzen bestimmte Standardvorgaben (wie beispielsweise das verwendete Segmentregister) außer Kraft und lassen sich unter Umständen auch miteinander kombinieren: Einem Befehl kann also mehr als ein Präfix vorausgehen.

Wiederholungsanweisungen stellen die wohl am häufigsten verwendeten Präfixe dar. Sie wurden bereits im Zusammenhang mit Stringbefehlen besprochen und sind hier deshalb nur noch einmal wiederholt:

Präfix	Erläuterung
REP	wiederholen, bis ECX = 0
REPE / REPZ	wiederholen, bis ECX = 0 oder ZF = 0
REPNE / REPNZ	wiederholen, bis ECX = 0 oder ZF = 1

Tatsächlich lassen sich diese Präfixe *nur* im Zusammenhang mit Stringbefehlen sowie INS und OUTS verwenden: Der Versuch, sie einem anderen Befehl voranzustellen, endet mit einem Interrupt 08h (»undefined opcode«).

Eine zweite und vor allem bei den älteren Prozessoren der 80x86-Familie fast ebenso häufig verwendete Kategorie stellen Präfixe dar, die das zu verwendende Segmentregister explizit festlegen. Sie lassen sich mit fast jedem anderen Befehl kombinieren:

Präfix	Erläuterung
CS:	Adressierung via CS
SS:	Adressierung via SS
DS:	Adressierung via DS
ES:	Adressierung via ES
FS:	Adressierung via FS
GS:	Adressierung via GS

Ein Befehl wie

MOV EAX, DWORD PTR [42h]

verwendet beispielsweise das Datensegment implizit: Der Prozessor addiert den Offset-Anteil 42h zu der Segment-Startadresse hinzu, auf die das Register DS verweist. Stellt man diesem Befehl das Präfix SS: voran, dann wird anstelle von DS das Register SS zur Bildung der Segmentadresse benutzt:

SS:
MOV   EAX, [42h]

Da diese Schreibweise recht unübersichtlich wirkt, erlauben praktisch alle Assembler eine alternative Angabe des Präfix direkt vor dem jeweiligen Operanden:

MOV   EAX, SS:[42h]

Tatsächlich existieren insgesamt nur drei Speicherbefehle, bei denen der Prozessor ein vorangestelltes Präfix ignoriert: SCAS, STOS und INS arbeiten grundsätzlich über das Registerpaar ES:EDI, d.h. bleiben von einem Präfix wie CS: oder DS: unbeeindruckt. Bei anderen Stringbefehlen, die mit zwei Speicheradressen und Segmenten (DS:ESI sowie ES:EDI) arbeiten, ist man Mehrdeutigkeiten bei Präfixen auf recht einfache Art aus dem Weg gegangen: Auch bei diesen Befehlen ist grundsätzlich nur ein Präfix möglich - und dieses Präfix bezieht sich per Definition auf den Quellbereich, d.h. setzt die implizite Verwendung von DS außer Kraft.

Ein weiteres Präfix stellt der Befehl LOCK dar, der nur in Multiprozessor-Systemen einen Sinn hat: Er aktiviert während der Ausführung des folgenden Befehls eine zusätzliche Signalleitung (LOCK-Signal), die jeder der im System befindlichen Prozessoren vor eigenen Speicherzugriffen auswerten muß. Anders gesagt: auf diese Weise läßt sich sicherstellen, daß dem Prozessor während der Speicherzugriffs niemand dazwischenfunkt.

Bei den folgenden Befehlen reagiert der Prozessor auf ein LOCK-Präfix mit der Aktivierung des LOCK-Signals, wenn der Befehl selbst einen Zugriff auf den Hauptspeicher enthält: ADC, ADD, AND, BT, BTC, BTR, BTS, DEC, INC, NEG, NOT, OR, SBB, SUB, XCHG, XOR und XADD. (Der Befehl XADD ist erst ab dem 80486 definiert.)

Die beiden letzten Präfixe betreffen die Größe von Operanden und Adressen und sind für den Programmierer sozusagen unsichtbar, weil sie der Assembler automatisch einsetzt. Konsequent haben sie von Intel auch keinen Namen bekommen, weshalb ich hier etwas phantasieren muß: OPSIZ (»operand size«) schaltet für den jeweils nächsten Befehl die Wortgröße des Prozessors um, ADRSIZ (»adress size«) tut dasselbe für Adressen. Beide Präfixe sind echte Umschalter, deren Wirkung von der jeweils verwendeten Betriebsart abhängt.

Fangen wir mit OPSIZ und einem kurzen Ausflug an: Im Protected Mode beträgt die Länge eines Maschinenwortes und die Standard-Registergröße normalerweise 32 Bit, in den restlichen drei Modi (Real, Virtual 8086 und 80286 Protected Mode) dagegen 16 Bit. Konsequent wird im Protected Mode mit 32 Bit breiten Registern (EAX, EBX usw.) gearbeitet, in den restlichen Modi sind diese Register dagegen 16 Bit breit. Die einfachste Möglichkeit für die Entwickler von Intel wäre gewesen, für Befehle wie INC AX und INC EAX zwei verschiedene Opcodes zu definieren. Leider ist bei dieser Lösung ein erheblicher Verlust an Geschwindigkeit vorprogrammiert, weil sämtliche »kurzen« Opcodes (mit einem Byte Umfang) bereits vergeben sind.

Aus diesem Grund hat man sich für eine zweite Möglichkeit entschieden: Ein Opcode wie 40h wird im Protected Mode als INC EAX, in den anderen Modi dagegen als INC AX interpretiert. Wäre es bei diesem Konzept allein geblieben, käme man im Protected Mode nun allerdings überhaupt nicht mehr an den »Originalbefehl« INC AX heran, der dort zwar nicht mehr so häufig wie INC EAX, aber verschiedentlich eben doch noch gebraucht wird. Intel hat dieses Problem mit einem Trick umgangen, der auch in den anderen Modi einen höchst erfreulichen Nebeneffekt zeitigt:

Protected Mode	Real-, Virtueller 8086- und 80286-kompatibler Modus
INC AX -> 66h, 40h	INC AX -> 40h
INC EAX -> 40h	INC EAX -> 66h, 40h

Im Protected Mode ist der Befehl INC EAX also über den Opcode 40h erreichbar, für den Befehl INC AX wird das Präfix OPSIZ (66h) benötigt. In den restlichen Modi ist es genau andersherum: Dort interpretiert der Prozessor den Opcode 40h als INC AX - und an EAX kommt man über das Präfix OPSIZ heran. Anders gesagt: die Operandengröße, die eigentlich nicht direkt zum momentan verwendeten Modus paßt (und deshalb seltener verwendet wird), ist in *allen vier Modi* über ein und dasselbe Präfix aktivierbar.

Mit exakt derselben Logik arbeitet das Präfix ADRSIZ, das zwischen Adressen mit 16 und Adressen mit 32 Bit umschaltet. Dieses Präfix ist vor allem dann nützlich, wenn man die Möglichkeiten des 80386 und seiner Nachfolger auch unter einem Betriebssystem ausnutzen will, das seinerseits nur in einem der drei anderen Modi läuft: Dort haben Adressen grundsätzlich eine Größe von 16 Bit, sind auf Segmente mit jeweils 64 KByte beschränkt, und es gibt einige zusätzliche Grenzen bei der Verwendung von Indexregistern. (Details dazu finden Sie in Anhang D.)

Bei der Verwendung dieser erweiterten Möglichkeiten ist allerdings eine gewisse Sorgfalt am Platze. So wäre es beispielsweise durchaus denkbar, daß man eine Array-Indizierung innerhalb eines Programms für MS-DOS folgendermaßen codiert:

```
    ; Erhöhen aller Array-Elemente um 1
    MOV   CX, Count         ; Anzahl der Felder als Zähler
L1: INC   Array-2[ECX*2]    ; Array[ECX] = Array[ECX]+1
    LOOP  L1                : Wiederholung bis CX=0
```

Da sich der Prozessor unter MS-DOS im Real Mode (oder im virtuellen 8086er-Modus) befindet, erwartet der MOV-Befehl lediglich 16 Bit, der LOOP-Befehl berücksichtigt lediglich das niederwertige Wort von ECX. Die Skalierung bei der Indizierng der Array-Elemente setzt dagegen das Register ECX voraus, bezieht deshalb die obere Worthälfte dieses Registers mit ein - und damit einen Wert, der durch den MOV-Befehl überhaupt nicht berücksichtigt wurde. Dasselbe Fragment also noch einmal und in korrekter Form:

```
    ; Erhöhen aller Array-Elemente um 1
    MOVSZ ECX, Count        ; Feldzahl, ohne Vorzeichen auf 32 Bit erweitert
L1: INC   Array-2[ECX*2]    ; Array[ECX] = Array[ECX]+1
    LOOP  L1                : Wiederholung bis CX=0
```

≡ Systembefehle

Die in der folgenden Tabelle zusammengefaßten Befehle werden nur in den seltensten Fällen von Anwendungsprogrammen benutzt, d.h. sind üblicherweise Sache des Betriebssystems. (Einige davon *lassen* sich überhaupt nicht von Anwendungsprogrammen benutzen, weil sie die Privilegstufe 0 voraussetzen). Weitere Details zu diesen Befehlen finden Sie in Kapitel 8.

Befehl	Erläuterung
LGDT *mem*	GDT-Register mit Basisadresse und Limit laden
SGDT *mem*	GDT-Register speichern
LIDT *mem*	IDT-Register mit Basisadresse und Limit laden
SIDT *mem*	IDT-Register speichern
LTR *src*	TR-Register mit Basisadresse und Limit laden
STR *dest*	TR-Register speichern
LLDT *src*	LDT-Register mit Basisadresse und Limit laden
SLDT *dest*	LDT-Register speichern
VERR *dest*	Prüfung, ob über den Selektor *dest* Leseoperationen möglich sind
VERW *des*	dito für Schreibzugriffe
LAR reg, *dest*	Zugriffsrechte aus Selektor *dest* laden
LSL reg, *dest*	Limit aus Selektor *dest* laden
ARPL *dest*	Privilegstufe für Selektor *dest* anpassen
HLT	Anhalten des Prozessors bis zu einem RESET oder Interrupt
INVD	Cache-Inhalt als ungültig kennzeichnen (nur 80486)
WBINVD	Cache-Inhalt schreiben und »ungültig« setzen (nur 80486)
INVLPG *mem*	TLB-Eintrag für *mem* als ungültig kennzeichnen (nur 80486)

≡ Diverses

Die Prozessoren der 80x86-Familie definieren zusätzlich einige wenige Befehle, die in keine der zuvor aufgeführten Kategorien passen. Einer davon ist der Befehl NOP, dessen Name (»no operation«) Bände spricht: Er veranlaßt den Prozessor, einen Befehlslesezyklus durchzuführen - und sonst überhaupt nichts zu tun.

Eine andere Art von »Leerbefehl« ist der Befehl WAIT, der beim 80386 die Signalleitung READY prüft und den Prozessor so lange in einem Wartezustand beläßt, bis sich auf dieser Leitung etwas tut. Während dieses Wartezustands reagiert der Prozessor weiterhin auf Hardware-Interrupts; der Rücksprung von einer auf diese Art aktivierten Routine führt jedoch sozusagen wieder in den WAIT-Befehl hinein. Über diesen Mechanismus wird die Kommunikation mit einem Coprozessor abgewickelt: Die Prozessoren der Reihe 80x87 halten die Signalleitung READY solange im inaktiven Zustand, bis sie mit einer Berechnung fertig sind. Der 80486DX mit seinem integrierten Coprozessor ist auf eine solche Statusleitung nicht angewiesen (und spart sich konsequent das READY-Signal nebst dem dazugehörigen Pin komplett) - wenn man aber Programme schreibt, die auch auf älteren Maschinen laufen sollen und Fließkomma-Befehle benutzen, sollte man deshalb jedem dieser Befehle ein WAIT (oder FWAIT) voranstellen.

(Natürlich ist der WAIT-Befehl auch für den 80486 definiert, entspricht dort aber einem NOP. Der integrierte Coprozessor wird dort durch WAIT allerdings zu einer Prüfung unmaskierter Ausnahmezustände veranlaßt, weshalb es zumindest theoretisch denkbar ist, daß ein entsprechender Interrupt sozusagen aus einem WAIT heraus kommt.)

Fließkomma-Erweiterungen

Wie in Kapitel 2 erläutert, erweitern die numerischen Coprozessoren der Serie 80x87 den Befehlssatz des Prozessors um Befehle zur direkten Bearbeitung von Fließkommawerten nach dem IEEE-Standard. Diese zusätzlichen Befehle orientieren sich nicht an dem vom Prozessor verwendeten Prinzip »Speicher/Register«, sondern spiegeln die nach Art eines Stacks angeordneten Register des 80x87 wider (der beim 80486DX zusammen mit dem Prozessor auf einem Chip integriert ist).

Konsequent lassen sich die meisten Fließkommabefehle entweder ohne, mit einem oder mit zwei explizit angegebenen Operanden verwenden. Die folgende Tabelle verdeutlicht die Möglichkeiten anhand des Befehls FADD:

Befehl	Erläuterung
FADD	ohne Operanden, d.h. ST(0) und ST(1) implizit
FADD ST(3)	einzelner Stack-Operand, d.h. ST(0) implizit
FADD [EBP+6]	einzelner Speicher-Operand, d.h. ST(0) implizit
FADD ST(2), ST	zwei explizite Operanden

Wenn überhaupt keine Operanden angegeben sind, setzen Assembler bzw. Coprozessor die Register ST(0) und ST(1) implizit ein. Der folgende Pseudocode verdeutlicht das:

```
temp <- pop()
ST <- ST <Funktion> temp
```

Wenn lediglich ein Operand angegeben wird, kommt die momentane Stack-Spitze - also das Register ST(0) - implizit als Ziel (und eventuell als Quelle) hinzu:

```
ST <- ST <Funktion> op
```

Ein Befehl wie FADD ST(3) addiert also den Inhalt des Registers ST(3) zum Register ST(0) hinzu.

Zwei explizit angegebene Operanden sind nur dann möglich, wenn es sich bei beiden um Register handelt und eines dieser Register die Stack-Spitze darstellt:

```
op1 <- op1 <Funktion> op2
```

Ein Befehl wie FADD ST(3), ST addiert also den Inhalt des Registers ST(0) zum Register ST(3) hinzu.

Eine Reihe von Befehlen erlaubt den Hinauswurf der momentanen Stack-Spitze nach Ausführung der Operation:

```
FST    MyVar    ; speichert ST(0), das Register bleibt unverändert
FSTP   MyVar    ; speichert ST(0) und setzt danach den Stackzeiger herauf
```

Befehle dieser Art werden durch ein angefügtes »P« (für »POP«) gekennzeichnet. Ein Befehl wie

```
FMULP ST(3), ST
```

würde also beispielsweise die Operation ST(3) = ST(3) * ST(0) ausführen und danach den Stackzeiger des Coprozessors erhöhen, mithin die Stack-Spitze um eins nach oben verschieben: Das Ergebnis der Multiplikation findet sich hinterher also in ST(2).

Lade- und Speicherbefehle

Während das Laden von Fließkomma-Registern ein implizites Herabsetzen des Stackzeigers beinhaltet (und damit analog zu einem PUSH-Befehl des Prozessors funktioniert), verändert sich der Registerstack durch Speicherungen nicht - es sei denn, mit einer solchen Speicherung ist ein »POP« verbunden. Die folgende Tabelle gibt eine Übersicht über beide Befehlsarten:

Befehl	Erläuterung
FBLD *mem*	Laden einer BCD-Zahl (80 Bit)
FILD *mem*	Laden eines Integerwertes (16, 32 oder 64 Bit)
FLD ST(n)	Laden des Registers ST(n) auf die Stack-Spitze (als Kopie)
FLD *mem*	Laden einer Fließkommazahl (32, 64 oder 80 Bit)
FLD1	Laden des Wertes 1.0
FLDL2E	Laden des Wertes $\log_2 e$
FLDL2T	Laden des Wertes $\log_2 10$
FLDLG2	Laden des Wertes $\log_{10} 2$

Befehl	Erläuterung
FLDLN2	Laden des Wertes $\log_e 2$
FLDPI	Laden des Wertes π (3.1415...)
FLDZ	Laden des Wertes 0.0
FBSTP *mem*	ST(0) als BCD-Zahl speichern und vom Stack entfernen
FIST *mem*	ST(0) als Integerwert (16, 32 oder 64 Bit) speichern
FISTP *mem*	ST(0) als Integerwert (16, 32 oder 64 Bit) vom Stack entfernen
FST ST(n)	eine Kopie von ST in ST(n) speichern ohne Veränderung des Stacks
FST *mem*	ST(0) als Fließkommazahl (32, 64 oder 80 Bit) speichern
FSTP *mem*	dito, aber mit nachfolgendem Entfernen vom Stack

Da Coprozessor und Prozessor parallel arbeiten, der Coprozessor im allgemeinen aber wesentlich länger zur Ausführung seiner komplexen Befehle braucht, sollte man vor den Zugriff auf einen über den 80x87 in den Speicher geschriebenen Wert in jedem Fall einen WAIT- (oder FWAIT-)Befehl setzen. Auf diese Weise wird sichergestellt, daß der Prozessor nicht versehentlich einen Wert zu lesen versucht, den der Coprozessor noch gar nicht geschrieben hat. (Beim 80486DX ist diese Synchronisation im Prinzip unnötig - ein WAIT fällt aber zeitlich so gut wie überhaupt nicht ins Gewicht.)

Fließkomma-Rechenbefehle

Die folgende Tabelle gibt einen Überblick über die Fließkomma-Rechenbefehle des 80387. Details zu diesen Befehlen und möglichen Operanden finden Sie in Kapitel 9.

Befehl	Erläuterung
F2XM1	Berechnung von $2^{ST}-1$, wobei $-1 \leq ST(0) \leq 1$
FABS	Absolutwert von ST(0)
FADD *[op(s)]*	Addition zweier Werte
FADDP *op1, op2*	*op1* und *op2* addieren, Stack-Spitze entfernen
FIADD *mem*	Addition eines Integerwertes zu ST
FCHS	Vorzeichen von ST(0) invertieren
FCOM *op*	Vergleich ST(0) mit *op* (Register oder Hauptspeicher)
FCOMP *op*	dito, aber mit nachfolgendem Entfernen von ST
FCOMPP	Vergleich ST(0) und ST(1), danach beide Register vom Stack
FICOM *mem*	Vergleich ST(0) mit Integerwert ▶

Befehl	Erläuterung
FICOMP *mem*	Vergleich ST(0) mit Integerwert, danach ST(0) vom Stack
FUCOM *op*	Vergleich ST(0) mit *op* (ruhige NaNs möglich)
FUCOMP *op*	wie FCOMP, aber unter Einbeziehung von ruhigen NaNs
FUCOMPP *op*	wie FCOMPP, aber unter Einbeziehung von ruhigen NaNs
FCOS	Kosinus von ST
FDIV *[op(s)]*	Fließkomma-Division
FDIVP *op1, op2*	*op1 / op2*, danach ST(0) vom Stack
FIDIV *mem*	ST(0) durch Integerwert dividieren
FDIVR *[op(s)]*	reziproke Division (*op2 / op1*)
FDIVRP *op1, op2*	dito, danach ST(0) vom Stack
DIDIVR *mem*	Integerwert durch ST(0) dividieren
FMUL *[op(s)]*	Multiplikation
FMULP *op1, op2*	*op1 * op2*, danach ST(0) vom Stack
FIMUL *mem*	ST(0) mit Integer multiplizieren
FPATAN	Arkustangens von ST(1)/ST, danach ST(0) vom Stack
FPREM	Rest der Division ST/ST(1)
FPREM1	dito, aber nach IEEE-Spezifikation berechnet
FPTAN	Tangens von ST(0) berechnen, Wert 1.0 laden
FRNDINT	ST(0) auf ganze Zahl runden
FSCALE	ST(0) mit 2^{20} multiplizieren
FSIN	Sinus von ST(0) berechnen
FSINCOS	temp = ST, ST = sin(temp), push(cos(temp))
FSQRT	Quadratwurzel von ST(0) bilden
FSUB *[op(s)]*	Subtraktion
FSUBP *op1, op2*	*op1 - op2*, danach ST(0) vom Stack
FISUB *mem*	Integerwert von ST(0) subtrahieren
FSUBR *[op(s)]*	reziproke Subtraktion (op2 - op1)
FSUBRP *op1, op2*	dito, danach ST(0) vom Stack
FISUBR *mem*	ST(0) von 16-Bit- oder 32-Bit-Zahl subtrahieren
FTST	Vergleich ST(0) mit 0.0
FXAM	Prüfung ST(0) und Flag-Bits setzen
FXTRACT	ST(0) zerlegen, ST = Exponent, Mantisse -> Stack
FYL2X	ST(1) = ST(1) * $\log_2$ST, danach ST(0) vom Stack
FYL2XP1	ST(1) = ST(1) x $\log_2$(ST + 1), danach ST(0) vom Stack

Steuerbefehle

In diese Kategorie fallen alle Befehle, die nicht direkt etwas mit der Manipulation von Fließkommazahlen zu tun haben - wie etwa die Speicherung des gesamten Kontextes während eines Task-Wechsels, das Laden von Steuerregistern oder die Untersuchung der Registerinhalte im Rahmen einer Routine zur Behandlung von Fließkomma-Ausnahmezuständen. Speziell bei derartigen Routinen ergibt sich allerdings ein logisches Problem, das einer etwas längeren Erklärung bedarf.

Normalerweise setzt der Coprozessor zwischen zwei direkt aufeinanderfolgenden Befehlen implizit einen WAIT-Befehl ein, weshalb die beiden folgenden Abläufe de facto identisch sind:

```
FADD   ST(3), ST(0)        WAIT
FMUL   ST(1)               FADD   ST(3), ST(0)
                           WAIT
                           FMUL   ST(1)
```

Dieses implizit eingefügte WAIT sorgt zum einen dafür, daß der Coprozessor sich nicht sozusagen selbst überrennt, zum anderen haben die Entwickler von Intel hier die eigentliche Fehlerprüfung untergebracht: Der Coprozessor nutzt die durch WAIT-Befehle erzwungene Denkpause des Prozessors, um seine Statusregister zu überprüfen und gegebenenfalls (bei unmaskierten Ausnahmezuständen) einen Interrupt für Fließkomma-Fehler (INT 16h) auszulösen. (Beim Gespann 80386/87 geschieht das Auslösen dieses Interrupts letztlich über eine Signalleitung namens ERROR, die sich auch im 80487SX wiederfindet; beim 80486DX läuft diese Kommunikation dagegen vollständig chip-intern).

Eine Behandlungsroutine, die Fließkommafehlern auf den Grund gehen will, muß zur Analyse der Registerinhalte zwangsläufig erst einmal selbst einige Coprozessor-Befehle verwenden - und würde deshalb weitere Interrupts auslösen, wenn diese Befehle ebenfalls wieder ein implizites WAIT enthielten. Damit sich auf diese Weise nicht eine Endlosschleife ergibt, definiert der 80x87 für einige Befehle zusätzliche Varianten, deren mnemonische Namen ein »N« (für »no wait«) als zweiten Buchstaben enthalten. Diese Varianten sind auch dann verwendbar, wenn sich der Coprozessor momentan in einem Ausnahmezustand befindet.

Wie in Kapitel 3 erläutert, spiegelt sich der Status des Coprozessors in einer Reihe interner Register wieder, von denen einige (wie beispielsweise das Statuswort und das Kontrollwort) über separate Befehle abgefragt werden können. Andere Register - wie beispielsweise den Fehlerzeiger und die Register-Tags, die zusammen mit den restlichen Steuerregistern als *Umgebung* (»Environment«) bezeichnet werden - bekommt man dagegen nur zu sehen, wenn man sie *en bloc* mit dem Befehl FSTENV (»store environment«) oder der Variante FNSTENV im Hauptspeicher ablegt. Wo in diesem Bereich sich welches Register wiederfindet, zeigt Abbildung 4.10.

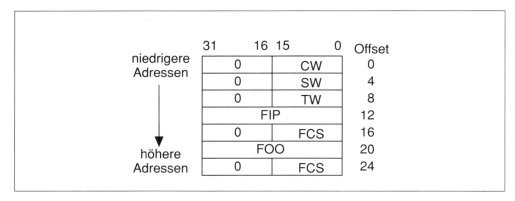

Abbildung 4.10 - Speicherformat von F[N]STENV (»Environment«)

Die folgende Tabelle gibt einen Überblick über die Fließkomma-Steuerbefehle:

Befehl	Erläuterung
F[N]CLEX	alle Ausnahme-Flags zurücksetzen
FDECSTP	Stackzeiger herabsetzen
FFREE ST(n)	ST(n) als »leer« kennzeichnen
FINCSTP	Stackzeiger erhöhen
F[N]INIT	Initialisierung des Coprozessors
FLDCW mem	Steuerwort-Register laden
FLDENV mem	Fließkommaumgebung (vgl. Abbildung 4.10) laden
FNOP	Leerbefehl
FRSTOR mem	sämtliche Register des Coprozessors zurückladen
F[N]SAVE mem	sämtliche Register des Coprozessors im Hauptspeicher ablegen
F[N]STCW mem	Steuerwort-Register im Hauptspeicher ablegen
F[N]STENV mem	Fließkommaumgebung im Hauptspeicher ablegen
F[N]STSW mem	Statuswort im Hauptspeicher ablegen
F[N]STSW AX	Statuswort in das Register AX kopieren

Die Befehle F[N]SAVE und FRSTOR sind in erster Linie für Multitasking-Systeme gedacht: Mit ihnen läßt sich im Zuge der Umschaltung zwischen zwei Prozessen der gesamte Status des Coprozessors inklusive sämtlicher Rechenregister speichern bzw. zurückladen. Abbildung 4.11 zeigt, in welcher Reihenfolge die einzelnen Register geschrieben bzw. von FRSTOR erwartet werden. Da diese beiden Befehle mehr als 100 Bytes

Befehlskategorien

schreiben bzw. lesen, sind sie natürlich recht zeitaufwendig - weshalb man sie nur dann einsetzt, wenn zwei parallel laufende Prozesse *beide* mit Fließkomma-Befehlen arbeiten. (Wie in Kapitel 2 erläutert, macht der 80386 eine entsprechende Prüfung über das TS-Bit des Registers CR0 recht einfach.)

31		0	Adressen-Offset
0		CW	0
0		SW	4
0		TW	8
FIP			12
0		FCS	16
FOO			20
0		FCS	24
$ST(0)_{0..31}$			28
$ST(0)_{32..63}$			32
$ST(1)_{0..15}$		$ST(0)_{64..79}$	36
$ST(1)_{16..47}$			40
$ST(1)_{48..79}$			44
$ST(2)_{0..31}$			48
$ST(2)_{32..63}$			52
$ST(3)_{0..15}$		$ST(2)_{64..79}$	56
$ST(3)_{16..47}$			60
$ST(3)_{48..79}$			64
$ST(4)_{0..31}$			68
$ST(4)_{32..63}$			72
$ST(5)_{0..15}$		$ST(4)_{64..79}$	76
$ST(5)_{16..47}$			80
$ST(5)_{48..79}$			84
$ST(6)_{0..31}$			88
$ST(6)_{32..63}$			92
$ST(7)_{0..15}$		$ST(6)_{64..79}$	96
$ST(7)_{16..47}$			100
$ST(7)_{48..79}$			104

Abbildung 4.11 - Datenstruktur von FSAVE und FRSTOR

Ein Hinweis: Bei Verwendung eines 80287 in Kombination mit einem 80386 ergeben sich einige kleinere Unterschiede zu dem in Abbildung 4.11 gezeigten Speicherlayout. Details dazu finden Sie in Kapitel 9 sowie in Anhang F.

Das Schutzkonzept

5

Unnötig zu erwähnen, daß Computer in der Gesellschaft eine immer bedeutsamere Rolle einnehmen: Sie verarbeiten unsere finanziellen Transaktionen, zählen bei Wahlen unsere Stimmen, steuern medizinische Geräte und inzwischen sogar den Autoverkehr. Im selben Maße, in dem die Abhängigkeit von Computern zunimmt, werden Systeme benötigt, die mehrere Aufgaben gleichzeitig erledigen können, ohne dabei ein erhöhtes Risiko einzuführen.

Um dieses Ziel zu erreichen, implementierten die Entwickler von Intel im 80286 den Protected Virtual Address Mode (der üblicherweise einfach »Protected Mode« genannt wird). Er macht es möglich, mehrere Anwendungen quasi-parallel zu betreiben (»Multitasking«) und sie gleichzeitig voneinander zu isolieren. Das Konzept des Multitasking ist an sich nicht neu und läßt sich im Prinzip auch auf den älteren Prozessoren der 80x86-Famlilie verwirklichen - nur haben dort sämtliche laufenden Prozesse dieselben Zugriffsmöglichkeiten auf sämtliche Komponenten des Systems. Folglich kann eine einzige fehlerhafte Anwendung auch das ganze System durcheinanderbringen (und/oder Daten zerstören, die zu einer anderen Anwendung gehören).

Auch wenn der 80386 bereits der zweite (und der 80486 der dritte) Intel-Prozessor ist, der Protected Mode unterstützt, blieb das Konzept des 80286 im wesentlichen unverändert - wenn man einmal von der Erweiterung der Offset-Adressen von 16 auf 32 Bit absieht. (Im Bezug auf das Schutzkonzept gibt es zwischen dem 80386 und dem 80486 übrigens überhaupt keine Unterschiede.)

Diese Kapitel behandelt die Logik des Schutzkonzeptes einschließlich der Privilegstufen sowie der Trennung von Prozessen und erläutert, welche Art von Unterstützung die virtuelle Adressierung in diesem Zusammenhang bietet.

Selektoren

In einem gegen Fehler geschützten System greifen Anwendungen weder auf Speicherbereiche noch auf Hardware-Komponenten wie Ports und Interrupt-Adressen direkt zu, sondern verwenden einen *Selektor*: Er definiert die Eigenschaften eines Objekts wie seinen Speicherbereich, seine Adresse, seine Größe, seinen Typ - und natürlich eventuelle Einschränkungen seiner Verwendung. Selektoren stellen den zentralen Dreh- und Angelpunkt des gesamten Schutzkonzeptes dar.

Theoretisch wäre es denkbar, diese eben erwähnten Eigenschaften direkt in Selektoren zu speichern - praktisch ist es allerdings nicht: Zum einen würde ein solcher Selektor ausgesprochen umfangreich und seine Übergabe dementsprechend zeitaufwendig, zum anderen sollten die Informationen selbst in einem separaten (und besonders geschützten) Speicherbereich untergebracht sein. Nur so läßt sich zuverlässig verhindern, daß diese Daten auch vor nachlässig entworfenen oder fehlerhaften Programmen sicher sind.

Tatsächlich könnte man Selektoren mit versiegelten Umschlägen vergleichen, bei denen der Inhalt dem Transporteur üblicherweise unbekannt ist: Ein Programm kann Selektoren zwar speichern, suchen und an andere Routinen weiterreichen, braucht für ihre Auswertung oder gar Veränderung aber spezielle Zugriffsrechte. Üblicherweise hat nur das Betriebssystem selbst die Möglichkeit, den Umschlag zu öffnen und seinen Inhalt zu begutachten, der aus einem Deskriptor besteht.

Deskriptoren

Wie der Name wohl vermuten läßt, beschreiben *Deskriptoren* Objekte des Systems im Detail. Eine Variante dieser Objekte - nämlich Speichersegmente - habe ich bereits in Kapitel 3 vorgestellt. Andere über Selektoren »versiegelte« Objekte sind Tabellen zur Unterstützung des Schutzkonzeptes, spezielle Segmente zur Speicherung des Prozessor-Zustands und Zugangskontrollen, die Gates genannt werden.

Deskriptoren werden in Tabellen zusammengefaßt, deren Startadressen in speziellen Registern des Prozessors gespeichert sind. Die Prüfung eines Selektors durch den Prozessor besteht aus der Indizierung der jeweiligen Tabelle (über einen Teil des Selektorwertes) und der Auswertung des jeweiligen Tabelleneintrags: Er enthält unter anderem ein Feld (»DPL«) mit der Privilegstufe, die für den Zugriff auf das durch den Deskriptor beschriebene Objekt vorausgesetzt wird. Für ein Programm, das über einen Deskriptor auf ein bestimmtes Objekt zugreifen will, ergeben sich insgesamt drei Möglichkeiten:

■ Der Zugriff wird verweigert. Wenn bereits die Anforderung als solche eine Regel des Schutzkonzeptes verletzt (mehr darüber später), löst der Prozessor einen Interrupt aus, über den das Betriebssystem zum Zuge kommt. Die übliche Reaktion besteht in diesem Fall aus dem Beenden des jeweiligen Prozesses.

■ Der Zugriff ist zwar erlaubt, momentan aber nicht auf direkte Weise möglich - wie beispielsweise bei einem Segment, das zuvor auf die Festplatte ausgelagert wurde. Der Prozessor reagiert auch hier mit einem Interrupt, der allerdings nicht zum Hinauswurf des Programms führt, sondern die Speicherverwaltung des Betriebssystems aktivieren sollte. Die Speicherverwaltung lädt die entsprechenden Daten von der Festplatte, kennzeichnet das Segment als »vorhanden«, läßt danach den Programmbefehl wiederholen, der den Interrupt ausgelöst hat und setzt schließlich die Ausführung des Programms fort.

Deskriptoren

▪ Der Zugriff ist erlaubt und in direkter Weise möglich, d.h. wird ohne Verzögerung oder zwischengeschaltete Aktionen ausgeführt.

Privilegstufen

Das Schutzkonzept der 80x86-Familie arbeitet mit vier Privilegstufen, die von 3 (niedrigste Stufe) bis 0 (höchste Stufe) durchnumeriert sind. Auf welcher dieser vier Ebenen ein Programm arbeitet, wird durch die Privilegstufe seines eigenen Codesegments bestimmt, die als CPL (»Current Privilege Level«) in einem Schattenregister des Prozessors gespeichert ist. In einem auf Sicherheit hin optimierten Betriebssystem wird lediglich der allerinnerste Kern auf der Privilegstufe 0 ausgeführt - reine Anwendungsprogramme, bei denen Ausfälle und/oder Programmierfehler nie ganz auszuschließen sind, laufen dagegen auf sozusagen am anderen Ende des Spektrums, d.h. mit der Privilegstufe 3.

Da nur der kleinste und am gründlichsten geprüfte Teil des Codes auf der höchsten Privilegstufe ausgeführt wird, nimmt die Menge der Programme mit abnehmender Privilegstufe zu - weshalb sich das logische Modell eines »klassischen« Systems mit Schutzmechanismen über ineinander geschachtelte konzentrische Kreise darstellen läßt (vgl. Abbildung 5.1).

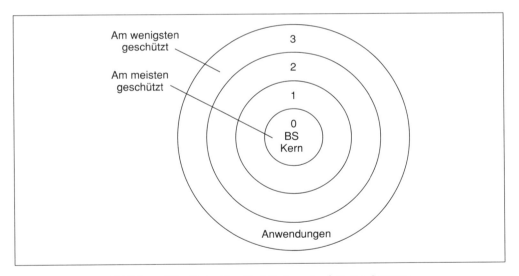

Abbildung 5.1 - Abstraktes Modell eines geschützten Systems

Tatsächlich ist diese Darstellungsform inzwischen soweit Allgemeingut geworden, daß sie sich auch im Sprachgebrauch der Programmierer wiederfindet: Man spricht verschiedentlich davon, daß ein bestimmtes Programm »in Ring 0« oder »in Ring 3« läuft - und meint damit die jeweilige Privilegstufe. Jedes Objekt des Systems - also alles, was sich über einen Selektor/Deskriptor ansprechen läßt - ist sozusagen in einem bestimmten Ring zu Hause.

Was ich noch nicht erwähnt habe, ist der Terminus »Privileg« als solcher: Er steht in der Umgangssprache für Rechte oder Vorteile, in deren Genuß nicht jedermann kommt. Beim Schutzmodell der 80x86-Familie hat »Privileg« exakt dieselbe Bedeutung: Routinen, die in den inneren Ringen laufen, können auf Daten der äußeren Ringe zugreifen, umgekehrt gilt das jedoch nicht: Einer Routine, die beispielsweise in Ring 2 läuft, ist der Zugriff auf die Daten der Ringe 0 und 1 versperrt. Um den Faden noch etwas weiter zu spinnen: Für Könige ist es mitunter angebracht, sich mit einer gewissen Vorsicht im gemeinen Volke zu bewegen. Ähnliches gilt für Routinen der inneren Ringe: Ein Betriebsystem, das auf ungeschützte Routinen mit niedrigerer Privilegstufe aufbaut, kann nur schwerlich als sicher bezeichnet werden. Um Programmierer gar nicht erst in Versuchung zu führen, haben die Entwickler von Intel diesen Weg komplett versperrt. Ein Programm kann grundsätzlich nur Routinen aufrufen, die im selben Ring wie der eigene Code laufen.

Einer Prozedur in Ring 1 stehen folglich die Datensegmente der Ringe 1, 2 und 3 sowie die Codesegmente des Rings 1 zur Verfügung, Zugriffsversuche auf Daten des Rings 0 werden dagegen genauso abwiesen wie Aufrufe von Routinen der Ringe 2 und 3:

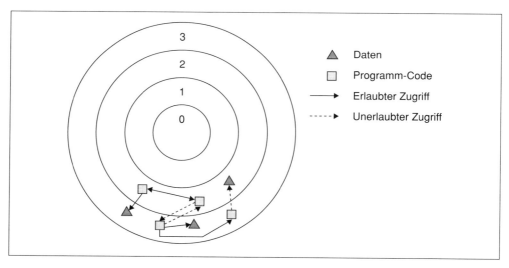

Abbildung 5.2 - Zugriffsmöglichkeiten zwischen den Ringen

Ein Betriebssystem muß nicht unbedingt alle vier Privilegstufen verwenden: UNIX-Systeme kommen beispielsweise meist mit dem Ring 0 für das System selbst und dem Ring 3 für Anwendungsprogramme aus. OS/2 macht immerhin von drei verschiedenen Ebenen Gebrauch: In Ring 0 befindet sich der Systemkern, Ring 2 nimmt die Treiber für die Kommunikation mit Peripheriegeräten auf, Ring 3 die Anwendungsprogramme.

Kommunikation zwischen den Ebenen

Auch wenn es dem einen oder anderen als durchaus wünschenswert erscheinen mag, ein allzu trautes Nebeneinander der hohen Herrschaften und des gemeinen Volkes zu verhindern, in irgendeiner Form müßte die Kommunikation allerdings doch möglich sein. Schließlich war es selbst im finstersten Mittelalter möglich, mit wohlgesetzten Worten das Ohr des Herrschers zu erreichen - und ein Anwendungsprogramm, das *überhaupt nicht* an die Funktionen des Betriebssystems herankommt, dürfte sich vermutlich etwas schwer tun.

Irgendjemand müßte sich also anheischig machen, die trennenden Kluften zwischen den Ebenen zu überwinden. Im richtigen Leben entsteht aus solchen Situationen üblicherweise eine Priesterschaft. Da die Entwickler bei Intel erfreulicherweise von dem Versuch Abstand genommen haben, etwas ähnliches in einige zusätzliche Millionen Transistoren hineinstopfen zu wollen, wurde beim 80386 etwas einfacheres daraus: das sogenannte Gate.

Gates

Gates stellen System-Objekte (mit einem einen eigenen Deskriptor) dar, die auf Routinen innerhalb eines Codesegments verweisen. Insoweit wäre das nichts Neues - wenn Gates nicht eine Privilegstufe hätten, die sich von der Privilegstufe dieses Codesegments unterscheidet. Abbildung 5.3 zeigt, wie sich auf diese Weise zusätzliche Verbindungsmöglichkeiten zwischen den Ringen ergeben.

Um noch ein wenig beim Metaphorischen zu bleiben: Ein Gate läßt sich mit einer Rolltreppe vergleichen, die ausschließlich aufwärts fährt. Über dieses Konstrukt kann eine Routine von einer niedrigeren Privilegstufe aus eine Prozedur mit höherer Privilegstufe aufrufen (und ist dabei auf die Ausführung dieser Prozedur beschränkt). In umgekehrter Richtung bleibt die zuvor beschriebene Grenze dagegen erhalten: Während eine Routine von Ring 1 aus über ein Gate Zugriff auf Funktionen des Rings 0 hat, bleibt ihr ein Aufruf von Prozeduren der Ringe 2 und 3 nach wie vor verwehrt.

Das Schutzkonzept unterscheidet zwischen insgesamt vier Arten von Gates, die als *Call*, *Interrupt*, *Trap* und *Task* bezeichnet werden. Call Gates sind für standardmäßige Aufrufe von Unterprogrammen (CALL) zuständig, Interrupt und Trap Gates für INT-Befehle und Hardware-Interrupts. Task Gates vereinigen schließlich sämtliche Aufrufmöglichkeiten, sie lassen sich für die Befehle CALL, JMP, INT und Hardware-Interrupts verwenden.

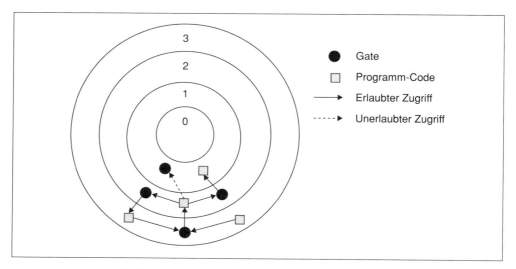

Abbildung 5.3 - Kommunikationsmöglichkeiten über Gates

Bei einem normalen Unterprogramm-Aufruf via CALL landen die RET-Adresse und eventuelle Parameter auf dem Stack der aufrufenden Routine, die Programmausführung wird ab der zusammen mit CALL angegebenen Adresse fortgesetzt. Bei einem Aufruf über ein Gate ändert sich zusätzlich die aktuelle Privilegstufe: Sie wird gleich der Privilegstufe des Segments gesetzt, auf das das Gate zeigt. Der Rücksprung von dieser Routine beinhaltet in diesem Fall implizit das Zurücksetzen der Privilegstufe auf den vorherigen Wert. Mit diesem Mechanismus könnte beispielsweise eine in Ring 3 laufende Anwendung das Betriebssystem in Ring 0 aufrufen und eine Aktion (wie etwa das Belegen eines zusätzlichen Speicherblocks) ausführen lassen. Alles, was dazu benötigt wird, ist ein Gate in Ring 3, das auf die entsprechende Routine in Ring 0 zeigt.

Dieser Ansatz löst zwar das Problem der Kommunikation, bringt aber gleichzeitig eine neue Schwierigkeit ins Spiel: Wie zuvor erwähnt, befinden sich die Parameter für den Betriebssystem-Aufruf zusammen mit der Rücksprungadresse auf dem Stack des aufrufenden Programms - also einem Speicherbereich in Ring 3, der gegen Amokläufe anderer Anwendungen nur bedingt geschützt ist. Aus diesem Grund haben die Entwickler Call Gates eine weitere Eigenschaft mitgegeben: Ihr Deskriptor enthält ein Feld mit einer Angabe, wie viele DWords des Stacks vom Ring der aufrufenden Routine in einen Ring mit höherer Privilegstufe kopiert werden sollen (vgl. Abbildung 5.4).

Da sich Stacksegmente in Ringen mit höherer Privilegstufe nicht aus dem Nichts heraus erzeugen lassen, folgt eine weitere Definition: Jede Anwendung muß so viele separate Stacksegmente definieren, wie es Privilegstufen im jeweiligen System gibt. Falls Sie diese Forderung erschreckt: Sie läßt sich ohne weiteres über die virtuelle Speicherverwaltung befriedigen. Mit dieser Technik kann ein Programm eine fast beliebige Anzahl von De-

Privilegstufen

skriptoren für Segmente definieren, die größtenteils als »not present« gekennzeichnet sind, d.h. pro Stück gerade einmal 8 Bytes für den Deskriptor im physikalischen Hauptspeicher belegen.

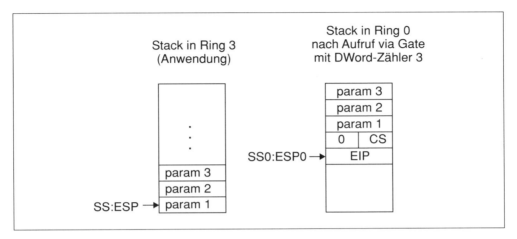

Abbildung 5.4 - Umkopieren des Stacks in höhere Ringe

Wie diese vier verschiedenen Stacks adressiert werden, nachdem im Programmiermodell des 80386 und seiner Nachfolger nur ein einziges Registerpaar SS:ESP erscheint? Tatsächlich müssen Sie sich keine Sorgen machen, ein weiteres halbes Dutzend Schattenregister übersehen zu haben: Für den jeweils aktiven Stack sind SS:ESP zuständig - und den Rest übernimmt ein System-Objekt, das auf den Namen Task State Segment bzw. das Kürzel TSS hört.

Task State Segment

Bei diesem System-Objekt, dessen deutsche Bezeichnung »Prozeß-Zustandsbeschreibungssegment« sich (wie so oft) etwas bandwurmartig anhört, handelt es sich um ein spezielles Segment, das der Prozessor zur Speicherung des kompletten Zustands eines Prozesses benutzt. Konsequent definiert ein System exakt so viele TS-Segmente, wie es aktive Prozesse unterhält und speichert dort zum einen die Werte sämtlicher Prozessor-Register, zum anderen einige zusätzliche Daten, die mit dem jeweiligen Prozeß verbunden sind.

Wie nach dieser Vorrede zu erwarten (und in Abbildung 5.5 dargestellt), sind in einem TSS neben den Werten der Register drei zusätzliche Stack-Selektoren (SS0, SS1 und SS2) sowie drei zusätzliche Stackzeiger (ESP0, ESP1 und ESP2) untergebracht. Wenn ein Aufruf oder ein Interrupt über ein Gate eine Änderung der Privilegstufe beinhaltet, lädt der Prozessor das entsprechende SS:ESP-Registerpaar aus dem zum laufenden Prozeß gehörigen TSS.

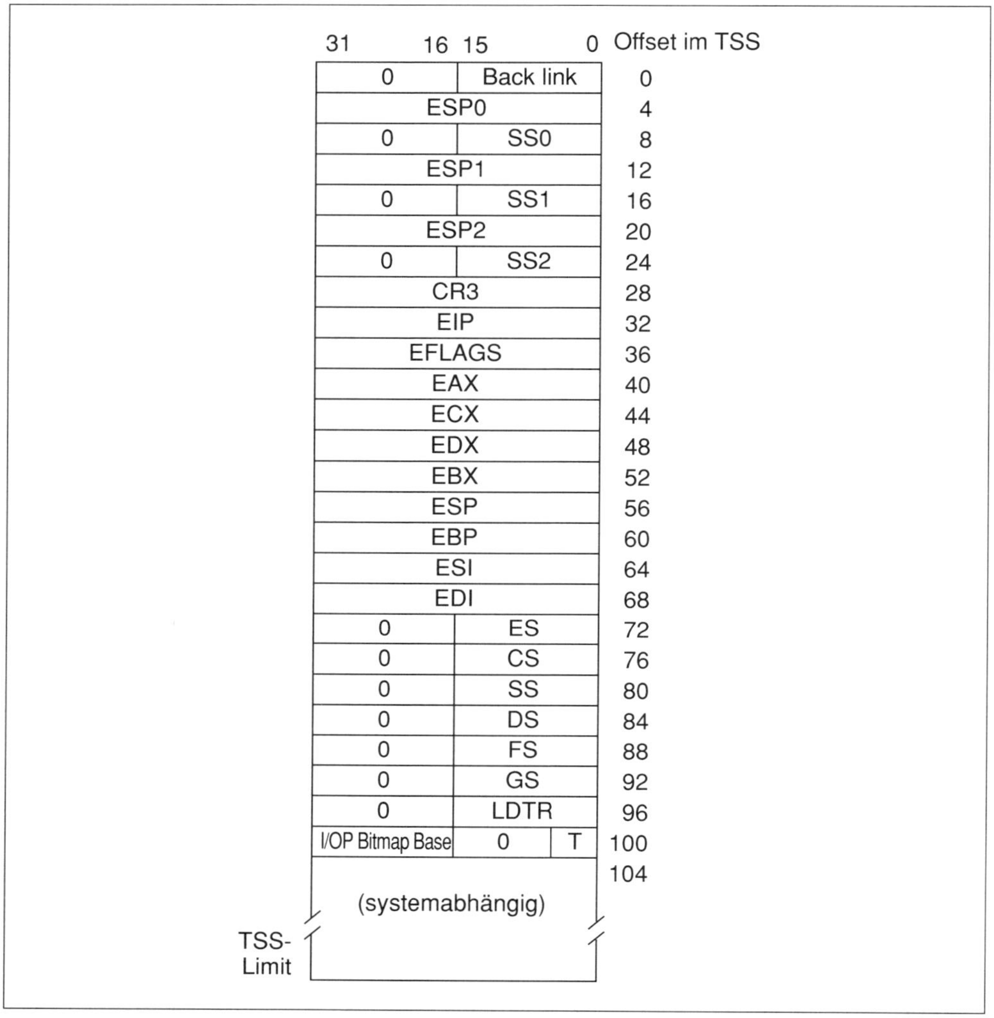

Kapitel 5 - Das Schutzkonzept

31	16	15	0	Offset im TSS
0		Back link		0
ESP0				4
0		SS0		8
ESP1				12
0		SS1		16
ESP2				20
0		SS2		24
CR3				28
EIP				32
EFLAGS				36
EAX				40
ECX				44
EDX				48
EBX				52
ESP				56
EBP				60
ESI				64
EDI				68
0		ES		72
0		CS		76
0		SS		80
0		DS		84
0		FS		88
0		GS		92
0		LDTR		96
I/OP Bitmap Base		0	T	100
				104
(systemabhängig)				

TSS-Limit

Abbildung 5.5 - Task State Segment (TSS)

Auf dieser Basis läßt sich nun auch endlich klären, woraus der »momentan aktive Prozeß« besteht: Er wird durch das Task State Segment definiert, auf dessen Adresse das prozessoreigene *Task Register* (TR) zeigt. Der Wechsel zwischen zwei Tasks besteht konsequent aus drei Schritten:

- dem »Einfrieren« sämtlicher Registerinhalte in dem Segment, auf das TR zeigt
- dem Laden von TR mit der Adresse des neuen TSS

Privilegstufen

- und dem Laden sämtlicher Prozessor-Register mit den Werten aus diesem TSS

Was die Felder eines TSS betrifft, die offensichtlich nicht direkt mit Prozessor-Registern und Stacks zu tun haben: Sie werden im Zusammenhang mit Multitasking weiter hinten in diesem Kapitel behandelt.

Deskriptor-Tabellen

Wie verschiedentlich erwähnt, werden die Deskriptoren für Speichersegmente und andere System-Objekte in Tabellen zusammengefaßt: die Interrupt Descriptor Table (IDT), die Global Descriptor Table (GDT) und die Local Descriptor Table (LDT), die für jeden Prozeß separat definiert werden kann.

Die IDT enthält Deskriptoren für Hard- bzw. Software-Interrupts und wird zusammen mit dem dazugehörigen Register (IDTR) weiter hinten in diesem Kapitel behandelt. Die GDT existiert ebenfalls nur einmal, sie wird über das Register GDTR adressiert. Im Prinzip kann sich ein System auf diese beiden Deskriptor-Tabellen beschränken: LDTs bieten lediglich eine zusätzliche Möglichkeit der Kapselung von Programmen - also einen höherwertigen Schutz (der natürlich auch wieder einen gewissen Aufwand mit sich bringt).

Das folgende Diagramm wiederholt noch einmal, in welcher Weise sich ein Selektor in seine Komponenten »Index«, »Table Indicator« (TI) und »Requested Privilege Level« (RPL) zerlegen läßt:

Das RPL-Feld stellt nicht etwa ein Hintertürchen für das Anfordern einer höheren Privilegstufe dar, als sie ein Programm normalerweise hat - sondern genau das Gegenteil davon: Mit ihr kann man die Privilegien eines Programms gezielt auf die Ebene beschneiden, die es tatsächlich auch braucht.

Ein Beispiel zur Erläuterung. Nehmen wir einmal an, ein Programmierer versuchte ganz bewußt, etwas über das Innenleben eines »sicheren« Systems in Erfahrung zu bringen. Er weiß, daß ein direkter Lesezugriff auf den Code höher privilegierter Ringe erfolglos bleibt und probiert es deshalb mit einem Umweg: Er ruft eine Schreibfunktion des Systems auf und übergibt ihr als »zu schreibende Daten« einen Zeiger auf das Segment, dessen Inhalt ihn interessiert. Da die Schreibroutine als systemeigene Funktion ausreichende Privilegien für den Zugriff hat, reagiert der Prozessor nicht mit dem ansonsten fälligen Interrupt: Das Ergebnis ist eine gewöhnliche (und von jedem Prozeß lesbare) Datei auf der Festplatte, die die gewünschten Daten enthält. Abbildung 5.6 verdeutlicht die Logik dieses Szenarios.

Ein auf Sicherheit bedachtes Betriebssystem kann Versuche dieser Art mit dem Befehl ARPL (»Adjust Requested Privilege Level«) zum Scheitern verurteilen: Dieser Befehl setzt das RPL-Feld des Selektors auf den Wert, den die aufrufende Routine hat. Als Ergebnis bekommt die soeben als Beispiel verwendete Schreibroutine temporär dieselbe Privilegstufe wie die Anwendung selbst, und der Prozessor reagiert auf indirekte Taktiken exakt in derselben Weise wie bei einem direkten Zugriffsversuch - nämlich mit einem Interrupt. Abbildung 5.7 veranschaulicht diesen Prozeß.

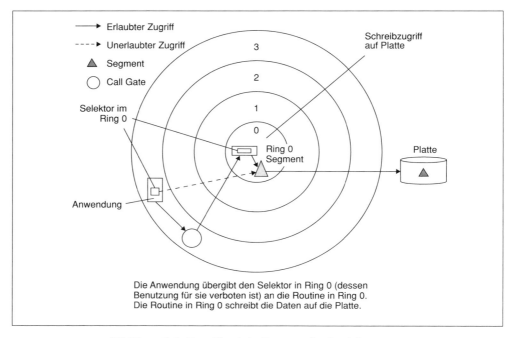

Abbildung 5.6 - Zugriff auf ein Segment des Betriebssystems

Das TI-Bit legt fest, auf welcher der beiden einer Anwendung zur Verfügung stehenden Tabellen sich ein Selektor bezieht. Wenn es zurückgesetzt ist, steht der Selektor für den »Indexten« Eintrag in der GDT: der Selektorwert 0033h verweist also auf den Eintrag 6 innerhalb der Global Descriptor Table.

Der Selektorwert 0 wird übrigens als *Null-Selektor* bezeichnet und auf spezielle Weise behandelt: Dieser Wert läßt sich unabhängig von der momentanen Privilegstufe in ein Datensegment-Register (DS, ES, FS und GS) des Prozessors laden. Konsequent ist das Element 0 der GDT grundsätzlich unbesetzt. (Da das RPL-Feld nichts mit der Indizierung einer Deskriptor-Tabelle zu tun hat, gilt letztlich jeder Selektor-Wert im Bereich von 0000h bis 0003h als Null-Selektor.)

Privilegstufen

Ist das TI-Bit dagegen gesetzt, dann bezieht sich der Selektor auf den »Indexten« Eintrag der aktuellen LDT - also der Local Deskriptor Table, deren Startadresse im LDT-Register des Prozessors enthalten ist. (Ein Äquivalent zum Null-Selektor gibt es in diesem Fall nicht.)

LDTs werden gewöhnlich separat für einzelne Prozesse erzeugt und dienen dort zwei Zwecken, von denen der erste aus einer Erweiterung besteht: Da ein Selektor 16 Bit umfaßt und 13 dieser Bits für den Index vorgesehen sind, kann eine Deskriptor-Tabelle maximal aus 8192 (= 2^{13}) Einträgen bestehen. Ein Betriebssystem, das ausschließlich mit einer GDT arbeitet, wäre also ohne die Möglichkeit »lokaler« Deskriptor-Tabellen beim 8193. Selektor am Ende seiner Weisheit angekommen.

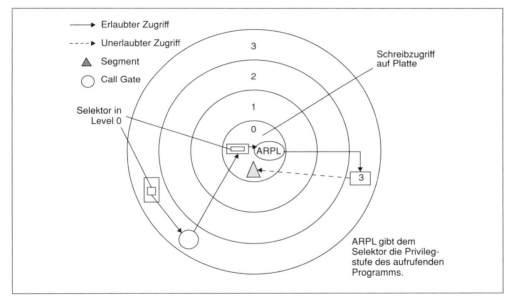

Abbildung 5.7 - Sicherung gegen indirekte Zugriffe durch Anpassung der Privilegstufe

Der zweite Zweck von LDTs liegt in einer Erhöhung der Sicherheit und läßt sich am einfachsten anhand eines Beispiels erläutern. Nehmen wir einmal ein Betriebssystem an, das ausschließlich mit einer GDT arbeitet und die ersten 100 Deskriptoren dieser Tabelle für eigene Objekte mit der Privilegstufe 0 reserviert (vgl. Abbildung 5.8). Nehmen wir des weiteren an, der Deskriptor 100 steht für das Codesegment einer Anwendung mit Privilegstufe 3, der Deskriptor GDT(101) beschreibt das Datensegment derselben Anwendung; und die Deskriptoren GDT(102) und GDT(103) erfüllen dieselben Zwecke für einen Prozeß B.

Wie sieht es nun aus, wenn der Prozeß A - sei es bewußt oder aufgrund eines Programmierfehlers - versucht, mit Selektoren und Segmenten zu arbeiten, in denen er überhaupt nichts zu suchen hat? Während jeder Zugriffsversuch über die Deskriptoren GDT(1) bis GDT(99) aufgrund der unterschiedlichen Privilegstufen einen Interrupt zur Folge hat, könnte er ohne weiteres über die Elemente 102 und 103 arbeiten und damit den Prozeß B durcheinanderbringen. Der Grund: Die Deskriptoren von B haben dieselbe Privilegstufe wie die Deskriptoren von A - und bei unberechtigten Zugriffen *auf gleicher Ebene* greift das Schutzmodell des 80386 nicht.

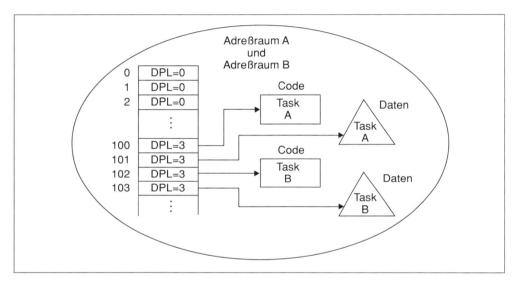

Abbildung 5.8 - Möglichkeiten unberechtigter Zugriffe über die GDT

Oder eben doch: Wie Abbildung 5.9 zeigt, liegt die Lösung des Problems in der Definition einer separaten LDT für jeden einzelnen Prozeß. Die GDT ist in diesem Fall dem System vorbehalten, d.h. enthält ausschließlich Deskriptoren mit einer höheren Privilegstufe. Welche Selektoren einem Prozeß zur Verfügung stehen, ist über die Größe seiner eigenen LDT exakt festgelegt - und aus dieser Tabelle kommt er sozusagen nicht heraus, ohne dabei einen Schutzfehler auszulösen.

Was Abbildung 5.9 ebenfalls verdeutlicht: LDTs stellen offensichtlich ebenfalls System-Objekte dar, die über einen eigenen Deskriptor (in der GDT) beschrieben werden. Womit es nun an der Zeit ist, das allgemeine Format dieser Deskriptoren unter die Lupe zu nehmen.

Privilegstufen

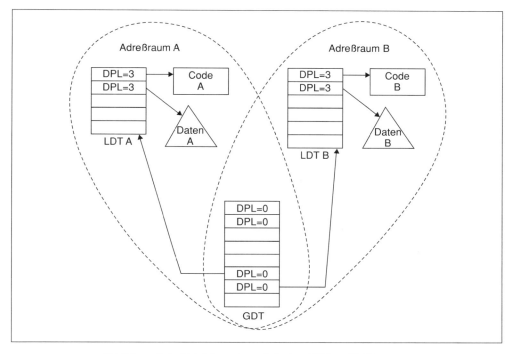

Abbildung 5.9 - Betriebssystem, daß eine GDT und LDTs nutzt

Deskriptor-Formate

Wie Abbildung 5.10 zeigt, unterscheiden der 80386 und seine Nachfolger bei Deskriptoren und den dafür verwendeten Formaten zwischen drei Arten von Objekten: Speichersegmenten, System-Segmenten und Gates. Unter einem Speichersegment wird in diesem Zusammenhang ein Bereich des Hauptspeichers verstanden, den ein Programm bzw. seine Daten belegt (wobei es keine Rolle spielt, ob dieses Programm eine Anwendung darstellt oder ein Teil des Betriebssystems ist). Deskriptoren dieser Art habe ich bereits in Kapitel 3 beschrieben.

System-Segmente nehmen LDTs und TS-Segmente auf, beschreiben also ebenfalls einen Speicherbereich und definieren eine Basisadresse sowie ein Limit (d.h. die Größe des jeweiligen Segments). Im Gegensatz zu einem normalen Speichersegment lassen sie sich allerdings nicht über einen Selektor adressieren: Jeder Versuch, einen entsprechenden Wert in ein Segmentregister des Prozessors zu laden und danach eine Lese- oder Schreibaktion über diesen Selektor auszuführen, endet mit einem Interrupt. Wie ein Betriebssystem dann die LDT eines Prozesses oder sein TS-Segment verändern kann? Nur, indem es einen *Alias* benutzt: Es muß einen Speichersegment-Deskriptor anlegen, der dieselbe Basisadresse und dasselbe Limit wie das jeweilige System-Segment hat. (Für Debugger gilt letztlich dasselbe: Sie müssen mit Aliaswerten für Segmente arbeiten, weil das Schutzkonzept der Intel-Prozessoren Schreibaktionen in Codesegmente nicht zuläßt - wie beispielsweise das Einsetzen von INT-Befehlen für Haltepunkte).

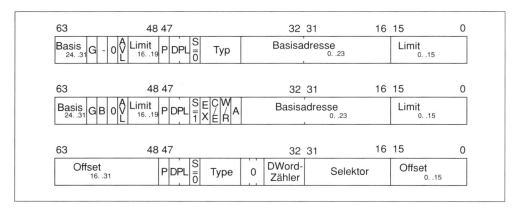

Abbildung 5.10 - Deskriptor-Formate für Systemsegmente, Speichersegmente und Gates

Die Unterscheidung zwischen den Deskriptor-Arten geschieht über das in Abbildung 5.10 mit »S« bezeichnete Bit: Wenn es zurückgesetzt ist, steht der Deskriptor entweder für ein System-Segment oder für ein Gate. Bei System-Segmenten kann das Feld TYPE einen der folgenden Werte enthalten:

Wert	Beschreibung
0	unbenutzt (ungültiger Deskriptor)
1	80286-TSS
2	LDT
3	aktives 80286-TSS
9	80386/80486-TSS
11	aktives 80386/80486-TSS

Gate-Deskriptoren haben nur indirekt mit Speicherbereichen zu tun und enthalten deshalb weder eine Basisadresse noch ein Limit-Feld - statt dessen findet sich dort ein weiterer Selektor und eine Offset-Adresse innerhalb des über diesen Selektor beschriebenen Segments. (Bei Selektoren für Task, die ein TS-Segment beschreiben, bleibt diese Offset-Adresse unberücksichtigt.)

Ein weiteres Bit zur Unterscheidung zwischen System- und Gate-Deskriptoren werden Sie in Abbildung 5.10 vergeblich suchen, weil diese Auswahl ausschließlich über das TYPE-Feld stattfindet. Die folgende Tabelle führt auf, welche TYPE-Werte für Gate-Selektoren möglich sind (oder, anders gesagt: einen Selektor zu einem Gate-Selektor anstelle eines System-Selektors werden lassen):

Wert	Bedeutung
4	80286 Call Gate
5	Task Gate
6	80286 Interrupt Gate
7	80286 Trap Gate
12	80386/80486 Call Gate
14	80386/80486 Interrupt Gate
15	80386/80486 Trap Gate

Wie ein Vergleich der beiden Tabellen für System- und Gate-Selektoren zeigt, fallen Deskriptoren mit den TYPE-Werten 8, 10 und 13 weder in die Kategorie »System« noch in die Kategorie »Gate«: Diese sind Werte für zukünftige Erweiterungen der Intel-Prozessoren reserviert.

Die TYPE-Werte 1, 3, 4, 6 und 7 sind bereits für den 80286 definiert und werden auch vom 80386 bzw. 80486 ohne Einschränkung unterstützt, weshalb für den 80286 entworfene Betriebssysteme (wie OS/2 Version 1 und Windows 2.0) auf diesen Prozessoren lauffähig sind. Erfreulicherweise haben die Entwickler von Intel auch bei echten 32 Bit-Betriebssystemen (wie OS/2 Version 2.x) die Möglichkeit offengelassen, die Deskriptor-Arten miteinander zu mischen. TS-Segmente im 80286-Format können in einem 32 Bit-Betriebssystem naturgemäß allerdings einige Schwierigkeiten verursachen.

Multitasking

Nachdem ich zumindest qualitativ erläutert habe, wie sich die absichtlich gezogenen Grenzen zwischen Segmenten mit Call Gates überwinden lassen, können sich die folgenden Abschnitte nun mit den restlichen System-Objekten (TS-Segmenten, LDTs und Task Gates) und ihrer Verwendung in einem robusten Multitasking-System auseinandersetzen. Um Interrupt und Trap Gates geht es dann am Ende dieses Kapitels.

Beginnen wir mit einer formalen (und gleichzeitig stark vereinfachenden) Definition: »Ein Prozeß stellt eine Folge zusammengehöriger Aktionen dar, deren Zweck aus dem Erreichen eines bestimmten Ziels besteht.« Bei einem Computerprogramm gehören zu der Beschreibung dieser Gruppe von Aktionen - also dem Code - einige weitere Daten: Die Größe des benötigten Speicherbereichs, die Rechenzeit, der belegte Platz auf der

Festplatte usw. Auf diese Weise läßt sich ein Prozeß bereits recht vollständig beschreiben - zumindest aus der Sicht einer *Prozeßverwaltung*, die ein Betriebssystem letztlich darstellt.

Der Terminus *Multitasking* steht für die Fähigkeit, mehrere Prozesse simultan auszuführen. Da der Prozessor trotz einer im gewissen Maße eingebauten Fähigkeit zur Parallelisierung nur jeweils einen Befehlsstrom auf einmal bearbeiten kann, simuliert er die gleichzeitige Ausführung mehrerer Programme, indem er erst einige Befehle des ersten Programms bearbeitet, danach zum zweiten Programm umschaltet, dort einige Befehle bearbeitet, zu einem dritten Programm umschaltet usw., bis schließlich sämtliche Prozesse einmal zu Wort gekommen sind. Danach beginnt der Reigen mit dem ersten Programm von vorne. Die Bearbeitungs- und Umschaltzeiten sind so kurz, daß beim menschlichen Benutzer der subjektive Eindruck gleichzeitiger Bearbeitung aller Prozesse entsteht.

Die Bezeichnungen *Parallelbetrieb* (»concurrency«) und *Multiprogrammierung* (»multiprogramming«) bedeuten exakt dasselbe, d.h. sind echte Synonyme für Multitasking. Der Begriff *Multiprocessing* ist es dagegen nicht: er kann zumindest im Englischen sowohl ein System mit mehreren *Prozessen* als auch ein System mit mehreren *Prozessoren* bezeichnen, weshalb ich ihn im weiteren nicht verwende und Multiprozessor-Systeme explizit als solche bezeichne.

Der Definitionen nicht genug: In einigen Fällen ist es notwendig, zwischen *Prozessen* (»Tasks«) und *Programmen* zu unterscheiden - nämlich dann, wenn an einem Prozeß (also der Lösung einer Aufgabe) mehr als ein einzelnes Programm beteiligt ist. Die allermeisten Beschreibungen kommen allerdings mit der Annahme aus, daß jedes laufende Programm einen eigenständigen Prozeß darstellt.

Nehmen wir also ein System an, das mehrere Prozesse quasi-parallel bearbeitet - in dem sich also mehrere Programme ein und denselben Prozessor teilen müssen. Zur Realisierung dieser Teilung existiert eine Reihe höchst unterschiedlicher Strategien, deren Erläuterung und Vergleich allerdings den Rahmen dieses Buches sprengt. Allgemein läßt sich hier lediglich sagen, daß ein Multitasking-System auf *irgendeiner* Ebene seiner Logik dafür sorgt, daß jeder aktive Prozeß ab und zu einmal zum Zuge kommt.

Unabhängig davon, nach welcher Logik eine solche Umschaltung - ein *Task-Wechsel* - letztlich geschieht es ist dabei durchaus möglich (und sogar höchst wahrscheinlich), daß der momentan laufende Prozeß inmitten irgendeiner Berechnung gewaltsam unterbrochen wird. Da der Prozeß selbst natürlich nichts von dieser Unterbrechung weiß und deshalb auch keine Vorsichtsmaßnahmen irgendwelcher Art treffen kann, muß die Umschaltung ein »Einfrieren« des gesamten Prozessor-Zustands beinhalten - andernfalls ließe sich der soeben unterbrochene Prozeß nicht störungsfrei zu einem späteren Zeitpunkt fortsetzen.

Beim 80386/486 geschieht dieses notwendige Einfrieren über ein Task State Segment (TSS) - einen Speicherbereich, dessen Struktur Abbildung 5.11 zeigt. Jedes TS-Segment

Privilegstufen

hat exakt einen Deskriptor, der seine Basisadresse zusammen mit seiner Größe definiert und in Abbildung 5.11 direkt oberhalb der Segmentstruktur wiedergegeben ist. Da der Prozessor TS-Segmente selbst im Zuge eines Task-Wechsels liest bzw. beschreibt und in diesen Segmenten sozusagen die Seele von Prozessen liegt, haben die Entwickler von Intel direkte Zugriffe darauf recht schwierig gemacht: Sie setzen Task voraus.

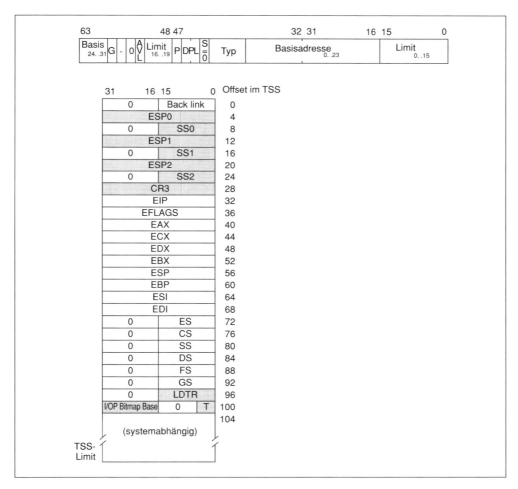

Abbildung 5.11 - TS-Segment und TSS-Deskriptor

TSS-Deskriptoren sind durch ein zurückgesetztes S-Bit als System-Deskriptoren gekennzeichnet und lassen sich ausschließlich in der GDT speichern. Im TYPE-Feld eines solchen Deskriptors können sich lediglich zwei unterschiedliche Werte finden: 1001b und 1011b (dezimal 9 bzw. 11). Das variable Bit 1 dieses Feldes wird als *Busy-Bit* bezeichnet: Es wird sowohl für den aktiven Prozeß als auch für alle anderen Prozesse gesetzt, die diesen aktiven Prozeß aufgerufen haben. (Was dabei herauskommt, ist eine Kette ineinander verschachtelter Prozesse). Jeder Versuch, einen bereits als »busy« gekennzeichneten Prozeß ein zweites Mal aufzurufen, löst einen Ausnahme-Interrupt aus.

Welcher Prozeß momentan die aktive Rolle spielt, wird durch den im Prozessor-Register TR enthaltenen Selektor festgelegt. Üblicherweise lädt man dieses Register nur während der Initialisierungsphase direkt und überläßt das Setzen neuer Werte der Task-Umschaltung, die letztlich aus drei Schritten besteht: dem Speichern sämtlicher Prozessor-Register in dem über TR selektierten Segment, dem Laden von TR mit dem Selektor des TS-Segments des neuen Prozesses und dem Laden sämtlicher Prozessor-Register mit den Daten aus diesem TS-Segment. (Womit auch klar sein dürfte, daß Ladeaktionen von TR ein Teil eines Task-Wechsels sind - und nicht etwa den Task-Wechsel selbst darstellen.)

Der in Abbildung 5.11 grau hinterlegte Teil des TS-Segments steht für Felder, die aus der Sicht eines Programms schreibgeschützt sind: Sie werden bei der Umschaltung zu einem anderen Prozeß zwar gelesen, vom »eingefrorenen« Prozeß aber nicht neu gesetzt. Anders gesagt: diese Werte lassen sich nur durch Routinen ändern, die in Ring 0 laufen - also durch die Verwaltungsfunktionen des Betriebssystems. (Was natürlich auch bedeutet, daß dem Betriebssystem hier zusätzliche Verantwortung aufgebürdet wird. Denn es muß gegebenenfalls selbst dafür sorgen, Felder wie SS0:ESP0 auf den neuesten Stand zu bringen.)

Der weitaus größte Teil eines TS-Segments ist für die allgemeinen Register des Prozessors vorgesehen - also EAX .. EDI, die Segmentregister, EFLAGS und EIP. Die restlichen Felder sind:

Feld	Beschreibung
Back Link	der Selektor des TS-Segments, in dem der Status des durch diesen Prozeß unterbrochenen Prozesses festgehalten wurde - also der Status des »Vorgängers«
SSn, ESPn	die Stackzeiger für Aufrufe von Routinen in Ring n (vgl. »Call Gates« weiter vorne in diesem Kapitel)
CR3	der Inhalt des Registers CR3, das die physikalische Speicheradresse der Page-Tabellen für diesen Prozeß festlegt (und nur im Zusammenhang mit Paging berücksichtigt wird)
LDTR	der Selektor der LDT
T	ein einzelnes Bit, das als »Trap on Task« bezeichnet wird. Wenn es gesetzt ist, löst die Umschaltung zu diesem Prozeß einen Interrupt 01h (»Debug Fault«) aus ▶

Privilegstufen

Feld	Beschreibung
I/OP Bitmap Base	die Offset-Adresse einer Tabelle innerhalb des TS-Segments, die für das Programm verfügbare Portadressen in Form eines Bitmaps enthält. Wenn dieses Feld den Wert 0 enthält, ist dem Prozeß keine derartige Tabelle zugeordnet
Systemabhängig	diesen (beliebig großen) Teil des TSS kann ein Betriebsystem zur Speicherung eigener Verwaltungsdaten verwenden
I/O Permission Bitmap	ein Bitmap, dessen einzelne Bits für Portadressen stehen. Die Startadresse dieses Feldes ist über das Feld I/OP Bitmap Base festgelegt. Es kann maximal 8192 Bytes (= 65536 I/O-Adressen) umfassen und wird in seiner Größe durch das Limit-Feld des TSS-Deskriptors begrenzt

Task-Wechsel

Es gibt insgesamt vier Arten von Ereignissen, die der Prozessor als einen Task-Wechsel betrachtet:

▪ Die Ausführung eines CALL FAR oder JMP FAR, wenn der als Sprungziel angegebene Selektor auf einen TSS-Deskriptor verweist.

▪ Die Ausführung eines CALL FAR oder JMP FAR, wenn der als Sprungziel angegebene Selektor auf ein Task Gate verweist (also einen entsprechenden Deskriptor indiziert).

▪ Die Ausführung des Befehls IRET als Rücksprung zu einem per Interrupt unterbrochenen Prozeß. Ein Task-Wechsel findet hier allerdings nur statt, wenn die Interrupt-Behandlungsroutine selbst momentan den aktiven Prozeß darstellt, d.h. das Bit NT (»nested task«) im EFLAGS-Register gesetzt ist.

▪ Hardware-Interrupts und Ausnahmebedingungen, wenn der dazugehörige IDT-Eintrag auf ein Task Gate verweist.

In diesen Fällen führt der Prozessor die folgenden Schritte aus:

1. Wenn der Task-Wechsel nicht durch einen Hardware-Interrupt, eine Ausnahmebedingung oder den Befehl IRET veranlaßt wird: Prüfung der Privilegstufe des Ziel-Deskriptors. Sie muß höher (d.h. numerisch niedriger) als die Privilegstufe des aufrufenden Prozesses (CPL = »current privilege level«) und als die über den Selektor als »gewünscht« angegebene Privilegstufe (RPL = »requested privilege level«) sein.

2. Prüfung des »present«-Bits im TSS-Deskriptor der aufrufenden bzw. unterbrochenen Task. Nachdem der Prozessor sichergestellt hat, daß sich das entsprechende Segment im Speicher befindet und mindestens 104 Bytes umfaßt, werden die Inhalte sämtlicher Re-

gister dort abgelegt. (Falls das TS-Segment momentan nicht im Hauptspeicher ist, löst diese Prüfung einen Ausnahme-Interrupt aus: Er sollte die Speicherverwaltung des Betriebssystems aktivieren, die das Segment lädt und danach den Prüfungsbefehl wiederholen läßt.)

3. Prüfung des »present«-Bits im TSS-Deskriptor der neuen Task. Wenn sich das dazugehörige TS-Segment nicht im Hauptspeicher befindet oder weniger als 104 Bytes umfaßt, wird auch hier ein Ausnahme-Interrupt ausgelöst, der eine entsprechende Ladeaktion über das Betriebssystem zur Folge haben sollte. Wenn sich das Segment schließlich im Hauptspeicher befindet erfolgt das Laden der Prozessor-Register mit den Feldern des TS-Segments der neuen Task. Bei dieser Aktion findet ein Vergleich zwischen dem Prozessor-Register CR3 und dem gleichnamigen Feld des TS-Segments statt: Wenn die beiden Werte nicht übereinstimmen, wird der TLB-Cache für ungültig erklärt (siehe Kapitel 7).

An diesem Punkt sind nun sämtliche direkt verfügbaren Register des Prozessors mit den neuen Werten besetzt; die Schattenregister für Basisadressen, Limit-Felder usw. behalten allerdings noch ihre alten Werte. Anders gesagt: der Prozessor hat bereits die Selektoren für die neue Task geladen, ohne die Gültigkeit der dazugehörigen Deskriptoren zu überprüfen. Es wäre also durchaus denkbar, daß das CS-Register momentan einen Wert wie 21F7h enthält - und ein gültiger Selektor für diesen Wert überhaupt nicht existiert. Wichtig in diesem Zusammenhang ist hier allerdings nur, daß der Zustand des »alten« Prozesses vollständig festgehalten worden ist und sich sämtliche eventuellen Fehler und Fehlerbehandlungen im Kontext des »neuen« Prozesses abspielen.

4. Herstellen der Verbindung zum »alten« Prozeß und Bestimmung, welche der beteiligten Prozesse als »busy« gelten. Was dabei im einzelnen geschieht, hängt vom Auslöser des Task-Wechsels ab:

▪ Wenn der Wechsel durch einen JMP-Befehl verursacht wurde, wird das »busy«-Bit im alten TS-Segment gelöscht und im neuen TS-Segment gesetzt.

▪ Wenn der Wechsel durch einen CALL-Befehl oder einen Interrupt verursacht wurde, bleibt das »busy«-Bit im alten TS-Segment gesetzt. Das neue TS-Segment bekommt ebenfalls ein gesetztes »busy«-Bit, im Feld »Back Link« wird der Selektor des alten TS-Segments eingetragen. Zusätzlich wird das NT-Bit im EFLAGS-Register des Prozessors gesetzt.

▪ Ein Wechsel über einen Rücksprung (RET oder IRET) löscht das »busy«-Bit im alten TS-Segment und verwendet den dort als »Back Link« gespeicherten Selektor.

5. Der Prozessor setzt das TS-Bit (»task switched«) im Register CR0 und übernimmt die gewünschte Privilegstufe aus dem RPL-Feld des neuen Selektors als aktuelle Privilegstufe (CPL).

6. Wenn das Feld LDT des neuen TS-Segments einen gültigen Selektor enthält, wird nun der Deskriptor der LDT in die entsprechenden Schattenregister geladen. Falls dieses

Privilegstufen

Feld den Wert 0 (»Null-Selektor«) enthält, unterbleibt dieser Schritt - enthält es dagegen einen ungültigen Selektor oder ist das entsprechende Segment als »not present« markiert, reagiert der Prozessor mit einem Ausnahme-Interrupt.

7. Die Deskriptoren für CS, SS, DS, ES, FS und GS werden (in exakt dieser Reihenfolge) geladen und hinsichtlich ihrer Privilegstufe geprüft. (Die Privilegstufe der neuen Task ist ja bereits in Schritt 5 gesetzt worden.) Als »not present« gekennzeichnete Segmente lösen bei dieser Überprüfung einen Interrupt aus, der wie üblich die Speicherverwaltung des Betriebssystems aktivieren muß; nicht übereinstimmende Privilegstufen haben einen Schutzfehler (d.h. ebenfalls einen Interrupt) zur Folge.

8. Die lokalen Freigabe-Bits in DR7 werden zurückgesetzt.

9. Wenn das T-Bit des neuen TS-Segments gesetzt ist, löst der Prozessor nun einen INT 01h (»Debug Fault«) aus. Auf diese Weise werden Debugger von Task-Wechseln benachrichtigt.

10. Der Prozessor liest den Befehl von der über CS:EIP angegebenen Adresse, d.h. beginnt mit der Ausführung der neuen Task.

I/O Permission Bitmap

Die Prüfung, ob ein Prozeß einen bestimmten Port lesen und/oder beschreiben kann, geschieht beim 80386 und seinen Nachfolgern in zwei Stufen. Das Feld IOPL (»I/O Privilege Level«) im EFLAGS-Register legt fest, ab welcher Privilegstufe ein Prozeß uneingeschränkt über Ports verfügen kann; unterhalb dieser Privilegstufe läßt sich über ein Bitmap im TS-Segment für jeden Port separat festlegen, ob er erreichbar ist oder nicht. (Wenn IOPL beispielsweise auf 2 gesetzt ist, arbeiten Prozesse in den Ringen 0, 1 und 2 ohne Einschränkung, bei I/O-Operationen von Prozessen in Ring 3 führt der Prozessor dagegen erst einmal eine Prüfung anhand dieses Bitmaps aus.)

Da das Bitmap einen (optionalen) Teil eines TS-Segments darstellt, läßt es sich für jeden Prozeß individuell definieren. Da jedes Bit dieses Feldes für eine einzelne Portadresse steht, umfaßt es im Maximalfall 8192 Bytes (= 65536 I/O-Adressen). Seine Startadresse innerhalb des TS-Segments wird über das Feld »I/OP Bitmap Base« im TS-Segment festgelegt, seine tatsächliche Größe über das Limit-Feld dieses Segments. (Die »Startadresse« 0 steht für »kein Bitmap« und damit für »überhaupt keine I/O-Zugriffsberechtigung«, dasselbe gilt für Startadressen, die oberhalb der Segmentgröße liegen. Wenn ein solches Bitmap definiert ist, muß seine Startadresse größer oder gleich 0068h sein, weil die ersten 0068h Bytes des TS-Segments für die Zustandsbeschreibung des Prozesses reserviert sind.)

Ein zurückgesetztes Bit innerhalb des Feldes steht für »Zugriff erlaubt«. Konsequent endet der Zugriffsversuch auf eine Portadresse, deren korrespondierendes Bit gesetzt ist, mit einem allgemeinen Schutzfehler, d.h. einem Interrupt.

Abbildung 5.12 gibt ein Beispiel für ein solches Bitmap wieder und verdeutlicht dabei gleichzeitig die Zuordnung der Portadressen zu einzelnen Bits. Ein Prozeß, der dieses Bitmap verwendet, könnte byteweise auf die Ports 8 bis 12, wortweise auf die Ports 8 und 10 sowie doppelwortweise auf den Port 8 zugreifen. Alle anderen Ports sind für ihn gesperrt.

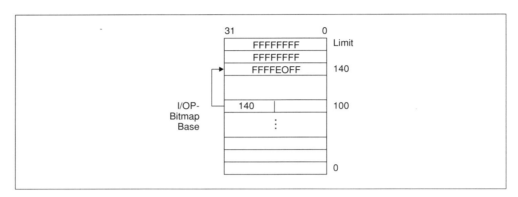

Abbildung 5.12 - I/O Permission Bitmap im TSS mit Zugriffserlaubnis für die Portadressen 8 bis 12

Interrupts und Ausnahmebedingungen

Der Terminus *Interrupt* wird im Zusammenhang mit den Intel-Prozessoren nicht für ein bestimmtes Ereignis, sondern für eine spezielle Art des Kontroll-Transfers verwendet, ist also mehrdeutig: In diese Kategorie fallen Hardware-Interrupts, durch INT-Befehle ausgelöste Software-Interrupts und *Ausnahmezustände*, die man ihrerseits in *Traps*, *Faults* (Fehler) und *Aborts* (Abbrüche) unterteilt.

Was den gemeinsamen Mechanismus betrifft: Bei einem Interrupt legt der Prozessor die Register CS:EIP und EFLAGS auf den Stack und führt dann einen Sprung zu einer Interrupt-Behandlungsroutine aus, der über ein Gate der Interrupt Descriptor Table (IDT) geschieht. Diese Tabelle kann maximal 256 Deskriptoren enthalten, die von 0 bis 255 durchnumeriert sind. Die Interrupt-Nummern 0 bis 31 hat Intel für den Prozessor selbst reserviert, die Nummern 32 bis 255 stehen Betriebssystemen zur Verfügung.

Die älteren Mitglieder der 80x86-Familie arbeiten im Prinzip mit demselben Mechanismus, kommen im Real Mode aber mit einer einfachen Vektortabelle aus. Jedes Element dieser Tabelle besteht aus einer Sprungadresse im Format Segment:Offset, die Interrupt-Nummer wird zur Indizierung dieser Tabelle verwendet. Aus diesem Grund bezeichnet man die zu Interrupt-Nummern gehörigen Startadressen auch verschiedentlich als *Interruptvektoren*.

Die verschiedenen Arten von Interrupts und Ausnahmebedingungen sind:

Interrupts: *Hardware-Interrupts* werden über Signalleitungen ausgelöst, für die der 80386/486 zwei separate Anschlüsse (Pins) namens NMI und INTR reserviert, die beide auf den Pegel »0« reagieren. Ein externes Gerät, das die Signalleitung NMI aktiviert, löst einen nicht maskierbaren Interrupt (»non maskable interrupt«) aus, auf den der Prozessor grundsätzlich mit dem Aufruf der Routine reagiert, die mit dem Interrupt-Deskriptor 2 assoziiert ist. Die Signalleitung INTR ist für das Auslösen maskierbarer Interrupts zuständig und wird nur dann abgefragt, wenn dann IF-Bit im EFLAGS-Register gesetzt ist. Anders gesagt: während der Prozessor auf NMI bedingungslos reagiert, lassen sich Unterbrechungsanforderungen über INTR über das Zurücksetzen des IF-Bits maskieren.

Wenn das IF-Bit gesetzt ist und ein externes Gerät die Signalleitung INTR aktiviert, reagiert der Prozessor mit einem speziellen Maschinenzyklus, erwartet als nächstes die Nummer des Interrupts auf dem Datenbus und verwendet diesen Wert als Selektor in der IDT. (In den meisten Systemen übernehmen spezielle Interrupt-Controller diese Funktion, d.h. reagieren auf Signale von Peripheriegeräten erst mit der Aktivierung von INTR und legen dann die Interrupt-Nummer auf den Datenbus.)

Software-Interrupts vollziehen das Verhalten von Interrupt-Controllern nach: In einem INT-Befehl ist die Interrupt-Nummer direkt enthalten, die sich der Prozessor damit sozusagen selbst liefert. Ein zweiter Unterschied zu Hardware-Interrupts besteht darin, daß das IF-Bit hier nicht berücksichtigt wird: »Maskieren« kann man sie also nicht. Konsequent werden sie auch nicht als Interrupts im eigentlichen Sinne, sondern als *Traps* behandelt (siehe nächster Absatz).

Traps werden durch Programmbefehle ausgelöst, die der Prozessor aus irgendeinem Grund als fehlerhaft betrachtet. Da er die entsprechenden Prüfungen nach dem Lesen des Befehls ausführt, zeigt das auf dem Stack gespeicherte Registerpaar CS:EIP hier grundsätzlich auf die Adresse des Befehls, der dem problematischen Befehl unmittelbar folgt.

Ein klassisches Beispiel für einen Trap Gate, den ein Programm sozusagen bewußt auslösen kann, stellt der Befehl INTO dar: Der Prozessor prüft hier, ob das Overflow-Flag gesetzt ist; wenn ja, löst er einen Interrupt über den IDT-Deskriptor 4 aus.

Wie zuvor angedeutet, werden sämtliche Software-Interrupts als Traps ausgeführt. Da Interrupt-Deskriptoren ebenfalls Privilegstufen definieren, kommt hier ein Vergleich hinzu: Der Prozeß, der den INT-Befehl ausführt, muß dieselbe Privilegstufe wie der darüber angesprochene Deskriptor haben. Wenn beispielsweise ein Prozeß in Ring 3 den Befehl INT 47h ausführt, muß der Deskriptor IDT(47) in seinem DPL-Feld also ebenfalls den Wert 3 haben. Ansonsten reagiert der Prozessor nicht mit der Ausführung der entsprechenden Routine, sondern einem weiteren Interrupt, der diesmal aber für eine allgemeine Schutzverletzung steht. Auf diese Weise läßt sich nicht nur festlegen, welchem Ring welche Interruptvektoren zur Verfügung stehen, sondern vor allem verhindern, daß Anwendungen für Hardware-Interrupts reservierte Vektoren benutzen. (Für Hardware-

Interrupts ist normalerweise das Betriebssystem zuständig, das den entsprechenden Deskriptoren auch eine angemessene Privilegstufe gibt - üblicherweise die Stufe 0).

Faults werden durch Fehler *innerhalb* der Ausführung eines Befehls ausgelöst - beispielsweise durch den Zugriffsversuch auf einen Operanden in einem Speichersegment, das mit »not present« gekennzeichnet ist, d.h. sich momentan überhaupt nicht im Hauptspeicher befindet. Im Gegensatz zu Traps speichert der Prozessor hier nicht die Adresse des nachfolgenden Befehls, sondern die Befehlsadresse selbst: Eine über den Interrupt auf den Plan gerufene Speicherverwaltung kann also für das Laden des entsprechenden Segments sorgen - und danach den Befehl einfach wiederholen lassen. Jeder Art von Fault ist eine eigene Interrupt-Nummer zugeordnet, weshalb ein Betriebssystem zuverlässig zwischen Kalamitäten wie nicht vorhandenen Segmenten, Divisionen durch Null, Stack-Fehlern usw. unterscheiden kann.

Aborts stehen für Situationen, in denen - entweder aufgrund der Natur von Fehlern anderer Art oder aufgrund des gleichzeitigen Auftretens mehrerer Ausnahmezustände - eine sichere Wiederaufnahme des jeweiligen Prozesses unmöglich ist. Auf Interrupts dieser Art muß ein Betriebssystem mit dem Abbruch des laufenden Prozesses reagieren.

Die folgende Tabelle listet sämtliche Interrupts auf, die von den Prozessoren 80386 und 80486 verwendet werden:

Interrupt-Nummer	Klasse	Erläuterung
0	Fault	Divisionsfehler
1	Fault oder Trap	Debugger-Interrupt
2	Interrupt	nichtmaskierbarer Interrupt
3	Trap	Haltepunkt
4	Trap	Überlauf (INTO)
5	Fault	Arraygrenzen überschritten (BOUND)
6	Fault	ungültiger Opcode
7	Fault	Coprozessor nicht installiert
8	Abort	Doppelfehler
9	Abort	Segment-Überlauf des NDP (beim 80486 reserviert)
10	Fault	TSS ungültig
11	Fault	Segment nicht im Hauptspeicher
12	Fault	Stack-Überlauf
13	Fault	allgemeine Schutzverletzung
14	Fault	Paging-Ausnahmezustand ▶

Interrupt-Nummer	Klasse	Erläuterung
15	reserviert	
16	Fault	Coprozessor-Fehler
17	Fault	Ausrichtungsfehler (nur 80486)
18-31	reserviert	
32-255	Interrupt oder Trap	Systemabhängig

Aborts stellen zwar die schwerwiegendste Art von Fehlern dar, die Anwendungen verursachen können, sind aber an sich noch keinen Signal dafür, daß die Integrität des gesamten Systems gefährdet ist - zumindest, solange das Betriebssystem sie korrekt behandelt. Was aber, wenn das Betriebssystem selbst nicht fehlerfrei programmiert ist - und ein Fehler ausgerechnet in der Behandlungsroutine für Ausnahmezustände auftritt? Da sich dieses Problem auch nicht durch den Einbau einer weiteren Ebene lösen läßt (was würde passieren, wenn das Programm dieser hypothetischen Ebene wiederum einen Fehler enthält?), reagiert der Prozessor in diesen Fällen auf höchst radikale Art: Er schaltet ab.

Ein sauber programmiertes und ausgetestetes Protected Mode-System sollte diesen letzten aller Auswege nur bei Fehlern der Hardware (wie etwa defekten Speicherbausteinen) benutzen - und ansonsten Vorsorge für den Fall aller Fälle treffen. Dazu gehört, daß man die Behandlungsroutinen für Doppelfehler (INT 08h) und ungültige TS-Segmente (INT 10h) als separate Prozesse ausführt und die dazugehörigen IDT-Einträge als Task Gates definiert. Auf diese Weise lädt der Prozessor für die jeweilige Behandlungsroutine jeweils einen neuen (und separaten) Maschinenstatus, anstatt die Behandlung im Kontext des Prozesses auszuführen, der den Fehler verursacht hat (und dessen Speicherbereiche offensichtlich ziemlich durcheinander sind).

Gates für Interrupts, Traps und Tasks

Diese drei Deskriptor-Arten stellen die einzige Art von Daten dar, die die Interrupt Descriptor Table (IDT) aufnehmen kann. Fangen wir mit den Task Gates an, die im Prinzip mit derselben Logik arbeiten wie ihre Gegenstücke aus der GDT: Wenn ein Task Gate durch einen Interrupt oder einen Ausnahmezustand aktiviert wird, hält der Prozessor seinen momentanen Zustand im TS-Segment des aktiven Prozesses fest und lädt einen neuen Maschinenstatus aus dem TS-Segment, auf das das Task Gate verweist. Konsequent stellt sich eine über diese Gate-Art aufgerufene Behandlungsroutine dem Prozessor wie ein eigenständiger Prozeß dar: Sie hat ihre eigenen Segmente und kann eine eigene LDT sowie eigene Paging-Tabellen definieren; außerdem ist der aufrufende bzw. unterbrochene Prozeß gegen ein Überschreiben seines Stacks und/oder seiner Registerinhalte geschützt.

Die Kehrseite der Medaille besteht darin, daß es sich hier um einen vollständigen Task-Wechsel handelt, der natürlich mit einem erheblich höheren Zeitaufwand als das Durchlaufen eines normalen Gates verbunden ist. Aus diesem Grund muß man als Entwickler sorgfältig abwägen, welche Interrupts man als Task Gates definiert - also (wieder einmal) einen Kompromiß zwischen absoluter Sicherheit und Leistung schließen.

Tatsächlich sind die allermeisten IDT-Einträge bei existierenden Systemen als Interrupt oder Trap Gates ausgeführt. Für diese beiden Arten von Gates wird ein und dasselbe Deskriptor-Format verwendet (siehe Abbildung 5.13), sie unterscheiden sich lediglich durch den Typ des verwendeten Segments (also den Inhalt des TYPE-Feldes). Was den Ablauf betrifft, gibt es ebenfalls nur einen einzigen Unterschied: Ein Interrupt Gate setzt das IF-Bit im EFLAGS-Register zurück und sperrt damit weitere Hardware-Interrupts so lange, bis die Behandlungsroutine dieses Bit entweder explizit setzt oder über einen IRET-Befehl endet. Trap Gates lassen das IF-Bit dagegen unverändert.

Abbildung 5.13 - Deskriptor-Formate für Interrupt und Trap Gates

Interrupt und Trap Gates verhalten sich im Prinzip wie Call Gates: Sie definieren zwar keinen Zähler für Kopien des Stacks, können aber auch auf Codesegmente mit anderer Privilegstufe sowie auf »conforming«-Segmente verweisen. Abbildung 5.14 verdeutlicht die Belegung des Stacks während der Ausführung einer Behandlungsroutine mit und ohne Wechsel der Privilegstufe.

Interrupt-Behandlungsroutinen werden über den Befehl IRET beendet, der die auf dem Stack abgelegten Werte wieder in CS:EIP und das EFLAGS-Register einsetzt. Wie Abbildung 5.14 ebenfalls zeigt, legt der Prozessor bei durch Ausnahmezustände ausgelösten Interrupts zusätzlich einen Fehlercode auf den Stack, den IRET nicht berücksichtigt. Dieser Fehlercode muß *vor* der Ausführung des IRET-Befehls entfernt werden.

Wenn der Interrupt über ein Task Gate ausgeführt wurde, ist das NT-Bit im Register EFLAGS gesetzt, und der Prozessor führt bei IRET eine Rückschaltung zur unterbrochenen bzw. aufrufenden Task aus. Bei den anderen beiden Gate-Arten beschränkt sich IRET dagegen auf den Rücksprung selbst - womit sich auch der große Unterschied im Zeitbedarf erklärt.

≡ Ausnahmebedingungen im Detail

Die folgenden Abschnitte erläutern Faults, Traps und Aborts in Reihenfolge der dabei verwendeten Interrupt-Nummern. Bei einigen Interrupts dieser Art beschränkt sich der Prozessor auf einen reinen Kontroll-Transfer, bei anderen legt er neben der Rücksprungadresse zusätzlich einen Fehlercode auf den Stack, umgeht dort allerdings den sonst üblichen Mechanismus zur Übergabe von Parametern: Der Fehlercode wird *nach* der CS:EIP auf den Stack gelegt, befindet sich also *unterhalb* der standardmäßig gespeicherten Werte.

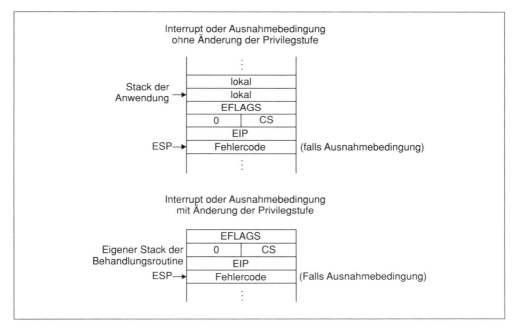

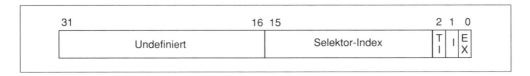

Abbildung 5.14 - Der Stack bei Interrupts

Fehlercodes haben grundsätzlich eine Größe von 32 Bit. Sie bestehen entweder aus dem Wert 0 oder aus mehreren Feldern:

Der Selektor-Index und das TI-Bit stellen eine direkte Kopie dar, entsprechen also dem Selektor des Prozesses, der durch den Interrupt unterbrochen wurde. Das in diesem Selektor normalerweise enthaltene RPL-Feld ist dagegen durch zwei weitere Informationen ersetzt: Wenn das I-Bit gesetzt ist, bezieht sich der Selektor-Index auf die IDT (woraus folgt, daß der Fehler innerhalb einer Interrupt-Behandlungsroutine aufgetreten ist); in diesem Falle können TI und EX ignoriert werden. Wenn das I-Bit zurückgesetzt ist, gibt TI wie gewöhnlich an, ob der Selektor-Index für die GDT (TI = 0) oder die LDT (TI = 1) des aktiven Prozesses gilt. Das EX-Bit steht für »external«: es ist gesetzt, wenn der Fehler durch ein Ereignis außerhalb des laufenden Programms hervorgerufen wurde.

In den folgenden Abschnitten sind Interrupts, bei denen der Prozessor einen Fehlercode auf den Stack legt, mit [ECode] gekennzeichnet.

Interrupt 0 - Divide (Fault)

Dieser Interrupt wird ausgelöst, wenn das Ergebnis einer Division größer als der dafür vorgesehene Zieloperand ist oder der Divisor den Wert 0 hat. (Da der Coprozessor eigene Ausnahmezustände definiert, geht es in beiden Fällen ausschließlich um Integer-Divisionen, d.h. die Befehle DIV und DIY).

Interrupt 1 - Debugger (Fault oder Trap)

Für diesen Interrupt kann es insgesamt drei verschiedene Auslöser geben:

- Zugriff auf eine Adresse, die in einem der Debug-Register als Haltepunkt definiert ist
- Einzelschritt-Ausführung von Befehlen, d.h. Befehlsausführung mit gesetztem TF-Bit
- Trap bei Task-Wechseln

Details zu diesen Möglichkeiten finden Sie im Abschnitt »Fehlersuche« am Ende des Kapitels.

Interrupt 2 - NMI (Interrupt)

Dieser Vektor (d.h. der IDT-Eintrag 2) ist für nicht maskierbare Hardware-Interrupts über die Signalleitung NMI reserviert und wird nicht für Ausnahmezustände verwendet.

Interrupt 3 - Breakpoint (Trap)

Dieser Vektor wird von Debuggern zum Setzen von Software-Haltepunkten in Programmen verwendet. Details dazu finden Sie im Abschnitt »Fehlersuche« am Ende dieses Kapitels.

Interrupt 4 - Overflow (Trap)

Wenn das OF-Bit im EFLAGS-Register gesetzt ist, löst der Befehl INTO einen Interrupt 4 aus. Auf diese Weise vereinfacht der Prozessor Prüfungen in Programmiersprachen wie Ada, bei denen arithmetische Operationen entweder ein gültiges Ergebnis erzeugen oder Ausnahmezustände hervorrufen.

Interrupt 5 - Bounds Check (Fault)

Ähnlich wie der Interrupt 4 dient auch dieser Interrupt in erster Linie zu Prüfzwecken: Der Befehl BOUND vergleicht den Inhalt eines Registers mit einer Ober- und einer Untergrenze (die jeweils in einem anderen Register gespeichert ist). Wenn der Wert eine dieser beiden Grenzen überschreitet, löst der Prozessor einen Interrupt 5 aus. Auf diese Weise läßt sich speziell bei Indizierungen von Arrays effizient prüfen, ob ein Index innerhalb des erlaubten Bereichs liegt.

Interrupt 6 - Invalid Opcode (Fault)

Dieser Interrupt wird ausgelöst, wenn

- der Prozessor ein Befehlsbyte liest, dessen Wert keinem definierten Befehl entspricht
- der Prozessor während der Ausführung eines Befehls erkennt, daß undefinierte Operanden, Adressierungsmodi oder Operanden-Kombinationen verwendet werden
- der Prozessor im Real Mode oder im virtuellen 8086er-Modus einen Befehl zu lesen bekommt, der sich nur im Protected Mode anwenden läßt
- dem Präfix LOCK ein Befehl folgt, auf den sich dieses Präfix nicht anwenden läßt

Opcodes, die der 8086 als undefiniert betrachtet (und einfach ignoriert) oder auf die ein 80286 mit einem Interrupt 6 reagiert, müssen auch im Real Mode nicht *per se* einen Fehler auslösen: Der 80386 und seine Nachfolger definieren eine Reihe neuer Opcodes, die auch in diesem Modus verwendbar sind (wie beispielsweise Skalierungen über 32-Bit-Register).

Interrupt 7 - Coprocessor Not Available (Fault)

Systeme ohne Coprozessor können Fließkomma-Befehle über eine (natürlich entsprechend langsamere) Emulation ausführen: Ein Betriebssystem, das das EM-Bit im Register CR0 setzt, veranlaßt den Prozessor, auf NDP-Befehlscodes mit einem Interrupt 7 zu reagieren. Das Betriebssystem muß diesen Interrupt mit einer Routine besetzen, die NDP-Befehle »zu Fuß« auswertet und die entsprechenden Operationen über Unterprogramme nachvollzieht.

Wenn das MP-Bit (»monitor coprocessor«) im Register CR0 und das TS-Bit im Register EFLAGS gesetzt sind, reagiert der Prozessor auf NDP-Befehle ebenfalls mit einem Interrupt 7. Da der Prozessor das TS-Bit bei Task-Wechseln automatisch setzt, läßt sich mit dieser Logik eine Umschaltroutine zwischen Tasks konstruieren, die Register des Coprozessors (oder eines Emulators) nur bei Bedarf zwischenspeichert - nämlich dann, wenn die »neue« Task auch tatsächlich Fließkomma-Befehle enthält. (Die dafür verwendete Routine sollte nach der Speicherung bzw. einem eventuellen Umladen der NDP-Register das TS-Bit zurücksetzen und damit weitere Interrupts solange unterbinden, bis der nächste Task-Wechsel erfolgt.)

Interrupt 8 - Double Fault (Abort) [ECode]

Mit diesem Interrupt reagiert der Prozessor auf Ausnahmezustände, die während der Bearbeitung eines Ausnahmezustands auftreten. Tatsächlich läßt sich eine ganze Reihe von Situationen konstruieren, bei denen nicht einmal unbedingt Programmierfehler des Betriebssystems die Rolle des Schuldigen übernehmen - und die von der Logik her einfach nicht zu verhindern sind. Gegeben sei beispielsweise ein Programm, das eine Division durch 0 durchführt und am Rande seiner Stack-Kapazität arbeitet. Wenn wir des weiteren annehmen, daß der Interrupt 0 über ein normales Interrupt Gate (ohne Wechsel der Privilegstufe) bearbeitet wird, dann ist es bereits geschehen: Der Prozessor reagiert auf die Division durch 0 mit einem Interrupt, will die Rücksprungadresse (CS:EIP) zusammen mit EFLAGS auf dem Stack unterbringen - und löst *während* dieser Speicheraktion einen weiteren Ausnahme-Interrupt aus, weil der Stack überläuft.

Natürlich reagiert der Prozessor nicht auf sämtliche »Fehler innerhalb von Fehlern« gleich mit einem Interrupt 8: Wenn sich beispielsweise bei der Behandlung eines Fehlers der Paging-Mechanismus per Interrupt zu Wort meldet, wird dieser zweite Interrupt schlicht vorrangig behandelt - und danach geht es mit der eigentlichen Fehlerbearbeitung weiter.

Die folgende Tabelle listet sämtliche Kombinationen von Ausnahmezuständen und Interrupts auf, die der Prozesssor als Doppelfehler betrachtet:

Erster Interrupt	Double Fault, wenn gefolgt von
0 (Divisionsfehler)	0, 9*, 10, 11, 12, 13
9* (NDP-Segmentüberlauf)	0, 9*, 10, 11, 12, 13
10 (Ungültiges TSS)	0, 9*, 10, 11, 12, 13
11 (Segment nicht vorhanden)	0, 9*, 10, 11, 12, 13
12 (Stackfehler)	0, 9*, 10, 11, 12, 13
13 (Schutzfehler)	0, 9*, 10, 11, 12, 13
14 (Paging-Fehler)	0, 9*, 10, 11, 12, 13, 14

Wie bereits verschiedentlich erwähnt, ist der Interrupt 9 beim 80486 aufgrund des integrierten Coprozessors lediglich reserviert, d.h. wird dort nicht benutzt. (Für die Kombination 80486SX/80487SX gilt dasselbe.)

Ein wirklich auf Sicherheit bedachtes System sollte den Interrupt 8 über ein Task Gate abwickeln, d.h. die Behandlungsroutine als eigenständige Task mit einem eigenen Stack definieren. Eine Routine in Ring 0 bietet meist allerdings auch einen ausreichenden Schutz. Sorgfältig arbeiten sollte man hier aber in jedem Fall: Wie im vorangehenden Abschnitt erläutert, *muß* sich der Prozessor bei der Bearbeitung eines Interrupts 8 in einem vollständig definierten Zustand befinden, weil Fehler innerhalb *dieser* Interrupt-

Bearbeitung überhaupt nicht mehr zu behandeln sind. Der 80386 schaltet in diesem Fall einfach ab.

Was dieses »Abschalten« betrifft, es besteht aus dem Übergang in einen Status, der mit der Ausführung eines HALT-Befehls zu vergleichen ist. Allerdings läßt sich dieser Status nur noch über einen NMI oder ein hardwaremäßiges RESET beenden (wobei ein NMI zu allem Überfluß voraussetzt, daß IDT(2) einen gültigen Deskriptor enthält). Der Prozessor aktiviert in diesem Zustand eine spezielle Signalleitung, die Peripheriegeräte (und in Multiprozessor-Systemen: andere Prozessoren) auswerten können.

Interrupt 9 - Coprocessor Segment Overrun (Abort) [ECode]

Mit diesem Interrupt reagieren Prozessor und Coprozessor auf das Überschreiten von Segmentgrenzen *während* des Bearbeitens von Operanden (wie beispielsweise das Lesen oder Schreiben eines Wertes im Format Long Real, der in einem Segment mit 20h Bytes Größe ab der Offset-Adresse 1Ch gespeichert sein soll). Da Zugriffe dieser Art ausschließlich auf Programmierfehler zurückzuführen sind und eine Wiederholung nach einer Korrektur (welcher?) keinen Sinn machen würde, fällt diese Ausnahmebedingung in die Kategorie »Abort« - und macht eine Re-Initialisierung des Coprozessors über den Befehl FINIT erforderlich. (Die Adresse des fehlerhaften Befehls wird auch bei einem Interrupt 9 auf dem Stack gespeichert, dient aber ausschließlich als Anhaltspunkt dafür, welchen Prozeß das Betriebssystem aus dem Hauptspeicher werfen muß.)

Fließkomma-Operanden, bei denen bereits die Startadresse außerhalb eines Segments liegt, haben einen Interrupt 13 (allgemeine Schutzverletzung) zur Folge. Der Interrupt 9 wird ausschließlich vom Gespann 80386/387 verwendet, er gilt beim 80486 als reserviert. Der beim Interrupt 9 auf den Stack gelegte Fehlercode hat grundsätzlich den Wert 0.

Interrupt 10 - Invalid Task State Segment (Fault) [ECode]

Mit diesem Interrupt reagiert der Prozessor auf unerwartete Daten während eines Task-Wechsels, womit hauptsächlich undefinierte Deskriptoren in TS-Segmenten gemeint sind. Da im Rahmen eines Task-Wechsels eine ganze Reihe von Prüfungen stattfindet, spielt hier der zusammen mit der Rücksprungadresse auf den Stack gelegte Fehlercode eine wichtige Rolle: Er dient als Indikator für den eigentlichen Grund des Interrupts. Die folgende Tabelle gibt die Zusammenhänge zwischen Prüfungen und Fehlercodes wieder; die Reihenfolge der Einträge entspricht den Arbeitsschritten des Prozessors:

Bedingung	Fehlercode
Limit des alten TSS < 103	TSS-Index:TI:EXT
Limit des neuen TSS < 103	TSS-Index:TI:EXT
LDT-Selektor mit gesetztem TI-Bit	LDT-Index:TI:EXT ▶

Bedingung	Fehlercode
LDT-Deskriptor mit gesetztem S-Bit	LDT-Index:TI:EXT
LDT-Deskriptor mit TYPE != 2	LDT-Index:TI:EXT
LDT-Deskriptor nicht vorhanden	LDT-Index:TI:EXT
CS-Selektor ist Null	CS-Index
CS-Deskriptor mit zurückgesetztem S-Bit	CS-Index
CS-Segment hat unpassenden Typ	CS-Index
Conforming CS, DPL > CPL	CS-Index
normales CS, DPL != CPL oder DPL < RPL	CS-Index
SS-Selektor ist Null	SS-Index
SS-Selektor-RPL != CPL	SS-Index
SS-Deskriptor mit zurückgesetztem S-Bit	SS-Index
SS-Deskriptor steht für schreibgeschütztes Segment	SS-Index

Schließlich werden für alle anderen Selektoren (in der Reihenfolge DS, ES, FS und GS) die folgenden Prüfungen durchgeführt:

Bedingung	Fehlercode
Deskriptor mit zurückgesetztem S-Bit	DS-, ES-, FS- bzw. GS-Index
Segmenttyp ist »execute only«	DS-, ES-, FS- bzw. GS-Index
normales Segment, DPL < CPL oder DPL < RPL	DS-, ES-, FS- bzw. GS-Index

Das RPL-Feld im CS-Selektor des aufrufenden Prozesses legt die Privilegstufe des neuen Prozesses fest. Wenn einer der aus dem neuen TS-Segment geladenen Selektoren für ein als »not present« gekennzeichnetes Segment steht, reagiert der Prozessor mit einem Interrupt 11 bzw. 12, der den Ladevorgang allerdings abbricht - weshalb die Speicherverwaltung des Betriebsystems dafür sorgen muß, die restlichen Segment- und Schattenregister des Prozessors mit den entsprechenden Werten zu laden.

Interrupt 11 - Not Present (Fault) [ECode]

Dieser Interrupt stellt das Ergebnis von Zugriffsversuchen auf Segmente dar, die als »not present« gekennzeichnet sind. Betriebssysteme können auf diesem Mechanismus eine virtuelle Speicherverwaltung aufbauen, d.h. einzelne Segmente auf die Festplatte auslagern und erst dann in den Hauptspeicher laden, wenn sie benötigt werden.

Tatsächlich wird ein Interrupt 11 nicht erst bei einem direkten Zugriff auf ein momentan ausgelagertes Segment ausgelöst, sondern bereits beim Zugriff auf den dafür zuständigen Deskriptor - also beim Laden eines Segmentregisters mit einem entsprechenden Wert. In diese Kategorie fallen Zuweisungen an die Register DS, ES, FS und GS, die Befehle CALL FAR und JMP FAR mit einer entsprechenden Zieladresse sowie alle Aufrufe und Interrupts über Gates, deren Deskriptor das Zielsegment als »nicht vorhanden« ausweist. Da die Befehle LLDT (»load LDT register«) und LTR (»load task register«) ebenfalls Zugriffe auf Deskriptoren darstellen und sich LDT- bzw. TS-Segmente ebenfalls auslagern lassen, kann in diesem Zusammenhang ebenfalls ein Interrupt 11 ausgelöst werden.

Die beiden einzigen Ausnahmen von der Regel sind Ladeaktionen des Registers LDTR während eines Task-Wechsels und Ladeaktionen des Registers SS. Im ersten Fall reagiert der Prozessor mit einem Interrupt 10 auf nicht vorhandene Segmente, im zweiten Fall mit einem Interrupt 12.

Im Normalfall legt der Prozessor bei einem Interrupt 11 die Adresse des Ladebefehls als CS:EIP auf den Stack und ermöglicht so eine Wiederholung, nachdem die Speicherverwaltung des Betriebssystems das entsprechende Segment in den Hauptspeicher geladen hat. Task-Wechsel stellen auch hier eine Ausnahme dar: Wenn der Prozessor aus einem neuen TS-Segment einen beliebigen Deskriptor für ein momentan nicht geladenes Segment zu lesen bekommt, bricht er die gesamte Aktion ab und hinterläßt die Adresse des ersten innerhalb der neuen Task auszuführenden Befehls auf dem Stack. Wie im Zusammenhang mit dem Interrupt 10 erläutert, werden die Segmentregister in der Reihenfolge SS, DS, ES, FS und GS aus dem neuen Task-Segment gelesen. Die Speicherverwaltung des Betriebssystems muß über den Fehlercode bestimmen, welches Segment zu laden ist, und sich danach selbst um das Einsetzen der restlichen Selektoren kümmern. Am einfachsten gestaltet sich diese »Nacharbeit«, wenn die Behandlungsroutine für den Interrupt 11 selbst über ein Task Gate definiert ist: In diesem Fall hat der abschließende IRET-Befehl einen (erneuten) vollständigen Task-Wechsel zur Folge, d.h. führt den gesamten Ladeprozeß der soeben unterbrochenen Task erneut aus. Ist die Behandlungsroutine dagegen über ein Trap Gate definiert, dann bleibt ihr tatsächlich nichts anderes übrig, als den Rest des Task-Wechsels »zu Fuß« nachzuvollziehen, d.h. alle noch nicht in die Segmentregister geladenen Selektoren über den Befehl LAR zu prüfen, die entsprechenden Segmente gegebenenfalls von der Festplatte zu laden und die Selektoren schließlich in die Segmentregister einzusetzen.

Der bei einem Interrupt 11 auf den Stack gelegte Fehlercode wird auf dieselbe Weise wie beim Interrupt 10 gebildet.

Interrupt 12 - Stack (Fault) [ECode]

Dieser Interrupt kann zwei verschiedene Auslöser haben:

- Zugriffe auf den Stack, die die Grenzen des Stacksegments überschreiten - also beispielsweise ein PUSH oder ENTER, in dessen Verlauf ESP den Wert 0 unterschreitet sowie ein mit einer Leseaktion über das Limit des Stacksegments hinaus verbundenes POP oder LEAVE. Analoges gilt für Indizierungen über EBP, die den Rahmen des Stacksegments sprengen. Die Prüfung beschränkt sich dabei auf echte Speicherzugriffe: eine Befehlskombination wie MOV ESP,0 / SUB ESP,2 löst also keinen Interrupt aus.

▪ Das Laden von SS mit einem Selektor, der seinerseits für ein als »not present« gekennzeichnetes Speichersegment steht. (Ungültige Deskriptoren - beispielsweise für Segmente, die schreibgeschützt oder als »execute only« gekennzeichnet sind - haben dagegen einen Interrupt 13 zur Folge.)

Bei Überschreitungen der Stacksegment-Grenzen durch Speicherzugriffe legt der Prozessor den Wert 0 als Fehlercode auf den Stack. Wenn man einmal von echten Programmierfehlern absieht, signalisiert dieser Code, daß das Stacksegment der Anwendung zu klein ausgefallen ist: Ein Betriebssystem, das mit »expand down«-Segmenten arbeitetet, kann dieses Segment entsprechend vergrößern und den Befehl dann einfach wiederholen lassen, weil die auf dem Stack als CS:EIP gespeicherten Werte die Adresse des Befehls darstellen, der den Fehler ausgelöst hat.

Bei Stackfehlern, die durch nicht vorhandene Segmente oder während dem Wechsel zwischen Privilegstufen über Gates ausgelöst worden sind, besteht der Fehlercode dagegen aus dem entsprechenden Selektor.

Behandlungsroutinen für den Interrupt 12 sollten *grundsätzlich* über Task Gates definiert sein (und damit einen eigenen Stack definieren). Theoretisch wäre es zwar denkbar, eine solche Behandlungsroutine in Ring 0 zu definieren (und für Anwendungsprogramme damit ebenfalls einen Stack-Wechsel zu erzwingen) - bei einem Stack-Fehler beliebiger Art in Ring 0 hätte der Aufruf einer solchen Routine aber sofort einen Doppelfehler (d.h. einen Interrupt 8) zur Folge.

Interrupt 13 - General Protection (Fault) [ECode]

Dieser Interrupt deckt sämtliche Ausnahmezustände ab, die nicht durch die anderen (fehlerspezifischen) Interrupts erfaßt sind. Er steht gewöhnlich dafür, daß die entsprechende Anwendung aus irgendeinem Grund durcheinandergekommen ist und - frei nach dem alten UNIX-Motto »im Zweifelsfall gegen den Angeklagten« - abgebrochen werden sollte.

Die Ausnahme von der Regel stellen Programme dar, die im virtuellen 8086er-Modus ausgeführt werden. Derartige Programme, die üblicherweise in Ring 3 ablaufen, wissen per Definition nichts von den Möglichkeiten des Prozessors, benötigen aber gerade deshalb eine rigide Kontrolle. Betriebssysteme wie Windows 3.x und OS/2 setzen deshalb IOPL auf einen Wert kleiner 3 und erreichen damit, daß jeder I/O-Befehl eines solchen Programms (genauso wie ein schlichtes CLI) einen Interrupt 13 auslöst. Auf diese Weise lassen sich Konflikte bei Zugriffen auf Druckerschnittstellen, den Bildschirm usw. lösen, die beim Parallelbetrieb dieser Programme nachgerade zwangsläufig entstehen. (Die über den Interrupt 13 aktivierte Systemroutine muß natürlich entsprechend generalisiert ausgelegt sein, d.h. speziell beim Mischbetrieb zwischen »unwissenden« 8086-Programmen und echten Anwendungen unterscheiden können.)

Auch hier wird die Adresse des Befehls auf den Stack gelegt, der den Interrupt ausgelöst hat. Der Prozessor macht damit eine Wiederholung dieses Befehls möglich, die - wie gerade erläutert - allerdings nur bei 8086-Programmen einen Sinn haben kann.

Der zusammen mit der Fehleradresse auf den Stack gelegte Code hat entweder den Wert 0 oder steht für den Selektor des Codesegments, in dem der Fehler aufgetreten ist.

Interrupt 14 - Page (Fault) [ECode]

Dieser Interrupt wird bei Zugriffen auf momentan nicht geladene Speicherseiten-Verzeichnisse oder Einträge dieser Verzeichnisse ausgelöst, die für momentan nicht geladene Speicherseiten stehen. Über diesen (in Kapitel 7 erläuterten) Mechanismus kann ein Betriebssystem eine virtuelle Speicherverwaltung implementieren, die nicht auf der Grundlage ganzer Segmente, sondern mit einer Unterteilung in einzelne Speicherseiten à 4 KByte arbeitet.

Die dazugehörigen Verwaltungsroutinen arbeiten letztlich nach demselben Prinzip wie die Speicherverwaltung von Segmenten: Sie reagieren auf einen Interrupt mit dem Laden der entsprechenden Daten von der Festplatte sowie dem Aktualisieren des dazugehörigen Eintrags und lassen dann den Zugriffsbefehl erneut ausführen.

Wie wohl auch nicht anders zu erwarten, kommen beim Einsatz des Paging-Mechanismus einige weitere Fehlermöglichkeiten hinzu, für die der Prozessor keinen separaten Interrupt definiert - statt dessen geschieht die Unterscheidung zwischen nicht vorhandenen Speicherseiten und anderen Fehlern über den Fehlercode, der (wie gehabt) zusammen mit der Adresse des problematischen Befehls auf den Stack gelegt wird.

Im Gegensatz zu anderen Ausnahme-Interrupts hat dieser Fehlercode beim Interrupt 14 ein eigenes Format:

Der Grund für diese abweichende Definition liegt darin, daß ein einzelnes DWord *zuwenig* Platz für eine vollständige Beschreibung bietet - und man nicht mit einem Selektor arbeiten kann, weil es beim Paging-Mechanismus um physikalische Speicheradressen geht. Aus diesem Grund speichert der Prozessor bei Paging-Fehlern die vollständige (physikalische!) Adresse des problematischen Befehls im Register CR2; die Bits 0 bis 2 des Fehlercodes geben Auskunft darüber, wie der Fehler zustandekam:

- P-Bit: wenn dieses Bit gesetzt ist, handelt es sich um eine Schutzverletzung, ansonsten geht es um eine momentan nicht geladene Speicherseite.
- W/R-Bit: wenn dieses Bit gesetzt ist, handelt es sich um einen Schreibzugriff, ansonsten wollte der Prozessor ein Datum aus der Speicherseite lesen.
- U/S-Bit: wenn dieses Bit gesetzt ist, geschah der Zugriff im User-Modus, ansonsten wurde er im Supervisor-Modus ausgeführt. (Mehr zu diesen beiden Modi in Kapitel 7.)

Da während eines Task-Wechsels eine größere Zahl höchst unterschiedlicher Schreib- und Lesezugriffe stattfindet, sollte man als Systementwickler dafür sorgen, daß sich auch beim Einsatz des Paging-Mechanismus die zentralen Segmente (die GDT sowie die LDT und das TS-Segment der beteiligten Prozesse) im Hauptspeicher befinden. Die Behandlung von Paging-Fehlern während eines Task-Wechsels ist zwar kein Ding der Unmöglichkeit - man macht sich das Leben allerdings wesentlich leichter, wenn man sie bereits über das Design des Systems von vornherein ausschließt.

Interrupt 15
Dieser Interrupt ist für zukünftige Mitglieder der 80x86-Familie reserviert.

Interrupt 16 - Coprocessor Error (Fault)
Wenn der Befehlsstrom ein ESC-Präfix - also die Einleitung eines Coprozessor-Befehls - enthält, prüft der 80386 als direkte Reaktion eine Signalleitung namens ERROR. Falls diese (über den Coprozessor gesteuerte) Leitung aktiv ist, wird ein Interrupt 16 ausgelöst. Wie der Name dieser Signalleitung bereits vermuten läßt, wird sie von Coprozessor für unmaskierte Ausnahmezustände aktiviert, weshalb sich der Ablauf auch so formulieren läßt: Wenn ein Fließkomma-Befehl einen Ausnahmezustand des Coprozessors hervorruft, dann löst der *nächste* Coprozessor-Befehl einen Interrupt 16 aus. (Tatsächlich geschieht die Prüfung der ERROR-Leitung nicht nur bei Coprozessor-Befehlen, sondern auch bei einem [F]WAIT. Der 80486DX führt dieselbe Prüfung intern aus, das Gespann 80486SX/80487DX ist dagegen wieder auf eine separate Signalleitung zur Verbindung der beiden Chips angewiesen.)

Beim 80386 und dem 80486SX läßt sich dieser Interrupt auch zur Simulation eines (nicht vorhandenen) Coprozessors verwenden: Wenn das Bit EM (»emulate math processor«) im Register CR0 gesetzt ist, reagiert der Prozessor auf *jeden* WAIT-Befehl mit einem Interrupt 16. (Die dahinterstehende Idee: Da üblicherweise jedem Fließkomma-Befehl ein WAIT vorausgeht, kann eine Emulationsroutine auf diese Weise sofort die Kontrolle übernehmen.)

Der 80486 macht die Sache noch etwas komplizierter: Er definiert als Erweiterung zum 80386 ein Bit namens NE (»numerics exception«) im CR0-Register. Wenn dieses Bit gesetzt ist, verhält er sich wie der 80386; ist es dagegen zurückgesetzt, dann haben Fließkomma-Ausnahmezustände einen Interrupt 13 zur Folge. (Diese als »DOS-Kompatibilitätsmodus« bezeichnete Möglichkeit macht allerdings nur im Real Mode einen Sinn.)

Interrupt 17 - Alignment Check (Fault) [ECode]
Dieser Interrupt hat erst beim 80486 eine echte Funktion, d.h. gilt beim 80386 als »reserviert«. Dementsprechend vorsichtig sind die Entwickler von Intel damit umgegangen: Wenn das AC-Bit im Register EFLAGS sowie das AM-Bit im Register CR0 gesetzt sind und ein Prozeß auf der Privilegstufe 3 läuft, dann lösen Zugriffe auf »krumme« Adressen diesen Interrupt aus. (Mit letzterem ist gemeint: Word-Zugriffe auf ungeradzahlige Adressen und DWord-Zugriffe auf Adressen, die nicht ganzzahlig durch vier teilbar sind.) In allen anderen Fällen verhält sich der 80486 exakt so wie sein Vorgänger: Er führt den Zugriff klaglos aus und schluckt die mit »krummen« Adressen verbundene höhere Zugriffszeit.

Der dahinterstehende Sinn wurde bereits in Kapitel 3 erläutert: Da der Prozessor aufgrund seiner Bus-Schnittstelle am schnellsten arbeitet, wenn man ihm geradzahlige bzw. durch vier teilbare Adressen vorsetzt, haben die Entwickler von Intel hier eine Prüfmöglichkeit für ineffiziente Programme geschaffen.

Interrupts 18 - 31
Diese Vektoren sind für künftige Intel-Prozessoren reserviert.

Interrupts 32 - 255
Diese Vektoren stehen einem Betriebssystemen zur Verfügung, das die dazugehörigen Routinen wahlweise über Trap Gates, Interrupt Gates oder Task Gates definieren kann. Ob die Aktivierung dieser Routinen über Software-Interrupts (d.h. den Befehl INT *n*) oder Hardware-Interrupts stattfindet, haben die Entwickler von Intel ebenfalls offengelassen.

Maskierung und Priorität

Die Prozessoren der 80x86-Familie stellen lediglich einen einzigen Mechanismus zur Verfügung, mit dem man die Bearbeitung von Interrupts direkt beeinflussen kann - nämlich das Befehlspaar CLI/STI. Die restliche Logik von Interrupts arbeitet nach einem festen Schema, das ebenfalls wohl definiert, aber eben nicht von Programmen beeinflußbar ist. Wenn mehrere Interrupt-Anforderungen zeitgleich eintreffen, entscheidet der Prozessor über eine Kette mit immerhin sechs separaten Stufen, welcher dieser Interrupts zuerst bearbeitet - und welcher vollständig ignoriert wird. Die Reihenfolge der Prioritäten sieht so aus:

1. Faults, die nicht im Zusammenhang mit Debug-Registern stehen (höchste Priorität)
2. Trap-Befehle (Software-Interrupts INT0, INT3, INT *n*)
3. Debug-Traps für den aktuellen Befehl

4. Debug-Faults für den direkt folgenden Befehl

5. NMI

6. Hardware-Interrupts (INTR, niedrigste Priorität)

Wenn beispielsweise ein und derselbe Befehl einen Debug- und einen Paging-Fehler auslöst, dann kümmert sich der Prozessor zuerst um den Paging-Mechanismus - und ignoriert den Debug-Interrupt komplett. Er verläßt sich in diesem Fall darauf, daß die Speicherverwaltung die entsprechende Speicherseite lädt und den Befehl wiederholen läßt, um dann bei dieser Wiederholung einen Debug-Interrupt auszulösen.

Drei weitere Mechanismen schützen Prozessor und Programme in erster Linie vor unerwünschten Wiederholungen:

- NMIs blockieren weitere Signale auf dieser Leitung bis zum nächsten IRET-Befehl

- Debug-Faults setzen das RF-Bit im EFLAGS-Register und verhindern damit weitere Interrupts derselben Art solange, bis der entsprechende Befehl vollständig ausgeführt wurde.

- Hard- und Software-Interrupts löschen das Bit IF im EFLAGS-Register und blockieren damit weitere Hardware-Interrupts so lange, bis ein Programm dieses Bit entweder mit einem expliziten STI wieder setzt oder das EFLAGS-Register (mit gesetztem IF-Bit) durch einen IRET-Befehl wieder vom Stack geholt wird.

- Das Laden des Registers SS blockiert NMI, INTR und Debug-Interrupts (inklusive der Einzelschritt-Ausführung) für die Dauer des direkt darauffolgenden Befehls. Auf diese Weise läßt sich sicherstellen, daß diese Interrupts nicht zu einem Zeitpunkt bearbeitet werden, zu dem SS auf ein neues Segment zeigt - und ESP noch auf eine Offset-Adresse innerhalb des alten Segments.

Gegen alle Kalamitäten gefeit ist eine Befehlsfolge wie

```
MOV SS, [New_SS_Selector]    ; neuen Selektor laden, sperrt Interrupts
MOV ESP,[xxxxxxxx]           ; neuer Offset innerhalb dieses Segments
```

allerdings noch nicht: Wenn der Ladebefehl für ESP einen Paging-Fehler zur Folge hat, dann landet der Prozessor mit einem undefinierten Stack in der entsprechenden Behandlungsroutine - und das Ergebnis dürfte ein Doppelfehler (d.h. ein Interrupt 8) sein. Wer hier sichergehen will, sollte den Befehl LSS verwenden, der das Registerpaar SS:ESP in einem einzigen Zyklus lädt (und eventuelle Paging-Fehler vor dem Umsetzen von SS bearbeiten läßt).

Fehlersuche

Was das Unterstützen der Fehlersuche angeht, beschränken sich so gut wie alle Mikroprozessoren auf die Möglichkeit der schrittweisen Ausführung von Befehlen und/oder

Interrupts und Ausnahmebedingungen

Haltepunkte (»Breakpoints«) über einen bestimmten Interrupt. Für die Fehlersuche auf der Software-Seite dürften diese Möglichkeiten in Verbindung mit einem guten Debugger auch durchaus ausreichend sein - und wer das Zeitverhalten eines Programms in seine Analysen mit einbeziehen will oder muß, der sollte sich einen In-Circuit-Emulator oder andere spezielle Hardware zulegen, mit der sich das Verhalten des gesamten Systems sozusagen von außen her überwachen läßt. Genau in dieser Überwachung »von außen her« liegt allerdings das Problem: Je komplexer Mikroprozessoren und die darauf aufgebauten Systeme werden, desto geringer werden die Möglichkeiten, ihnen in die Karten zu sehen.

Ein typisches Beispiel stellt ein Programm dar, das einen regelmäßigen Datenstrom über eine serielle Schnittstelle empfängt und eine zeitlang ordnungsgemäß funktioniert, dann aber plötzlich durcheinandergerät. Wie eine erste Untersuchung zeigt, werden dabei einige Datenstrukturen ungeplant verändert - nur wann und durch welche Befehle, bleibt vorläufig unklar. An diesem Punkt angekommen, ist der Programmierer meist auf Rätselraten angewiesen: Wenn er dem Programm mit einem normalen Debugger zuleibe rückt, der einfach jedem Befehl eine Prüfung des entsprechenden Speicherbereichs voranstellt, läuft das Programm nur noch mit einem Bruchteil der geforderten Geschwindigkeit - ist mithin *aufgrund der Prüfung* nicht mehr in der Lage, seine Funktion zu erfüllen. Der Einsatz eines In-Circuit-Emulators oder anderer (meist hochpreisiger) Hardware macht nur dann einen Sinn, wenn Programm und Betriebssystem auf höchst primitive Weise arbeiten, d.h. grundsätzlich physikalische Adressen verwenden. Sobald virtuelle Speicherkonzepte, Paging und Segmente mit ins Spiel kommen, haben physikalische Adressen mit der Logik eines Programms nur noch höchst indirekt zu tun - und eine Prüfung im Sinne von »halte das System beim Zugriff auf die physikalische Speicheradresse xyz an« ist zwangsläufig zum Scheitern verurteilt.

Erfreulicherweise haben die Entwickler von Intel Schwierigkeiten dieser Art vorausgeahnt. Der 80386 und seine Nachfolger enthalten einige Komponenten, die eigentlich in den Bereich der hardware-orientierten Fehlersuche gehören. Insgesamt stehen vier Mechanismen zur Verfügung, mit denen sich Interrupts von bestimmten Bedingungen abhängig machen lassen. Sie sind in den folgenden Abschnitten besprochen.

Trap Flag

Wenn das TF-Bit (»Trap Flag«) im EFLAGS-Register gesetzt ist, dann löst der Prozessor nach dem Bearbeiten jedes Befehls einen Interrupt 1 (»Single Step Fault«) aus. Dieser Interrupt legt wie gewöhnlich die Register CS:EIP und EFLAGS auf dem Stack ab, löscht aber das TF-Bit vor dem Sprung zur entsprechenden Behandlungsroutine (und sorgt so dafür, daß der erste Befehl innerhalb dieser Routine nicht wieder erneut einen Interrupt zur Folge hat). In der Kopie von EFLAGS auf dem Stack bleibt das TF-Bit dagegen unverändert, weshalb der Rücksprung von der Behandlungsroutine das Flag erneut setzt.

Software-Interrupts (also Befehle wie INT und INTO) arbeiten nach demselben Prinzip, d.h. setzen das TF-Bit vor dem Sprung zur entsprechenden Behandlungsroutine ebenfalls zurück, um es über den Rücksprung wieder zu laden. Konsequent muß ein Debugger entweder den ersten Befehl der jeweiligen Interrupt-Behandlungsroutine oder den direkt auf INT folgenden Befehl durch einen Haltepunkt ersetzen, wenn er nicht die Kontrolle über das Programm verlieren will. (Dasselbe Prinzip gilt für Hardware-Interrupts, die deshalb auch während einer Einzelschritt-Analyse ohne zeitliche Verzögerung ausgeführt werden.)

Call Gates haben auf das TF-Bit dagegen keinen Einfluß und lassen sich deshalb im Einzelschrittverfahren durchlaufen. Damit die Integrität des Systems nicht aufs Spiel gesetzt wird, sollte ein Debugger allerdings bei allen CALL FAR- und JMP FAR-Befehlen prüfen, ob das Zielsegment eine höhere Privilegstufe als das Anwendungsprogramm hat. Falls ja, sollte hinter dem Aufruf ein Haltepunkt gesetzt und die Funktion selbst *en bloc* durchgeführt werden - ansonsten wäre es möglich, das Schutzkonzept per Einzelschritt aus den Angeln zu heben.

Task Switch Trap

Wenn das T-Bit eines TS-Segments gesetzt ist, löst der Wechsel zu der dazugehörigen Task einen Interrupt 1 aus, der von der Logik her einem Einzelschritt des ersten Befehls dieser Task entspricht: Der Prozessor bearbeitet diesen Interrupt erst, nachdem das gesamte TS-Segment ausgewertet ist und sämtliche Register des Prozessors mit den neuen Werten gesetzt worden sind.

Hardware-Haltepunkte

Über die Debug-Register DR0 .. DR7 können bis zu vier voneinander unabhängige lineare Adressen festgelegt werden, die der Prozessor bei jeder Befehlsausführung mit den Adressen seiner Opcodes und Operanden vergleicht - und gegebenenfalls einen Interrupt 1 auslöst. Mit den Details beschäftigt sich der übernächste Abschnitt.

Software-Haltepunkte

Während alle anderen Software-Interrupts in der Form 0CDh *xx* codiert sind, kommt der Interrupt 3 mit einem einzigen Byte (0CCh) aus, was ihn für per Software gesetzte Haltepunkte prädestiniert. Um die Ausführung eines Programms bei einem bestimmten Befehl anzuhalten, kann ein Debugger das erste Byte dieses Befehls durch den Wert 0CCh ersetzen. Da Software-Interrupts in die Kategorie »Trap« fallen, speichert der Prozessor auch bei INT 3 die Adresse des jeweils »nächsten Befehls«: Der Debugger muß also zuerst den Originalwert wieder in den Befehl einsetzen und danach das auf dem Stack gespeicherte Register EIP um eins erniedrigen, bevor er das Programm via IRET fortsetzt.

Dieses Verfahren stellt zwar auf 80x86-Computern älterer Bauart den Standard dar, ist in einem Protected Mode-System aber höchst umständlicher Natur: Dort muß der Debugger zuerst einmal einen Alias für das (schreibgeschützte) Codesegment definieren, danach das erste Byte des entsprechenden Befehls ersetzen - und den gesamten Prozeß wieder rückgängig machen, nachdem das Programm an dieser Stelle schließlich angehalten worden ist.

Da der Prozessor zu jedem Zeitpunkt allerdings nur vier Hardware-Haltepunkte über die Debug-Register definieren kann, muß man meist mit Kompromissen dieser Art leben, d.h. für den Code eines Programms INT 3-Befehle einsetzen und die Debug-Register für Datenadressen reservieren.

Programmierung der Debug-Register

Die Debug-Register DR0 .. DR7 bleiben bei Task-Wechseln und anderen Umschaltungen unberücksichtigt, d.h. werden weder automatisch gelesen noch irgendwo im Speicher abgelegt. Tatsächlich definiert der Prozessor hier nur eine Möglichkeit des Datentransfers: Der Befehl MOV DRx, <Register> kopiert den Inhalt eines allgemeinen Registers in ein Debug-Register, der Befehl MOV <Register>, DRx ist für Kopien in die umgekehrte Richtung zuständig.

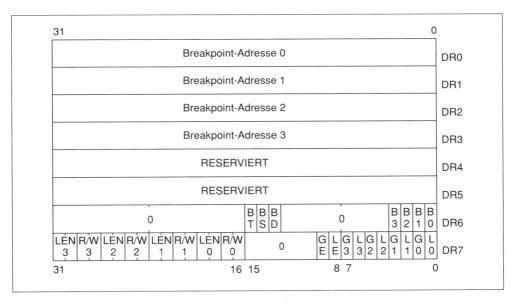

Abbildung 5.15 - Die Debug-Register

Wie Abbildung 5.15 zeigt, sind die Register DR0 .. DR3 für lineare Adressen vorgesehen. Adreßvergleiche mit den in diesen Registern enthaltenen Werten sind linearer Natur: Sie beziehen sich auf die Basisadresse des jeweils verwendeten Selektors und die vom Programm verwendeten Offset-Anteile, d.h. bleiben (wie auch die Logik von Programmen) oberhalb der Ebene des Paging-Mechanismus. Die Register DR4 und DR5 sind für zukünftige Mitglieder der 80x86-Familie reserviert, d.h. haben auch beim 80486 keine

Funktion (und sollten nur von Programmierern benutzt werden, die sich das Leben im nächsten Jahr absichtlich schwermachen wollen).

Das Register DR6 gibt den Status des Prozessors wieder. Debugger können über eine Auswertung der einzelnen Bits bestimmen, aus welchem Grund ein Interrupt 1 ausgelöst worden ist (lies: an welchem der vorprogrammierten Punkte ein Prozeß angehalten wurde). Die folgende Tabelle gibt die Bedeutung der einzelnen Bits im gesetzten Zustand wieder:

Bit	Grund für den Interrupt
B0	Zugriff auf die in DR0 gespeicherte Adresse
B1	Zugriff auf die in DR1 gespeicherte Adresse
B2	Zugriff auf die in DR2 gespeicherte Adresse
B3	Zugriff auf die in DR3 gespeicherte Adresse
BD	Intel-ICE aktiv, Debug-Register gesperrt
BS	Einzelschritt (TF-Bit in EFLAGS gesetzt)
BT	Task-Wechsel ausgeführt; T-Bit im TSS der neuen Task gesetzt

Die Bits B0 bis B3 werden gesetzt, wenn der Prozessor während der Ausführung irgendwann einmal auf die im entsprechenden Register angegebene Adresse zugegriffen hat - *unabhängig davon*, ob der jeweilige Haltepunkt (über das Register DR7) als »aktiv« gesetzt war oder nicht.

Der Intel-eigene *In-Circuit-Emulator* - also ein Gerät, das in die für den Prozessor vorgesehene Fassung eingesetzt wird, sich dem restlichen System gegenüber wie ein echter Prozessor verhält, tatsächlich aber über einen separaten Computer gesteuert wird - und die dazugehörige Software verwenden die Debug-Register für eigene Zwecke und signalisieren dies durch ein gesetztes BD-Bit im Register DR6. In diesem Fall lassen sich die Register DR0 .. DR7 zwar mit MOV-Befehlen lesen - aber jeder Versuch, sie mit neuen Werten zu laden, löst einen Interrupt 1 aus.

Sämtliche Bits des Registers DR6 stellen sozusagen eine Einbahnstraße dar: Sie werden vom Prozessor als Reaktion auf die jeweiligen Ereignisse gesetzt, müssen aber von einem Debugger explizit wieder zurückgesetzt werden.

Die Felder des Registers DR7 legen schließlich fest, ob - und wenn ja - bei welchen Aktionen der Prozessor auf einen positiv ausfallenden Adreßvergleich mit einem Interrupt 1 reagiert. Letztendlich besteht das Setzen eines Haltepunktes also nicht aus einem, sondern aus drei Schritten: dem Festlegen der Adresse, dem Festlegen der Operation, die über diese Adresse geschehen soll - und schließlich dem Aktivieren dieses Haltepunktes.

Die in Abbildung 5.15 als LEN*n* bezeichneten Felder legen die Größe des Bereichs fest, dessen Startadresse über das Register DR*n* angegeben wurde:

Wert	Bedeutung
00	Byte: Ein Interrupt findet nur statt, wenn der Prozessor exakt auf die in Register DRn angegebene Adresse zugreift. Im Register DRn kann eine beliebige Adresse angegeben sein.
01	Wort: Das Register DRn muß eine geradzahlige Adresse x enthalten; der Prozessor löst sowohl beim Zugriff auf x als auch beim Zugriff auf $x+1$ einen Interrupt aus.
10	Für zukünftige Erweiterungen reserviert.
11	DWord: Das Register DRn muß eine ganzzahlig durch vier teilbare Startadresse x enthalten, Interrupts werden bei Zugriffen auf den Adreßbereich $x .. x+3$ ausgelöst.

Die als R/Wn bezeichneten Felder legen fest, bei welcher Operation die Prüfung stattfindet. Die folgenden Werte sind möglich:

Wert	Bedeutung
00	Haltepunkt beim Lesen von Befehlen setzt voraus, daß das Feld LENn ebenfalls auf 00 gesetzt ist. Ein Interrupt wird nur ausgelöst, wenn die in DRn festgelegte Speicherzelle das erste Byte eines Opcodes bzw. das erste Präfix eines Befehls enthält
01	Haltepunkt bei Schreibzugriff
10	Für zukünftige Erweiterungen reserviert
11	Haltepunkt bei Schreib- oder Lesezugriff

Die Bits Ln und Gn sind schließlich für die eigentliche Aktivierung des Haltepunktes n zuständig, die entweder lokal (Ln gesetzt) oder global (Gn gesetzt) geschehen kann. Wenn beide Bits zurückgesetzt sind, registriert der Prozessor zwar entsprechende Zugriffe auf die in DRn angegebene Adresse und setzt das entsprechende Bit im Register DR6, löst aber keinen Interrupt aus.

Globale Haltepunkte dürften mehr oder minder selbsterklärend sein: Wenn man für einen Haltepunkt das G-Bit setzt, kümmert sich der Prozessor weder um Task-Wechsel noch um das L-Bit und reagiert auf das Erreichen dieses Haltepunktes mit einem Interrupt.

Die L-Bits werden dagegen bei jedem Task-Wechsel gelöscht: Sie setzen folglich voraus, daß ein Debugger im TS-Segment eines zu untersuchenden Prozesses das T-Bit setzt, um auf diese Weise über die Reaktivierung dieses Prozesses benachrichtigt zu werden und die L-Bits erneut setzen zu können. So kompliziert sich diese Logik auch anhört: Sie ermöglicht Konstruktionen wie »halte den Ablauf an, wenn der Prozeß x - und nicht irgendein anderer - die global verfügbare Speicherzelle y liest oder beschreibt«.

Das Register DR7 enthält neben den Feldern LENn, Ln und Gn noch zwei weitere Bits namens LE (»local exact [match]«) und GE (»global exact [match]«), die für alle vier Haltepunkte gleichzeitig zuständig sind. Diese beiden Bits lösen ein Problem, das durch die interne Parallelität des Prozessors entsteht: Wenn ein Befehl an der Adresse x einen Debug-Interrupt auslöst, enthält das Registerpaar CS:EIP zu diesem Zeitpunkt bereits die Adresse des nächsten oder übernächsten Befehls - und diese Adresse bekommt eine Behandlungsroutine für den Interrupt 1 auch auf dem Stack präsentiert. Wenn eines der beiden Bits gesetzt ist, dann verzögert der Prozessor die interne Parallelverarbeitung soweit, daß sich bei einem Debug-Interrupt die echte Befehlsadresse noch sicher rekonstruieren läßt. Da der dadurch verursachte Geschwindigkeitsverlust im Bereich von wenigen Prozent liegt, sollte das GE-Bit während einer Fehlersuche gesetzt sein. Das LE-Bit hat dieselbe Funktion, wird aber wie die Bits Ln bei jedem Task-Wechsel gelöscht. Ein Debugger, der einer Ausführung in Echtzeit so nahe wie möglich kommen will, kann hier dasselbe Verfahren wie bei lokalen Haltepunkten verwenden, d.h. das GE-Bit zurückgesetzt lassen und das LE-Bit bei jedem Wechsel zu dem zu untersuchenden Programm erneut setzen.

Um Mißverständnissen vorzubeugen: Die durch die interne Parallelität hervorgerufene »Ungenauigkeit« bei der Ermittlung von Befehlsadressen tritt bei Software-Haltepunkten (INT 3) nicht auf, weil der Prozessor dort durch den INT 3-Befehl selbst zum Aufruf einer Interrupt-Behandlungsroutine gezwungen wird.

Einige Beispiele für Debug-Interrupts

Die folgende Tabelle untermauert das Material der vorangehenden Abschnitte anhand einiger Beispiele. Diese Beispiele gehen sämtlich davon aus, daß der in CS enthaltene Selektor für ein Segment mit der Basisadresse 0003A000h steht, DS ein Segment ab 0004C000h adressiert und das Bit G0 im Register DR7 zurückgesetzt ist.

Debug-Register	Befehl	INT 1	Grund
DR0:0004C020h DR7: L0 = 1, R/W0 = 00b LEN0 = 00b	MOV AL,[20]	N	Haltepunkt für Befehle, nicht für das Lesen von Daten
DR0:0004C020h DR7:L0 = 1, R/W0 = 11B LEN0 = 00b	MOV AL,[20]	J	Byte 4C020h gelesen ▶

Interrupts und Ausnahmebedingungen

Debug-Register	Befehl	INT 1	Grund
DR0:0004C020h DR7:L0 = 1, R/W0 = 01B LEN0 = 00b	MOV AL,[20]	N	Haltepunkt nur für Schreibzugriffe
DR0:0004C020h DR7:L0 = 1, R/W0 = 11B LEN0 = 11B	MOV AL,[23]	J	Byte im Bereich 4C020h..4C023h gelesen
DR0:0004C020h DR7:L0 = 1, R/W0 = 11B LEN0 = 11B	INC DWORD PTR [1E]	J	Bytes 4C01E..21 geschrieben
DR0:0004C020h DR7:L0 = 0, R/W0 = 11B LEN0 = 11B	INC DWORD PTR [1E]	N	Haltepunkt ist inaktiv
DR0:0003A000h DR7:L0 = 1, R/W0 = 00b LEN0 = 00b	CS:0000 MOV AL, 37h	J	Befehl ab 3A000h gelesen
DR0:0003A001h DR7:L0 = 1, R/W0 = 00b LEN0 = 00b	CS:0000 MOV AL, 37h	N	Haltepunkt nicht beim erstem Befehlsbyte

Paging und Cache-Verwaltung

6

Dieses Kapitel behandelt den (beim 80386 und 80486 praktisch identischen) Paging-Mechanismus sowie den internen Cache, über den nur der 80486DX bzw. 80486SX verfügt. Falls Sie sich gerade wundern: Speziell bei Maschinen mit höheren Taktfrequenzen findet sich fast immer ein Cache - nur daß dieser Speicher bei 80386-Systemen extern aufgebaut ist. Konsequent arbeiten höher getaktete 80486er-Systeme meist nicht mit einem Cache, sondern mit zwei: Einem prozessorinternen Zwischenspeicher mit 8 KByte und einem (wie bei 80386er-Systemen aufgebauten) externen Cache, dessen Größe zwischen 32 und 256 KByte liegt. Auch wenn sich dieses Kapitel in puncto Cache auf den 80486 konzentriert, dürfte es auch für Besitzer von 80386er-Systemen interessant sein: Obwohl die Details der Implementation vom jeweils verwendeten Chipsatz abhängen, gibt es einige grundlegende Prinzipien, die sowohl für interne als auch für externe Caches gelten.

Paging

Paging stellt eine Technik zur Implementation virtueller Speichersysteme dar, die nicht auf Segmenten, sondern auf Speicherblocks festgelegter Größe basiert. Das Konzept an sich ist nicht nur um einige Jahre älter als die Segmentierung, sondern auch wesentlich weiter verbreitet - beispielsweise im Bereich der Mini- und Großcomputer, aus dem es auch stammt.

Worum es dabei geht, ist schnell erklärt: Es handelt sich um ein weiteres Verfahren zur Umsetzung »virtueller« (logischer) in physikalische Adressen, das wie gesagt auf Speicherblocks fixer Größe - sogenannten *Page Frames* - aufbaut. Nehmen wir einmal ein System an, das über vier derartiger »Seitenrahmen« verfügt, die von 0 bis 3 durchnumeriert sind und aus jeweils 10 Bytes bestehen. Eine virtuelle Adresse setzt sich aus dem »Namen« einer Speicherseite (für unser Beispiel: A, B, C oder D) und einem Offset-Anteil zusammen, die Zuordnung zwischen Namen und Nummern geschieht über eine Tabelle, die von einer Speicherverwaltung kontrolliert wird. Das Ergebnis - nämlich die Zuordnung der virtuellen Adresse *C7* zu einer physikalischen Adresse *17* - zeigt Abbildung 6.1 (auf der nächsten Seite).

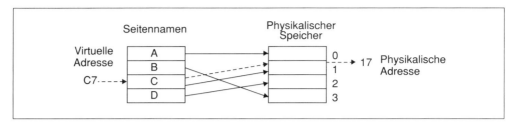

Abbildung 6.1 - Umsetzung virtueller in eine physikalische Adressen

Offensichtlich haben Paging und Segmentierung einiges gemein: Wo innerhalb des gesamten Adreßraums sich ein Zugriff abspielt, wird indirekt über eine Tabelle festgelegt, die Bestimmung der Adresse innerhalb dieses Blocks geschieht über eine Offset-Adresse. Tatsächlich gibt es von der Logik her nur einen einzigen Unterschied zwischen den beiden Verfahren: Während Segmente eine fast beliebige Größe annehmen können, ist die Größe von Speicherseiten fix festgelegt - weshalb man dort einfach definieren kann, daß eine Adreßangabe xxxxyyyyzzzz in eine Seitennummer xxxxyyyy und einen Offset-Anteil zzzz zerfällt. Abbildung 6.2 verdeutlicht dieses Schema noch einmal anhand eines einfachen Beispiels - eines Systems mit 100 Speicherzellen, bei dem die Einerstelle einer Adresse den Offset-Anteil und die Zehnerstelle die Seitennummer bilden:

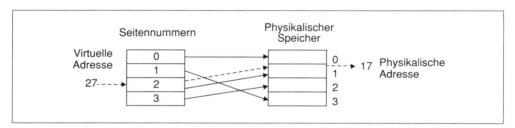

Abbildung 6.2 - Übersetzung virtueller Adressen bei fixer Seitengröße

Vor- und Nachteile

Genau in dieser fixen Seitengröße liegt der Hauptvorteil von Paging gegenüber der Segmentierung. Da jedes Element exakt dieselbe Größe hat, lösen sich zwei Probleme sozusagen von selbst:

- Das für das Auslagern von Speicherseiten üblicherweise verwendete Medium ist die Festplatte, die ihrerseits mit einer bestimmten Sektorgröße arbeitet. Wenn man Speicherseiten so definiert, daß ihre Größe ein ganzzahliges Vielfaches dieser Sektorgröße beträgt, erspart man sich einige Rechenarbeit bei der Positionierung in Swap-Dateien (vgl. Kapitel 2).

Vor- und Nachteile

- Das »Freischaufeln von Platz« im Hauptspeicher besteht aus einem direkten Austausch von Speicherseiten, die sämtlich dieselbe Größe haben. Da eine neu geladene Speicherseite exakt in den Freiraum hineinpaßt, den die dafür soeben hinausgeworfene Speicherseite hinterlassen hat, erledigt sich die leidige Fragmentierung des Hauptspeichers und das damit notwendigerweise verbundene Zusammenschieben belegter Blocks von selbst.

Noch erfreulicher: Ein für größere Objekte belegter Speicherbereich muß nicht einmal im physikalischen Sinne durchgehend sein. Sehen Sie sich noch einmal Abbildung 6.2 an: Ein Programm, das in diesem hypothetischen System ein Objekt mit 15 Bytes Größe in den Speicherseiten 0 und 1 unterbringt, verwendet dazu letztlich die Speicherzellen 0..9 und 30..34.

Mit diesem Beispiel ist auch gleich der letzte Vorteil der Paging-Technik genannt: Die darüber vorgenommene Unterteilung des Hauptspeichers geschieht für Programme unsichtbar. Im Gegensatz zur Segmentierung, die grundsätzlich mit Selektoren und Offsets arbeitet, verwendet man bei Paging *eine* Adresse, die die Speicherverwaltung selbständig unterteilt.

Wie so oft in dieser Welt gibt es auch hier nichts umsonst. Ein System, das ausschließlich auf Paging aufbaut, muß ohne die durch Segmentierung, die dazugehörigen Deskriptoren und die darüber aufgebauten Schutzmechanismen leben. Dazu kommt eine andere Art der Verschwendung von Speicherplatz, die als interne Fragmentierung bezeichnet wird: Versuchen Sie einmal, auf dem in Abbildung 6.2 gezeigten System ein Objekt mit 11 Bytes Größe zu speichern. Was dabei herauskommt, ist eine vollständig besetzte Speicherseite - und eine zweite, von der man eigentlich nur ein einziges Byte braucht.

Ein weiterer höchst ärgerlicher Aspekt ist der mit Paging verbundene Überbau: Während der Prozessor in einem segmentierten System nur dann in den entsprechenden Zuordnungstabellen herumwühlen muß, wenn der Wechsel eines Deskriptors ansteht, tut er dasselbe beim Einsatz des Paging-Mechanismus bei *jedem* Speicherzugriff. (So schön die Idee auch wäre, einfach die gesamte Paging-Tabelle in Schattenregister des Prozessors zu laden: In einem System, das einige Gigabyte virtuellen Adreßraums verwalten kann, scheitert sie an der rauhen Wirklichkeit.)

Unüberwindlich sind diese Probleme natürlich nicht. Einfachere Schutzkonzepte lassen sich auch mit Paging allein implementieren, der 80386 und seine Nachfolger erlauben eine Kombination mit Segmentierung, die interne Fragmentierung ist bei weitem nicht so problematisch wie sie scheint - und der zusätzliche Überbau bei der Adressierung wird zum einen durch die interne Parallelverarbeitung, zum anderen durch einen speziellen Cache abgefangen, der bis zu 32 Zuordnungen zwischen Speicherseiten und Adressen prozessorintern festhält. Dieser Cache hört auf den klangvollen Namen *Translation Lookaside Buffer* (in etwa: »Umsetzungspuffer mit Blick zur Seite«, wobei sich der Seitenblick auf eine raffinierte Art der internen Adressierung bezieht) und ist bereits im 80386 Bestandteil der Paging-Einheit, d.h. hat mit dem Cache des 80486 nichts zu tun.

Die Implementierung durch Intel

Der Paging-Mechanismus wird bei den Prozessoren der 80x86-Familie über das Setzen des PG-Bits im Register CR0 eingeschaltet (was üblicherweise ein Betriebssystem übernimmt) und unterteilt den physikalischen Hauptspeicher in Seiten mit jeweils $2^{12} = 4096$ Bytes. Die Umsetzung findet nach der Bildung einer virtuellen Adresse über die Segmentierungseinheit statt, weshalb sich hier eine dreistufige Berechnung ergibt:

Segment:Offset -> lineare Adresse -> physikalische Adresse

Da lineare Adressen aus 32 Bits bestehen und sich eine Speicherseite aus 4 KByte zusammensetzt, liegt die Unterteilung auf der Hand: Die höherwertigen 20 Bits einer linearen Adresse bilden die Nummer der Speicherseite, die niederwertigen 12 Bits werden als Offset-Adresse innerhalb dieser Speicherseite interpretiert.

Daraus folgt auch, daß für Paging verwendete Umsetzungstabellen ebenfalls die 20 höherwertigen Bits zur Bildung physikalischer Adressen zur Verfügung stellen müssen. Der Wert 0 im Adreß-Feld des Eintrags einer solchen Tabelle steht konsequent für den physikalischen Speicherbereich von (dezimal) 0 .. 4095, der Wert 1 für die Adressen 4096 .. 8192 usw. Da Intel festgelegt hat, daß jeder Eintrag einer Paging-Tabelle 32 Bits umfaßt, bleiben neben der physikalischen Adresse pro Eintrag 12 Bits für Statusinformationen und andere Dinge frei - womit sich das folgende Format ergibt:

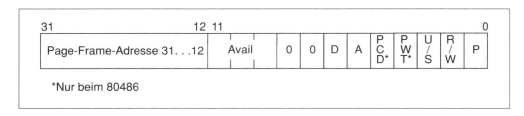

Die in diesem Diagramm mit »0« gekennzeichneten Bits sind für zukünftige Erweiterungen reserviert und müssen von Speicherverwaltungen grundsätzlich auf 0 gesetzt werden. Das Feld *Avail* trägt seinen Namen (»available« = verfügbar) zurecht: Dort kann eine Verwaltung eigene Daten unterbringen - wie beispielsweise die Kennzeichnung einer Speicherseite als »gemeinsam von mehreren Anwendungen benutzt«.

Das Bit D steht für »dirty«, wird durch Schreibaktionen auf die entsprechende Seite automatisch vom Prozessor gesetzt und signalisiert, daß sich dieser Bereich (im Gegensatz zu einer unveränderten Seite) nicht ohne Sicherungsmaßnahmen aus dem Hauptspeicher werfen läßt. Das Bit A (»accessed«) signalisiert im gesetzten Zustand, daß *irgendein*

Zugriff (Lesen/Schreiben von Daten oder Lesen von Befehlen) auf die Speicherseite stattgefunden hat.

Die Bits PCD (»page cache disable«) und PWT (»page write-through«) sind nur beim 80486 definiert: Sie stellen das Äquivalent zu den Bits CD und WT des Registers CR0 auf der Ebene einzelner Speicherseiten dar. Während sich der 80486 über ein gesetztes PCD-Bit anweisen läßt, von der entsprechenden Speicherseite gelesene Daten nicht in seinen internen Cache aufzunehmen, stellt PWT eine Art reiner Dienstleistung gegenüber einem externen Cache dar, d.h. hat keinen Einfluß auf die Arbeitsweise des Prozessors selbst. Ein gesetztes PWT-Bit steht für »write-through« (d.h. das direkte Schreiben von Daten in den Hauptspeicher), ein gelöschtes PWT-Bit dagegen für »write back« - also eventuell mit Verzögerung aus dem Cache in den Hauptspeicher übertragene Daten. Für den 80386 programmierte Speicherverwaltungen sollten diese beiden Bits grundsätzlich zurücksetzen.

Über die Bits U/S und R/W läßt sich ein einfacher Schutzmechanismus im Zusammenhang mit Paging aufbauen. Details dazu finden Sie im übernächsten Abschnitt.

Das Bit P steht für »present« und gibt (wie bei Deskriptoren) im gesetzten Zustand an, daß sich die entsprechende Seite im Hauptspeicher befindet. Wenn dieses Bit zurückgesetzt ist, geht der Prozessor davon aus, daß die Speicherseite auf die Festplatte ausgelagert wurde: Jeder Zugriff auf diese Speicherseite erzeugt einen Page Fault (Interrupt 14), der seinerseits die Verwaltungsroutinen auf den Plan rufen sollte. Da die Adreßermittlung rein über den Index in der Paging-Tabelle geschieht (d.h. der erste Eintrag für die logischen Adressen 0..4095 steht, der zweite für den Bereich 4096..8192 usw.), spielen die restlichen Felder des Eintrags bei zurückgesetztem P-Bit keine Rolle: Eine Speicherverwaltung kann dort also für ausgelagerte Seiten Informationen beliebiger Art eintragen - wie etwa Sektornummern der Festplatte oder die relative Position der Daten in einer Swap-Datei.

Paging-Tabellen und -Verzeichnisse

Da jede Speicherseite 2^{12} Bytes umfaßt, werden zur Darstellung des gesamten Adreßraums von 2^{32} Bytes immerhin $2^{32-12} = 2^{20}$ Einträge à 4 Byte gebraucht. Falls Sie gerade keinen Taschenrechner zur Hand haben sollten: Insgesamt kommen bei dieser Rechnerei 4 MByte heraus, die zu allem Überfluß noch in einem durchgehenden Block untergebracht werden wollen. Der Katastrophen nicht genug: Bei einem Betriebssystem, das jedem Prozeß einen eigenen virtuellen Adreßraum zuordnet, multipliziert sich dieser Platzbedarf mit der Anzahl geladener Prozesse.

Die instinktive Lösung dieses Problems - nämlich ein Auslagern der Paging-Tabellen selbst auf die Festplatte - würde eine zweite Ebene der Logik erfordern und wäre überdies ausgesprochen rechenintensiv. Für ein Programm, das auf eine Adresse x zugreifen will, müßte die Speicherverwaltung erst einmal den Ausschnitt einer Paging-Tabelle in den Hauptspeicher holen, der den Eintrag für x enthält, dazu womöglich andere Teile dieser

Tabelle auslagern - und dann einen zweiten Austausch vornehmen, um die eigentliche Speicherseite zu lesen.

Erfreulicherweise ist das von Intel tatsächlich verwendete Schema nicht nur wesentlich intelligenter, sondern gibt sich vor allem mit erheblich weniger Platz zufrieden: Wer beispielsweise 4 MByte am unteren und 4 MByte am oberen Ende des logischen Adreßraums verwalten will, kommt mit rund 12 KByte zur Verwaltung dieser beiden Bereiche aus. Der dabei verwendete Trick besteht aus der Unterteilung der höherwertigen 20 Bits einer Adresse in zwei halb so große Komponenten: Die höchstwertigen 10 Bits werden als Index innerhalb eines *Paging-Verzeichnisses* mit maximal 1024 Einträgen verwendet, das seinerseits die Startadressen der einzelnen (und über die anderen 10 Bits indizierten) Paging-Tabellen enthält. Wie ein wenig Rechnerei - ersatzweise ein Blick auf Abbildung 6.3 - ergibt, können die Paging-Tabellen ihrerseits wiederum bis zu 1024 Einträge enthalten.

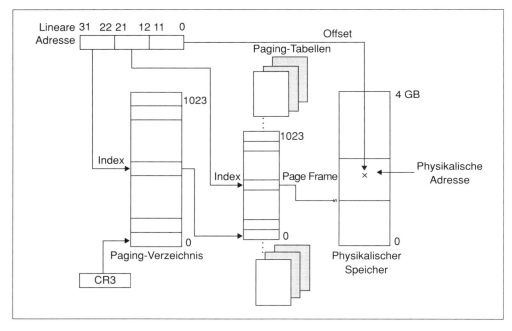

Abbildung 6.3 - Paging-Verzeichnis und einzelne Tabellen

Das Paging-Verzeichnis belegt mit seinen 1024 Einträgen 4 KByte und wird permanent im Hauptspeicher gehalten. Die Einträge dieses Verzeichnisses stehen für die einzelnen Paging-Tabellen, die wiederum 1024 Einträge für Speicherseiten enthalten und damit einen Platzbedarf von 4 KByte - also exakt einer Speicherseite - haben. Aus der Sicht des Paging-Verzeichnisses stellt eine Paging-Tabelle erst einmal eine ganz gewöhnliche

Speicherseite dar, die sich bei Bedarf auch auf die Festplatte auslagern läßt. Konsequent haben die Einträge des Paging-Verzeichnisses auch dasselbe Format wie zuvor erläutert, die Unterschiede in der Logik beschränken sich auf Details: das D-Bit wird vom Prozessor ignoriert, das A-Bit bei jedem Zugriff über die entsprechende Tabelle gesetzt.

Eine Speicherverwaltung, die jedem Prozeß einen eigenen virtuellen Adreßraum von 4 GByte zuordnen will, muß eine entsprechende Anzahl von Paging-Verzeichnissen anlegen und das Register CR3 bei jedem Task-Wechsel mit der physikalischen Adresse des dazugehörigen Verzeichnisses setzen. Wer es nicht ganz so kompliziert haben will und für sämtliche Prozesse mit einem gemeinsamen Adreßraum auskommt, setzt CR3 einmal während der Initialisierungsphase auf ein Paging-Verzeichnis für das gesamte System. (Dieses Register ist also das einzige des Prozessors, das tatsächlich eine physikalische Adresse enthält.)

Ein ausführliches Beispiel

Abbildung 6.4 gibt die Umsetzung linearer in physikalische Adressen anhand eines Beispiels im Detail wieder und geht dabei vom Wert 13A49F01h aus. Die Seitennummer (13A49h) wird wie zuvor erläutert in zwei Werte à 10 Bit unterteilt:

```
0001 0011    1010  0100 1001b      (= 13A49h)
0001 0011 10 | 10 0100 1001b       Trennung bei B10
0000 0100 1110 0010 0100 1001b     (vorzeichenlose "Erweiterung" auf 12 Bits)
= 04Eh            249h
```

Als Index innerhalb des Paging-Verzeichnisses ergibt sich also der Wert 04Eh, als Index innerhalb der darüber adressierten Paging-Tabelle der Wert 249h. (Die in diesem Rechenbeispiel verwendete »Erweiterung« auf 12 Bits findet nur gedanklich statt: Sie sorgt dafür, daß sich die 10-Bit-Indices wieder als vollständige Hexadezimalzahlen schreiben lassen.)

Gehen wir davon aus, daß das Register CR3 die physikalische Adresse 1C000h enthält, d.h. der Prozessor den Speicherbereich ab Adresse 1C000h als Paging-Verzeichnis interpretiert. Der Prozessor liest also die Speicherzellen

```
1C000h + 4 * 04Eh = 1C000h + 138h = 1C138h .. 1C13Bh
```

und findet dort in unserem Beispiel den Wert 3A7A2XXXh (wobei *XXX* für die Statusbits innerhalb des Eintrags steht). Nehmen wir an, daß das P-Bit dieses Eintrags gesetzt ist, sich diese Seite also im Hauptspeicher befindet: Die Paging-Tabelle beginnt folglich mit der physikalischen Speicheradresse 3A7A2000h. Da der Eintrag für die Speicherseite wiederum 4 Bytes umfaßt, wird seine Indizierung über den Wert 249h nach demselben Schema wie zuvor durchgeführt:

```
3A7A2000h + 249h * 4 = 3A7A2000h + 924h = 3A7A2924h .. 3A7A2027h
```

In unserem Beispiel enthalten diese Speicherzellen den Wert 2C115XXXh (*XXX* steht wiederum für die Statusbits). Die gewünschte Speicherseite beginnt also mit der physikalischen Adresse 2C115000h. An dieser Stelle rechnet der Prozessor nun den Offset-Anteil der ursprünglich verwendeten Adresse 13A49F01h hinzu - also den Wert F01h. Die angesprochene Speicherzelle hat folglich die Adresse 2C115F01h.

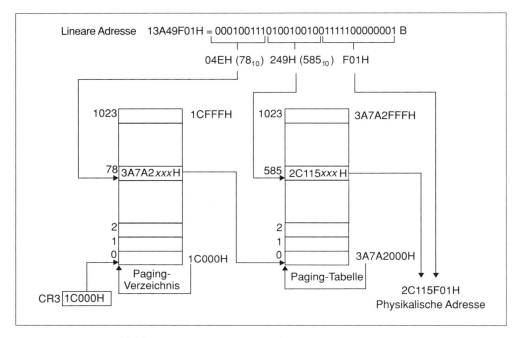

Abbildung 6.4 - Umsetzung einer linearen Adresse im Detail

Abgesehen von einer gewissen Komplexität demonstriert dieses Beispiel auch einen eher traurigen Aspekt. Dem abschließenden Zugriff auf eine Adresse wie 2C115F01h gehen insgesamt zwei Leseaktionen à 32 Bit voraus: Eine Indizierung des Paging-Verzeichnisses und eine weitere Indizierung der darüber gefundenen Paging-Tabelle. Sollte es sich um den ersten Zugriff auf diese Speicherseite handeln, kommen noch zwei Schreibaktionen à 32 Bit hinzu - nämlich zum Setzen des Bits »Accessed« in den jeweiligen Einträgen.

Translation Lookaside Buffer (TLB)

Da drei bzw. fünf Speicherzugriffe für das Lesen eines einzigen Wertes einen wahrhaft durchschlagenden Effekt auf den Gesamtdurchsatz des Systems hätten, arbeiten der 80386 und seine Nachfolger hier mit einem chipinternen Cache, der bis zu 32 Seitenadressen festhält. Seinen Namen hat dieser Speicher aufgrund der Fähigkeit, sozusagen um die Ecke schauen zu können: Er ist vollständig assoziativ, d.h. wird intern nicht über *Adressen*, sondern seine *Inhalte* angesprochen. Der dabei getriebene Aufwand ist außerordentlich hoch (und für größere Caches nach dem heutigen Stand der Technik schlicht unbezahlbar, weshalb der 8 KByte große - und vom TLB vollständig getrennte - Cache des 80486 nach einem anderen Prinzip arbeitet). Allerdings lohnt er sich: Die Abfrage des TLB geschieht in einem parallel zur restlichen Verarbeitung ausgeführten Takt - und ist in rund 98 Prozent aller Fälle von Erfolg gekrönt.

Anders gesagt: bei jeder Umsetzung einer linearen in eine physikalische Adresse prüft der Prozessor zuerst, ob der entsprechende Eintrag bereits im TLB enthalten ist. Falls ja, wird der dort gespeicherte Wert benutzt; falls nein, werden das Paging-Verzeichnis sowie die darüber indizierte Paging-Tabelle in der zuvor beschriebenen Weise abgefragt und das Ergebnis im TLB für weitere Zugriffe gespeichert. Wie Studien typischer Anwendungen zeigen, ist dieser Aufwand lediglich bei rund 2 Prozent aller Adressierungen erforderlich.

Das Laden des Registers CR3 mit einer anderen Startadresse für das Paging-Verzeichnis löscht den TLB notwendigerweise komplett. In Multiprozessor-Systemen wird die Sache etwas komplizierter: Ein Prozessor, der dort Einträge im Paging-Verzeichnis oder einer Paging-Tabelle verändert, muß danach alle anderen Prozessoren zu einer Aktualisierung ihrer TLB auffordern. Um in einem solchen System das gleichzeitige Verändern von Einträgen durch mehrere Prozessoren zu verhindern, sollte jeder Art von Zugriffen auf Paging-Verzeichnisse und -Tabellen das Präfix LOCK vorangestellt werden.

Ansonsten unterscheiden sich Lese- und Schreibaktionen mit Paging-Daten in keiner Weise von anderen Speicherzugriffen, weshalb der 80486 auch hier seinen 8 KByte großen Cache einsetzt. Situationen, in denen sich diese zusätzliche Zwischenspeicherung lohnt, sind allerdings höchst selten - weshalb man beim 80486 meist das CD-Bit im Register CR0 sowie das PCD-Bit in den Einträgen des Paging-Verzeichnisses setzt und den Prozessor so anweist, ohne seinen Befehls- und Datencache zu arbeiten. In den Einträgen der Paging-Tabellen bleibt das PCD-Bit dagegen zurückgesetzt: Eine Zwischenspeicherung der Speicherseiten-Inhalte findet also sehr wohl statt.

Page Faults

Paging-Einträge mit zurückgesetztem P-Bit kennzeichnen die dazugehörige Speicherseite als momentan nicht geladen, weshalb der Prozessor auf entsprechende Zugriffe (analog zu Deskriptoren, deren Segment als »not present« markiert ist) einen Interrupt 14 auslöst. Die lineare Adresse des Befehls, über den der Zugriff ausgeführt werden sollte, wird dabei im Register CR2 gespeichert, auf dem Stack findet sich ein Fehlercode (vgl. Kapitel 5).

Eine Speicherverwaltung kann allerdings nicht *per se* davon ausgehen, daß der Interrupt 14 für momentan nicht geladene Speicherseiten steht: der Prozessor implementiert auch im Zusammenhang mit Paging ein Schutzkonzept, das sich ebenfalls dieses Interrupts bedient.

Das Schutzkonzept für Paging

Wie im Zusammenhang mit der Struktur von Paging-Daten erwähnt, enthalten die Einträge für Speicherseiten und Paging-Tabellen zwei Bits namens U/S und R/W. »U/S« steht dabei für »User/Supervisor«: Eine Speicherseite, bei deren Eintrag dieses Bit gesetzt ist, kann nur von Anwendungen der Privilegstufen 0, 1 und 2 benutzt werden, die man hier als Supervisor-Prozeduren bezeichnen. Zugriffe von (»User«-)Anwendungen mit der Privilegstufe 3 lösen einen Interrupt 14 aus. Dieses Konzept gilt auch für komplette Paging-Tabellen: Eine Tabelle, deren Eintrag im Paging-Verzeichnis durch ein gesetztes U/S-Bit gekennzeichnet ist, steht Anwendungen der Privilegstufe 3 *insgesamt* nicht zur Verfügung. In diesem Fall spielt es keine Rolle mehr, ob und welche U/S-Bits der einzelnen Einträge dieser Tabelle gesetzt sind.

Der 80486 erweitert dieses relativ einfache Konzept um eine zusätzliche Bedingung: Wenn dort das WP-Bit (»write protected«) im Register CR0 gesetzt ist, wird (unabhängig von der Privilegstufe und dem U/S-Bit) zusätzlich das Bit R/W im Paging-Eintrag geprüft. Ist es gesetzt, können diese Programme die entsprechende Speicherseite sowohl lesen als auch mit neuen Daten beschreiben; ist es zurückgesetzt, sind lediglich Leseaktionen von Daten und Befehlen möglich. Da das WP-Bit eine Neuerung des 80486 darstellt, ist ein Schreibschutz von Speicherseiten im Zusammenhang mit Paging bei einem 80386 nicht definiert.

Mit logischen Formeln ließen sich diese Zusammenhänge in etwa so ausdrücken:

	80386	80486
Lesen	CPL < 3 | U/S = 0	CPL < 3 | U/S = 0
Schreiben	wie Lesen	(CPL < 3 | U/S = 0) & WP = 0 | R/W = 1

Das Laden von Deskriptoren, die Ausführung von Software-Interrupts sowie Zugriffe auf die GDT, LDT, IDT und das TS-Segment werden vom Paging-Mechanismus auch dann als »Supervisor«-Zugriffe betrachtet, wenn eine Anwendung der Privilegstufe 3 den Auslöser der Aktion darstellt; dasselbe gilt für PUSH-Befehle auf den Stack von Prozeduren der Ringe 0 bis 2. Auf diese Weise wird es möglich, die zentralen Tabellen des Systems in Speicherseiten mit gesetztem U/S-Bit unterzubringen, d.h. die Sicherheit gegen unerwünschte Modifikationen weiter zu erhöhen.

Segmentierung und Paging in Kombination

Obwohl es die Prozessoren der 80x86-Familie im Prinzip möglich machen, den gesamten Adreßraum linear abzubilden (»flat model«), verwenden praktisch alle existierenden Betriebssysteme irgendeine Art von Segmentierung. Ihre Kombination mit Paging führt keine zusätzlichen Grenzen ein - aber es gibt natürlich einige Regeln, deren Beachtung einem Systementwickler das Leben leichter macht.

So besteht beispielsweise zwischen der Größe von Segmenten und Speicherseiten kein unmittelbarer Zusammenhang: Man kann ohne weiteres Segmente erzeugen, die weder exakt in eine noch in n Speicherseiten hineinpassen. Ob man von dieser Möglichkeit Gebrauch machen sollte, sei allerdings dahingestellt: Speicherverwaltungen sind nun einmal wesentlich einfacher zu programmieren, wenn man mit ganzzahligen Verhältnissen arbeitet. (Daß Segmentgrößen und -Limits bei gesetztem G-Bit im Deskriptor mit der Einheit 4096 Bytes - also einer Speicherseite - arbeiten, ist natürlich nicht gerade ein Zufall.)

Damit das Paging-Schutzkonzept verwendbar wird, muß ein Betriebssystem im Minimalfall die Ringe 0 und 3 definieren, was allerdings auch bei einer ansonsten linearen Speicherverwaltung kein Problem darstellen dürfte. In diesem Fall können sich sämtliche Anwendungen ein entsprechend großes Code- bzw. Datensegment mit der Privilegstufe 3 teilen, die Routinen des Systems verwenden zwei Segmente der Privilegstufe 0. Da sich alle vier Segmente in ein und demselben linearen Adreßraum unterbringen lassen, bleibt die Zweiteilung von Adressen in Selektoren und Offsets in diesem Fall den Anwendungen verborgen, die Einrichtung der gesamten Logik geschieht während der Initialisierungsphase des Betriebssystems.

Multitasking

Entwickler von Betriebssystemen stehen bei den Prozessoren der 80x86-Familie vor der Entscheidung, den Speicher über ein einziges zentrales Tabellenkonstrukt zu verwalten oder dem Betriebssystem und jedem laufenden Prozeß eine eigene Tabelle zuzugestehen. Eine zentrale Tabelle für das gesamte System ist mit Sicherheit die einfachere Lösung, die sich bei modernen Systemen auch ohne Einschränkung verwenden läßt. Die Ausnahme von dieser Regel stellen Systeme zur Vergangenheitsbewältigung dar, die auch mit 8086-Programmen zurechtkommen müssen: In diesem Fall erwartet jeder einzelne Prozeß einen eigenen linearen Adreßraum, der von 0 bis 1 MByte reicht - und macht damit ein eigenes Paging-Verzeichnis erforderlich (siehe Abbildung 6.5 auf der nächsten Seite).

Der 80386 und seine Nachfolger unterstützen die Implementation dieser Logik, indem sie das Register CR3 - also die Startadresse des Paging-Verzeichnisses - mit im TS-Segment von Prozessen speichern: Ein Task-Wechsel kann also einen automatischen Wechsel der Paging-Tabellen beinhalten.

Kapitel 6 - Paging und Cache-Verwaltung

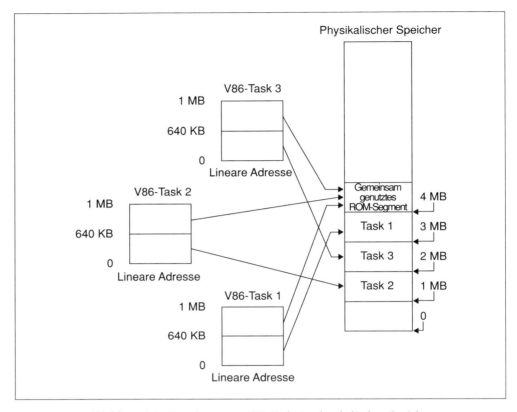

Abbildung 6.5 - Zuordnung von V86-Tasks in physikalischen Speicher

Speziell beim Einsatz separater Paging-Verzeichnisse greift auch das zweite und bereits in einem der vorangehenden Abschnitte besprochene Konzept: obwohl für die Verwaltung des gesamten Adreßraums von 4 GByte im Prinzip pro Prozeß eine Paging-Tabelle mit 4 MByte Umfang erforderlich wäre, kommt man in der Praxis mit 8 bis 12 KByte aus. Abbildung 6.6 verdeutlicht den Platzbedarf in einem System, das pro Prozeß einen virtuellen Adreßraum von 8 MByte zur Verfügung stellt: In dem zu einem Prozeß gehörigen Paging-Verzeichnis sind sämtliche Einträge bis auf die beiden ersten über ein zurückgesetztes P-Bit als »nicht vorhanden« gekennzeichnet. Die ersten beiden Einträge stehen für Paging-Tabellen, die ihrerseits je 4 MByte virtuellen Speichers verwalten. Zugriffe auf Einträge mit zurückgesetztem P-Bit lösen einen Interrupt aus, der die Speicherverwaltung aktiviert: Sie muß ihrerseits entscheiden, ob es dabei um eine momentan nicht vorhandene (und von der Festplatte zu ladende) Speicherseite geht - oder um den Versuch eines Prozesses, auf Adressen außerhalb des ihm zugewiesenen Raumes zuzugreifen.

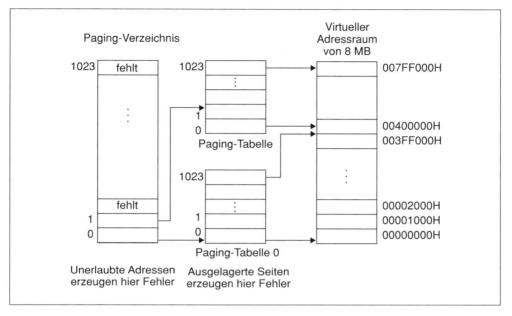

Abbildung 6.6 - Zwei Paging-Tabellen für 8 MByte virtuellen Speichers

Codierung von Anwendungen

Obwohl Speicherverwaltungen den überwiegenden Teil ihrer Aufgaben sozusagen im Verborgenen erledigen, ist ein gewisses Verständnis grundlegender Prinzipien auch für Entwickler von Anwendungen Pflicht. Der wohl mit Abstand wichtigste Punkt liegt in der Frage, wie viele Speicherseiten das Betriebssystem einer Anwendung gleichzeitig zur Verfügung stellt - sprich: ab welchem Platzbedarf ein Austausch zwischen Haupt- und Hintergrundspeicher stattfindet. (Einige Betriebssysteme arbeiten hier mit fixen Größen, andere erlauben eine Abfrage und ggf. das nachträgliche Vergrößern des einem Programm zugewiesenen Bereichs.)

Nehmen wir als Beispiel eine Routine, die die Elemente zweier Arrays aufaddiert und die Ergebnisse in einem dritten Array speichert - etwa:

```
int a[1024], b[1024], c[1024];
....
for (int i = 0; i < 1024; i++)
  a[i] = b[i] + c[i];
```

Es ist durchaus denkbar, daß die Arrays *a*, *b* und *c* hier jeweils eine eigene Speicherseite belegen, weshalb die Routine (inklusive ihres Codes) insgesamt vier Seiten benötigt. Wenn wir nun annehmen, daß das System dem Prozeß insgesamt drei Speicherseiten zur Verfügung stellt, dann ist die Katastrophe perfekt: Der Zugriff auf Elemente des Arrays c erzwingt den Hinauswurf der Speicherseite für a und umgekehrt - weshalb das System für die Bearbeitung der Schleife insgesamt 2048mal Speicherseiten von der Festplatte nachladen bzw. dorthin auslagern muß.

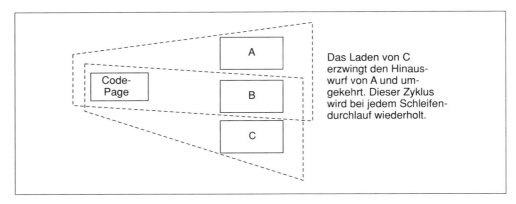

Abbildung 6.7 - Wechselseitiger Hinauswurf von Speicherseiten

Natürlich ist dieses Beispiel eher symbolisch gemeint, weil ein reales Betriebssystem seinen Prozessen mit Sicherheit mehr als drei Speicherseiten zur Verfügung stellt. An der Problematik als solcher ändert sich dadurch nichts, weil der Platzbedarf von Anwendungen mit der Verfügbarkeit höher integrierter RAM-Bausteine leider ohne jede Schwierigkeit Schritt hält.

Konsequent sollte man sich als Programmierer größerer Anwendungen stark am *Konzept des lokalen Bezugs* orientieren - also zusammenpacken, was auch zusammengehört. Wenn man die soeben als Beispiel verwendete Schleife nach diesen Gesichtspunkten umformuliert - etwa

```
struct
  { int a, b, c
  } Block [1024];
...
for (int i = 0; i < 1024; i++)
  Block[i].a = Block[i].b + Block[i].c;
```

- dann muß das Betriebssystem im schlimmsten Fall *insgesamt* zwei Speicherseiten austauschen, weil die zu bearbeitenden Elemente jeweils direkt nebeneinanderliegen (vgl. Abbildung 6.8).

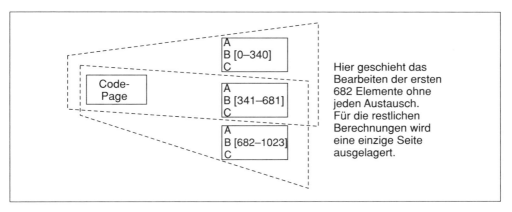

Abbildung 6.8 - Reduktion der Austauschvorgänge von 2048 auf 1

Der Cache des 80486

Wie wohl allgemein bekannt, ist der 80486 als erstes Mitglied der 80x86-Familie nicht nur mit Schattenregistern und einer TLB, sondern auch mit einem Cache für Befehle und Daten ausgerüstet, der immerhin 8 KByte Umfang hat. Dabei handelt es sich in erster Linie um eine *Unterstützung* der restlichen Funktionseinheiten (und nicht um einen grundsätzlichen Wandel in der Architektur). Dennoch stellt dieser Cache einen der drei Gründe für die fast schon sagenhafte Arbeitsgeschwindigkeit des 80486 dar. (Die beiden anderen Gründe wurden in den vorangehenden Kapiteln bereits erwähnt: Die direkte Kopplung mit dem Coprozessor und die Implementation der am häufigsten verwendeten Befehle in Hardware anstelle von Microcode.)

Ein kurzes Wort zum Zweck

Ein Prozessor, der mit 40 MHz Taktfrequenz arbeitet, braucht entweder einen Speicher mit einer Zugriffszeit von höchstens 1/40 000 000 = 25 Nanosekunden oder muß bei Speicherzugriffen eine entsprechende Anzahl von Wartezyklen einlegen. Von der Technik her wäre es nicht allzu schwer, ein System einfach komplett mit entsprechend schnellem Speicher auszurüsten (wenn man einmal davon absieht, daß dann wohl eine Wasserkühlung anstelle des sonst üblichen Lüfters erforderlich wird). Das eigentliche Problem liegt vielmehr im Preis, der im Bereich immer kleinerer Zugriffszeiten exponentiell anwächst.

Konsequent verwendet man bei realen Systemen im Mindestfall drei Abstufungen: die Speicherzellen, die der Prozessor pausenlos benutzt - nämlich seine Register - sind ohne Rücksicht auf die Kosten auf höchste Geschwindigkeit getrimmt, dazu kommt ein wesentlich langsamerer Hauptspeicher - und schließlich eine Festplatte für die wirklich großen Datenmengen. (Um eine Vorstellung von den Größenordnungen zu vermitteln: wenn ein MByte Plattenkapazität rund 3 Mark kostet, liegt der Preis für ein MByte RAM mit 70 ns Zugriffszeit bei 60 Mark - und ein MByte statischen RAMs mit 20 ns Zugriffszeit schlägt bereits ein Loch von rund 500 Mark in die Kasse.)

Für Hochleistungssysteme liegt die Idee nahe, das dreistufige Modell (Register, RAM und Platte) um eine vierte Stufe zu erweitern: Man nehme einige KByte relativ schnellen Speichers, und schalte sie als Puffer zwischen die Register und den eigentlichen Hauptspeicher, der dann durchaus ein wenig langsamer sein kann.

So bestechend der Ansatz auf den ersten Blick auch wirkt: ganz problemfrei ist er natürlich nicht. Größe ist hier beispielsweise nicht unbedingt mit Effizienz gleichzusetzen, weil ein größerer Cache auf eine aufwendigere Verwaltung bedingt - weshalb vor allem ein Prinzip gilt: je kleiner, desto intelligenter muß die Sache sein.

Intelligenter Speicher

In einem normalen System gibt die CPU eine Adresse aus und wartet, bis der Hauptspeicher darauf mit Daten reagiert. Da ein Cache naturgemäß nicht alle Daten aufnehmen kann, mit denen eine Anwendung arbeitet (wieso nicht? weil er sonst zum Hauptspeicher würde), muß er ein etwas anderes Verfahren verwenden: Er speichert Daten als geordnete Paare der Form »Adresse/Wert«. Von der CPU ausgegebene Adressen werden von einem Cache mit sämtlichen momentan gespeicherten Adreß-/Wertepaaren verglichen: Wenn sich das gewünschte Paar findet (»cache hit« = Cache-Treffer), liefert der Cache den dort gespeicherten Wert direkt an den Prozessor zurück; ansonsten reicht er die Anforderung an den (langsameren) Hauptspeicher weiter und verbucht diese Aktion als »cache miss« (zu Deutsch: daneben). Die in diesem Fall vom Hauptspeicher gelieferten Daten werden als neues Adreß-/Wertepaar gespeichert: Weitere Zugriffe auf dieselbe Adresse machen also Anfragen an den Hauptspeicher überflüssig, d.h. werden direkt aus dem Cache bedient.

Das Speichern eines neuen Adreß-/Wertepaars hat in den meisten Fällen zur Folge, daß irgendein »alter« Eintrag dafür weichen muß (sprich: aus dem Cache hinausgeworfen wird). Woraus zwei Dinge folgen:

- Ein Programm, das aus einem endlosen Befehlsstrom besteht und überdies ständig wechselnde Daten liest, hat von einem Cache recht wenig. Die diesem Prinzip zugrundeliegende Idee baut auf der Tatsache auf, daß praktisch alle realen Programme ihre Arbeit über *Schleifen* erledigen, d.h. ein und denselben Code wiederholt ausführen. Beim ersten Durchlauf einer solchen Schleife werden sämtliche Befehlscodes in den Cache übernommen, jeder weitere Durchlauf wird komplett über den Cache erledigt.

- Da die Aufnahme neuer Adreß-/Wertepaare praktisch immer den Hinauswurf eines anderen Paars erzwingt, muß eine möglichst intelligente (und schnelle) Methode zur

Beantwortung der Frage gefunden werden, *welches* Datenpaar in diesem Fall den Weg alles Irdischen gehen soll.

Damit auch der Hauptspeicher immer auf dem neuesten Stand bleibt, werden Schreibzugriffe etwas anders als Lesezugriffe behandelt: Der Prozessor sucht hier zwar den Cache ab (und aktualisiert ein eventuell gefundenes Adreß-/Wertepaar), schreibt die Daten aber in jedem Fall in den Hauptspeicher zurück. Auf diese Weise wird sichergestellt, daß nicht etwa andere Komponenten eines Systems (oder andere Prozessoren) mit veralteten Daten weiterarbeiten.

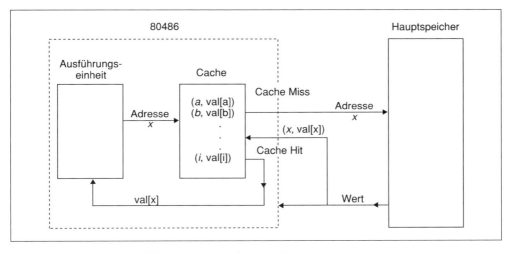

Abbildung 6.9 - Speicherlogik bei Cache-Systemen

Cache-Zeilen und Assoziativität

Caches werden im Gegensatz zum regulären Hauptspeicher nicht über Adressen ihrer Speicherzellen, sondern über deren Inhalte angesprochen und deshalb auch verschiedentlich als *Assoziativspeicher* bezeichnet. Eine echte Assoziativität ist bei 8 KByte allerdings bereits nicht mehr machbar, weil man dazu 8192 parallel arbeitende arithmetische Vergleichsstufen brauchen würde. Ein schlichtes Abfragen der Reihe nach scheidet aufgrund des damit verbundenen Zeitbedarfs von minimal 8192 Zyklen genauso aus, weshalb Caches üblicherweise eine Art Kompromiß zwischen beiden Adressierungsarten verwenden.

Der Cache des 80486 macht da keine Ausnahme: Er unterteilt die gespeicherten Daten in einzelne Zeilen (»cache lines«) à 16 Bytes und reduziert damit dem für Adreßvergleiche notwendigen Aufwand ganz erheblich. Das dabei verwendete Prinzip sieht eigentlich recht einfach aus: Wann immer der Prozessor auf eine Adresse *x* zugreift, die momentan noch nicht im Cache gespeichert ist, blendet die Elektronik die niederwertigen 4 Bits dieser Adresse aus (führt also die Operation *x AND FFFFFFF0h* durch) - und liest danach 16 Bytes ab der sich dabei ergebenden Adresse sozusagen in einem Rutsch. (Der 80486 definiert zu diesem Zweck einen sogenannten *burst mode*, über den sich vier aufeinanderfolgende Leseoperationen à 32 Bit in insgesamt 4 Taktzyklen abwickeln lassen.) Ein Lesezugriff auf die physikalische Adresse 3A75h hat also das Lesen des Bereichs 3A70h .. 3A7Fh zur Folge, falls sich diese Daten noch nicht im Cache befinden. Auch wenn das auf den ersten Blick etwas aufwendig erscheinen mag: Dieses »vorausschauende Lesen« sorgt nicht zuletzt dafür, daß auch rein sequentiell arbeitende Programme letztlich doch etwas von einem Cache haben.

Der für das Speichern von Adressen notwendige Platz - der sogenannte *Tag RAM* - geht übrigens nicht in die Größenangabe von Caches ein: Ein 8 KByte großer Cache bietet also tatsächlich Raum für 8 KByte Daten.

Die Steuerung

Die Entwickler von Intel haben die Speicherung von Daten nicht nur von einer, sondern von mehreren Bedingungen abhängig gemacht. Die erste zu beantwortende Frage ist noch relativ einfacher Natur - sie lautet schlicht: »Ist der Cache eingeschaltet?« Die Bits CD und NW des Registers CR0 fungieren als »globale« Schalter für den Cache: Nachdem man sie zurückgesetzt und den Cache auf diese Weise aktiviert hat, läßt er sich über einen Befehl sowie eine separate Signalleitung komplett entleeren, über ein Steuerprogramm für bestimmte Speicherseiten ausblenden und (wiederum per Hardware) zeilenweise abschalten.

Die (im Zustand »0« aktive) Signalleitung FLUSH wird von anderen Komponenten des Systems (und in Multiprozessor-Systemen von anderen Prozessoren) benutzt, um den momentanen Cache-Inhalt sozusagen von außen her als ungültig zu erklären. Notwendig kann diese Operation in allen Fällen werden, in denen eine andere Systemkomponente als der Prozessor selbst die Inhalte von Speicherbereichen verändert - wie beispielsweise ein über DMA arbeitender Festplatten-Controller.

Die Einträge der Paging-Tabellen enthalten unter anderem zwei Bits, mit denen sich die Flags CD und NW des Registers CR0 maskieren lassen. Auf diese Weise kann man erreichen, daß der 80486 bestimmte Speicherbereiche zwar liest, seinen Cache aber nicht mit ihren Inhalten belastet. Ein typisches Beispiel dafür stellt der Bildspeicher in IBM-kompatiblen PCs dar, der von gängigen Speicherverwaltungen grundsätzlich aus der Cache-Logik ausgeklammert wird.

Zu guter Letzt können andere Komponenten eines Systems mehr oder minder im Alleingang beschließen, daß man durch sie zur Verfügung gestellte Speicherbereiche besser außen vor lassen sollte. Der 80486 stellt zu diesem Zweck eine weitere Signalleitung namens KEN zur Verfügung, die derartige Geräte Zugriffe auf ihre eigenen Speicherstellen auf den Pegel »0« ziehen - und so dafür sorgen, daß Leseoperationen den Cache umgehen. (Sinnvoll ist das vor allem bei Geräten, die nicht über I/O-Befehle angesprochen werden, sondern sich dem Prozessor als ganz normale Speicherzellen präsentieren.)

Drei Prozessoren auf einem Chip

7

In der Einleitung dieses Buches hatte ich schon einmal erwähnt, daß Intel bei neuen Mitgliedern der 80x86-Familie vor allem auf die Abwärtskompatibilität Wert gelegt hat - also auf die Fähigkeit, auch für ältere Prozessoren derselben Serie geschriebene Programme problemlos abzuarbeiten. In diesem Kapitel geht es um exakt diese Möglichkeiten - und darum, wie man das meiste aus ihnen herausholt.

Tatsächlich stellen der 80386 und seine Nachfolger eine fast schon ideale Möglichkeit zum schrittweisen Ausbau existierender Systeme und Programmierumgebungen dar: im Real Mode können sie für den 8086 geschriebene Programme verarbeiten, im Protected Mode simulieren sie einen 80286. Der von Intel als »native mode« des 80386 bezeichnete Arbeitsmodus stellt eine geradlinige Erweiterung des 80286 zu einem echten 32 Bit-Prozessor dar, die nicht zuletzt die lästige Beschränkung von 64 KByte pro Segment aufhebt. Wie wohl allgemein bekannt, lassen sich die verschiedenen Modi überdies noch kombinieren: der virtuelle 8086er-Modus ermöglicht das Ausführen von Real Mode-Programmen über ein Betriebssystem, das selbst den Protected Mode benutzt. Natürlich geht es dabei ausschließlich darum, Betriebssysteme wie Windows 3.x und OS/2 nicht aus dem nach wie vor überwältigend großen Software-Pool der DOS-Programme auszuschließen (der seinerseits allerdings in einem konstanten Schrumpfungsprozeß begriffen ist: ob Intel diesen Modus auch noch im 80686 oder 80786 unterstützen wird, bleibt vorläufig dahingestellt).

Real Mode

Direkt nach dem Einschalten der Stromversorgung sowie einer Re-Initialisierung über die Signalleitung RESET arbeitet der Prozessor mit »echten Adressen« (von denen der Real Mode seinen Namen hat), d.h. verwendet weder Paging noch eine Adreßumsetzung über Deskriptoren. Die Schutzmechanismen des Protected Mode sind in diesem Modus deaktiviert, der physikalische Adreßraum entspricht dem logischen Adreßraum und ist auf den Bereich von 0 bis 1 MByte begrenzt.

Im Real Mode simulieren der 80386 und seine Nachfolger die Prozessoren 8088, 8086, 80188 und 80186 bzw. den Real Mode des 80286. (Eine Auflistung der - minimalen - Unterschiede, die sich trotz dieser Simulation von Prozessor zu Prozessor ergeben, finden Sie in Anhang F).

Mit einem RESET-Impuls bzw. dem Einschalten der Stromversorgung ist nicht nur die Aktivierung des Real Mode verbunden, sondern auch die Initialisierung diverser Register:

Register	Wert	Erläuterung
DH	3 oder 4	3 für 80386, 4 für 80486
DL	<id>	Revisionsnummer der CPU
EFLAGS	2	
IDTR	Basis 0, Limit 03FFh	
CS	F000h	Basisadresse FFFF0000h(!)
IP	FFF0h	erster Befehl: CS:FFF0h
SS	0	Basisadresse 0
ESP	?	ES:ESP muß vor Verwendung des Stacks initialisiert werden
DS	0	Basisadresse 0
ES	0	Basisadresse 0
FS	0	Basisadresse 0
GS	0	Basisadresse 0
CR0(80486)	60000000h	Cache abgeschaltet
CR0(80386)	000000x0h	Bit 4 gesetzt, wenn 80387 gefunden, Bits 5-31 undefiniert

Speicheradressierung

Wie in Kapitel 2 erläutert, enthält der Prozessor eine Reihe von Schattenregistern, an die man als Programmierer nur indirekt herankommt. Im Protected Mode übernehmen diese Register die Funktion eines Caches für die Eigenschaften von Segmenten, d.h. speichern die Basisadresse, die Größe und die zum jeweiligen Segment gehörigen Attribute. Nachdem im Real Mode keine Deskriptor-Tabellen existieren, über die man diese Schattenregister mit neuen Werten laden könnte, übernimmt der Prozessor ihre Initialisierung selbst. Ein RESET-Impuls setzt hier die folgenden (und bis zu einer eventuellen Umschaltung in den Protected Mode unveränderten Werte):

Feld	Wert	Erläuterung
Limit	FFFFh	Segmentgröße 64 KByte
Attribute	xxxx	Adressierung mit 16 Bit, 16 Bit-Befehlssatz, keine Einschränkung von Zugriffen, Privilegstufe 0

Real Mode

Die Basisadresse wird dagegen durch das Laden von Segmentregistern jeweils neu gesetzt - und zwar mit einem über die einfache Formel »Segmentregister * 16« berechneten Wert. Die Ausnahme von dieser Regel stellt das Register CS dar: es bekommt im Gegensatz zu den anderen Registern durch ein RESET den Wert F000h, der *nicht* für die physikalische Speicheradresse F0000h, sondern für die Adresse FFFF0000h steht. (Mehr dazu in Kürze).

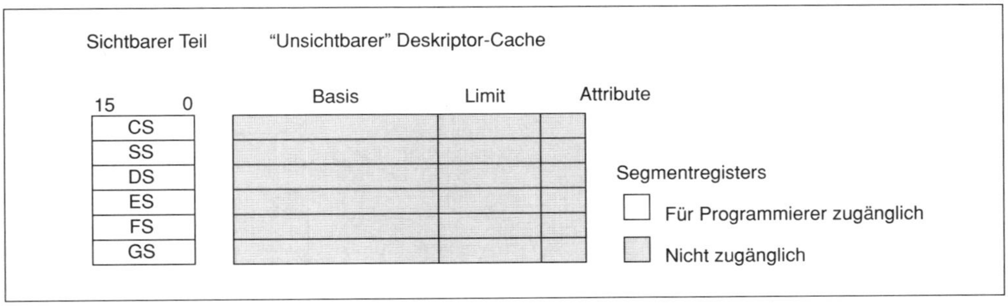

```
    Sichtbarer Teil      "Unsichtbarer" Deskriptor-Cache

    15        0       Basis       Limit      Attribute
       CS
       SS
       DS                                              Segmentregisters
       ES
       FS                                              ☐ Für Programmierer zugänglich
       GS
                                                       ☐ Nicht zugänglich
```

Abbildung 7.1 - Schattenregister

Beim 80386 setzt ein RESET-Impuls tatsächlich nur die in der Tabelle auf Seite 204 aufgelisteten Register mit definierten Werten: der Rest (wie beispielsweise EAX, EBX usw.) bleibt undefiniert. Der 80486 verhält sich in diesem Punkt genauso, wenn man von einer Ausnahme absieht: wenn man den dort eingebauten Selbsttest aktiviert (was durch Aktivierung der Signalleitung AHOLD während der fallenden Flanke des RESET-Impulses geschieht), dann setzt er das Register EAX bei erfolgreichem Abschluß dieses Selbsttests auf den Wert 0.

Da die Limit-Felder der einzelnen Schattenregister wie gesagt mit FFFFh geladen werden und diesen Wert bis zu einer eventuellen Umschaltung in den Protected Mode beibehalten, sind auch der 80386 und seine Nachfolger im Real Mode auf Segmente mit jeweils 64 KByte beschränkt. Die Berechnung der Basisadresse von Segmenten geschieht nach demselben Schema wie beim »Urmodell« 8088: wenn man beispielsweise das Register DS mit dem Wert 001Ah lädt, läßt sich darüber also der physikalische Speicherbereich 01A0h .. 1019Fh erreichen. (Wie Abbildung 7.2 verdeutlicht, nutzt der 80386 dabei natürlich nur einen Bruchteil seiner tatsächlichen Möglichkeiten).

Ganz stimmt die Behauptung übrigens nicht, daß man im Real Mode auf 1 MByte begrenzt wäre: wenn man ein Segmentregister mit dem Wert FFFFh lädt, kommt dabei die Basisadresse FFFF0h (also 1 MByte - 16 Bytes) heraus, zu der sich wie gehabt ein Offset-Anteil von maximal FFFFh addieren und damit die physikalische Adresse 10FFF0h erzeugen läßt. Tatsächlich führt auch ein 8088 Adreß-Berechnungen dieser Art klaglos aus, erzeugt dabei aber eine Art physikalischen Überlaufs: da dieser Prozessor auf 20 Adreßleitungen beschränkt ist, geht das zur Darstellung von Adressen oberhalb 1 MByte benötigte 21. Bit verloren. Ein mit diesem Prozessor verbundener Speicher »sieht« also Adressen der Form 1XXXXXh als 0XXXXXh, d.h. behandelt sie in derselben Weise wie Zugriffe auf die untersten 64 KByte. Ab dem 80286 verfügen die Mitglieder der 80x86-Familie über mehr als 20 Adreßleitungen, wobei das 21. Bit (die Leitung A20) auch im Real Mode an den Speicher »durchgereicht« wird - womit sich Inkompatbilitäten bei Programmen ergeben, die bewußt mit Adreß-Überläufen arbeiten. IBM-kompatible Systeme beinhalten deshalb zusätzliche Elektronik, mit der sich die Adreßleitung A20 extern abschalten läßt. Der 80486 vollzieht macht diese Zusätze mit einer eigenen Signalleitung namens A20M überflüssig: wenn man sie aktiviert, beläßt er die Leitung A20 im Real Mode durchgehend auf dem Pegel »0«.

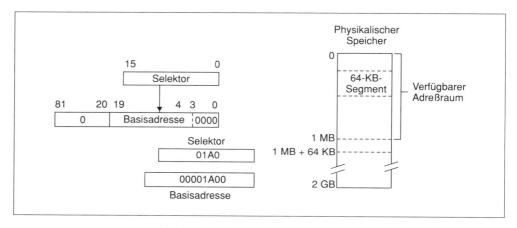

Abbildung 7.2 - Adressierung im Real Mode

Wie zuvor angedeutet, stellt das Register CS in gewisser Hinsicht eine Ausnahme dar: bei einem RESET-Impuls setzt der Prozessor die für den Real Mode geltenden Regeln kurzzeitig außer Kraft - und lädt das zu CS gehörige Schattenregister mit der Basisadresse FFFF0000h. Alle nachfolgenden Veränderungen von CS (über CALL FAR, JMP FAR oder einen RET FAR-Befehl) haben dagegen wieder das normale Prozedere zur Folge, d.h. berechnen die Basisadresse über die Formel »Segmentregister * 16«.

Anders gesagt: obwohl der Prozessor im Real Mode startet, liest er seine ersten Befehle aus den obersten 64 KByte des im Protected Mode zur Verfügung stehenden Adreßbereichs. Die Alternative wäre ein System gewesen, das innerhalb des ersten Megabytes ein ROM enthalten *muß* - das seinerseits aber nach einer Umschaltung in den Protected Mode sozusagen mitten im Wege steht. (Was in der Praxis daraus wurde, ist jedem Benutzer eines IBM-kompatiblen Computers bekannt: ein System, das ein und dasselbe BIOS-ROM einmal an der oberen Grenze des Adreßbereichs, einmal dagegen innerhalb des ersten Megabytes erscheinen läßt).

Der 16-Bit-Befehlssatz

Über das Besetzen der Schattenregister mit vordefinierten Werten haben die Entwickler von Intel auch gleich ein weiteres Problem erledigt: wie in der Tabelle auf Seite 204 angedeutet, haben im Real Mode alle Segmente das Attribut »16 Bit-Code«, arbeiten also mit dem Äquivalent eines Deskriptors, bei dem das D-Bit zurückgesetzt ist. Konsequent erwarten auch der 80386 und der 80486 im Real Mode Operanden und Adressen mit 16 anstelle von 32 Bit, solange dem entsprechenden Befehl nicht das Präfix OPSIZ bzw. ADRSIZ vorangeht.

Da ich das zugrundeliegende Szenario bereits in Kapitel 4 erläutert habe, folgt hier nur noch einmal eine kurze Wiederholung: bei den meisten Opcodes legt ein einzelnes Bit fest, ob sich die Operation (im Real Mode) auf ein Byte oder ein Wort bezieht. Der Opcode für das Invertieren eines Byte-Operanden setzt sich beispielsweise aus der Binärfolge 11110110b zusammen, der Opcode für das Invertieren eines Wort-Operanden aus der Binärfolge 11110111b. Beim Übergang von 16 auf 32 Bit standen die Entwickler vor der Entscheidung, für DWord-Operanden entweder völlig neue Opcodes zu erfinden - oder ein und dieselben Opcodes abhängig vom jeweiligen Modus zu interpretieren. Sie haben sich für die zweite Lösung entschieden: in einem durch ein gesetztes D-Bit als »32-Bit-Code« gekennzeichneten Codesegment wird die Binärfolge 11110110b als wortweise Invertierung interpretiert, die Binärfolge 11110111b als Befehl zur Invertierung eines DWord-Operanden.

Dasselbe gilt für Adressierungen über Indexregister: ob der Prozessor ein bestimmtes Binärmuster als MOV AL,[SI+8] oder als MOV AL,[ESI+8] interpretiert, hängt ausschließlich vom D-Bit des Codesegments ab, aus dem er diesen Befehl liest. Ein letzter, aber mindestens ebenso wichtiger Punkt betrifft PUSH- und POP-Befehle: wenn das D-Bit im Stacksegment bzw. dem dazugehörigen Deskriptor gesetzt ist, bearbeitet der Prozessor jeweils 32 Bit auf einmal, ansonsten gibt er sich mit 16 Bit zufrieden.

Die Präfixe OPSIZ und ADRSIZ invertieren das vom Prozessor standardmäßig verwendete D-Bit für die Dauer des jeweils nachfolgenden Befehls. Sie ermöglichen einerseits die Arbeit mit Byte-Operanden und Wort-Adressen in 32 Bit-Codesegmenten, andererseits die Verwendung von 32 Bit-Registern und -Befehlen in Programmen, die sich ansonsten auf 16 Bit beschränken (wie beispielsweise Skalierungen bei der Indizierung). Wie ebenfalls in Kapitel 4 erwähnt, haben diese beiden Präfixe keinen offiziellen Namen - und brauchen ihn auch nicht: sie werden vom Assembler automatisch eingesetzt, wenn man zum gewählten Modus »unpassende« Operanden- bzw. Adressengrößen benutzt.

Einen Fallstrick gibt es hier allerdings: bei der Programmierung im Real Mode muß man streng darauf achten, mit Offset-Anteilen von Adressen im Bereich von 0 bis 64 KByte zu bleiben. Da der Prozessor auch in diesem Modus jede Speicheradresse mit dem (dort auf 64 KByte fixierten) Limit vergleicht, erzeugt eine Befehlsfolge wie

```
MOV EAX,5000h
MOV EBX,[EAX*4]   ; Offset-Adresse = 14000h!
```

in exakt derselben Weise wie im Protected Mode einen allgemeinen Schutzfehler, d.h. löst einen Interrupt 13 aus.

Interrupts

Bei der Verarbeitung von Interrupts geschieht im Real Mode auf etwas andere Art als im Protected Mode. Das Register IDTR enthält zwar auch hier eine Basisadresse (und wird deshalb durch RESET mit dem Wert 0 initialisiert), zeigt aber auf eine Tabelle, die eher ein Array darstellt: anstelle von Deskriptoren finden sich dort Selektor:Offset-Paare, die üblicherweise als *Vektoren* bezeichnet werden und die Startadresse der zum jeweiligen Interrupt gehörigen Behandlungsroutine direkt angeben.

Da jeder dieser Vektoren 4 Bytes (anstelle von 8 für einen Deskriptor) belegt, hat die gesamte *Interrupt-Vektortabelle* eine Größe von 1024 Bytes. Konsequent trägt der Prozessor bei einem RESET-Impuls im zu IDTR gehörigen Schattenregister ein Limit von 03FFh (= 256 * 4) Bytes ein.

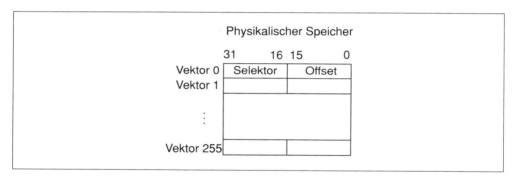

Abbildung 7.3 - Interrupt-Vektortabelle im Real Mode

Die weiteren Unterschiede beschränken sich auf Details: bei einem Soft- oder Hardware-Interrupt *n* legt der Prozessor das Register FLAGS (mit 16 Bit) auf den Stack, speichert dort dann das Registerpaar CS:IP (ebenfalls mit jeweils 16 Bit) und setzt schließlich die Bits IF sowie TF im FLAGS-Register zurück, d.h. sperrt weitere Hardware-Interrupts und die Ausführung in Einzelschritten. Danach wird CS:IP mit dem Eintrag *n* der Vektortabelle geladen, also die Programmausführung mit der in Vektor *n* angegebenen Adresse fortgesetzt. Der Befehl IRET macht diesen Prozeß rückgängig, d.h. setzt die auf dem Stack gespeicherten Werte wieder in CS:IP und FLAGS ein.

Das Konzept der Interrupt Gates ist im Real Mode unbekannt, Task-Wechsel im eigentlichen Sinne finden nicht statt - weshalb eine über Interrupts aufgerufene Routine selbst

Real Mode

dafür sorgen muß, Register des Prozessors vor eventuellen Veränderungen zwischenzuspeichern. Wenn man einmal von CS:IP und FLAGS absieht, findet also überhaupt keine automatische Speicherung des aktuellen Status statt. Man könnte deshalb auch ohne weiteres sagen, daß Interrupt-Vektoren die Adresse einer Behandlungsroutine festlegen - und sonst nichts.

Einschränkungen im Real Mode

Der 80386 und seine Nachfolger stellen ihren gegenüber dem 8086 stark erweiterten Befehlssatz auch im Real Mode zur Verfügung. Wie in einem der vorangehenden Abschnitte und in Kapitel 4 erläutert, kann man also auch in diesem Modus nicht nur mit 32 Bit breiten Rechenregistern arbeiten und skalierte Indizierungen benutzen, sondern auch Erweiterungen im Registersatz selbst (also FS und GS sowie DR0..DR7 und CR0..CR3) verwenden.

Die Ausnahmen von der Regel stellen Befehle im Zusammenhang mit Mechanismen dar, die im Real Mode überhaupt nicht definiert sind. In diese Kategorie fallen Zugriffe auf Deskriptor-Tabellen, TS-Segmente und (erstaunlicherweise) den Cache des 80486:

Befehl	Name/Erläuterung
INVD*	Invalidate Cache - Cache-Inhalt für ungültig erklären
INVLPG*	Invaliate TLB Entry - Paging-Cache für ungültig erklären
LAR	Load Access Rights - Attribute eines Segments prüfen
LLDT	Load LDT - LDT-Register laden
LSL	Load Segment Limit - Limit-Feld eines Deskriptors laden
LTR	Load TR - Task Register laden
SLDT	Store LDT - LDT-Register speichern
STR	Store TR - Task Register speichern
VERR	Verify Read Access - Prüfung auf Leseerlaubnis
VERW	Verify Write Access - Prüfung auf Schreiberlaubnis
WBINVD*	Write Back, Invalidate Cache - Cache schreiben und als ungültig erklären

(Die mit einem Sternchen gekennzeichneten Befehle stellen Erweiterungen des 80486 gegenüber seinen Vorgängern dar, d.h. sind beim 80386 undefiniert.)

Im Real Mode verhalten sich der 80386 und seine Nachfolger so, als würden sie diese Befehle überhaupt nicht kennen, d.h. reagieren mit einem Interrupt 6 (»undefined opcode«). Eine weitere und bereits letzte Einschränkung betrifft den Paging-Mechanismus, der im Real Mode ebenfalls nicht zur Verfügung steht: bereits der Versuch, das PG-Bit im Register CR0 zu setzen, wird mit einem allgemeinen Schutzfehler (Interrupt 13) quittiert.

Weitere Details zu den Unterschieden zwischen den einzelnen Mitgliedern der 80x86-Familie im Real Mode finden Sie in Anhang F.

Protected Mode

Durch das Setzen von Bit 0 im Register CR0 wird der Prozessor vom Real Mode in den Protected Mode umgeschaltet. Ein direktes Ergebnis hat diese Umschaltung nicht, weshalb man sie zumindest theoretisch auch ohne jede Vorbereitung ausführen könnte. Ein Programm, das diesen Versuch wagt, endet allerdings beim nächsten Interrupt bzw. jeder anderen Art direktem Segmentbezugs (CALL FAR, JMP FAR oder dem Laden eines Segmentregisters) auf recht unschöne Weise, weil der Prozessor dann zum ersten Mal auf Deskriptor-Tabellen zugreifen will. Sollte dieser Dreh- und Angelpunkt des Protected Mode nicht existieren (lies: Register wie GDTR und IDTR auf Speicherbereiche undefinierten Inhalts zeigen), ist ein Dreifach-Fehler (»triple fault«) die Folge, auf den der 80286 mit einem Rücksturz in den Real Mode, der 80386 und seine Nachfolger dagegen mit schlichtem Abschalten reagieren.

Anders gesagt: eine Umschaltung vom Real in den Protected Mode setzt eine Reihe von Vorbereitungen voraus, die im Minimalfall aus dem Anlegen einer GDT, einer IDT und eines TS-Segments für den ersten in diesem Modus laufenden Prozeß bestehen. Im Prinzip könnte man die dazu benötigten Daten auch im ROM eines Systems definieren, muß sie von dort aber ins RAM kopieren, weil der Prozessor diese Tabellen nicht nur liest, sondern auch verändert.

Abbildung 7.4 stellt ein solches Minimalsystem dar, das zumindest als Grundlage für das Ausführen weiterer Initialisierungen dienen könnte (wobei der sich der dafür verwendete Code in diesem Szenario im ROM befindet). Die Alternative zu einem solchen Minimalsystem wäre ein umfangreicheres Real Mode-Programm, das seinerseits erst einmal sämtliche später benötigten Tabellen aufbaut, das eigentliche Betriebssystem von der Festplatte lädt und dann erst eine Umschaltung vornimmt. Unbedingt zu empfehlen ist dieses Vorgehen allerdings nicht: der unbestreitbare Vorteil einer möglichst frühen Umschaltung in den Protected Mode liegt darin, daß dem Programmentwickler bereits während der Initialisierungsphase die Prüfmöglichkeiten des Prozessors zur Verfügung stehen bzw. konzeptionelle Probleme bereits im Ansatz sichtbar werden.

Wie in Abbildung 7.4 zu sehen, ist der Eintrag GDT(0) unbesetzt, weil der Prozessor den Selektorwert 0 auf spezielle Weise behandelt (vgl. Kapitel 3). Der Eintrag GDT(1) *zeigt auf die GDT selbst*: er verbindet das entsprechende Segment mit den Attributen eines les-

Real Mode

und beschreibbaren Datensegments, d.h. ermöglicht dem Betriebssystem das Hinzufügen, Löschen und Verändern von Deskriptoren. Der Deskriptor GDT(2) erfüllt dieselbe Funktion für die IDT.

Die restlichen Einträge dienen dagegen nicht als Alias, sondern haben eine echte logische Funktion: GDT(3) definiert das TS-Segment für den aktiven Prozeß nach der Umschaltung in den Protected Mode, GDT(4) das Datensegment dieses Prozesses und GDT(5) das Codesegment, das in diesem Beispiel im ROM untergebracht ist.

Vor der eigentlichen Umschaltung durch das Setzen des PE-Bits im Register CR0 muß das Register GDTR mit der Basisadresse der GDT und dem Limit dieses Segments geladen werden. Für die von Hardware-Interrupts des Systems benutzten Vektoren sowie vom Prozessor erzeugte Ausnahmezustände müssen entsprechende Gates in der IDT eingetragen sein, die auf die dazugehörigen Behandlungsroutinen verweisen. Nachdem das Register IDTR mit der Basisadresse sowie dem Limit der IDT und das Register TR mit dem Deskriptor GDT(3) geladen sind, wird das PE-Bit schließlich gesetzt. Direkt auf den dazu verwendeten Befehl (MOV CR0,<Reg>) sollte ein FAR-Sprung - für unser Beispiel: JMP FAR 0028h:xxxx) folgen: er veranlaßt den Prozessor, CS und die dazugehörigen Schattenregister mit einem gültigen Deskriptor (hier: GDT(5)) zu laden. Die darüber aktivierte Routine muß sich schließlich um die Definition eines Stacksegments, das Laden des DS-Registers und um die weitere Initialisierung des Systems kümmern, die unter anderem aus dem Einschalten des Paging-Mechanismus, dem Laden des eigentlichen Betriebssystems von der Festplatte und schließlich dem Start der ersten Anwendung besteht.

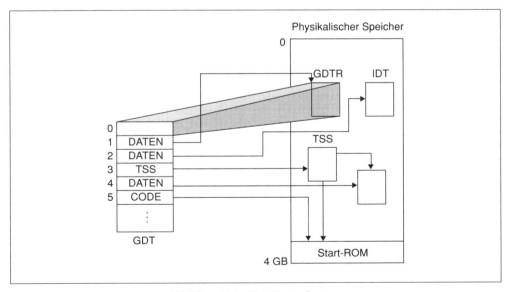

Abbildung 7.4 - Ein Minimalsystem

Kompatibilität zum 80286

Für den 80286 geschriebene Programme und Betriebssysteme sind ohne Einschränkung auch auf dem 80386 und seinen Nachfolgern lauffähig, weil die Entwickler von Intel bereits beim 80286 kräftig in die Zukunft geplant haben: bei allen drei Prozessortypen werden Deskriptoren mit 64 Bit verwendet. Beim 80286 gelten die höchstwertigen 16 Bits eines Deskriptors als reserviert und müssen grundsätzlich auf 0 gesetzt sein, der 80386 und seine Nachfolger bringen in diesem Bereich die höherwertigen Anteile von Basisadressen und Limits zusammen mit den Steuerbits G (Granularität) und D (Operanden- bzw. Adressengröße) unter. Ein Segment, in dessen Deskriptor die höchstwertigen 16 Bits zurückgesetzt sind, wird von beiden Prozessoren konsequent wie ein 80286-Segment behandelt: es ist auf 64 KByte Größe begrenzt, Operanden und Adressen arbeiten mit 16 Bit, solange den entsprechenden Befehlen nicht ein Präfix vorangeht.

Von Erweiterungen abgesehen, verhalten sich die Prozessoren 80286, 80386 und 80486 ausgesprochen ähnlich: soweit überhaupt Unterschiede im Verhalten bestehen, sind sie auf Verbesserungen und/oder neu hinzugekommene Eigenschaften zurückzuführen. Ein Beispiel dafür ist das Präfix LOCK, mit dem der 80286 recht sorglos umgeht: zum einen kann man es dort jedem x-beliebigen Befehl voranstellen, zum anderen sperrt ein damit eingeleiteter Befehl temporär den gesamten Hauptspeicher gegenüber Zugriffen anderer Systemkomponenten. Der 80386 und seine Nachfolger beschränken diese Sperre auf den vom jeweiligen Operanden tatsächlich verwendeten Speicherbereich und erlauben überdies die Verwendung von LOCK nur im Zusammenhang mit Speicherzugriffen durch die folgenden Befehle:

ADC	BTC	INC	SBB
ADD	BTR	NEG	SUB
AND	BTS	NOT	XCHG
BT	DEC	OR	XOR

Jede Verletzung dieser Regel - also beispielsweise die Kombination von LOCK mit einem Befehl wie ADC AX,BX oder einem Sprung - hat einen Interrupt 6 (»undefined opcode«) zur Folge.

Zwei weitere Unterschiede zwischen dem 80286 und neueren Mitgliedern der 80x86-Familie treten ausschließlich direkt nach einem RESET-Impuls zutage:

■ Der 80286 setzt bei RESET das Maschinenstatuswort (d.h. die 16 niederwertigen Bits des Registers CR0) auf FFF0h, die Prozessoren 80386 und 80486 tragen dort dagegen den Wert 0 ein.

■ Der 80286 setzt bei RESET die Basisadresse für das CS-Register auf den Wert FF0000h, was von der Logik her dem Verhalten seiner Nachfolger entspricht: dabei handelt es sich um oberste 64 KByte-Segment innerhalb des Adreßbereichs, der beim 80286 aber auf 16 MByte anstelle von 4 GByte beschränkt ist.

Ein weiterer und letzter Unterschied, der allerdings höchstens für Hasardeure von Bedeutung ist: die in der Tabelle auf Seite 204 nicht explizit erwähnten Register haben beim 80286 nach einem RESET andere Inhalte als beim 80386 bzw. 80486.

Rücksprung zum Real Mode

Allgemein gilt natürlich, daß ein im Protected Mode laufendes Betriebssystem nach Möglichkeit auch bei diesem Modus bleiben sollte, wenn es sein eigenes Schutzkonzept nicht rückwärts unterlaufen will. (Was das Ausführen einzelner Routinen - etwa eines systemeigenen BIOS - betrifft, die für den 8086 geschrieben sind und deshalb im Real Mode ausgeführt werden müssen: dafür kann man separate Tasks im virtuellen 8086er-Modus definieren - siehe nächster Abschnitt).

Falls Sie aus dem einen oder anderen Grund dennoch nicht um eine vollständige Rückschaltung in den Real Mode herumkommen - hier ist die notwendige Prozedur:

1. Wenn das System mit Paging arbeitet: installieren Sie eine Routine, deren physikalische und virtuelle Adressen identisch sind. Diese Routine muß über den Befehl JMP FAR aktiviert werden, das Bit PG im Register CR0 zurücksetzen und das Register CR3 mit dem Wert 0 laden. (Die Ladeaktion von CR3 interpretiert der Prozessor als Wechsel des Paging-Verzeichnisses, weshalb er im weiteren den Inhalt der TLB als ungültig betrachtet).

2. Setzen Sie die Attribute der Segmente, die unmittelbar nach der Rückschaltung in den Real Mode verwendet werden sollen, auf »les- und beschreibbar«, löschen Sie die Bits D und G in den entsprechenden Selektoren und begrenzen Sie die Limit-Felder auf 64 KByte. Das für CS verwendete Segment muß über seine Attribute als »ausführbar« gekennzeichnet sein, der dazugehörige Selektor über den Befehl JMP FAR in die Schattenregister eingelesen werden.

3. Unterdrücken Sie Hardware-Interrupts (über den Befehl CLI), laden Sie das Register IDTR mit der Basisadresse 0 und dem Limit 03FFh.

4. Setzen Sie das PE-Bit im Register CR0 zurück und lassen Sie den Prozessor einen weiteren JMP FAR ausführen, der einerseits CS auf die Adresse eines Segments mit 8086-Code setzt, andererseits die Befehls-Warteschlange des Prozessors löscht.

Die auf diese Weise aktivierte 8086-Routine muß sich nun um die restlichen Initialisierungen kümmern, d.h. einen Stack einrichten und zumindest das DS-Register setzen.

Der virtuelle 8086er-Modus

In ähnlicher Weise, wie eine virtuelle Speicherverwaltung Programmen mehr Hauptspeicher vorgaukelt als physikalisch existiert, simulieren der 80386 und seine Nachfolger im virtuellen 8086er-Modus das Vorhandensein einer größeren Zahl von (8086-) Prozessoren, als tatsächlich vorhanden ist. Wieviele Prozessoren sich auf diese Weise nachbilden lassen, hängt so gut wie ausschließlich von der Menge verfügbaren Speichers ab - und die Illusion ist so perfekt, daß man auf einem System nicht nur mehrere Anwendungen, sondern auch für den 8086 geschriebene *Betriebssysteme* nebeneinander laufen lassen kann. Ein im Protected Mode arbeitendes Betriebssystem übernimmt dabei sozusagen die Oberaufsicht - weshalb es beispielsweise durchaus möglich ist, in einer UNIX-Umgebung ein DOS-Fenster für eine Textverarbeitung und weitere Fenster für Rechenblätter und ähnliche Anwendungen zu öffnen. Jeder im virtuellen 8086er-Modus ausgeführte Prozeß »sieht« dabei einen kompatiblen PC mit einem Adreßraum von 1 MByte, der mit einem 8086 als Prozessor zu arbeiten scheint.

Der von Intel in diesen Modus investierte Entwicklungsaufwand kommt natürlich nicht von ungefähr. Während der Markt beim Erscheinen des 8086 und des IBM PC mit einer nachgerade überwältigenden Bewegung reagierte, fand der einige Jahre danach mit dem 80286 eingeführte Protected Mode nur wenig Resonanz. Der Grund dafür lag (und liegt) darin, daß MS-DOS bzw. für dieses Betriebssystem geschriebene Programme in ausgesprochen starkem Maße auf fixe Zusammenhänge zwischen Selektoren und physikalischen Adressen aufbauen, was im Protected Mode zwangsläufig zu Schwierigkeiten führt - und eine weitgehend automatisierte Portierung (wie etwa von CP/M-Programmen nach MS-DOS) offensichtlich nicht machbar ist. Konsequent hatten Betriebssysteme wie Concurrent CP/M von Digital Research und Windows 2.0 von Microsoft vor allem damit zu kämpfen, daß sie völlig neue Anwendungsprogramme erforderlich machten - sprich: ihnen die Basis in Form zigtausender Anwendungen fehlte.

Der virtuelle 8086er-Modus war Intels Antwort auf diese Probleme. Er ist in den Modellen 80386, 80386SX, 80486 sowie 80486SX verfügbar und stützt sich hauptsächlich auf zwei Mechanismen dieser Prozessoren: Paging erlaubt das Verlagern von 8086-Prozessen in den (physikalischen) Speicherbereich oberhalb von 1 MByte, die Umschaltung zwischen einzelnen Prozessen und das »Einfrieren« ihres momentanen Zustandes in TS-Segmenten wird hier wie das Umschalten zwischen verschiedenen Prozessoren gehandhabt.

Etwas detaillierter: das TS-Segment eines 8086-Prozesses enthält in diesem Modus wie üblich die Basisadresse eines Paging-Verzeichnisses (Register CR3), Stackzeiger für Aufrufe von Betriebssystemroutinen in Ring 0 und ein EFLAGS-Register, in dem das Bit VM (»virtual mode«) gesetzt ist. Jeder 8086-Prozeß macht ein separates Paging-Verzeichnis erforderlich, bei dem nur der erste Eintrag besetzt ist: er zeigt auf eine Paging-Tabelle mit 256 besetzten Einträgen, die insgesamt 1 MByte logischen Adreßraums auf beliebige Seiten innerhalb des gesamten Adreßraums von 4 GByte abbildet.

Bei gesetztem VM-Bit im EFLAGS-Register verhält sich der Prozessor exakt so wie ein 8086: er bezieht die Basisadressen von Segmenten nicht aus Selektoren, sondern berechnet sie nach der Formel »Segmentregister * 16«. Der einzige (und für 8086-Programme unsichtbare) Unterschied: während im Real Mode mit physikalischen Adressen gearbeitet wird, betrachtet der Prozessor die im virtuellen 8086er-Modus erzeugten Adressen als linear, d.h. schaltet den Paging-Mechanismus als Umsetzung dazwischen. (Leicht vereinfachend könnte man den virtuellen 8086er-Modus also als Real Mode mit eingeschaltetem Paging bezeichnen).

Da das kontrollierende Betriebssystem die Aufsicht über die Zuordnung zwischen linearen und physikalischen Adressen hat und seinerseits im Protected Mode arbeitet, greifen hier auch die restlichen mit Paging verbundenen Mechanismen - also das Auslagern von Speicherseiten auf die Festplatte, die Benachrichtigung über momentan nicht vorhandene Seiten per Interrupt usw.

Was nun noch fehlt, ist die Einbettung derartiger Prozesse in ein stabiles und vor allem sicheres System. Speicherzugriffe stellen dabei das geringste Problem dar, weil ein 8086-Prozeß *per se* nur in dem ihm (über Paging-Tabellen zugewiesenen) Bereich arbeiten kann. Für die beiden anderen Kommunikationsmöglichkeiten von Programmen - nämlich Interrupts und I/O-Befehle - müssen dagegen eigene Mechanismen definiert werden.

I/O-Befehle im 8086er-Modus

Im Protected Mode legt die I/O-Privilegstufe (»I/O Privilege Level« = IOPL) fest, ob ein Prozeß uneingeschränkten Zugriff auf die Ports des Systems hat oder über die I/O Permission Bitmap seines TS-Segments begrenzt ist. Außerdem bestimmt dieser Wert, ob der Prozeß Hardware-Interrupts zeitweilig über den Befehl CLI unterdrücken kann.

Im virtuellen 8086er-Modus ausgeführte 8086-Programme laufen auf der Privilegstufe 3, weshalb I/O-Zugriffe grundsätzlich über das jeweils zugeordnete Bitmap geprüft werden. Der Entwickler eines Betriebssystems muß sich hier allerdings wieder einmal zwischen Geschwindigkeit und Sicherheit entscheiden: wer einem 8086-Programm über seine I/O Permission Bitmap uneingeschränkten Zugriff auf allgemeine Ports erlaubt, muß damit rechnen, daß sich mehrere Programme dieser Art bei quasi-gleichzeitigen Ausgaben auf Drucker und andere Peripheriegeräte gegenseitig ins Gehege kommen. Das andere Extrem wäre eine komplette Sperre aller Ports: in diesem Fall reagiert der Prozessor auf jeden Portbefehl mit einem Interrupt und aktiviert die entsprechenden Verwaltungsroutinen des Betriebssystems, die nun ihrerseits den Zugriff des Programms je nach Situation entweder in Eigenregie ausführen oder abweisen können. So wünschenswert eine derart rigide Kontrolle auch wäre, so erschreckend ist ihr Zeitbedarf: ein 8086-Programm, das eine Seite im Grafikmodus auf einen Drucker ausgibt, würde einige hunderttausend Interrupts, Überprüfungen und Task-Wechsel zur Folge haben. Aus diesem Grund arbeiten die meisten Betriebssysteme hier mit einem Kompromiß: sie sperren jedem 8086-Programm erst einmal sämtliche Ports, können auf diese Weise beim ersten Portbefehl eine Prüfung vornehmen - und geben den entsprechenden Port bei Bedarf uneingeschränkt frei. Analog zum momentan aktiven Fenster existiert bei dieser Systematik also ein »aktiver Ausgabeprozeß«, der allerdings pro Port ein anderer sein kann. Es wäre durchaus denkbar, daß ein 8086-Programm als Fenster für den Benutzer im Vordergrund läuft, ein zweites Programm im Hintergrund Daten über die parallele Schnittstelle ausgibt und ein drittes Programm Daten über eine serielle Schnittstelle empfängt.

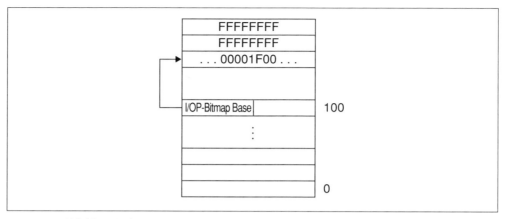

Abbildung 7.5 - I/O Permission Bitmap im TS-Segment eines 8086-Prozesses

Peripheriegeräte, die nicht über Ports mit dem System verbunden sind, sondern sich dem Prozessor als Speicherbereiche präsentieren, müssen über die Paging-Tabellen kontrolliert werden. Ein typisches Beispiel dafür stellt der Bildspeicher IBM-kompatibler Systeme dar: Betriebssysteme wie Windows 3.x kennzeichnen die entsprechenden Speicherseiten in den Paging-Tabellen aller Prozesse als »not present« und können sie entweder für den jeweils aktiven Prozeß freigeben - oder gleich sämtliche Ausgaben abfangen und in Eigenregie erledigen.

Interrupts

Das größte Problem im Zusammenhang mit Interrupts stellt weniger die Logik der Verarbeitung als das Interrupt-Sperrflag dar: es läßt sich nicht nur durch direkte Befehle (CLI und STI) setzen, sondern wird auch von einer Reihe anderer Operationen implizit beeinflußt. Ein System, das ohne rigide Kontrolle dieses Flags arbeitet, ließe sich trotz aller anderen Schutzmechanismen mit gerade einmal zwei Befehlen komplett zum Stillstand bringen:

```
        CLI       ; Hardware-Interrupts aus
L1:     JMP L1    ; Endlos-Schleife
```

Aus diesem Grund arbeiten der 80386 und seine Nachfolger hier mit einer speziellen Logik. Wenn das System die I/O-Privilegstufe auf einen Wert kleiner 3 gesetzt hat, werden die folgenden Befehle im virtuellen 8086er-Modus als allgemeine Schutzverletzung betrachtet (auf die der Prozessor mit INT 13 und dem Fehlercode 0 reagiert):

| CLI | INT | IRET | LOCK |
| POPF | PUSHF | STI | |

Der virtuelle 8086er-Modus

Ein Betriebssystem für den virtuellen 8086er-Modus muß also mit dem Interrupt 13 eine Behandlungsroutine verbinden, die den auslösenden Befehl analysiert, in Eigenregie ausführt und dabei dafür sorgt, daß das IF-Bit im EFLAGS-Register gesetzt bleibt.

Da eine solche Analyse natürlich mit einem gewissen Zeitbedarf verbunden ist, haben die Entwickler von Intel ein Hintertürchen vorgesehen: falls IOPL durchgehend auf den Wert 3 gesetzt ist, führt der Prozessor die zuvor aufgelisteten Befehle auch im virtuellen 8086er-Modus direkt aus. Für einige Anwendungen (wie etwa spezielle Speicherverwaltungen unter MS-DOS) ist dieser Weg durchaus gangbar - bei einem auf Sicherheit bedachten Betriebssystem für den Protected Mode verbietet er sich dagegen von selbst.

Was die Bearbeitung von Soft- und Hardware-Interrupts betrifft: sie findet auch im virtuellen 8086er-Modus über die vom kontrollierenden Betriebssystem definierte IDT statt, geschieht also nach den Regeln des Protected Mode. Konsequent ist mit Interrupts jeder Art eine Umschaltung der Privilegstufe verbunden, die ein Umsetzen des Stacks nach sich zieht. (Woraus folgt, daß das Betriebssystem auch bei 8086-Prozessen Stacks für die inneren Ringe definieren muß).

Für Hardware-Interrupts, die üblicherweise vom Betriebssystem selbst bearbeitet werden, ist das Problem damit erledigt - für Software-Interrupts dagegen nicht: ein 8086-Prozeß, der einen Software-Interrupt auslöst, meint damit schließlich sein »eigenes« Betriebssystem (das zusammen mit dem Prozeß in ein und derselben virtuellen 8086-Umgebung läuft).

Wie bei der Kontrolle des IF-Bits in EFLAGS wird auch hier wieder über IOPL unterschieden: wenn das Betriebssystem IOPL auf einen Wert kleiner 3 setzt, dann lösen INT-Befehle eines 88086-Programms nicht die vom Programm beabsichtigte Reaktion, sondern einen Interrupt 13 aus. Wie zuvor erläutert, muß die darüber aktivierte Routine des Betriebssystems analysieren, worum es bei diesem Interrupt geht, und den Sprung zur vom Programm gewünschten Routine selbst ausführen.

Wenn das Betriebssystem dagegen IOPL auf den Wert 3 gesetzt hat (mithin der INT-Befehl selbst nicht erst einmal einen Interrupt 13 zur Folge hat), dann wird es etwas komplizierter, weil der Prozessor in diesem Fall direkt auf die IDT des Systems zugreift - und nunmehr über die Privilegstufe des zu dieser Tabelle gehörigen Desriptors unterscheidet. In den meisten Fällen kommt dabei ein Zugriffsversuch von Ring 3 (dem 8086-Programm) auf Deskriptoren eines inneren Rings heraus, was der Prozessor als allgemeine Schutzverletzung betrachtet. Die Folge ist ein Interrupt 13, wobei hier allerdings nicht der Wert 0, sondern die Nummer des Interrupts auf den Stack gelegt wird. (Wer ein solches System konstruiert, muß in seine Behandlungsroutine für den Interupt 13 also eine weitere Fallunterscheidung einbauen).

Sollte ein per INT-Befehl von einem 8086-Programm angesprochenes IDT-Gate dagegen selbst einen Deskriptor mit der Privilegstufe 3 haben, dann reagiert der Prozessor überhaupt nicht mit zusätzlichen Interrupts, sondern führt die zugeordnete Behandlungsroutine aus. Mit dieser Logik programmierte Behandlungsroutinen müssen folglich als erstes das VM-Bit im EFLAGS-Register prüfen und darüber zwischen Aufrufen durch Programme im Protected Mode und Programme im virtuellen 8086er-Modus unterscheiden.

Der Stack

Beim Wechsel von Privilegstufen im Zusammenhang mit Interrupts - also einem Übergang auf den Ring 0 - hängt die Belegung des via SS0:ESP0 adressierten Stacks von der Art der aufrufenden bzw. unterbrochenen Routine ab. Wenn diese Routine im Protected Mode arbeitet, werden lediglich SS:ESP und CS:EIP sowie EFLAGS gespeichert, bei Interrupts im Zusammenhang mit 8086-Programmen lädt der Prozessor dagegen auch alle Segmentregister auf diesem Stack ab (siehe Abbildung 7.6). Die Register DS, ES, FS und GS bekommen in diesem Fall den Wert 0 (d.h. einen Null-Selektor) zugewiesen.

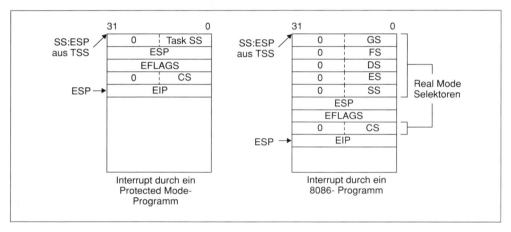

Abbildung 7.6 - Interrupt-Stack in Ring 0: Protected Mode vs. virtueller 8086er-Modus

Der Grund dafür liegt natürlich darin, daß diese Register bei 8086-Prozessen Segmentadressen anstelle gültiger Selektoren enthalten. Auf den Befehl IRET reagiert der Prozessor mit einer zusätzlichen Prüfung des beim Interrupt auf den Stack gelegten EFLAGS-Registers: wenn dort das VM-Bit gesetzt ist, erfolgt ein Zurückladen der Segmentregister.

Befehlssatz der 80386/486 Prozessoren

8

Die folgenden rund 230 Seiten beschreiben den Befehlssatz der Prozessoren 80386/80486 in alphabetischer Reihenfolge der mnemonischen Namen und sind - wie jede Referenz - in erster Linie zum Nachschlagen gedacht. Eine Beschreibung der Fließkomma-Befehle finden Sie in Kapitel 9.

Damit der Überblick nicht verlorengeht, sind die einzelnen Einträge stark formalisiert. Zusammen mit dem mnemonischen Namen, seiner ausgeschriebenen Form und seiner deutschen Übersetzung gibt der erste Teil jedes Abschnitts an, auf welchen Prozessoren der entsprechende Befehl verfügbar ist und welche Operandengrößen sich verwenden lassen. Die Zahlen 8, 16 und 32 stehen dabei für die Bitgröße der Operanden, die Angabe »16p« bedeutet, daß sich die 32-Bit-Form des Befehls über ein vorangestelltes (vom Assembler eingesetztes) Präfix auf Operanden mit 16 Bit anwenden läßt. Die folgende Tabelle gibt einen kurzen Überblick über den Zweck der restlichen Abschnitte:

Abschnitt	Zweck
Syntax	formale Syntax mit Angabe möglicher Operanden
Ablauf	die Logik der Operation inklusive der dabei verwendeten Flags - für diese Beschreibung wird eine Hochsprache benutzt, die sich aus logischen Operatoren (siehe nächste Seite) und den Konventionen von Pascal zusammensetzt
Formate	gibt die Form(en) wieder, in denen sich der Befehl verwenden läßt, d.h. listet mögliche Kombinationen mit Operanden im Detail auf
Beschreibung	erläutert Zweck und Wirkungsweise des Befehls
Flags	gibt an, welche Flags der Befehl beeinflußt
Fehler	gibt an, welche Schutzfehler (Interrupts) der Befehl zur Folge haben kann. Die in diesem Zusammenhang verwendeten Abkürzungen finden Sie in der folgenden Tabelle
Beispiel	sollte selbsterklärend sein

Kapitel 8 - Befehlssatz der 80386/486-Prozessoren

Für Schutzfehler und Interrupts bzw. die damit verbundenen Bedingungen werden die folgenden Abkürzungen benutzt:

Kürzel	Bedeutung
#UD	undefined opcode (undefiniertes Bitmuster) - gilt vor allem für unzulässige Kombinationen mit Operanden und Operatoren
#NP	not present (nicht vorhanden) - für ausgelagerte Segmente (vgl. #PF)
#TS	task switch (Task-Wechsel)
#GP	general protection (allgemeiner Schutzfehler) - steht wie in Kapitel 5 erläutert für eine Vielzahl von Möglichkeiten
#PF	page fault (Seitenfehler) - für ausgelagerte Speicherseiten (vgl. #NP)
#AC	alignment check (Ausrichtungsprüfung) - für »krumme« Operandenadressen, nur beim 80486

Auf diese Kürzel in Klammern folgende Angaben stehen für den Wert des Fehlercodes, den der Prozessor beim entsprechenden Interrupt auf den Stack legt.

Die in den Ablaufbeschreibungen verwendeten Operator-Zeichen wurden bereits in Kapitel 4 vorgestellt und sind hier der Übersichtlichkeit halber noch einmal wiederholt:

Operator	Bedeutung	Operator	Bedeutung
+	Addition	&	Boolesches AND
-	Subtraktion	>	Größer als
*	Multiplikation	<	Kleiner als
	Division	>>	Rechtsverschiebung
~	Nicht	<<	Linksverschiebung
=	Gleich	≤	Kleiner gleich
!=	Ungleich	≥	Größer gleich
|	Oder	⇐	Zuweisung
^	Exklusives Oder		

AAA (8)
ASCII Adjust After Addition - ASCII-Korrektur nach Addition

Prozessoren
8086/80186/80286/80386/80486

Syntax
AAA

Ablauf
```
if (AF | ((AL & 0Fh) > 9)) then
    AL ⇐ (AL + 6) & 0Fh
    AH ⇐ AH + 1
    CF, AF ⇐ 1
else
    CF, AF ⇐ 0
endif
```

Formate
AAA

Beschreibung
AAA stellt sicher, daß das Ergebnis einer ASCII- oder BCD-Addition wieder eine gültige BCD-Ziffer darstellt und sollte nach ADD bzw. ADC im Zusammenhang mit einzelnen BCD-Ziffern und dem AL-Register angewendet werden.

Wenn eine solche Addition einen (dezimalen) Überlauf zur Folge hat, begrenzt AAA den Inhalt von AL auf den für BCD-Ziffern gültigen Bereich von 0 bis 9 und erhöht AH um eins. Die höherwertigen vier Bits von AL werden bei dieser Operation gelöscht (weshalb AL nach AAA grundsätzlich nur *eine* BCD-Ziffer enthält), die Flags AF und CF werden gesetzt. Ergibt eine Addition keinen dezimalen Überlauf, setzt der Prozessor die Flags AF und CF zurück.

Flags

OF	DF	IF	TF	SF	ZF	AF	PF	CF
?	-	-	-	?	?	x	?	x

Fehler
Keine

Beispiel

```
MOV     AL, '5'         ; Wert 35h
ADD     AL, '7'         ; plus 37h ergibt 6Ch
AAA                     ; AL ⇐ 02h, AH ⇐ AH + 1, CF und AF gesetzt
OR      AL, 30h         ; Umrechnung des Ergebnisses in die ASCII-Ziffer '2'
```

AAD (16)
ASCII Adjust Before Division - ASCII-Korrektur vor Division

Prozessortypen
8086/80186/80286/80386/80486

Syntax
AAD

Ablauf
AL ⇐ AH * 10 + AL
AH ⇐ 0

Formate
AAD

Beschreibung
Dieser Befehl wandelt zwei BCD-Ziffern in ihr binäres Äquivalent um und bereitet so eine Division vor. Das Register AL sollte die niederwertige Dezimalstelle als einzelne ungepackte BCD-Ziffer enthalten, das Register AH die höherwertige Dezimalstelle in derselben Form. Das Ergebnis der Umwandlung findet sich im Register AX, mit dem danach eine binäre Division durchgeführt werden kann (die ebenfalls wieder ein binäres Ergebnis erzeugt).

Flags

OF	DF	IF	TF	SF	ZF	AF	PF	CF
?	-	-	-	x	x	?	x	?

Fehler
Keine

Beispiel

```
MOV   AH, '4'         ; höherwertige Dezimalstelle
MOV   AL, '2'         ; niederwertige Dezimalstelle (AX = ASCII 42)
AND   AX, 0F0Fh       ; Umwandlung in nicht gepackte BCD-Ziffern
AAD                   ; AX ⇐ 2Ah (dezimal 42)
MOV   BL, 6           ; als Beispiel: Divisor für 42/6
DIV   BL              ; AL ⇐ 7 (Quotient), AH ⇐ 0 (Rest)
OR    AL, 30h         ; Umrechnung in die ASCII-Ziffer '7'
```

AAM (8)
ASCII Adjust After Multiplication - ASCII-Korrektur nach Multiplikation

Prozessortypen
8086/80186/80286/80386/80486

Syntax
AAM

Ablauf
AH $\Leftarrow$ AL div 10
AL $\Leftarrow$ AL mod 10

Formate
AAM

Beschreibung
AAM wandelt einen binär dargestellten Wert im Bereich von (dezimal) 0 bis 81 in zwei ungepackte BCD-Ziffern um und wird vor allem nach der Multiplikation von BCD-Werten verwendet. Der umzuwandelnde Wert muß sich im Register AX befinden, die höherwertige BCD-Ziffer wird in AH, die niederwertige in AL gespeichert.

Flags

OF	DF	IF	TF	SF	ZF	AF	PF	CF
?	-	-	-	x	x	?	x	?

Fehler
Keine

Beispiel

```
MOV    AL, 4          ; Multiplikand
MOV    AH, 8          ; Multiplikator
MUL    AH             ; AX ⇐ 20h (dezimal 32)
AAM                   ; AH ⇐ 3, AL ⇐ 2
OR     AX, 3030h      ; Umrechnung in ASCII '32'
```

AAS (8)
ASCII Adjust After Subtraction - ASCII-Korrektur nach Subtraktion

Prozessortypen
8086/80186/80286/80386/80486

Syntax
AAS

Ablauf
```
if (AF | (AL & 0Fh) > 9) then
    AL ⇐ (AL - 6) & 0Fh
    AH ⇐ AH - 1
    CF, AF ⇐ 1
else
    CF, AF ⇐ 0
endif
```

Formate
AAS

Beschreibung
AAM stellt sicher, daß das Ergebnis einer ASCII- oder BCD-Subtraktion wieder eine gültige BCD-Ziffer darstellt und sollte nach SUB bzw. SBC im Zusammenhang mit einzelnen BCD-Ziffern und dem AL-Register angewendet werden.

Wenn eine solche Subtraktion einen (dezimalen) Unterlauf zur Folge hat, begrenzt AAA den Inhalt von AL auf den für BCD-Ziffern gültigen Bereich von 0 bis 9 und erniedrigt AH um eins. Die höherwertigen vier Bits von AL werden bei dieser Operation gelöscht (weshalb AL nach AAD grundsätzlich nur *eine* BCD-Ziffer enthält), die Flags AF und CF werden gesetzt. Ergibt eine Subtraktion dagegen keinen Unterlauf, setzt AAA die Flags AF und CF zurück.

Flags
OF	DF	IF	TF	SF	ZF	AF	PF	CF
?	-	-	-	?	?	x	?	x

Fehler
Keine

Beispiel

```
MOV     AL, '5'         ; 35h
SUB     AL, '7'         ; Subtraktion von 37h ergibt 0FEh
AAS                     ; AL ⇐ 08h, CF gesetzt ("Borgen")
OR      AL, 30h         ; Umrechnung in ASCII-Ziffer '8'
```

ADC (8/16p/32)
Add with Carry - Addition mit Übertrag

Prozessortypen
8086/80186/80286/80386/80486

Syntax
ADC dest, src

Ablauf
dest ⇐ dest + src + CF

Formate

	dest	src
ADC	reg,	idata
ADC	mem,	idata
ADC	reg,	reg
ADC	reg,	mem
ADC	mem,	reg

Beschreibung
ADC addiert die als *dest* und *src* adressierten Operanden. Wenn vor dieser Addition das Flag CF gesetzt ist, wird das Ergebnis der Addition um eins erhöht, bevor es der Prozessor in *dest* speichert. Beide Operanden müssen dieselbe Größe bzw. gegebenenfalls vor der Addition auf gleiche Wortgrößen umgerechnet werden.

Bei vorzeichenbehafteten Additionen zeigt ein gesetztes OF-Bit im Register EFLAGS einen Überlauf an, bei vorzeichenlosen Additionen funktioniert das CF-Bit als eventueller Übertrag.

Flags

OF	DF	IF	TF	SF	ZF	AF	PF	CF
x	-	-	-	x	x	x	x	x

Fehler

	Protected	Real	V8086
12	#SS(0)		
13	#GP(0)	INT 13	#GP(0)
14	#PF(ec)		#PF(ec)
17	#AC(0)		#AC(0)

Beispiel

```
; Unterprogramm zur Addition zweier Integer mit jeweils 64 Bit
ENTER   0, 0              ; Stack zur Adressierung via EBP einrichten
MOV     EAX, [EBP+8]      ; niederwertige Hälfte des ersten Wertes
MOV     EDX, [EBP+12]     ; höherwertige Hälfte des ersten Wertes
ADD     EAX, [EBP+16]     ; niederwertige Hälften
ADC     EDX, [EBP+20]     ; höherwertige Hälften, mit Übertrag
LEAVE                     ; Stack-Rahmen zurück
RET                       ; mit Ergebnis in EDX:EAX
```

ADD (8/16p/32)
Integer Addition - Addition ohne Übertrag

Prozessortypen
8086/80186/80286/80386/80486

Syntax
ADD dest, src

Ablauf
dest ⇐ dest + src

Formate

	dest	src
ADD	reg,	idata
ADD	mem,	idata
ADD	reg,	reg
ADD	reg,	mem
ADD	mem,	reg

Beschreibung
ADD addiert die als *dest* und *src* adressierten Operanden und speichert das Ergebnis dieser Operation wieder in *dest*. Im Gegensatz zu ADC wird ein bereits vor dieser Addition gesetztes CF-Bit nicht berücksichtigt. Beide Operanden müssen dieselbe Größe haben bzw. gegebenenfalls vor der Addition auf gleiche Wortgrößen umgerechnet werden.

Bei vorzeichenbehafteten Additionen zeigt ein gesetztes OF-Bit im Register EFLAGS einen Überlauf an, bei vorzeichenlosen Additionen funktioniert das CF-Bit als eventueller Übertrag.

Wenn es sich bei beiden Operanden um einzelne ungepackte BCD-Ziffern handelt, signalisiert das Bit AF einen eventuellen dezimalen Übertrag.

Flags

OF	DF	IF	TF	SF	ZF	AF	PF	CF
x	-	-	-	x	x	x	x	x

Fehler

	Protected	Real	V8086
12	#SS(0)		
13	#GP(0)	INT 13	#GP(0)
14	#PF(ec)	#PF(ec)	
17	#AC(0)		

Beispiel

```
ADD    AL, [4211Ah]      ; Addition mit 8 Bit (AH bleibt unverändert)
ADD    AX, 34            ; Addition mit 16 Bit, Operand direkt angegeben
ADD    ESI, [EBP+8]      ; Addition mit 32 Bit
```

AND (8/16p/32)
Boolean AND - bitweises UND

Prozessortypen
8086/80186/80286/80386/80486

Syntax
AND dest, src

Ablauf
dest ⇐ dest & src
CF ⇐ 0
OF ⇐ 0

Formate

	dest	src
AND	reg,	idata
AND	mem,	idata
AND	reg,	reg
AND	reg,	mem
AND	mem,	reg

Beschreibung

AND führt mit den als *src* und *dest* adressierten Operanden eine bitweise AND-Verknüpfung aus und speichert das Ergebnis dieser Operation wieder in *dest*. Beide Operanden werden ohne Rücksicht auf den Kontext als reine Bitmuster behandelt, die Verknüpfung selbst geschieht auf der Basis einzelner Bits und nach den Regeln einer booleschen Multiplikation:

0 & 0 = 0
0 & 1 = 0
1 & 0 = 0
1 & 1 = 1

In *dest* bleiben also nur die Bits gesetzt, die vor der Ausführung der Operation sowohl in *dest* als auch in *src* gesetzt waren.

Flags

OF	DF	IF	TF	SF	ZF	AF	PF	CF
0	-	-	-	x	x	?	x	0

Fehler

	Protected	Real	V8086
12	#SS(0)		
13	#GP(0)	INT 13	#GP(0)
14	#PF(ec)	#PF(ec)	
17	#AC(0)	#AC(0)	

Beispiel

```
AND     AL, 0Fh                  ; die höherwertigen 4 Bit in AL zurücksetzen
AND     EBX, ECX                 ; Wert unverändert, Flags werden gesetzt
AND     BYTE PTR[EBP+6], 7Fh     ; MSB einer Speicherzelle zurücksetzen
```

ARPL (16)
Adjust RPL Field of Selector - RPL-Feld eines Selektors anpassen

Prozessortypen
80286/80386/80486

Syntax
ARPL dest, src

Ablauf
```
if (dest.RPL < src.RPL) then
    dest.RPL ⇐ src.RPL
    ZF ⇐ 1
else
    ZF ⇐ 0
endif
```

Formate

	dest	src
ARPL	reg,	reg
ARPL	mem,	reg

Beschreibung

Dieser Befehl wird üblicherweise nur von Betriebssytemen verwendet, die damit die Privilegstufe eines Selektors vorübergehend an die Privilegstufe anpassen, die ein aufrufendes Programm (exakter: der Selektor für das Codesegment dieses Programms) hat. Nur so - nämlich durch die Angabe des CS-Registers der aufrufenden Routine als *src* - läßt sich verhindern, daß Anwendungsprogramme mit niedriger Privilegstufe Routinen eines Betriebssystems für unerlaubte Zugriffe mißbrauchen.

Wenn das RPL-Feld des als *dest* angegebenen Operanden einen niedrigeren Wert als das RPL-Feld von *src* hat (mithin das über *dest* erreichbare Segment auf einer höheren Privilegstufe arbeitet), dann kopiert der Prozessor das RPL-Feld von *src* nach *dest* - setzt die Privilegstufe von *dest* also herunter - und setzt das ZF-Bit im Register EFLAGS. Hat *dest* dagegen eine niedrigere Privilegstufe als *src*, unterbleibt jede Veränderung von *dest*; der Prozessor setzt in diesem Fall das ZF-Bit zurück.

Flags

OF	DF	IF	TF	SF	ZF		AF		PF		CF
-	-	-	-	-	x	-	-	-	-	-	-

Fehler

	Protected	Real	V8086
6		INT 6	#UD()
12	#SS(0)		
13	#GP(0)		
14	#PF(ec)		
17	#AC(0)		#AC(0)

Beispiel

```
ARPL    AX, [EBP+2]     ; EBP+2 = CS-Register der Rücksprungadresse auf dem
                        ; Stack. Anpassung des CPL an die dort verwendete
                        ; Privilegstufe
JNZ     bad_param       ; Sprung für ungültige Selektoren
```

BOUND (16p/32)
Check Array Boundaries - Prüfung von Arraygrenzen

Prozessortypen
80186/80286/80386/80486

Syntax
BOUND dest, src

Ablauf
```
if ((dest < src[0]) | (dest > src[1])) then
    INT 5
endif
```

Formate

	dest	src
BOUND	reg,	mem

Beschreibung
BOUND vergleicht den als *dest* adressierten Operanden (bei dem es sich um ein Register handeln muß, das eine vorzeichenbehaftete Zahl enthält) mit einer Unter- und einer Obergrenze, die in Form zweier direkt aufeinanderfolgender Werte im Speicher abgelegt sein muß. Alle drei an der Operation beteiligten Werte können entweder 16 oder 32 Bit umfassen.

Der über *src* adressierte Wert wird als Untergrenze betrachtet, der direkt dahinter (also auf der nächsthöheren Adresse) gespeicherte Wert als Obergrenze. Wenn *dest* kleiner als die Untergrenze oder größer als die Obergrenze ist, führt der Prozessor den Befehl INT 5 aus und speichert dabei die Adresse des BOUND-Befehls als Rücksprungadresse. Liegt *dest* dagegen innerhalb der angegebenen Grenzen, wird das Programm mit dem auf BOUND folgenden Befehl fortgesetzt.

Flags

OF	DF	IF	TF	SF	ZF	AF	PF	CF
-	-	-	-	-	-	-	-	-

Fehler

	Protected	Real	V8086
5	INT 5	INT 5	INT 5
6	#UD()	INT 6	#UD()
12	#SS(0)		
13	#GP(0)	INT 13	#GP(0)
14	#PF(ec)		#PF(ec)
17	#AC(0)		#AC(0)

Der Interrupt 6 (»undefined opcode«) stellt die Reaktion des Prozessors auf den Versuch dar, zusammen mit BOUND ein Register als *src* anzugeben.

Beispiel

```
VC_LIMITS:
    DD    1, 20              ; Grenzen für ein Array mit 20 Elementen
VC  DD    20 DUP (?)         ; das Array selbst
    .
    .
    MOV   EAX, [EBP-6]       ; (irgendein) Array-Index
    BOUND EAX, VC_LIMITS     ; Prüfung gegen Arraygrenzen
```

BSF (16p/32)
Bit Scan Forward - Bitfeld-Absuche in Richtung aufsteigender Indices

Prozessortypen
80386/80486

Syntax
BSF dest, src

Ablauf
```
if (src = 0) then
    ZF ⇐ 1
    dest ⇐ ???
else
    ZF ⇐ 0
    temp ⇐ 0
    while (bit(src, temp) = 0)
        temp ⇐ temp + 1
    dest ⇐ temp
endif
```

Formate

	dest	src
BSF	reg,	reg
BSF	reg,	mem

Beschreibung

BSF sucht den als *src* adressierten Operanden nach gesetzten Bits ab. Die Suche beginnt mit dem niederwertigsten Bit von *src*, arbeitet in Richtung aufsteigender Bit-Positionen und wird in den folgenden Fällen beendet:

- *src* hat den Wert 0. In diesem Fall setzt der Prozessor das ZF-Bit im Register EFLAGS und läßt das als *dest* adressierte Register in einem undefinierten Zustand.

- *src* hat einen Wert ungleich 0. Der Prozessor speichert den Index des ersten in *src* gefundenen »1«-Bits in *dest* (d.h. setzt dort einen Wert zwischen 0 und 31 ein).

Flags

OF	DF	IF	TF	SF	ZF	AF	PF	CF
?	-	-	-	?	x	?	?	?

Fehler

	Protected	Real	V8086
12	#SS(0)		
13	#GP(0)	NT 13	#GP(0)
14	#PF(ec)		#PF(ec)
17	#AC(0)		#AC(0)

Beispiel

```
; Absuchen eines größeren Bitfeldes - beispielsweise für Sektoren
; einer Festplatte - nach gesetzten Bits
        XOR     ECX, ECX                ; Index innerhalb des Bitfeldes
L1:     BSF     EBX, SECTORS[ECX*4]     ; Untersuchen eines Elements (DWord)
        JNZ     GOT_ONE                 ; -> gesetztes Bit gefunden
        INC     ECX                     ; Index auf nächstes Element
        CMP     ECX, TABLE_SIZE         ; Tabellenende erreicht?
        JL      L1                      ; -> nein, nächstes Element
        JMP     NO_SECTORS              ; -> ja, Tabelle komplett leer
GOT_ONE:
        MOV     EAX,32
        MUL     ECX                     ; Bit-Index des Tabellen-Elements
        ADD     EAX,EBX                 ; Bit-Index des gefundenen Bits
```

BSR (16p/32)
Bit Scan Reverse - Bitfeld-Absuche in Richtung absteigender Indices

Prozessortypen
80386/80486

Syntax
```
BSR dest, src
```

Ablauf
```
if (dest in [AX, BX, CX, DX, SI, DI, BP, SP]) then
    startbit ⇐ 15
else
    startbit ⇐ 31
endif
if (src = 0) then
    ZF ⇐ 1
    dest ⇐ ???
else
    ZF ⇐ 0
    temp ⇐ startbit
    while (bit(src, temp) = 0)
        temp ⇐ temp - 1
    dest ⇐ temp
endif
```

Formate

	dest	src
BSR	reg,	reg
BSR	reg,	mem

Beschreibung
BSR sucht den als *src* adressierten Operanden nach gesetzten Bits ab. Die Suche beginnt mit dem höchstwertigen Bit von *src* (also der Bitposition 15 bei Wörtern bzw. der Bitposition 31 bei DWords) und arbeitet in Richtung absteigender Bit-Positionen.

Sie wird in den folgenden Fällen beendet:

- *src* hat den Wert 0. In diesem Fall setzt der Prozessor das ZF-Bit im Register EFLAGS und läßt das als *dest* adressierte Register in einem undefinierten Zustand.

- *src* hat einen Wert ungleich 0. Der Prozessor speichert den Index des ersten in *src* gefundenen »1«-Bits in *dest* (d.h. setzt dort einen Wert zwischen 31 und 0 ein).

Flags

OF	DF	IF	TF	SF	ZF	AF	PF	CF
?	-	-	-	?	x	?	?	?

Fehler

	Protected	Real	V8086
12	#SS(0)		
13	#GP(0)	INT 13	#GP(0)
14	#PF(ec)		#PF(ec)
17	#AC(0)	#AC(0)	

Beispiel

```
; Absuchen einer Semaphoren-Tabelle von oben nach unten
        MOV     ECX, SEM_MAX-1         ; Index zum letzten Tabellenelement
L1:     BSR     EBX, SEMAPHORE[ECX*4]  ; Suche nach gesetzten Bits
        JNZ     found_it               ; -> gefunden
        LOOP    L1                     ; -> weiter bis Tabellenanfang
none_found:                            ; Tabelle komplett leer
        ...
found_it:
        MOV     EAX,32
        MUL     ECX                    ; Bit-Index des Tabellenelements
        ADD     EAX,EBX                ; Bit-Index des gefundenen Bits
```

BSWAP (32)
Byte Swap - Vertauschen von Bytes

Prozessortypen
80486

Syntax
BSWAP reg

Ablauf
temp ⇐ dest
dest[0..7]   ⇐ temp[24..31]
dest[8..15] ⇐ temp[16..23]
dest[16..23] ⇐ temp[8..15]
dest[24..31] ⇐ temp[0..7]

Formate

	dest
BSWAP	reg32

Beschreibung
BSWAP vertauscht die Reihenfolge der einzelnen Bytes in dem als *dest* adressierten Operanden, bei dem es sich um ein 32 Bit breites Register handeln muß. Dieser Befehl wird ausschließlich für den Wechsel zwischen den Formaten »Big-endian« und »Little-endian« verwendet, d.h. für den Austausch von Integerwerten zwischen Systemen mit unterschiedlicher Prozessor-Architektur.

Flags
Keine

Fehler
Keine

Beispiel
```
getmore: CALL  getdata   ; 32 Bits von (irgendeiner) externen Quelle in EAX lesen
         BSWAP EAX       ; Umwandeln in das Intel-Format
         STOSD           ; Speichern in einem Puffer
         LOOP  getmore   ; ... und weiter im Text
```

BT (16p/32)
Bit Test - Bit-Kopie in CF

Prozessortypen
80386/80486

Syntax
BT src, index

Ablauf
CF ⇐ BIT(src, index)

Formate

	src	index
BT	reg,	idata
BT	mem,	idata
BT	reg,	reg
BT	mem,	reg

Beschreibung

BT kopiert das durch *index* indizierte Bit des als *src* adressierten Operanden in das CF-Bit des Registers EFLAGS. Mit diesem Befehl lassen sich Prüfungen einzelner Bits vereinfachen, die bei älteren Mitgliedern der 80x86-Familie über Schiebeoperationen und/oder separate Indexberechnungen durchgeführt werden müssen.

Der Operand *index* kann entweder in einem Register enthalten sein oder direkt angegeben werden. Im ersten Fall ist ein beliebiger Wert (und damit auch das Prüfen von Speicherbereichen beliebiger Größe) möglich, im zweiten Fall ist BT auf Indices im Bereich von 0 bis 15 bzw. 0 bis 31 begrenzt. (Es gibt eine Reihe von Assemblern, die auch bei direkt angegebenen Indices Werte oberhalb von 31 zulassen - und die Begrenzung sozusagen im Verborgenen vornehmen.)

Der Operand *src* kann für ein Register mit 16 oder 32 Bit sowie (bei Angabe von *index* über ein Register) die Startadresse eines Speicherbereichs beliebiger Größe stehen. Bei der Prüfung von Speicherbereichen liest der Prozessor allerdings im Minimalfall 16 Bit, weshalb man BT nicht direkt auf Peripheriegeräte anwenden sollte, die sich einem System als Teil des Hauptspeichers präsentieren. (Für diese Fälle empfiehlt es sich, den je-

Befehlssatz der 80386/486-Prozessoren

weiligen Wert in ein Register zu lesen und dann dieses Register als Quelloperanden eines BT-Befehls zu verwenden.)

Flags

OF	DF	IF	TF	SF	ZF	AF	PF	CF
?	-	-	-	?	?	?	?	x

Fehler

	Protected	Real	V8086
12	#SS(0)		
13	#GP(0)	INT 13	#GP(0)
14	#PF(ec)		#PF(ec)
17	#AC(0)		#AC(0)

Beispiel

```
; Prüfung, ob Bit 192 im Array SEMAPHORES gesetzt ist
MOV     EAX, 192            ; Bit-Index
BT      SEMAPHORES, EAX     ; liest [SEMAPHORES+24..25]
JC      sem_set             ; Sprung, falls Bit gesetzt
```

BTC (16p/32)
Bit Test and Complement - Bit-Kopie in CF und Invertieren

Prozessortypen
80386/80486

Syntax
BTC dest, index

Ablauf
CF ⇐ BIT(dest, index)
BIT(dest, index) ⇐ ~BIT(dest, index)

Formate

	dest	index
BTC	reg,	idata
BTC	mem,	idata
BTC	reg,	reg
BTC	mem,	reg

Beschreibung

BTC kopiert das durch *index* indizierte Bit des als *dest* adressierten Operanden in das CF-Bit des Registers EFLAGS und invertiert es nach dieser Kopie in *dest*.

Der Operand *index* kann entweder in einem Register enthalten sein oder direkt angegeben werden. Im ersten Fall ist ein beliebiger Wert (und damit auch das Bearbeiten von Speicherbereichen beliebiger Größe) möglich, im zweiten Fall ist BTC auf Indices im Bereich von 0 bis 15 bzw. 0 bis 31 begrenzt. (Es gibt eine Reihe von Assemblern, die auch bei direkt angegebenen Indices Werte oberhalb von 31 zulassen - und die Begrenzung sozusagen im Verborgenen vornehmen.)

Der Operand *dest* kann für ein Register mit 16 oder 32 Bit sowie (bei Angabe von *index* über ein Register) die Startadresse eines Speicherbereichs beliebiger Größe stehen. Bei der Prüfung von Speicherbereichen liest der Prozessor allerdings im Minimalfall 16 Bit, weshalb man BTC nicht direkt auf Peripheriegeräte anwenden sollte, die sich einem System als Teil des Hauptspeichers präsentieren. (Für diese Fälle empfiehlt es sich, den jeweiligen Wert in ein Register zu lesen und dann dieses Register als Quelloperanden eines BTC-Befehls zu verwenden).

Flags

OF	DF	IF	TF	SF	ZF		AF		PF		CF
?	-	-	-	?	?	-	?	-	?	-	x

Fehler

	Protected	Real	V8086
12	#SS(0)		
13	#GP(0)	INT 13	#GP(0)
14	#PF(ec)		#PF(ec)
17	#AC(0)		#AC(0)

Beispiel

```
MOVZX   EAX, BYTE PTR [04A2h]  ; Lesen eines einzelnen Bytes in EAX
BTC     EAX, 2                 ; Prüfung und Invertieren von Bit 2
MOV     [04A2h], AL            ; Zurückschreiben des neuen Wertes
JC      bitset                 ; Sprung, falls Bit 2 gesetzt war
```

BTR (16p/32)

Bit Test and Reset - Bit-Kopie in CF und Zurücksetzen

Prozessortypen
80386/80486

Syntax
BTR dest, index

Ablauf
CF $\Leftarrow$ BIT(dest, index)
BIT(dest, index) $\Leftarrow$ 0

Formate

	dest	index
BTR	reg,	idata
BTR	mem,	idata
BTR	reg,	reg
BTR	mem,	reg

Beschreibung

BTR kopiert das durch *index* indizierte Bit des als *dest* adressierten Operanden in das CF-Bit des Registers EFLAGS und setzt dieses Bit danach in *dest* zurück.

Der Operand *index* kann entweder in einem Register enthalten sein oder direkt angegeben werden. Im ersten Fall ist ein beliebiger Wert (und damit auch das Bearbeiten von Speicherbereichen beliebiger Größe) möglich, im zweiten Fall ist BTC auf Indices im Bereich von 0 bis 15 bzw. 0 bis 31 begrenzt. (Es gibt eine Reihe von Assemblern, die auch bei direkt angegebenen Indices Werte oberhalb von 31 zulassen - und die Begrenzung sozusagen im Verborgenen vornehmen.)

Der Operand *dest* kann für ein Register mit 16 oder 32 Bit sowie (bei Angabe von *index* über ein Register) die Startadresse eines Speicherbereichs beliebiger Größe stehen. Bei der Prüfung von Speicherbereichen liest der Prozessor allerdings im Minimalfall 16 Bit, weshalb man BTR nicht direkt auf Peripheriegeräte anwenden sollte, die sich einem System als Teil des Hauptspeichers präsentieren. (Für diese Fälle empfiehlt es sich, den jeweiligen Wert in ein Register zu lesen und dann dieses Register als Quelloperanden eines BTR-Befehls zu verwenden.)

Wenn dieser Befehl für die Bearbeitung von Semphoren in einem Multiprozessor-System verwendet wird, sollte ihm das Präfix LOCK vorangestellt werden, um gleichzeitige Zugriffe mehrerer Prozessoren auf ein und denselben Speicherbereich auszuschließen.

Flags

OF	DF	IF	TF	SF	ZF	AF	PF	CF
?	-	-	-	?	?	?	?	x

Fehler

	Protected	Real	V8086
12	#SS(0)		
13	#GP(0)	INT 13	#GP(0)
14	#PF(ec)		#PF(ec)
17	#AC(0)		#AC(0)

Beispiel

```
BTR     MY_FLAG, 15      ; MSB der Variablen MY_FLAG (16 Bit) zurücksetzen
JNC     NOT_SET          ; Sprung, falls dieses Bit bereits zurückgesetzt war
```

BTS (16p/32)
Bit Test and Set - Bit-Kopie in CF und Setzen

Prozessortypen
80386/80486

Syntax
BTS dest, index

Ablauf
CF ⇐ BIT(dest, index)
BIT(dest, index) ⇐ 1

Formate

	dest	index
BTS	reg,	idata
BTS	mem,	idata
BTS	reg,	reg
BTS	mem,	reg

Beschreibung

BTR kopiert das durch *index* indizierte Bit des als *dest* adressierten Operanden in das CF-Bit des Registers EFLAGS und setzt dieses Bit danach in *dest*.

Der Operand *index* kann entweder in einem Register enthalten sein oder direkt angegeben werden. Im ersten Fall ist ein beliebiger Wert (und damit auch das Bearbeiten von Speicherbereichen beliebiger Größe) möglich, im zweiten Fall ist BTC auf Indices im Bereich von 0 bis 15 bzw. 0 bis 31 begrenzt. (Es gibt eine Reihe von Assemblern, die auch bei direkt angegebenen Indices Werte oberhalb von 31 zulassen - und die Begrenzung sozusagen im Verborgenen vornehmen.)

Der Operand *dest* kann für ein Register mit 16 oder 32 Bit sowie (bei Angabe von *index* über ein Register) die Startadresse eines Speicherbereichs beliebiger Größe stehen. Bei der Prüfung von Speicherbereichen liest der Prozessor allerdings im Minimalfall 16 Bit, weshalb man BTS nicht direkt auf Peripheriegeräte anwenden sollte, die sich einem System als Teil des Hauptspeichers präsentieren. (Für diese Fälle empfiehlt es sich, den jeweiligen Wert in ein Register zu lesen und dann dieses Register als Quelloperanden eines BTS-Befehls zu verwenden.)

Wenn dieser Befehl für die Bearbeitung von Semphoren in einem Multiprozessor-System verwendet wird, sollte ihm das Präfix LOCK vorangestellt werden, um gleichzeitige Zugriffe mehrerer Prozessoren auf ein und denselben Speicherbereich auszuschließen.

Flags

OF	DF	IF	TF	SF	ZF	AF	PF	CF
?	-	-	-	?	?	?	?	x

Fehler

	Protected	Real	V8086
12	#SS(0)		
13	#GP(0)	INT 13	#GP(0)
14	#PF(ec)		#PF(ec)
17	#AC(0)		#AC(0)

Beispiel

```
BTS    MY_FLAG, 15       ; MSB der Variablen MY_FLAG (16 Bit) setzen
JC     WAS_SET           ; -> war bereits gesetzt
```

CALL FAR (32p/48)

Far Procedure Call - Aufruf einer Routine mit Wechsel des Segments

Prozessortypen
8086/80186/80286/80386/80486

Syntax
CALL dest

Ablauf
push(CS)
push(EIP)
CS:EIP ⇐ dest

Formate

	dest	
CALL	idata	; CS:EIP ⇐ idata
CALL	mem	; CS:EIP ⇐ [mem]

Beschreibung

CALL FAR speichert den für das aktuelle Codesegment verwendeten Selektor zusammen mit der Adresse des direkt darauffolgenden Befehls auf dem Stack und lädt danach das Registerpaar CS:EIP mit den als *dest* angegebenen Werten. Bei *dest* kann es sich entweder um ein direkt angegebenes Selektor:Offset-Paar oder um die Startadresse eines Speicherbereichs handeln, der ein solches Wertepaar - also einen Zeiger mit 48 Bit - enthält.

Der als Selektor verwendete Wert kann auf ein anderes Codesegment, auf ein Call Gate, ein Task Gate oder ein Task State Segment zeigen. Im letzteren Fall wird die zusammen mit dem CALL-Befehl angegebene Offset-Adresse ignoriert (weil der Prozessor aus diesem TS-Segment neue Werte für CS:EIP liest).

Wenn der zusammen mit CALL angegebene Selektor auf ein TS-Segment zeigt, wird das Register EFLAGS mit den in diesem Segment gespeicherten Werten geladen, ansonsten bleibt es unverändert.

Flags

OF	DF	IF	TF	SF	ZF		AF		PF		CF
-	-	-	-	-	-	-	-	-	-	-	-

Fehler

	Protected	Real	V8086
10	#TS(0)		
10	#TS(sel)		#TS(sel)
11	#NP(sel)		#NP(sel)
12	#SS(0)		
12	#SS(SS)		
13	#GP(0)	INT 13	#GP(0)
	#GP(CS)	INT 13	#GP(0)
14	#PF(ec)		#PF(EC)
17	#AC(0)		#AC(0)

Beispiel

```
CALL    16A3:0000           ; Aufruf mit direkter Angabe
CALL    FWORD PTR [005Ah]   ; indirekter Aufruf über einen Zeiger
```

CALL NEAR (16p/32)

Near Procedure Call - Aufruf ohne Wechsel des Segments

Prozessortypen

8086/80186/80286/80386/80486

Syntax

CALL dest

Ablauf

push(EIP)
EIP ⇐ dest

Formate

	dest	
CALL	offset	; EIP ⇐ EIP + offset
CALL	mem	; EIP ⇐ [mem]
CALL	reg	; EIP ⇐ [reg]

Beschreibung

CALL NEAR legt die Adresse des direkt folgenden Befehls auf den Stack und lädt das Register EIP danach mit dem über *dest* festgelegten Wert.

Je nachdem, ob *dest* in direkter oder indirekter Form angegeben wurde, handelt es sich dabei um eine Addition zum momentanen Wert von EIP oder ein direktes Laden dieses Registers (vgl. »Beispiel«).

Flags

OF	DF	IF	TF	SF	ZF	AF	PF	CF
-	-	-	-	-	-	-	-	-

Fehler

	Protected	Real	V8086
12	#SS(0)		
13	#GP(0)	INT 13	#GP(0)
14	#PF(ec)		#PF(ec)
17	#AC(0)		#AC(0)

Beispiel

```
     CALL    SQRT                ; direkt: SS:ESP ⇐ OFFSET L1,
                                 ; EIP ⇐ EIP + OFFSET(SQRT-L1)
L1:  LEA     EBX, FN_TABLE       ; indirekt: Startadresse einer Adreßtabelle
     MOV     EAX, 3              ; in EBX, Auswahl der Funktion 3
     CALL    [EBX+EAX*4]         ; Aufruf: EIP ⇐ [EBX+EAX*4]

SQRT: ....
```

CBW (8)
Convert Byte to Word - Byte mit Vorzeichen auf Wort erweitern

Prozessortypen
8086/80186/80286/80386/80486

Syntax
CBW

Ablauf
```
if BIT(AL, 7) then
    AH ⇐ 0FFh
else
    AH ⇐ 0
endif
```

Formate
CBW

Beschreibung
CBW erweitert den in AL enthaltenen Wert unter Berücksichtigung des Vorzeichens und speichert das Ergebnis der Berechnung in AX.

Flags

OF	DF	IF	TF	SF	ZF	AF	PF	CF
-	-	-	-	-	-	-	-	-

Fehler
Keine

Beispiel
```
MOV    AL, 67h        ; kleiner (dezimal) 127
CBW                   ; AX ⇐ 0067h
MOV    AL,93h         ; größer (dezimal) 127
CBW                   ; AX ⇐ FF93h
```

CDQ (32)
Convert Doubleword to Quadword - DWord mit Vorzeichen auf 64 Bit erweitern

Prozessortypen
80386/80486

Syntax
CDQ

Ablauf
```
if (BIT(EAX, 31) = 1) then
    EDX ⇐ 0FFFFFFFFh
else
    EDX ⇐ 0
endif
```

Formate
CDQ

Beschreibung
CDQ erweitert den in EAX enthaltenen Wert unter Berücksichtigung eines Vorzeichens auf 64 Bit und legt die höherwertige Hälfte dieses neuen Wertes im Register EDX ab. Da es sich hier nur um ein Kopieren des Vorzeichens handelt, bleibt EAX bei dieser Operation unverändert, EDX bekommt entweder den Wert 0 oder FFFFFFFFh.

Dieser Befehl wird vor allem vor Integer-Divisionen verwendet, die ihrerseits einen Dividenden mit 64 Bit erwarten.

Flags

OF	DF	IF	TF	SF	ZF	AF	PF	CF
-	-	-	-	-	-	-	-	-

Fehler
Keine

Beispiel
```
MOV     EAX, [400h]         ; Dividend nach EAX
CDQ                         ; Erweiterung auf 64 Bit (EDX:EAX)
IDIV    DWORD PTR [20h]     ; Division
```

CLC (-)
Clear Carry Flag - CF-Bit in EFLAGS zurücksetzen

Prozessortypen
8086/80186/80286/80386/80486

Syntax
CLC

Ablauf
CF $\Leftarrow$ 0

Formate
CLC

Beschreibung
CLC setzt das CF-Bit im Register EFLAGS zurück und löscht damit einen Übertrag aus einer vorhergegangenen Addition oder Subtraktion. Das CF-Bit wird in vielen Programmen auch zur Anzeige einer fehlerfrei durchgeführten Operation verwendet (siehe »Beispiel«).

Flags

OF	DF	IF	TF	SF	ZF		AF		PF		CF
-	-	-	-	-	-	-	-	-	-	-	0

Fehler
Keine

Beispiel
```
NO_ERROR:
    CLC                     ; Carry als Signal für fehlerfreie
    RET                     ; Ausführung zurücksetzen
```

Befehlssatz der 80386/486-Prozessoren

CLD (-)
Clear Direction Flag - Richtungsflag zurücksetzen

Prozessortypen
8086/80186/80286/80386/80486

Syntax
CLD

Ablauf
DF ⇐ 0

Formate
CLD

Beschreibung
CLD setzt das DF-Bit im Register EFLAGS zurück und legt auf diese Weise fest, daß nachfolgende Stringbefehle mit aufsteigenden Adressen arbeiten (d.h. die Indexregister ESI bzw. EDI nach jeder Einzeloperation erhöhen). Wenn das DF-Bit gesetzt ist, beinhalten Stringbefehle dagegen ein Erniedrigen dieser Register.

Flags

OF	DF	IF	TF	SF	ZF		AF		PF		CF
-	0	-	-	-	-	-	-	-	-	-	-

Fehler
Keine

Beispiel
```
LES EDI, [EBP+8]       ; Zieladresse
LDS ESI, [EBP+12]      ; Quelladresse
MOV ECX, [EBP+4]       ; Länge des Strings als Zähler
CLD                    ; aufsteigende Adressen
REP MOVSB              ; Kopieren des Strings
```

CLI (-)
Clear Interrupt Flag - IF-Bit in EFLAGS zurücksetzen

Prozessortypen
8086/80186/80286/80386/80486

Syntax
CLI

Ablauf
IF $\Leftarrow$ 0

Formate
CLI

Beschreibung
CLI setzt das IF-Bit im Register EFLAGS zurück und sperrt so Hardware-Interrupts mit Ausnahme von NMI. Eine Routine, die diesen Befehl ausführt, muß auf einer Privilegstufe laufen, die gleich oder höher der vom System festgelegten I/O-Privilegstufe ist (CPL $\leq$ IOPL) - ansonsten reagiert der Prozessor mit einem Interrupt 13.

Flags

OF	DF	IF	TF	SF	ZF	AF	PF	CF
-	-	0	-	-	-	-	-	-

Fehler

	Protected	Real	V8086
13	#GP(0)		#GP(0)

Beispiel

```
        CLI                     ; Interrupts aus
        MOV AL, SEMAPHORE       ; Semaphore lesen ...
        DEC AL                  ; ... um eins erniedrigen ...
        JZ done                 ; -> 0 erreicht
        MOV SEMAPHORE, AL       ; ... und wieder speichern
DONE:   STI                     ; erledigt: Interrupts wieder an
```

CLTS (-)
Clear Task Switched Bit - Flag für Task-Wechsel zurücksetzen

Prozessortypen
80286/80386/80486

Syntax
CLTS

Ablauf
BIT(CR0, 3) ⇐ 0

Formate
CLTS

Beschreibung
Das TS-Bit im Register CR0 wird durch jeden Task-Wechsel vom Prozessor automatisch gesetzt und erlaubt Multitasking-Betriebssystemen die effiziente Verwaltung eines Coprozessors. Solange das Bit gesetzt ist, reagiert der Prozessor auf Fließkomma-Befehle mit einem Interrupt 7 (»coprocessor not available«). Ein Betriebssystem kann auf diesen Interrupt reagieren, indem es den momentanen Status des Coprozessors in einem separaten Speicherbereich festhält, einen (bei einer vorherigen Umschaltung auf dieselbe Weise festgehaltenen) Status lädt, danach das TS-Bit zurücksetzt und den Fließkomma-Befehl erneut ausführen läßt.

Mit dieser Logik wird erreicht, daß Task-Wechsel nur dann ein Umladen des Coprozessors nach sich ziehen, wenn sowohl der alte als auch der neue Prozeß tatsächlich Fließkomma-Befehle benutzen. (Die Alternative wäre eine Speicherung bei jedem Task-Wechsel, was ausgesprochen zeitaufwendig ist.)

Wenn das MP-Bit im Register CR0 gesetzt ist, dann löst bereits ein WAIT-Befehl bei gesetztem TS-Bit einen Interrupt 7 aus.

Der Befehl CLTS läßt sich nur von Routinen verwenden, die auf der Privilegstufe 0 ablaufen. Wird er von einer niedrigeren Privilegstufe aus benutzt, reagiert der Prozessor mit einem Interrupt 13.

Im Real Mode ist der Befehl CLTS ebenfalls definiert und ermöglicht so die Initialisierung eines im Protected Mode arbeitenden Betriebssystems.

Flags

OF	DF	IF	TF	SF	ZF	AF	PF	CF
-	-	-	-	-	-	-	-	-

Fehler

	Protected	Real	V8086
13	#GP(0)		#GP(0)

Beispiel

```
Handle_INT7:
CLTS                    ; TS-Bit zurücksetzen
CALL SWAP_NDP_STATE     ; NDP umladen
```

CMC (-)
Complement the Carry Flag - CF-Bit in EFLAGS invertieren

Prozessortypen
8086/80186/80286/80386/80486

Syntax
CMC

Ablauf
CF $\Leftarrow$ ~CF

Formate
CMC

Beschreibung
CMC invertiert das CF-Bit im Register EFLAGS: Wenn es vor Ausführung dieses Befehls gesetzt war, wird es gelöscht und umgekehrt.

Flags

OF	DF	IF	TF	SF	ZF		AF		PF		CF
-	-	-	-	-	-	-	-	-	-	-	x

Fehler
Keine

Beispiel

```
        MOV     ECX,1000        ; maximal 1000 Wiederholungen
TRY_AGAIN:
        BT      EAX, 1          ; Bit-Kopie in CF
        JC      EXIT            ; -> Bit gesetzt (hier: Prüfung erledigt)
        LOOP    TRY_AGAIN       ; Wiederholung der Abfrage
EXIT:
        CMC                     ; RET mit zurückgesetztem CF: Prüfung erledigt,
        RET                     ; mit gesetztem CF: 1000 Versuche erfolglos
```

CMP (8/16p/32)
Compare Integers - Vergleich zweier Integerwerte

Prozessortypen
8086/80186/80286/80386/80486

Syntax
CMP op1, op2

Ablauf
NULL $\Leftarrow$ op1 - op2

Formate

	op1	op2
CMP	reg,	idata
CMP	mem,	idata
CMP	reg,	reg
CMP	reg,	mem
CMP	mem,	reg

Beschreibung

CMP ist ein reiner Vergleichsbefehl, der technisch gesehen den als *op2* adressierten Operanden von *op1* subtrahiert, das Ergebnis aber nicht speichert, sondern lediglich zum Setzen der Flags benutzt. Die folgende Tabelle gibt wieder, welche Flags bei welchen Verhältnissen der beiden Operanden wie gesetzt werden:

Verhältnis	vorzeichenlos	vorzeichenbehaftet
op1 > op2	ZF = 0 und SF = OF	CF = 0 und ZF = 0
op1 >= op2	SF = OF	CF = 0
op1 = op2	ZF = 1	ZF = 1
op1 =< op2	ZF = 1, SF != OF	CF = 1 oder ZF = 1
op1 < op2	SF != OF	CF = 1

Um Mißverständnissen vorzubeugen: Eine spezielle Variante dieses Befehls für vorzeichenbehaftete Werte gibt es nicht. Die Einträge dieser Tabelle sind vielmehr im Sinne von »wenn ein CMP-Befehl das CF-Bit setzt *und* das Programm die beiden verglichenen Werte als vorzeichenlose Zahlen behandelt, dann ist *op1* kleiner als *op2*« zu interpretieren.

CMP ist einer der wenigen Befehle, die mit unterschiedlichen Operandengrößen zurechtkommen: Wenn *op1* für ein Register mit 16 oder 32 Bit steht und *op2* für einen direkt angegebenen Wert mit 8 Bit, dann führt der Prozessor eine implizite (vorzeichenbehaftete) Erweiterung von *op2* auf die benötigte Größe durch.

Flags

OF	DF	IF	TF	SF	ZF	AF	PF	CF
x	-	-	-	x	x	x	x	x

Fehler

	Protected	Real	V8086
12	#SS(0)		
13	#GP(0)	INT 13	#GP(0)
14	#PF(ec)		#PF(ec)

Beispiel

```
CMP   AL, [4211Ah]            ; 8 Bit
CMP   AX, [BX+3]              ; 16 Bit (Real und Virtual 8086 Mode)
CMP   CX, [EBP+8][EAX2*2]     ; 16 Bit (Protected Mode)
CMP   ESI, 7                  ; 32 vs. 8 Bit mit Erweiterung von op2
```

CMPS (8/16p/32)
Compare String - Stringvergleich

Prozessortypen
8086/80186/80286/80386/80486

Syntax
CMPS

Ablauf
```
if (opcode = CMPSB) then opsize ⇐ 1
 else if (opcode = CMPSW) then opsize ⇐ 2
 else opsize ⇐ 4
NULL ⇐ DS:[ESI] - ES:[EDI]
if (DF = 0) then
    ESI ⇐ ESI + opsize
    EDI ⇐ EDI + opsize
else
    ESI-opsize
    EDI-opsize
endif
```

Formate

CMPSB	; Vergleich einzelner Bytes
CMPSW	; wortweiser Vergleich
CMPSD	; Vergleich von DWords

Beschreibung

Dieser Befehl, von dem insgesamt drei Varianten für die verschiedenen Operandengrößen existieren, führt in einem ersten Schritt das technische Äquivalent von CMP aus und verwendet dabei implizite Operanden, d.h. subtrahiert den Inhalt des über ES:EDI adressierten Bereichs von den via DS:ESI angesprochenen Daten. Das tatsächliche Ergebnis wird (wie bei CMP) nicht gespeichert, sondern lediglich zum Setzen der Flags verwendet.

Nach Ausführung des Vergleichs werden die Indexregister ESI und EDI abhängig vom Stand des DF-Bits im EFLAGS-Register um die Operandengröße erhöht (DF zurückgesetzt) bzw. erniedrigt (DF gesetzt).

CMPS-Befehle lassen sich über das Voranstellen der Präfixe REPE (»repeat while equal«) bzw. REPNE (»repeat while not equal«) abhängig vom Stand des ZF-Bits als Wiederholungsbefehle programmieren. Das Register ECX legt in diesem Fall die Maximalzahl der Vergleiche fest.

Die einzige implizite Vorgabe, die sich bei CMPS-Befehlen durch Präfixe außer Kraft setzen läßt, ist die Verwendung von DS zur Adressierung des ersten Operanden. Anders gesagt: ein explizites Segment-Präfix vor einem CPMS-Befehl legt grundsätzlich das Segment fest, aus dem der erste der beiden Operanden gelesen wird. Eine Möglichkeit, auch das Segment des zweiten Operanden explizit festzulegen, besteht nicht.

Flags

OF	DF	IF	TF	SF	ZF	AF	PF	CF
x	-	-	-	x	x	x	x	x

Fehler

	Protected	Real	V8086
12	#SS(0)		
13	#GP(0)	INT 13	#GP(0)
14	#PF(ec)		#PF(ec)
17	#AC(0)		#AC(0)

Beispiel

```
LEA     ESI, password      ; DS:ESI ⇐ Adresse eines (vorgegebenen) Strings
LES     EDI, [EBP+12]      ; ES:EDI ⇐ Adresse der Benutzereingabe
MOV     ECX, 31            ; Anzahl zu vergleichender Bytes als Konstante
CLD                        ; Vergleich in aufsteigender Richtung
REPE CMPSB                 ; Abbruch bei ECX=0 oder Ungleichheit
JNE     not_eq             ; -> Zeichenketten sind ungleich
```

CMPXCHG (8/16p/32)
Compare and Exchange - Vergleich und Austausch

Prozessoren
80486

Syntax
CMPXCHG dest, src

Ablauf
```
if acc = dest then
    ZF ⇐ 1
    dest ⇐ src
else
    ZF ⇐ 0
    acc ⇐ dest
```

Formate

	dest	src
CMPXCHG	reg,	reg
CMPXCHG	mem,	reg

Beschreibung
CMPXCHG führt einen Vergleich des über dest adressierten Wertes mit dem Inhalt des Akkumulators (AL, AX, EAX) durch. Wenn beide Werte gleich sind, kopiert der Prozessor danach in einem zweiten Schritt die über src adressierten Daten nach *dest*, ansonsten wird der Akkumulatorinhalt durch *dest* ersetzt. Die Flags werden durch den Vergleich zwischen dem Akkumulator und dest in derselben Weise wie beim Befehl CMP gesetzt.

In Kombination mit einem vorangestellten LOCK-Präfix vereinfacht CMPXCHG vor allem die Bearbeitung von Semaphoren in Multiprozessor-Systemen (siehe »Beispiel«).

CMPXCHG erzeugt in jedem Fall sowohl einen Lese- als auch einen Schreibzyklus: Bei Gleichheit der Werte erfolgt eine Kopie von *src* nach *dest*, bei Ungleichheit wird *dest* aus Gründen der zeitlichen Symmetrie mit dem soeben gelesenen Wert erneut beschrieben.

Flags

OF	DF	IF	TF	SF	ZF	AF	PF	CF
x	-	-	-	x	x	x	x	x

Fehler

	Protected	Real	V8086
12	#SS(0)		
13	#GP(0)	INT 13	#GP(0)
14	#PF(ec)		#PF(ec)
17	#AC(0)		#AC(0)

Beispiel

```
XOR      AL,AL     ; 0 = Semaphore verfügbar
MOV      BL,1      ; 1 = Semaphore besetzt
LOCK
CMPXCHG  sema,BL   ; Vergleich und ggf. Austausch
JNE      failed    ; -> Semaphore war bereits besetzt
```

Kapitel 8 - Befehlssatz der 80386/486-Prozessoren

CWD (16)
Convert Word to Doubleword - Wort mit Vorzeichen auf DWord erweitern

Prozessoren
8086/80186/80286/80386/80486

Syntax
CWD

Ablauf
```
if (BIT(AX, 15 = 1)) then
    DX ⇐ 0FFFFH
else
    DX ⇐ 0
endif
```

Anwendung
CWD

Beschreibung
Der Befehl CWD stammt aus den Zeiten des 8088: Er erweitert den in AX enthaltenen Wert unter Berücksichtigung des Vorzeichens von 16 auf 32 Bit, speichert das Ergebnis aber im Registerpaar DX:AX (und nicht etwa in EAX, weil es dieses Register erst seit dem 80386 gibt). Für den 80386 geschriebene Programme sollten anstelle von CWD den Befehl CWDE verwenden, der ausschließlich das Register EAX benutzt.

Flags

OF	DF	IF	TF	SF	ZF	AF	PF	CF
-	-	-	-	-	-	-	-	-

Fehler
Keine

Beispiel
```
MOV     AX, divisor         ; Divisor mit 16 Bit
CWD                         ; Erweiterung auf 32 Bit (DX:AX)
DIV     CX                  ; Division (Dividend mit 16 Bit)
```

CWDE (16)
Convert Word to Doubleword Extended - Wort auf DWord in EAX erweitern

Prozessoren
80386/80486

Syntax
CWDE

Ablauf
```
if (BIT(EAX, 15) = 1) then
    EAX ⇐ EAX | FFFF0000H
else
    EAX ⇐ EAX & 0000FFFFH
endif
```

Anwendung
CWDE

Beschreibung
CWDE erweitert den in AX enthaltenen Wert unter Berücksichtigung des Vorzeichens von 16 auf 32 Bit und speichert das Ergebnis dieser Operation in EAX. Da es sich dabei um eine reine Kopie des Vorzeichens handelt, bleiben die niederwertigen 16 Bits von EAX unverändert. Dieser Befehl sollte in für den 80386 geschriebenen Programmen anstelle der älteren Variante CWD verwendet werden.

Flags

OF	DF	IF	TF	SF	ZF	AF	PF	CF
-	-	-	-	-	-	-	-	-

Fehler
Keine

Beispiel
```
MOV     AX, short_int      ; 16 Bit mit Vorzeichen
NEG     AX                 ; Vorzeichen umdrehen
CWDE                       ; und auf 32 Bit erweitern
```

DAA (8)
Decimal Adjust AL After Addition - Dezimalkorrektur nach Addition

Prozessoren
8086/80186/80286/80386/80486

Syntax
DAA

Ablauf
```
if (AF | (AL & 0FH) > 9) then
    AL ⇐ AL + 6
    AF ⇐ 1
else
    AF ⇐ 0
endif
if (CF | (AL > 9FH)) then
    AL ⇐ AL + 60H
    CF ⇐ 1
else
    CF ⇐ 0
endif
```

Anwendung
DAA

Beschreibung
DAA bearbeitet einen eventuellen Übertrag nach der Addition zweier gepackter BCD-Ziffern und sorgt so dafür, daß das Register AL wieder gültige BCD-Werte enthält. Im Prinzip arbeitet dieser Befehl wie AAA - nur daß sich hier beide BCD-Ziffern zusammen (»gepackt«) im Register AL befinden.

Flags

OF	DF	IF	TF	SF	ZF	AF	PF	CF
?	-	-	-	x	x	x	x	x

Fehler
Keine

Beispiel

```
MOV     AL, 72h         ; dezimal 72 (in gepackter BCD-Form)
ADD     AL, 19h         ; plus 19 (in derselben Form), ergibt 8Bh
DAA                     ; AL ⇐ 91h (= 91 als BCD-Zahl)
```

DAS (8)
Decimal Adjust AL After Subtraction - Dezimalkorrektur nach Subtraktion

Prozessoren
8086/80186/80286/80386/80486

Syntax
DAS

Ablauf
```
if (AF | ((AL & 0FH)) > 9) then
    AL ⇐ AL - 6
    AF ⇐ 1
else
    AF ⇐ 0
endif
if (CF | (AL > 9FH)) then
    AL ⇐ AL - 60H
    CF ⇐ 1
else
    CF ⇐ 0
endif
```

Anwendung
DAS

Beschreibung
DAS bearbeitet einen eventuellen Übertrag nach der Subtraktion zweier gepackter BCD-Ziffern und sorgt so dafür, daß das Register AL wieder gültige BCD-Werte enthält. Im Prinzip arbeitet dieser Befehl wie AAS - nur daß sich hier beide BCD-Ziffern zusammen (»gepackt«) im Register AL befinden.

Flags

OF	DF	IF	TF	SF	ZF	AF	PF	CF
?	-	-	-	x	x	x	x	x

Fehler
Keine

Beispiel

```
MOV     AL, 42h         ; 42 als gepackte BCD-Zahl
SUB     AL, 13h         ; Subtraktion von (BCD) 13, 2Fh in AL
DAS                     ; AL ⇐ 29h (= 29 als BCD-Zahl)
```

DEC (8/16p/32)
Decrement - Erniedrigung

Prozessoren
8086/80186/80286/80386/80486

Syntax
DEC op1

Ablauf
op1 ⇐ op1 - 1

Formate

	op1
DEC	reg
DEC	mem

Beschreibung
DEC erniedrigt den als *op1* adressierten Wert um eins. Intern führt der Prozessor dabei das Äqiuvalent des Befehls

SUB op1,1

aus und setzt mit dem Ergebnis dieses Befehls auch die Flags mit Ausnahme des Bits CF, das unverändert bleibt. (Der Grund dafür liegt darin, daß man DEC bei fortlaufenden Additionen von Array-Elementen verwenden können soll.)

Flags

OF	DF	IF	TF	SF	ZF	AF	PF	CF
x	-	-	-	x	x	x	x	-

Fehler

	Protected	Real	V8086
12	#SS(0)		#SS(0)
13	#GP(0)	INT 13	#GP(0)
14	#PF(ec)		#PF(ec)
17	#AC(0)		#AC(0)

Beispiel

```
L1: ...
    DEC     ESI         ; ESI ⇐ ESI - 1
    JNZ     L1          ; (ZF und die anderen Flags werden gesetzt)
```

DIV (8/16p/32)
Unsigned Division - vorzeichenlose Division

Prozessoren
8086/80186/80286/80386/80486

Syntax
DIV op1

Ablauf
low(acc) ⇐ acc / op1
high(acc) ⇐ acc modulo op1

Formate

	op1
DIV	reg
DIV	mem

Beschreibung
DIV dividiert den Inhalt des Akkumulators durch den als *op1* adressierten Wert und hält nicht nur das direkte Ergebnis, sondern auch den Divisionsrest fest. Da der Akkumulator hier einen impliziten Operanden darstellt, wird die Größe des Dividenden (16, 32 oder 64 Bit) über die Größe des Divisors (8, 16 oder 32 Bit) festgelegt - und damit auch, welche Register der Prozessor hier als »Akkumulator« betrachtet:

Größe von op1	Dividend	Quotient	Divisionsrest
Byte	AX	AL	AH
Wort	DX,AX	AX	DX
DWord	EDX,EAX	EAX	EDX

Wenn der Divisor den Wert 0 hat oder das Ergebnis der Division außerhalb des Wertebereichs des Zielregisters liegt, reagiert der Prozessor mit einem Interrupt 0. (Letzteres ist beispielsweise dann der Fall, wenn man FFFFh durch 2 dividert und den Quotienten 7FFFh im Register AL speichern will - weshalb die meisten Programme prinzipiell erst einmal den Dividenden und den Divisor auf die doppelte Größe erweitern).

Flags

OF	DF	IF	TF	SF	ZF	AF	PF	CF
?	-	-	-	?	?	?	?	?

Fehler

	Protected	Real	V8086
0	INT 0	INT 0	INT 0
12	#SS(0)		
13	#GP(0)	INT 13	#GP(0)
14	#PF(ec)		#PF(ec)
17	#AC(0)		#AC(0)

Beispiel

```
MOV     EAX, dividend
CWDE                        ; Erweiterung auf 64 Bit
DIV     EBX                 ; Division mit 32 Bit
MOV     quotient, EAX       ; Speichern des Ergebnisses
MOV     remainder, EDX
```

ENTER (-)
Enter New Stack Frame - Einrichten eines Stack-Rahmens

Prozessoren
80186/80286/80386/80486

Syntax
ENTER locals, nesting

Ablauf
```
nesting ⇐ max (nesting, 31)
push (EBP)
temp ⇐ ESP
if (nesting 0) then
    nesting ⇐ nesting - 1
    while (nesting 0)
        EBP ⇐ EBP - 4
        push (SS:[EBP])
        nesting ⇐ nesting - 1
    endwhile
    push (temp)
endif
EBP ⇐ temp
ESP ⇐ ESP - locals
```

Formate

	locals	nesting
ENTER	idata,	idata

Beschreibung
ENTER faßt die von Hochsprachen üblicherweise zur Einrichtung eines »Stack Frame« verwendete Operationsfolge in einem einzigen Befehl zusammen und besteht aus drei Schritten: dem Sichern von EBP auf dem Stack, der Kopie von ESP nach EBP und schließlich dem Erniedrigen von ESP zum Reservieren von Speicherplatz für lokale Variablen. Eine Routine, die beispielsweise 20 Bytes für lokale Variablen reserviert, kann also als erste Operation den Befehl ENTER 20,0 ausführen, der letztlich den folgenden Einzelbefehlen entspricht:

```
PUSH    EBP         ; momentanen Wert von EBP auf den Stack
MOV     EBP,ESP     ; Kopie des Stackzeigers zum Adressieren von Parametern
SUB     ESP,20      ; ESP um 20 erniedrigen
```

Übergebene Parameter liegen bei diesem Verfahren oberhalb der Rücksprungadresse (und des Originalwertes von EBP) auf dem Stack, lokale Variablen unterhalb der Adresse, auf die EBP nun zeigt. Konsequent werden Parameter über EBP+x, lokale Variablen über EBP-x angesprochen.

Der Operand *nesting* wird von Programmiersprachen wie C und FORTRAN grundsätzlich mit 0 angegeben, weil dort die Routinen innerhalb von Routinen - also ein prozedurales Äquivalent lokaler Variablen - nicht erlaubt sind. Pascal, Modula 2 und Ada arbeiten bei den dort möglichen lokalen Routinen dagegen mit einem Wert ungleich 0: in diesem Fall speichert der Prozessor zusätzlich einen Querverweis auf den »übergeordneten« Stack-Rahmen und erlaubt so die Adressierung gemeinsam verwendeter lokaler Variablen und Parameter.

Flags

OF	DF	IF	TF	SF	ZF	AF	PF	CF
-	-	-	-	-	-	-	-	-

(Hinweis: 12 Felder dargestellt, alle mit "-")

Fehler

	Protected	Real	V8086
12	#SS(0)		
14	#PF(ec)		#PF(ec)

Beispiel

```
        PUSH EAX            ; Parameter auf den Stack
        CALL MY_SUB
        ...
MY_SUB: ENTER 4, 0          ; 4 Bytes für Lokales
        MOV EBX,[EBP+4]     ; der zuvor auf den Stack gelegte Parameter
        MOV [EBP-4],EBX     ; Kopie in die lokale Variable
        ...
        LEAVE               ; Stack-Rahmen zurück
        RET 4               ; Rücksprung, Parameter vom Stack
```

HLT (-)
Halt

Prozessoren
8086/80186/80286/80386/80486

Syntax
HLT

Anwendung
HLT

Beschreibung
HLT hält den Prozessor bis zum Eintreffen eines Interrupt-Signals an (technisch: läßt ihn einen endlosen Strom von NOP-Befehlen ausführen). Bei diesem Interrupt-Signal kann es sich entweder um NMI oder um INT handeln, wobei letzteres voraussetzt, daß zum Zeitpunkt des HLT-Befehls das IF-Bit im Register EFLAGS gesetzt ist (also Interrupts nicht gesperrt sind).

Beim Erhalt des Interrupt-Signals führt der Prozessor einen Aufruf der entsprechenden Behandlungsroutine aus und setzt die Verarbeitung danach mit dem Befehl fort, der HLT unmittelbar folgt.

Der Befehl HLT setzt voraus, daß das ausführende Programm auf der Privilegstufe 0 läuft. Bei Programmen niedrigerer Privilegstufen reagiert der Prozessor nicht mit einem Anhalten der momentanen Verarbeitung, sondern mit einem allgemeinen Schutzfehler (Interrupt 13).

Die einzige andere Möglichkeit, einen mit HLT hervorgerufenen Wartezustand abzubrechen, besteht aus einem RESET-Impuls.

Flags

OF	DF	IF	TF	SF	ZF	AF	PF	CF
-	-	-	-	-	-	-	-	-

Fehler

	Protected	Real	V8086
13	#GP(0)		#GP(0)

Beispiel

```
        STI
L1:     HLT              ; Eine Leerschleife, die ausschließlich
        JMP     L1       ; die Interrupt-Verarbeitung aufrechterhält
```

IDIV (8/16p/32)
Integer (Signed) Division - Integerdivision mit Vorzeichen

Prozessoren
8086/80186/80286/80386/80486

Syntax
IDIV op1

Ablauf
low(acc) ⇐ acc / op1
high(acc) ⇐ acc modulo op1

Formate

	op1
IDIV	reg
IDIV	mem

Beschreibung
DIV dividiert den Inhalt des Akkumulators durch den als *op1* adressierten Wert und hält nicht nur das direkte Ergebnis, sondern auch den Divisionsrest fest. Da der Akkumulator hier einen impliziten Operanden darstellt, wird die Größe des Dividenden (16, 32 oder 64 Bit) über die Größe des Divisors (8, 16 oder 32 Bit) festgelegt - und damit auch, welche Register der Prozessor hier als »Akkumulator« betrachtet:

Größe von op1	Dividend	Quotient	Divisionsrest
Byte	AX	AL	AH
Wort	DX,AX	AX	DX
DWord	EDX,EAX EAX	EDX	

Wenn der Divisor den Wert 0 hat oder das Ergebnis der Division außerhalb des Wertebereichs des Zielregisters liegt, reagiert der Prozessor mit einem Interrupt 0. (Letzteres ist beispielsweise dann der Fall, wenn man FFFFh durch 2 dividert und den Quotienten

7FFFh im Register AL speichern will - weshalb die meisten Programme prinzipiell erst einmal den Dividenden und den Divisor auf die doppelte Größe erweitern).

Der einzige Unterschied zum Befehl DIV besteht darin, daß der Prozessor die beiden Operanden nicht als vorzeichenlose, sondern als vorzeichenbehaftete Werte betrachtet - mithin das höchstwertige Bit als Vorzeichen interpretiert: eine vorzeichenlose Division von A000h durch 2 ergibt den Quotienten 5000h, eine vorzeichenbehaftete Division derselben Werte dagegen -1 (FFFFh). Der Grund: in diesem Fall betrachtet der Prozessor den Wert A000h als negative Zahl (sozusagen -6000h).

Flags

OF	DF	IF	TF	SF	ZF	AF	PF	CF
?	-	-	-	?	?	?	?	?

Fehler

	Protected	Real	V8086
0	INT 0	INT 0	INT 0
12	#SS(0)		
13	#GP(0)	INT 13	#GP(0)
14	#PF(ec)		#PF(ec)
17	#AC(0)		#AC(0)

Beispiel

```
MOV     EAX, [ESP+14]       ; Dividend nach EAX
CDQ                         ; Erweiterung auf 64 Bit
IDIV    ECX                 ; vorzeichenbehaftete Division (32 Bit)
```

IMUL (8/16p/32)
Integer (Signed) Multiplication - vorzeichenbehaftete Multiplikation

Prozessoren
8086/80186/80286/80386/80486

Syntax
IMUL op1, [op2, [op3]]

Ablauf
dest ⇐ multiplier multiplicand

Formate

	op1	op2	op3	Erläuterung
IMUL	reg			; acc ⇐ acc * reg
IMUL	mem			; acc ⇐ acc * mem
IMUL	reg,	reg		; op1 ⇐ op1 * op2
IMUL	reg,	mem		; op1 ⇐ op1 * op2
IMUL	reg,	idata		; op1 ⇐ op1 * op2
IMUL	reg,	reg,	idata	; op1 ⇐ op2 * op3
IMUL	reg,	mem,	idata	; op1 ⇐ op2 * op3

Beschreibung

IMUL multipliziert zwei Integerwerte miteinander, die der Prozessor als vorzeichenbehaftet betrachtet, und speichert das Ergebnis in dem als *op1* adressierten Operanden bzw. im Akkumulator. Dieser Befehl hinterläßt sämtliche Flags in einem undefinierten Zustand - mit Ausnahme von CF und OF, die der Prozessor zurücksetzt, wenn das Ergebnis der Multiplikation dieselbe Wortgröße wie die beiden Operanden hat.

Wenn zusammen mit IMUL nur ein einziger Operand angegeben wird, verwendet der Prozessor als zweiten Operanden und als Ziel implizit den Akkumulator. Welche Register in diesem Fall als Akkumulator dienen, ist von der Wortgröße des zweiten Operanden abhängig: das Ergebnis einer Byte-Multiplikation besetzt AX, das Ergebnis der Multiplikation zweier Worte DX:AX, und für DWord-Multiplikationen wird EDX:EAX benutzt.

Die restlichen Formen von IMUL (mit mehr als einem Operanden) setzen voraus, daß sämtliche Operanden dieselbe Wortgröße haben. Für eine Multiplikation wie BX * CL muß der in CL gespeicherte Faktor also vorher auf ein Wort (CX) erweitert werden.

Flags

OF	DF	IF	TF	SF	ZF	AF	PF	CF
x	-	-	-	?	?	?	?	x

Fehler

	Protected	Real	V8086
12	#SS(0)		
13	#GP(0)	INT 13	#GP(0)
14	#PF(ec)		#PF(ec)
17	#AC(0)		#AC(0)

Beispiel

```
IMUL    ECX                 ; EDX:EAX ⇐ EAX ECX
IMUL    AL, CH, 7           ; AL ⇐ CH * 7
```

IN (8/16p/32)
Input from I/O Port - Lesen von einem Port

Prozessoren
8086/80186/80286/80386/80486

Syntax
IN acc, port

Ablauf
ACC ⇐ (port)

Formate

	acc	port
IN	acc,	idata
IN	acc,	DX

Beschreibung
Mit diesem Befehl lassen sich Bytes, Worte und DWords von einem I/O-Port in den Akkumulator lesen. Direkte Angaben der Adresse des zu lesenden Ports sind auf den Bereich von 0 bis 255 (0 bis FFh) beschränkt, weshalb Leseaktionen von Ports mit höheren Adressen über die Befehlsfolge

```
MOV DX, Port_Num    ; Adresse des Ports in DX
IN  Acc,DX          ; Leseaktion (1, 2 oder 4 Bytes)
```

geschehen müssen (die ihrerseits Portadressen im Bereich von 0 bis FFFFh möglich macht). Wenn ein IN-Befehl mehr als ein einzelnes Byte liest, legt die angegebene Portadresse lediglich den Start der Aktion fest:

```
IN AL,  33h         ; liest den Port 33h
IN AX,  33h         ; liest die Ports 33h (niederwertiges Byte) und 34h
IN EAX, 33h         ; liest die Ports 33h .. 36h (in dieser Reihenfolge)
```

Befehlssatz der 80386/486-Prozessoren

IN wird vom Prozessor als privilegierter Befehl eingestuft, zu dessen Ausführung zumindest eine der folgenden Bedingungen erfüllt sein muß:

- Der Prozessor arbeitet im Real Mode.

- Der Prozessor arbeitet im Protected Mode, das Codesegment des aktiven Prozesses hat eine Privilegstufe, die gleich oder höher der vom System festgelegten I/O-Privilegstufe ist.

- Der Prozessor arbeitet im Protected Mode oder im virtuellen 8086er-Modus, die durch den IN-Befehl angesprochenen Portadressen sind über das I/O Permission Bitmap im TS-Segment des laufenden Prozesses zur Benutzung freigegeben.

In allen anderen Fällen betrachtet der Prozessor IN-Befehle als allgemeine Schutzverletzung, d.h. reagiert mit einem Interrupt 13. (Details zu IOPL, CPL und der I/O Permission Bitmap in TS-Segmenten finden Sie in Kapitel 5.)

Flags

OF	DF	IF	TF	SF	ZF		AF		PF		CF
-	-	-	-	-	-	-	-	-	-	-	-

Fehler

	Protected	Real	V8086
13	#GP(0)		#GP(0)

Beispiel

```
IN    AX, 72h        ; Lesen der Ports 72h und 73h
MOV   DX, 03F7h
IN    AL, DX         ; Lesen des Ports 03F7h
```

INC (8/16p/32)
Increment - Erhöhung

Prozessoren
8086/80186/80286/80386/80486

Syntax
INC op1

Ablauf
op1 ⇐ op1 + 1

Formate

	op1
INC	reg
INC	mem

Beschreibung
INC erhöht den als *op1* adressierten Wert um eins. Intern führt der Prozessor dabei das Äqiuvalent des Befehls

ADD op1,1

aus und setzt mit dem Ergebnis dieses Befehls auch die Flags mit Ausnahme des Bits CF, das unverändert bleibt. (Der Grund dafür liegt darin, daß man INC bei fortlaufenden Additionen von Array-Elementen verwenden können soll.)

Flags

OF	DF	IF	TF	SF	ZF	AF	PF	CF
x	-	-	-	x	x	x	x	-

Fehler

	Protected	Real	V8086
12	#SS(0)		
13	#GP(0)	INT 13	#GP(0)
14	#PF(ec)		#PF(ec)
17	#AC(0)		#AC(0)

Beispiel

```
L1: ....
    INC   ESI        ; ESI ⇐ ESI + 1
    JNS   L1         ; solange < 7FFFFFFFh: Wiederholung
```

INS (8/16p/32)
Input String from I/O Port - Lesen einer Bytefolge über Ports

Prozessoren
80186/80286/80386/80486

Syntax
INS

Ablauf
```
if opcode is (INSB, INSW, INSD) then opsize ⇐ (1, 2, 4)
ES:[EDI] ⇐ port(DX)
if (DF = 0) then
    EDI ⇐ EDI + opsize
else
    EDI ⇐ EDI - opsize
endif
```

Formate
```
INSB    ; Lesen eines Bytes
INSW    ; Lesen eines Wortes
INSD    ; Lesen eines DWords
```

Beschreibung
Dieser Befehl, von dem insgesamt drei Varianten für die verschiedenen Operandengrößen existieren, führt in einem ersten Schritt das technische Äquivalent von IN aus, speichert den vom über DX indizierten Port gelesenen Wert aber nicht im Akkumulator, sondern legt ihn ab der durch ES:EDI angegebenen Adresse im Hauptspeicher ab. Danach wird EDI abhängig vom DF-Bit in EFLAGS um die Anzahl der gelesenen Bytes erhöht (DF zurücksetzt) bzw. erniedrigt (DF gesetzt).

Wenn ein INS-Befehl mehr als ein einzelnes Byte liest, legt DX lediglich den Start der Aktion fest:

```
MOV DX,134h   ; Portadresse
INSB          ; ES:[EDI] ⇐ Port 134h
INSW          ; ES:[EDI] ⇐ Ports 134h (niederwertiges Byte) und 135h
INSD          ; liest die Ports 134h .. 137h (in dieser Reihenfolge)
```

INS wird wie IN vom Prozessor als privilegierter Befehl eingestuft, zu dessen Ausführung zumindest eine der folgenden Bedingungen erfüllt sein muß:

- Der Prozessor arbeitet im Real Mode.

- Der Prozessor arbeitet im Protected Mode, das Codesegment des aktiven Prozesses hat eine Privilegstufe, die gleich oder höher der vom System festgelegten I/O-Privilegstufe ist.

- Der Prozessor arbeitet im Protected Mode oder im virtuellen 8086er-Modus, die durch den INS-Befehl angesprochenen Portadressen sind über das I/O Permission Bitmap im TS-Segment des laufenden Prozesses zur Benutzung freigegeben.

In allen anderen Fällen betrachtet der Prozessor INS-Befehle als allgemeine Schutzverletzung, d.h. reagiert mit einem Interrupt 13. (Details zu IOPL, CPL und der I/O Permission Bitmap in TS-Segmenten finden Sie in Kapitel 5.)

INS-Befehle lassen sich über ein vorangestelltes REP-Präfix wiederholen, wobei das Register ECX als Zähler dient. Bei derartigen Wiederholungen erhöht bzw. erniedrigt der Prozessor zwar das Register EDI, läßt DX aber unverändert, d.h. füllt den über ES:EDI adressierten Speicherbereich fortlaufend mit Werten, die von ein und demselben Portbereich gelesen werden.

Im Gegensatz zu CMPS-Befehlen hat ein vorangestelltes Segment-Präfix hier keinen Einfluß: der Prozessor verwendet grundsätzlich ES zur Bestimmung des Zielsegments.

Flags

OF	DF	IF	TF	SF	ZF	AF	PF	CF
-	-	-	-	-	-	-	-	-

Fehler

	Protected	Real	V8086
13	#GP(0)	INT 13	#GP(0)
14	#PF(ec)		#PF(ec)
17	#AC(0)		#AC(0)

Beispiel

```
LEA    EDI, new_val      ; Startadresse des Zielbereichs
MOV    DX, 370h          ; Adresse des zu lesenden Ports
CLD                      ; aufsteigende Adressen
INSD                     ; new_val ⇐ Port 370h..373h
INSD                     ; new_val+4 ⇐ Port 370h .. 373h
```

INT (-)
Software Interrupt

Prozessoren
8086/80186/80286/80386/80486

Syntax
INT vector

Ablauf
```
push(EFLAGS)
push(CS)
push(EIP)
TF ⇐ 0
if (IDT(vector).TYPE = INTERRUPT_GATE) then
    IF ⇐ 0
endif
CS:EIP ⇐ destination(IDT(vector))
```

Anwendung

	vector
INT	idata

Beschreibung
Dieser Befehl stellt das Äquivalent eines Hardware-Interrupts dar, bei dem sich der Prozessor die dazugehörige Vektornummer sozusagen selbst liefert: INT speichert die Register EFLAGS und CS:EIP auf dem Stack und führt dann den Aufruf eines Unterprogramms aus, dessen Startadresse über den Eintrag vector der IDT festgelegt ist.

Software-Interrupts lassen sich im Gegensatz zu Hardware-Interrupts nicht über ein Zurücksetzen des IF-Bits im EFLAGS-Register sperren, setzen dieses Flag zusammen mit dem TF-Bit von EFLAGS in derselben Weise wie Hardware-Interrupts zurück. Da dieses Zurücksetzen erst erfolgt, nachdem EFLAGS auf dem Stack gespeichert wurde, stellt der (mit einem Zurückladen von EFLAGS verbundene) Befehl IRET den ursprünglichen Zustand wieder her.

Im virtuellen 8086er-Modus reagiert der Prozessor auf den Befehl INT mit einer Umschaltung auf den Stack in Ring 0 (d.h. setzt in SS:ESP die Werte ein, die im TS-Segment der laufenden Routine in den Feldern SS0:ESP0 gespeichert sind). Aus diesem

Grund muß das DPL-Feld des dabei verwendeten IDT-Eintrags den Wert 0 haben, weil der Prozessor sonst mit einem Interrupt 13 (allgemeine Schutzverletzung) reagiert.

Aufrufe des Interrupts 3 lassen sich im Gegensatz zu allen anderen INT-Befehlen auch mit einem einzigen Byte (0CCh) codieren, weshalb praktisch alle Debugger diesen Interrupt zum Einsetzen von Haltepunkten verwenden.

Flags

OF	DF	IF	TF	SF	ZF	AF	PF	CF
-	-	x	0	-	-	-	-	-

Fehler

	Protected	Real	V8086
10	#TS(sel)		
11	#NP(sel)		
12	#SS(0)		
13	#GP(0)	INT 13	#GP(0)
14	#PF(ec)		#PF(ec)

Beispiel

```
; typische Anwendung unter dem Betriebssystem MS-DOS:
; Beenden des laufenden Programms
MOV     AX,4C00h           ; Parameterübergabe via Register
INT     21h                ; Aufruf des Betriebssystems
```

INTO (-)
Interrupt on Overflow - Interrupt bei Überlauf

Prozessoren
8086/80186/80286/80386/80486

Syntax
```
INTO
```

Ablauf
```
if (OF) then
    INT 4
endif
```

Anwendung
```
INTO
```

Beschreibung
INTO stellt eine einfache Möglichkeit für das Prüfen und gleichzeitige Signalisieren von Überläufen bei arithmetischen Operationen dar: Dieser Befehl löst einen Interrupt 4 aus, wenn das OF-Bit im Register EFLAGS gesetzt ist. (Die Bearbeitung dieses Interrupts durch den Prozessor geschieht wie im Abschnitt über den Befehl INT beschrieben.)

Wenn das OF-Bit zurückgesetzt ist, behandelt der Prozessor INTO als Leerbefehl, d.h. setzt das Programm mit dem direkt darauffolgenden Befehl fort.

Flags

OF	DF	IF	TF	SF	ZF	AF	PF	CF
-	-	x	0	-	-	-	-	-

Fehler

	Protected	Real	V8086
10	#TS(sel)		
11	#NP(sel)		
12	#SS(0)		
13	#GP(0)	INT 13	#GP(0)
14	#PF(ec)		#PF(ec)

Beispiel

```
ADD     ECX, VECTOR[EDI4]   ; arithmetische Operation
INTO                        ; Prüfung auf Überlauf
```

INVD (-)
Invalidate Cache - Cache-Inhalt für ungültig erklären

Prozessoren
80486

Syntax
INVD

Ablauf
Definiert sämtliche Cache-Einträge als »unbesetzt«

Anwendung
INVD

Beschreibung
INVD definiert sämtliche Einträge im Cache des 80486 als »unbesetzt«, was auf ein faktisches Entleeren dieses Zwischenspeichers hinausläuft. Der Prozessor führt auf diesen Befehl hin einen speziellen Maschinenzyklus aus, auf den die Steuerelektronik eines externen Caches ebenfalls mit dem Löschen ihres Speichers reagieren sollte.

Flags

OF	DF	IF	TF	SF	ZF		AF		PF		CF
-	-	-	-	-	-		-		-		-

Fehler
Keine

Beispiel
```
; Standard-Befehlsfolge zum Aktivieren des Caches
  INVD                  ; Cache-Inhalt für ungültig erklären
  MOV  EAX,CR0          ; CR0 nach EAX kopieren
  AND  EAX,90000000h    ; Cache-Sperrbits zurück
  MOV  CR0,EAX          ; und Cache aktivieren
```

INVLPG (32)
Invalidate TLB Entry - TLB-Eintrag für ungültig erklären

Prozessoren
80486

Syntax
INVLPG mem

Ablauf
```
if PTE(mem) is in TLB(i) then
   invalidate TLB(i)
```

Anwendung
INVLPG mem

Beschreibung
Mit diesem Befehl lassen sich einzelne Einträge des für Paging verwendeten Translation Lookaside Buffer für ungültig erklären. Da dieser Cache dem Programmierer nicht direkt zugänglich und die Reihenfolge seiner Einträge unbestimmt ist, arbeitet INVPLG nicht über einen Index, sondern über die Adressen von Speicherseiten: Wenn der TLB einen Eintrag für die Speicherseite enthält, in der sich der als *mem* adressierte Operand befindet, dann wird dieser Eintrag für ungültig erklärt.

Eine Rückmeldung gleich welcher Art erhält man bei diesem Befehl nicht: sowohl die Flags als auch die als *mem* adressierten Speicherzellen bleiben unverändert.

Anders gesagt: mit INVLPG läßt sich sicherstellen, daß der TLB garantiert keinen Eintrag mehr für eine bestimmte Speicherseite enthält - was beispielsweise dann notwendig ist, wenn man diese Seite umkopieren oder aus dem physikalischen Hauptspeicher werfen will.

Flags

OF	DF	IF	TF	SF	ZF	AF	PF	CF
-	-	-	-	-	-	-	-	-

Fehler

	Protected	Real	V8086
6	#UD()	INT 6	

Der Interrupt 6 stellt das Ergebnis des Versuchs dar, INVLPG mit einem Register als Operanden zu verwenden.

Beispiel

```
; stellt sicher, daß der TLB keinen Eintrag für ein bestimmtes Segment enthält
INVLPG     FS:[ESI]        ; TLB-Eintrag löschen
PUSH       FS              ; Selektor auf den Stack
CALL       Invalidate_PageDirectory_Entry
```

IRET (-)
Rücksprung von einer Interrupt-Behandlungsroutine

Prozessoren
8086/80186/80286/80386/80486

Syntax
IRET

Ablauf
```
if (NT = 1) then
    task_return (TSS.back_link)
else
    pop (EIP)
    pop (CS)
    pop (EFLAGS)
endif
```

Anwendung
IRET

Beschreibung
IRET beendet eine per Software- oder Hardware-Interrupt aufgerufene Behandlungsroutine und unterscheidet dabei zwischen zwei Arten des Aufrufs:

- Wenn der Aufruf über ein Task Gate stattfand (d.h. die Behandlungsroutine als eigenständiger Prozeß definiert ist), dann ist das TS-Bit im Register CR0 gesetzt: In diesem Fall führt der Prozessor nun einen erneuten Task-Wechsel aus (und orientiert sich dabei am Feld Back *Link* im TS-Segment der Behandlungsroutine).

- Wenn der Aufruf über ein normales Interrupt Gate stattfand, ist das TS-Bit zurückgesetzt: Der Prozessor lädt die (beim Interrupt auf dem Stack zwischengespeicherten) Register EFLAGS sowie CS:EIP zurück. Falls die Interrupt-Behandlungsroutine in Ring 0 ausgeführt wurde, wird bei diesem Zurückladen von EFLAGS das Bitfeld IOPL angepaßt, ansonsten bleibt es unverändert.

Im virtuellen 8086er-Modus erzeugt der Befehl IRET einen Interrupt 13, d.h. wird als allgemeine Schutzverletzung behandelt. Interrupt-Behandlungsroutinen für diesen Modus müssen die zwischengespeicherten Register selbst vom Stack entfernen und den Rücksprung über den Befehl JMP FAR ausführen.

Flags

OF	DF	IF	TF	SF	ZF		AF		PF		CF
x	x	x	x	x	x	-	x	-	x	-	x

Fehler

	Protected	Real	V8086
12	#SS(0)		
13	#GP(0)	INT 13	#GP(0)
14	#PF(ec)		#PF(ec)

Beispiel
IRET

Jcc (-)
Jump if Condition - bedingter Sprung

Prozessoren
8086/80186/80286/80386/80486

Syntax
```
Jcc offset
```

Ablauf
```
if (cc) then
    EIP ⇐ EIP + sign_extend(offset)
endif
```

Formate

Befehl		Sprung ausgeführt, wenn...
JA	Offset	»above« – größer (vorzeichenloses x > y) / CF = 0 & ZF = 0
JAE	Offset	»above equal« – größer oder gleich / CF = 0
JB	Offset	»below« – kleiner (vorzeichenloses x < y) / CF = 1
JBE	Offset	»below equal« – kleiner oder gleich / CF = 1 | ZF = 1
JC	Offset	»carry« – Übertrag / CF = 1
JCXZ	Offset	»CX zero« – CX gleich 0
JECXZ	Offset	»ECX zero« – ECX gleich 0
JE	Offset	»equal« – gleich / ZF = 1
JG	Offset	»greater« – größer (vorzeichenbehaftetes x > y) / SF = OF & ZF = 0
JGE	Offset	»greater equal« – größer oder gleich / SF = OF
JL	Offset	»less« – kleiner (vorzeichenbehaftetes x < y) / SF != OF
JLE	Offset	»less equal« – kleiner oder gleich / SF != OF oder ZF = 1
JNA	Offset	»not above« – nicht größer (SETBE)
JNAE	Offset	»not above equal« – nicht größer oder gleich (SETB)
JNB	Offset	»not less« – nicht kleiner (SETAE)
JNBE	Offset	»not less equal« – nicht kleiner oder gleich (SETA)
JNC	Offset	»no carry« – kein Übertrag / CF = 0
JNE	Offset	»not equal« – nicht gleich / ZF = 0
JNG	Offset	»not greater« – nicht größer (SETLE) ▶

Befehl		Sprung ausgeführt, wenn...
JNGE	Offset	»not greater equal« – nicht größer oder gleich (SETL)
JNL	Offset	»not less« – nicht kleiner (SETGE)
JNLE	Offset	»not less equal« – nicht kleiner oder gleich / SF = OF & ZF = 0
JNO	Offset	»no overflow« – kein Überlauf / OF = 0
JNP	Offset	»no parity« – Parität ungerade / PF = 0
JNS	Offset	»no sign« – positiv / SF = 0
JNZ	Offset	»not zero« – ungleich 0 / ZF = 0
JO	Offset	»overflow« – Überlauf / OF = 1
JP	Offset	»parity« – Parität gerade / PF = 1
JPE	Offset	»parity equal« – Parität gerade / PF = 1
JPO	Offset	»parity odd« – Parität ungerade / PF = 0
JS	Offset	»sign« – negativ / SF = 1
JZ	Offset	»zero« – Null / ZF = 1

Beschreibung

Bei einem bedingten Sprung führt der Prozessor eine Prüfung der Bits des EFLAGS-Registers aus (die üblicherweise durch vorangehende Vergleiche oder arithmetische Operationen gesetzt worden sind). Wenn dieser Vergleich positiv ausfällt, addiert der Prozessor den als Offset angegebenen Wert zum momentanen Inhalt von EIP hinzu; ansonsten wird das Programm mit dem Befehl fortgesetzt, der direkt auf den bedingten Sprung folgt.

Wie dem Abschnitt »Formate« zu entnehmen, sind für die meisten Prüfungen mehrere mnemonische Namen definiert, die eine dem eigentlichen Zweck möglichst naheliegende Formulierung von Quelltexten erlauben: So wird man beispielsweise bei einer Prüfung gegen 0 - wie etwa OR EAX, EAX - den Befehlsnamen JZ (»jump if zero«) benutzen, bei der Prüfung auf Gleichheit (CMP EAX, EBX) dagegen dem Befehlsnamen JE (»jump if equal«). Tatsächlich führt der Prozessor in beiden Fällen exakt dieselbe Operation aus, d.h. macht den Sprung vom Stand des ZF-Bits abhängig.

Flags

OF	DF	IF	TF	SF	ZF	AF	PF	CF
-	-	-	-	-	-	-	-	-

Fehler

	Protected	Real	V8086
13	#GP(0)		

Beispiel

```
DEC     AL              ; AL um eins erniedrigen
JZ      reached_zero    ; Sprung, wenn 0 erreicht
```

JMP FAR (-)
Far Jump - Sprung mit Wechsel des Segments

Prozessoren
8086/80186/80286/80386/80486

Syntax
JMP dest

Ablauf
CS:EIP ⇐ dest

Formate

		dest	
JMP	idata		; CS:EIP ⇐ data
JMP	mem		; CS:EIP ⇐ [mem]

Beschreibung

JMP FAR lädt das Registerpaar CS:EIP mit neuen Werten, die sich entweder direkt in Form eines Selektor:Offset-Paars oder indirekt als Adresse eines Speicherbereichs angeben lassen, der einen Zeiger mit 48 Bit enthält.

Der dabei in CS geladene Selektor kann für ein normales Codesegment, ein Call Gate, ein Task Gate oder ein TS-Segment stehen. Im letzteren Fall wird der Offset-Anteil ignoriert, weil der Prozessor aus dem TS-Segment neue Werte für CS:EIP lädt, ansonsten legt er fest, wo innerhalb des neuen Segments der Prozessor den nächsten Befehl liest.

Wenn der zusammen mit JMP angegebene Selektor auf ein TS-Segment zeigt, wird das Register EFLAGS mit den in diesem Segment gespeicherten Werten geladen, ansonsten bleibt es unverändert. (Details zum Thema Task-Wechsel finden Sie in Kapitel 5.)

Flags

OF	DF	IF	TF	SF	ZF	AF	PF	CF
-	-	-	-	-	-	-	-	-

Fehler

	Protected	Real	V8086
10	#TS(sel)		
11	#NP(sel)		
12	#SS(0)		
13	#GP(0)	INT 13	#GP(0)
14	#PF(ec)		#PF(ec)
17	#AC(0)	#AC(0)	

Beispiel

```
JMP     21A7:000211F3h      ; direkte Angabe des Sprungziels
JMP     FWORD PTR new_task  ; Sprung über einen Zeiger mit 48 Bit
```

JMP (-)
Near Jump - Sprung ohne Wechsel des Segments

Prozessoren
8086/80186/80286/80386/80486

Syntax
JMP dest

Ablauf
EIP ⇐ dest

Formate

	dest	
JMP	offset	; EIP ⇐ EIP + offset
JMP	reg	; EIP ⇐ reg
JMP	mem	; EIP ⇐ [mem]

Beschreibung
JMP NEAR lädt das Register EIP mit dem über dest festgelegten Wert, unterbricht also die sequentielle Bearbeitung von Befehlen: Der Prozessor liest den nächsten Befehl von der Adresse, auf die EIP nach der Veränderung durch JMP NEAR zeigt.

Je nachdem, ob dest in direkter oder indirekter Form angegeben wurde, handelt es sich dabei um eine Addition zum momentanen Wert von EIP oder ein direktes Laden dieses Registers (vgl. »Beispiel«).

Flags

OF	DF	IF	TF	SF	ZF	AF	PF	CF
-	-	-	-	-	-	-	-	-

Fehler

	Protected	Real	V8086
12	#SS(0)		
13	#GP(0)	INT 13	#GP(0)
14	#PF(ec)		#PF(ec)
17	#AC(0)		#AC(0)

Beispiel

```
            JMP     new_label           ; EIP ⇐ EIP + OFFSET(new_label-L1)
L1:         ....
            ....
new_label:
            JMP     ECX                 ; EIP ⇐ ECX
            JMP     DWORD PTR [EBP+12]  ; Sprung zu einer Routine, deren Adresse
                                        ; auf dem Stack liegt
```

LAHF (8)
Load AH with Flags - Kopie der Flags nach AH

Prozessoren
8086/80186/80286/80386/80486

Syntax
LAHF

Ablauf
AH ⇐ EFLAGS & 0FFH

Anwendung
LAHF

Beschreibung
LAHF kopiert die niederwertigen 8 Bit des EFLAGS-Registers in das Register AH, das dabei mit den folgenden Werten gesetzt wird:

Bit	Inhalt
0	CF
1	undefiniert
2	PF
3	undefiniert
4	AF
5	undefiniert
6	ZF
7	SF

Flags

OF	DF	IF	TF	SF	ZF	AF	PF	CF
-	-	-	-	-	-	-	-	-

Fehler
Keine

Beispiel

```
LAHF
SHR     AH, 6           ; um 6 Positionen nach rechts verschieben
AND     AH, 1           ; ZF–Bit isolieren
```

LAR (16p/32)
Load Access Rights - Segment-Attribute prüfen

Prozessoren
80286/80386/80486

Syntax
LAR dest, select

Ablauf
```
if (check_access(select)) then
    ZF ⇐ 1
    dest ⇐ access_rights(descriptor(select)) & 00F?FF00H
else
    ZF ⇐ 0
endif
```

Formate

	dest	select
LAR	reg,	reg
LAR	reg,	mem

Beschreibung

Mit diesem Befehl kann ein Programm prüfen, ob es über einen bestimmten Selektor verfügen kann oder ob Zugriffe über diesen Selektor als allgemeine Schutzverletzung behandelt werden.

Wenn der als *select* angegebene Operand einen gültigen (80386-)Selektor darstellt und dieser Selektor für das Programm verfügbar ist, dann setzt LAR das ZF-Bit im Register EFLAGS und kopiert die Attribute des zu diesem Selektor gehörigen Deskriptors in das als *dest* angegebene Register.

Falls es sich bei *dest* um ein 16-Bit-Register handelt, bleibt das niederwertige Byte dieses Registers unbesetzt, im höherwertigen Byte finden sich die Attribute. Handelt es sich dagegen um ein 32-Bit-Register, dann kopiert LAR zusätzlich die im Byte 6 des Deskriptors enthaltenen Zusatzbits in die Bits 20 bis 23 dieses Registers:

31	23 20	16 15	8 7	0
	G B O A		A DPL S TYPE	

Wenn der Selektor für ein Segment mit undefiniertem Typ (0, 8, 10 oder 13) steht, setzt LAR das Bit ZF zurück und läßt das als *dest* angegebene Register unverändert.

Flags

OF	DF	IF	TF	SF	ZF	AF	PF	CF
-	-	-	-	-	x	-	-	-

Fehler

	Protected	Real	V8086
6		INT 6	#UD()
12	#SS(0)		
13	#GP(0)	INT 13	#GP(0)
14	#PF(ec)		#PF(ec)
17	#AC(0)		#AC(0)

Beispiel

```
; Prüfung, ob die Variable X den Selektor eines Call Gate
; enthält, das diesem Programm zur Verfügung steht
LAR     AX, X           ; Segment-Attribute prüfen
JNZ     no_access       ; -> ungültiger Selektor
SHR     AX, 8           ; Attribute in das niederwertige Byte
AND     AX, 1Fh         ; alle Bits außer S und TYPE ausblenden
CMP     AX, 0Ch         ; handelt es sich um ein Call Gate?
JE      is_gate         ; -> ja
```

LEA (16p/32)
Load Effective Address - Operandenadresse laden

Prozessoren
8086/80186/80286/80386/80486

Syntax
LEA dest, src

Ablauf
dest ⇐ address(src)

Formate

	dest	src
LEA	reg,	mem

Beschreibung
Der Prozessor reagiert auf den Befehl LEA, indem er die Adresse des als *mem* angegebenen Operanden berechnet und dann diese Adresse selbst (anstelle des Operanden) in das als *dest* angegebene Register schreibt. Speicherzugriffe finden dabei nicht statt.

Wie in Kapitel 4 erläutert, läßt sich dieser Befehl im Zusammenhang mit der Skalierung von Indexregistern auch für einfache (und schnelle) Multiplikationen verwenden.

Flags

OF	DF	IF	TF	SF	ZF	AF	PF	CF
-	-	-	-	-	-	-	-	-

Fehler

	Protected	Real	V8086
6	#UD()	INT 6	#UD()

Ein Interrupt 6 stellt das Ergebnis des Versuchs dar, als src ein Register anstelle einer Speicheradresse anzugeben.

Beispiel

```
LEA     ESI, VECTOR[EBX*4]   ; ESI ⇐ OFFSET(VECTOR) + EBX * 4
LEA     EDI, [EAX][ECX]      ; EDI ⇐ EAX + ECX
LEA     EAX, [EBP]           ; entspricht MOV EAX, EBP
```

LEAVE (-)
Leave Current Stack Frame - Abbau eines Stack-Rahmens

Prozessoren
80186/80286/80386/80486

Syntax
LEAVE

Ablauf
MOV ESP, EBP
POP EBP

Anwendung
LEAVE

Beschreibung
LEAVE stellt das Gegenstück zu ENTER dar und baut einen mit diesem Befehl eingerichteten Stack-Rahmen ab. Wie im Abschnitt »Ablauf« angegeben, faßt LEAVE die Befehle

```
MOV  ESP, EBP    ; Freigabe lokaler Variablen
POP  EBP         ; EBP-Originalwert wiederherstellen
```

zusammen und kommt deshalb (im Gegensatz zu ENTER) ohne Parameter für eine »Ebene« aus, weil dabei grundsätzlich vom momentanen Stand von EBP ausgegangen wird. Hochsprachen-Compiler stellen LEAVE üblicherweise direkt vor den abschließenden RET-Befehl von Routinen, die mit ENTER eingeleitet wurden.

Flags

OF	DF	IF	TF	SF	ZF	AF	PF	CF
-	-	-	-	-	-	-	-	-

Fehler

	Protected	Real	V8086
12	#SS(0)		
13	1	3	#G0(0)

Beispiel

```
MY_PROC:
    ENTER    4,0            ; Start der Routine: 4 Bytes lokale Variablen
    .
    .                       ; Rumpf der Prozedur
    .
    LEAVE                   ; Stack-Rahmen abbauen
    RET                     ; zur aufrufenden Routine
```

LGDT (-)
Load GDT Register - GDT-Register laden

Prozessoren
80286/80386/80486

Syntax
LGDT op

Ablauf
GDTR.limit ⇐ [op]
GDTR.base ⇐ [op + 2]

Anwendung

	op
LGDT	mem

Beschreibung
LGDT lädt das Register GDTR mit der Basisadresse und dem Limit eines Segments, das der Prozessor im weiteren als Global Descriptor Table (GDT) verwenden soll. Als Operand muß dabei die Startadresse eines Speicherbereichs angegeben werden, der die folgende Struktur hat:

```
GDTSTRUC   STRUC
   Limit      dw ?    ; 16 Bit für das Limit des Segments
   BaseAddr   dd ?    ; 32 Bit für die Basisadresse
GDTSTRUC   ENDS
```

Zum Zeitpunkt eines LGDT-Befehls in den Schattenregistern des Prozessors befindliche Deskriptoren werden weiterhin benutzt, d.h. durch den Befehl selbst nicht ungültig: Das GDT-Register bestimmt lediglich, aus welchem Speicherbereich der Prozessor bei zukünftigen Veränderungen von Segmentregistern die entsprechenden Deskriptoren liest. (Aus diesem Grund besteht eine Umschaltung vom Real in den Protected Mode im Minimalfall aus zwei Schritten: dem Laden von GDTR mit dem Limit sowie der Basisadresse einer vorbereiteten Tabelle und einem JMP FAR-Befehl, der seinerseits für das Laden eines Deskriptors aus dieser Tabelle in das CS-Register sorgt.)

Wie wohl auch nicht anders zu erwarten, betrachtet der Prozessor LGDT als privilegierten Befehl, der sich nur von einer Routine mit der Privilegstufe 0 ausführen läßt. (Im

Real Mode ist LGDT ebenfalls zulässig, um Vorbereitungen für die Umschaltung in den Protected Mode zu ermöglichen.)

Flags

OF	DF	IF	TF	SF	ZF	AF	PF	CF
-	-	-	-	-	-	-	-	-

Fehler

	Protected	Real	V8086
6	#UD()	INT 6	#UD()
12	#SS(0)		
13	#GP(0)	INT 13	#GP(0)
14	#PF(ec)		#PF(ec)
17	#AC(0)		#AC(0)

Ein Interrupt 6 stellt die Reaktion des Prozessors auf den Versuch dar, ein Register anstelle einer Speicheradresse als Operanden von LGDT zu verwenden.

Beispiel

```
DTableAddr:
  dw 0200h          ; Limit 200h Bytes
  dd 10000h         ; Basisadresse 1 MByte
  ...
LGDT DTableAddr     ; Laden von GDTR und Limit
```

LIDT (-)
Load IDT Register - IDT-Register laden

Prozessoren
80286/80386/80486

Syntax
```
LIDT op
```

Ablauf
```
IDTR.limit ⇐ [op]
IDTR.base  ⇐ [op + 2]
```

Anwendung

	op
LIDT	mem

Beschreibung
LIDT lädt das Register IDTR mit der Basisadresse und dem Limit eines Segments, das der Prozessor im weiteren als Interrupt Descriptor Table (IDT) verwenden soll. Als Operand muß dabei die Startadresse eines Speicherbereichs angegeben werden, der die folgende Struktur hat:

```
GDTSTRUC   STRUC
   Limit      dw ?    ; 16 Bit für das Limit des Segments
   BaseAddr   dd ?    ; 32 Bit für die Basisadresse
GDTSTRUC   ENDS
```

Eine auf diese Weise eingesetzte Tabelle wird im weiteren für sämtliche Software- und Hardware-Interrupts sowie Faults und Traps verwendet.

LIDT stellt wie LDGT einen privilegierten Befehl dar, der sich nur von einer Routine mit der Privilegstufe 0 ausführen läßt. (Im Real Mode ist LIDT ebenfalls zulässig, um Vorbereitungen für die Umschaltung in den Protected Mode zu ermöglichen.)

Flags

OF	DF	IF	TF	SF	ZF	AF	PF	CF
-	-	-	-	-	-	-	-	-

Fehler

	Protected	Real	V8086
6	#UD()	INT 6	#UD()
12	#SS(0)		
13	#GP(0)	INT 13	#GP(0)
14	#PF(ec)		#PF(ec)
17	#AC(0)		#AC(0)*

Ein Interrupt 6 stellt die Reaktion des Prozessors auf den Versuch dar, ein Register anstelle einer Speicheradresse als Operanden von LIDT zu verwenden.

Beispiel

```
ITableAddr:
  dw 0800h          ; Limit 800h, d.h. Tabelle für alle 100h Deskriptoren
  dd 200000h        ; Basisadresse 2 MByte
  ...
LIDT ITableAddr     ; Laden von IDTR und Limit
```

LLDT (16)
Load LDT Register - LDT-Register laden

Prozessoren
80286/80386/80486

Syntax
LLDT op

Ablauf
LDTR ⇐ op

Formate

	op
LLDT	reg
LLDT	mem

Beschreibung

LLDT lädt das Register LDTR mit einem Selektor und legt so fest, welchen Speicherbereich der Prozessor im weiteren als lokale Deskriptor-Tabelle (LDT) des momentan laufenden Prozesses betrachtet. Der zusammen mit LLDT verwendete Operand muß entweder einen gültigen Selektor innerhalb der GDT darstellen oder den Wert 0 haben. Im letzteren Fall reagiert der Prozessor auf jede Verwendung lokaler Deskriptoren mit einem Interrupt 13.

Deskriptoren, die sich zum Zeitpunkt des LLDT-Befehls bereits in den Schattenregistern des Prozessors befinden, bleiben unverändert: Das LDT-Register legt lediglich fest, aus welchem Speicherbereich der Prozessor bei zukünftigen Veränderungen von Segmentregistern lokale Deskriptoren liest.

LLDT wird als privilegierter Befehl betrachtet und kann deshalb nur von Routinen in Ring 0 verwendet werden. In Programmen mit niedrigerer Privilegstufe reagiert der Prozessor mit einem Interrupt 13.

Flags

OF	DF	IF	TF	SF	ZF	AF	PF	CF
-	-	-	-	-	-	-	-	-

Fehler

	Protected	Real	V8086
6		INT 6	#UD()
11	#NP(sel)		
12	#SS(0)		
13	#GP(0)		
13	#GP(sel)		
14	#PF(ec)		#PF(ec)
17	#AC(0)		#AC(0)

Beispiel
```
LLDT    task_B.ldtr        ; LDT von Prozeß B laden
```

LMSW (16)
Load Machine Status Word - Laden des Maschinenstatuswortes

Prozessoren
80286/80386/80486

Syntax
LMSW op

Ablauf
CR0 ⇐ (CR0 & FFFF0000H) | op

Formate

	op
LMSW	reg
LMSW	mem

Beschreibung

LMSW setzt die niederwertigen 16 Bits des Registers CR0 mit dem als *op* adressierten Wert und legt so beim Prozessor 80286 den Maschinenstatus fest. Da dieses Register beim 80386 und seinen Nachfolgern von 16 auf 32 Bit erweitert wurde, sollte dieser Befehl ausschließlich in 16-Bit-Codesegmenten bzw. von für den 80286 geschriebenen Betriebssystemen verwendet werden. Er wird beim 80386 durch den Befehl MOV CR0,<Reg> ersetzt.

LMSW macht einen Wechsel vom Real Mode in den Protected Mode möglich, stellt aber eine Einbahnstraße dar: Zurücksetzen kann man das PM-Bit im Register FLAGS auf diese Weise nicht. (MOV CR0,<Reg> erlaubt dagegen Umschaltungen in beide Richtungen.)

Routinen, die diesen Befehl benutzen, müssen die Privilegstufe 0 haben.

Flags

OF	DF	IF	TF	SF	ZF	AF	PF	CF
-	-	-	-	-	-	-	-	-

Fehler

	Protected	Real	V8086
12	#SS(0)		
13	#GP(0)	INT 13	#GP(0)
14	#PF(ec)	#PF(ec)	
17	#AC(0)		

Beispiel
```
LMSW    init_state
```

LOCK (-)
Assert Hardware LOCK\ Signal Prefix - LOCK-Signalleitung aktivieren

Prozessoren
8086/80186/80286/80386/80486

Syntax
LOCK

Anwendung
LOCK

Beschreibung
Dieses Präfix, das ausschließlich in Kombination mit bestimmten Speicherzugriffen verwendet werden kann, ermöglicht die Verwendung gemeinsam genutzter Speicherbereiche in Multiprozessor-Systemen. Der Prozessor aktiviert für die Dauer des eigentlichen Speicherzugriffs die Signalleitung LOCK und sorgt so dafür, daß er das alleinige Zugriffsrecht hat (sprich: ihm andere Prozessoren des Systems nicht ausgerechnet in diesem Moment dazwischenfunken).

Da LOCK allerdings auch bestens dafür geeignet wäre, die Leistung von Multiprozessor-Systemen auf ein absolutes Minimum herunterzudrücken, geht der Prozessor mit diesem Präfix ausgesprochen restriktiv um: Es läßt sich ausschließlich zusammen mit den in der folgenden Tabelle aufgeführten Befehlen verwenden und erzeugt in jeder anderen Kombination einen Interrupt 6 (»undefined opcode«).

Befehl	Format	Befehl	Format
BT	mem, op	OR	mem, op
BTS	mem, op	SBB	mem, op
BTR	mem, op	SUB	mem, op
BTC	mem, op	XOR	mem, op
XCHG	mem, reg	DEC	mem
XCHG	reg, mem	INC	mem
ADD	mem, op	NEG	mem
ADC	mem, op	NOT	mem
AND	mem, op		

Wenn man diesen Befehlen das Präfix LOCK voranstellt, wird die Signalleitung LOCK für die Zeitspanne aktiviert, die der Prozessor zum Lesen, Bearbeiten und Zurückschreiben des als *mem* adressierten Operanden braucht.

Der Befehl XCHG erscheint in dieser Tabelle nur der Vollständigkeit halber: Bei seiner Ausführung aktiviert der Prozessor die Signalleitung grundsätzlich, d.h. auch ohne ein vorangestelltes LOCK.

Wenn Sie Programme für Multiprozessor-Systeme schreiben, müssen Sie darauf achten, bei mit LOCK für eine bestimmte Adresse gesetzten Sperren durchgehend dieselbe Operandengröße zu verwenden: Wenn einmal die Adresse x mit LOCK im Rahmen eines wortweisen Zugriffs gesperrt wurde, dann sollte diese Adresse auch im weiteren nur wortweise (und nicht über einzelne Bytes oder DWords) angesprochen werden. Der Grund dafür liegt in der Arbeitsweise der Überwachungselektronik, die in derartigen Systemen für eine Regelung des Zugriffs sorgt: Ihre Funktion ist nur im soeben beschriebenen Rahmen garantiert.

Flags

OF	DF	IF	TF	SF	ZF	AF	PF	CF
-	-	-	-	-	-	-	-	-

Fehler

	Protected	Real	V8086
6	#UD()	INT 6	#UD()

Beispiel

```
LOCK                    ; ... unser Prozeß — und sonst niemand
BTS     semaphore, 3    ; Modifikation eines gemeinsamen Speicherbereichs
```

LODS (8/16p/32)
Load String - Bytefolge laden

Prozessoren
8086/80186/80286/80386/80486

Syntax
LODS

Ablauf
```
if opcode is (LODSB, LODSW, LODSD) then opsize ⇐ (1,2,4)
acc ⇐ DS: [ESI]
if (DF = 0) then
    ESI ⇐ ESI + opsize
else
    ESI ⇐ ESI - opsize
endif
```

Formate
```
LODSB   ; Laden eines einzelnen Bytes
LODSW   ; wortweise Bearbeitung
LODSD   ; Laden von DWords
```

Beschreibung
Dieser Befehl, von dem insgesamt drei Varianten für die verschiedenen Operandengrößen existieren, führt in einem ersten Schritt das technische Äquivalent von MOV Acc,DS:[ESI] aus, d.h. liest den über DS:ESI adressierten Speicherbereich und legt den gelesenen Wert in AL, AX bzw. EAX ab. Danach wird ESI abhängig vom DF-Bit in EFLAGS um die Anzahl der gelesenen Bytes erhöht (DF zurücksetzt) bzw. erniedrigt (DF gesetzt).

Da LODS in die Kategorie »String-Befehle« fällt, könnte man auch hier im Prinzip mit dem Wiederholungspräfix REP arbeiten und die Operation solange wiederholen, bis das Register ECX auf 0 heruntergezählt ist. Allzu sinnvoll erscheint diese Möglichkeit allerdings nicht: Da LODS eine reine Ladeoperation darstellt und also solche die Flags unverändert läßt, kommt dabei lediglich ein Überschreiben des Akkumulators mit immer neuen Werten heraus.

Über ein vorangestelltes Segment-Präfix läßt sich explizit festlegen, daß der Prozessor anstelle von DS ein anderes Register zur Adressierung des zu lesenden Segments benutzen soll.

Flags

OF	DF	IF	TF	SF	ZF		AF		PF		CF
-	-	-	-	-	-	-	-	-	-	-	-

Fehler

	Protected	Real	V8086
12	#SS(0)		
13	#GP(0)	INT 13	#GP(0)
14	#PF(ec)		#PF(ec)
17	#AC(0)		#AC(0)

Beispiel

```
        LEA     EBX, A_to_E     ; Adresse einer Umsetzungstabelle
        MOV     ESI, [EBP+12]   ; Quellbereich
        LES     EDI, [EBP+16]   ; Zielbereich
L1:     LODSB                   ; ein Byte aus dem Quellbereich lesen
        OR      AL, AL          ; Wert 0? (LODSB setzt die Flags nicht)
        JZ      DONE            ; -> ja
        XLATB                   ; Umsetzen des Wertes
        STOSB                   ; und Speichern (ES:EDI)
        JMP     L1
DONE:
        ...
```

LOOPcc (-)
Decrement ECX and Branch - Erniedrigen von ECX und Sprung

Prozessoren
8086/80186/80286/80386/80486

Syntax
LOOPcc offset

Ablauf
```
ECX ⇐ ECX - 1
if (cc & (ECX != 0)) then
    EIP ⇐ EIP + offset
endif
```

Formate

Befehl		zusätzliche Sprungbedingung
LOOP	offset	; keine
LOOPZ	offset	; ZF = 1
LOOPNZ	offset	; ZF = 0
LOOPE	offset	; ZF = 1
LOOPNE	offset	; ZF = 0

Beschreibung

LOOP-Befehle kombinieren drei Operationen miteinander: das Erniedrigen des Registers ECX um eins, eine Prüfung, ob dieses Register den Wert 0 erreicht hat, und schließlich (mit Ausnahme der Grundform LOOP) eine Prüfung des ZF-Bits im Register EFLAGS.

Der Sprung zu der als *offset* angegebenen (relativen) Adresse wird nur ausgeführt, wenn ECX noch nicht den Wert 0 erreicht hat und die Prüfung des ZF-Bits positiv ausfällt. Mit dieser Logik lassen sich in Hochsprachen formulierte Schleifen direkt in Prozessorbefehle übertragen.

Flags

OF	DF	IF	TF	SF	ZF		AF		PF		CF
-	-	-	-	-	-	-	-	-	-	-	-

Fehler

	Protected	Real	V8086
13	#GP(0)	INT 13	#GP(0)

Beispiel

```
; Initialisierung der Elemente eines Temp Real-Arrays auf 1.0
      FLD1                  ; Wert 1.0 auf den NDP-Stack
      LEA     ESI, array    ; Startadresse des Arrays
      MOV     ECX, size     ; Anzahl der Array-Elemente
l1:   FLD     ST(0)         ; Kopie des Wertes 1.0
      FSTP    [ESI]         ; Schreiben (geht nur mit POP für Temp Real)
      ADD     ESI,10        ; nächstes Element
      LOOP    l1            ; ECX Wiederholungen
      FINCST                ; Wert 1.0 vom NPD-Stack herunter
```

Lseg (16p/32)
Load Segment Register - Segment-/Rechenregisterpaar laden

Prozessoren
8086/80186/80286/80386/80486

Syntax
Lseg dest, src

Ablauf
dest ⇐ [src]
seg ⇐ [src + 4]

Formate

	dest	src
LDS	reg,	mem
LES	reg,	mem
LFS	reg,	mem
LGS	reg,	mem
LSS	reg,	mem

Beschreibung

Diese Befehle ermöglichen das Laden eines Segment- und eines allgemeinen Registers mit einem Selektor:Offset-Paar, wobei hier zwischen den verschiedenen Arbeitsmodi des Prozessors unterschieden werden muß:

▪ Im Real Mode und im virtuellen 8086er-Modus erwartet der Prozessor ab der als *src* angegebenen Speicheradresse x einen Zeiger mit 32 Bit. Die Speicherzellen x und $x+1$ werden als Offset behandelt (und in das als *dest* angegebene allgemeine Rechenregister gelesen), die Speicherzellen $x+2$ und $x+3$ als Segmentadresse: ihr Inhalt wird in das entsprechende Segmentregister kopiert.

▪ Im Protected Mode erwartet der Prozessor ab der als *src* angegebenen Speicheradresse x einen Zeiger mit 48 Bit. Die Inhalte der Speicherzellen $x .. x+3$ werden in das als *dest* angegebene allgemeine Rechenregister kopiert, die Speicherzellen $x+4$ und $x+5$ als Selektor, den der Prozessor erst einmal auf seine Gültigkeit hin überprüft - und gegebenenfalls mit einem Interrupt 13 reagiert.

Flags

OF	DF	IF	TF	SF	ZF		AF		PF		CF
-	-	-	-	-	-	-	-	-	-	-	-

Fehler

	Protected	Real	V8086
12	#SS(0)		
13	#GP(0)	INT 13	#GP(0)
14	#PF(ec)		#PF(ec)
17	#AC(0)		#AC(0)

Beispiel

```
LES    ESI, Array_Start    ; ES:ESI ⇐ [Array_Start]
LSS    ESP, NEW_STACK      ; Umsetzen des Stacks
```

LSL (16p/32)
Load Segment Limit - Segmentgröße laden

Prozessoren
80286/80386/80486

Syntax
LSL dest, select

Ablauf
```
if (access_OK(select)) then
    dest ⇐ descript(select).limit
    ZF ⇐ 1
else
    ZF ⇐ 0
endif
```

Formate

	dest	select
LSL	reg,	reg
LSL	reg,	mem

Beschreibung

LSL interpretiert den als *select* angegebenen Operanden als Selektor und versucht, das Limit-Feld des darüber adressierten Deskriptors in das als *dest* angegebene Register zu laden. Wenn *select* für einen gültigen Deskriptor steht und das darüber beschriebene Segment dem ausführenden Programm zur Verfügung steht, setzt LSL das ZF-Bit des EFLAGS-Registers, ansonsten wird dieses Flag zurückgesetzt.

Der im Erfolgsfall in *dest* gespeicherte Wert steht für die letzte zum entsprechenden Segment gehörende Offset-Adresse (also beispielsweise 1FFh für ein Segment mit 200h Bytes Größe) und wird gegebenenfalls automatisch von Speicherseiten (G-Bit des Deskriptors gesetzt) in Bytes umgerechnet. Aus diesem Grund sollte man als *dest* grundsätzlich ein 32-Bit-Register verwenden.

Flags

OF	DF	IF	TF	SF	ZF	AF	PF	CF
-	-	-	-	-	x	-	-	-

Fehler

	Protected	Real	V8086
6		INT 6	#UD()
12	#SS(0)		
13	#GP(0)		
14	#PF(ec)		#PF(ec)
17	#AC(0)		#AC(0)

Beispiel

```
LSL   EAX, [BP+12]    ; Limit eines Selektors (auf dem Stack) laden
JNZ   bad_selector    ; -> nicht verfügbar oder ungültig
```

LTR (16)
Load Task Register - TS-Register laden

Prozessoren
80286/80386/80486

Syntax
LTR select

Ablauf
TR ⇐ select

Formate

	select
LTR	reg
LTR	mem

Beschreibung
Dieser Befehl lädt das TS-Register des Prozessors mit einem Selektor, der seinerseits für den gültigen Deskriptor eines TS-Segments stehen muß. Auf diese Weise wird lediglich festgelegt, in welchem Segment der Prozessor bei einem Task-Wechsel seine momentanen Registerinhalte ablegt: Mit dem Wechsel zwischen Tasks hat LTR also nur indirekt zu tun.

Der Prozessor kennzeichnet den mit diesem Selektor verbundenen Deskriptor als »besetzt«, d.h. setzt dort das B-Bit.

Wenn die ausführende Routine nicht auf der Privilegstufe 0 läuft, reagiert der Prozessor auf den Befehl LTR mit einem Interrupt 13.

Flags

OF	DF	IF	TF	SF	ZF	AF	PF	CF
-	-	-	-	-	-	-	-	-

Fehler

	Protected	Real	V8086
6		INT 6	#UD()
10	#NP(sel)		
12	#SS(0)		
13	#GP(0)		
13	#GP(sel)		
14	#PF(ec)		
17	#AC(0)		#AC(0)

Beispiel

```
LTR     AX          ; Task Register laden
```

MOV (8/16p/32)
Move Data - Kopieren von Daten

Prozessoren
8086/80186/80286/80386/80486

Syntax
MOV dest, src

Ablauf
dest ⇐ src

Formate

	dest	src
MOV	reg,	idata
MOV	mem,	idata
MOV	reg,	reg
MOV	reg,	mem
MOV	mem,	reg

Beschreibung
MOV kopiert den als *src* angegebenen Operanden in den als *dest* angegebenen Speicherbereich bzw. das als *dest* angegebene Register. Die Flags werden durch diese Operation nicht beeinflußt.

Flags

OF	DF	IF	TF	SF	ZF	AF	PF	CF
-	-	-	-	-	-	-	-	-

Fehler

	Protected	Real	V8086
12	#SS(0)		
13	#GP(0)	INT 13	#GP(0)
14	#PF(ec)		#PF(ec)
17	#AC(0)		#AC(0)

Beispiel

```
MOV    AL, [ECX]      ; ein Byte aus dem Speicher in AL lesen
MOV    ESI, 182h      ; ESI direkt (mit impliziter Erweiterung) laden
MOV    BX, DX         ; Kopie zwischen zwei 16-Bit-Registern
MOV    AH, 7Fh        ; AH direkt laden
```

MOV (16)
Move Selector - Kopieren eines Selektors

Prozessoren
8086/80186/80286/80386/80486

Syntax
MOV dest, src

Ablauf
dest ⇐ src

Formate

	dest	src
MOV	sreg,	reg
MOV	sreg,	mem
MOV	reg,	sreg
MOV	mem,	sreg

Beschreibung

Die in diesem Abschnitt beschriebenen Varianten von MOV sind für das Laden und Speichern von Segmentregistern vorgesehen. Sie lassen eine Möglichkeit vermissen, die bei Kopieraktionen mit allgemeinen Rechenregistern vorhanden ist: Direkt angegebene Werte als Quelloperanden sind auch beim 80486 noch nicht definiert.

Weitere Unterschiede ergeben sich nur, wenn ein Segmentregister das Ziel einer Kopie mit MOV darstellt: In diesem Fall behandelt der Prozessor den zukünftigen Inhalt dieses Registers als Selektor. Solange es sich dabei nicht um den Wert 0 (also einen Null-Selektor) handelt, wird im Zuge der Ausführung von MOV der damit verbundene Deskriptor gelesen, auf Gültigkeit geprüft und mit der Privilegstufe des ausführenden Programms verglichen. Werte, die sich nicht als gültige Selektoren interpretieren lassen sowie Deskriptoren, die dem Programm aufgrund seiner Privilegstufe nicht zur Verfügung stehen, lösen entsprechende Interrupts aus.

Das Register SS wird in zweifacher Hinsicht auf spezielle Weise behandelt:

- Es läßt sich im Gegensatz zu allen anderen Segmentregistern (außer CS) nicht mit einem Null-Selektor laden. Der Prozessor reagiert auf entsprechende Versuche mit einem Interrupt 13.

- Das Besetzen dieses Registers mit einem neuen Wert sperrt sämtliche Interrupts (inklusive NMI) für die Dauer der Ausführung des direkt nachfolgenden Befehls, der seinerseits für das Laden von ESP sorgen sollte. Auf diese Weise wird verhindert, daß Hardware-Interrupts mit einem undefinierten Stack arbeiten.

Flags

OF	DF	IF	TF	SF	ZF	AF	PF	CF
-	-	-	-	-	-	-	-	-

Fehler

	Protected	Real	V8086
10	#NP(sel)		
12	#SS(0)		
13	#GP(0)	INT 13	#GP(0)
14	#PF(ec)		#PF(ec)
17	#AC(0)		#AC(0)

Beispiel

```
MOV     DS, AX              ; neues Datensegment festlegen
MOV     ES, [EBP+4]         ; ES-Register mit einem Parameter laden
MOV     save_ss, SS         ; Ablegen von SS im Hauptspeicher
```

MOV (32)
Move Special - Spezialvarianten von MOV

Prozessoren
80386/80486

Syntax
MOV dest, src

Ablauf
dest ⇐ src

Formate

	dest	src
MOV	reg,	reg

Beschreibung

Diese Variante von MOV ist ausschließlich für den Datentransfer zwischen allgemeinen Rechenregistern des Prozessors und seinen Spezialregistern vorgesehen - also den Registern CR0, CR3, DR0, DR1, DR2, DR3, DR6, DR7, TR6 und TR7.

Dementsprechend eingeschränkt sind die Möglichkeiten: alles, was nicht eine reine Kopieraktion zwischen einem allgemeinen Rechenregister auf der einen und einem Spezialregister auf der anderen Seite hinausläuft, fällt in die Kategorie »undefiniert«.

Während das Lesen der Spezialregister von der Privilegstufe unabhängig ist, kann das Setzen neuer Werte nur durch Programme der Privilegstufe 0 geschehen.

Flags

OF	DF	IF	TF	SF	ZF	AF	PF	CF
?	-	-	-	?	?	?	?	?

Fehler

	Protected	Real	V8086
13	#GP(0)		#GP(0)
17	#AC(0)		#AC(0)

Beispiel

```
MOV     EAX, CR0    ; CR0 nach EAX kopieren
MOV     TR7, ECX    ; Testregister 7 mit ECX laden
```

MOVS (8/16p/32)
Move String - Kopieren von Bytefolgen

Prozessoren
8086/80186/80286/80386/80486

Syntax
MOVS

Ablauf
```
if opcode is (MOVSB, MOVSW, MOVSD) then opsize ⇐ (1, 2, 4)
ES:[EDI] ⇐ DS:[ESI]
if (DF = 0) then
    ESI ⇐ ESI + opsize
    EDI ⇐ EDI + opsize
else
    ESI ⇐ ESI - opsize
    ESI ⇐ ESI - opsize
endif
```

Formate

Befehl	Erläuterung
MOVSB	; Kopieren einzelner Bytes
MOVSW	; Kopieren von Worten
MOVSD	; Kopieren von DWords

Beschreibung
Dieser Befehl, von dem insgesamt drei Varianten für die verschiedenen Operandengrößen existieren, führt in einem ersten Schritt eine Kopie des über DS:ESI adressierten Speicherbereichs in den mit ES:[EDI] angesprochenen Bereich des Hauptspeichers aus. Danach werden ESI und EDI abhängig vom DF-Bit in EFLAGS um die Anzahl der gelesenen Bytes erhöht (DF zurücksetzt) bzw. erniedrigt (DF gesetzt).

Da es hier um eine reine Kopieraktion geht, bleiben die Flags unverändert. Für den Datentransfer wird ein (ansonsten nicht zugängliches) Schattenregister des Prozessors benutzt.

MOVS-Befehle erlauben das Voranstellen des Präfixes REP, wobei das Register ECX wie üblich als Zähler dient, d.h. zuvor mit der Anzahl der gewünschten Wiederholungen geladen werden muß.

Über ein vorangestelltes Segment-Präfix läßt sich explizit festlegen, aus welchem Segment der Prozessor die zu kopierenden Daten lesen soll (also das implizite Präfix DS außer Kraft setzen). Eine Möglichkeit zur expliziten Vorgabe des Zielsegments besteht dagegen nicht.

Bytefolgen, deren Startadressen und Längen ganzzahlig durch vier teilbar sind, lassen sich mit dem Befehl MOVSD erheblich schneller als durch eine entsprechend erhöhte Anzahl von MOVSW- bzw. MOVSB-Befehlen kopieren. (Bei sehr eng überlappenden Bereichen ist hier natürlich Vorsicht angebracht, weil der Prozessor bei MOVSD jeweils vier Bytes auf einmal liest.)

Flags

OF	DF	IF	TF	SF	ZF	AF	PF	CF
-	-	-	-	-	-	-	-	-

Fehler

	Protected	Real	V8086
12	#SS(0)		
13	#GP(0)	INT 13	#GP(0)
14	#PF(ec)		#PF(ec)
17	#AC(0)		#AC(0)

Beispiel

```
LEA     ESI, copyright_msg        ; ein (fix definierter) Pascal-String
LES     EDI, [EBP+12]             ; Zieladresse vom Stack
MOVZX   ECX, Byte Ptr copyright_msg ; Stringlänge als Zähler
INC     ECX                       ; (Längenbyte geht extra)
CLD                               ; aufsteigende Adressen
REP MOVSB                         ; Kopie des gesamten Strings
```

MOVSX (8/16p/32)
Move with Sign Extension - Kopie mit Vorzeichenerweiterung

Prozessoren
80386/80486

Syntax
MOVSX dest, src

Ablauf
dest ⇐ sign_extend(src)

Formate

	dest	src
MOVSX	reg,	reg
MOVSX	reg,	mem

Beschreibung
MOVSX erweitert den als *src* adressierten Operanden (mit 8 oder 16 Bit) auf 16 bzw. 32 Bit, berücksichtigt dabei das Vorzeichen und setzt *dest* mit dem Ergebnis der Operation. Die Erweiterung besteht aus dem Füllen der »zusätzlichen« Bytes mit dem höchstwertigen Bit von *src*: Aus 7Fh wird also 007Fh bzw. 0000007Fh, aus 80h dagegen FF80h bzw. FFFFFF80h.

Flags

OF	DF	IF	TF	SF	ZF	AF	PF	CF
-	-	-	-	-	-	-	-	-

Fehler

	Protected	Real	V8086
12	#SS(0)		
13	#GP(0)	INT 13	#GP(0)
14	#PF(ec)		#PF(ec)
17	#AC(0)		#AC(0)

Beispiel

```
MOV     AL, 33h
MOVSX   ECX, AL      ; ECX ⇐ 00000033h
MOV     AL, 93h
MOVSX   AX, AL       ; AX ⇐ FF93h
```

MOVZX (8/16p/32)
Move with Zero Extension - Kopie mit vorzeichenloser Erweiterung

Prozessoren
80386/80486

Syntax
MOVZX dest, src

Ablauf
dest ⇐ src

Formate

	dest	src
MOVZX	reg,	reg
MOVZX	reg,	mem

Beschreibung
MOVSX erweitert den als *src* adressierten Operanden (mit 8 oder 16 Bit) auf 16 bzw. 32 Bit, läßt dabei ein eventuelles Vorzeichen unberücksichtigt und setzt *dest* mit dem Ergebnis der Operation. Die Erweiterung besteht aus dem Füllen der »zusätzlichen« Bytes mit dem Wert 0.

Flags

OF	DF	IF	TF	SF	ZF	AF	PF	CF
-	-	-	-	-	-	-	-	-

Fehler

	Protected	Real	V8086
12	#SS(0)		
13	#GP(0)	INT 13	#GP(0)
14	#PF(ec)		#PF(ec)
17	#AC(0)		#AC(0)

Beispiel

```
MOV     AL, 33h
MOVZX   CX, AL      ; CX ⇐ 0033h
MOV     AL, 97h
MOVZX   EAX,AL      ; EAX ⇐ 000000000097h
```

MUL (8/16p/32)
Unsigned Multiplication - vorzeichenlose Multiplikation

Prozessoren
8086/80186/80286/80386/80486

Syntax
MUL src

Ablauf
acc ⇐ acc * src

Formate

	src
MUL	reg
MUL	mem

Beschreibung
MUL multipliziert den Inhalt des Akkumulators mit dem als *src* adressierten Operanden ohne Berücksichtigung eines eventuellen Vorzeichens (vgl. IMUL) und speichert das Ergebnis wieder im Akkumulator. Was in diesem Zusammenhang unter »Akkumulator« zu verstehen ist, wird durch die Wortgröße von *src* festgelegt:

Multiplikator	Multiplikand	Produkt
Byte	AL	AX
Wort	AX	DX:AX
DWord	EAX	EDX:EAX

Wenn der höherwertige Teil des Ergebnisses den Wert 0 hat (also Ergebnis und Multiplikand dieselbe Wortgröße haben), setzt der Prozessor die Bits OF und CF des EFLAGS-Registers zurück; ansonsten werden diese beiden Bits gesetzt. Alle anderen Flags hinterläßt MUL in undefiniertem Zustand.

Flags

OF	DF	IF	TF	SF	ZF	AF	PF	CF
x	-	-	-	?	?	-	?	-	?	-	x

Fehler

	Protected	Real	V8086
12	#SS(0)		
13	#GP(0)	INT 13	#GP(0)
14	#PF(ec)		#PF(ec)
17	#AC(0)		#AC(0)

Beispiel

```
MOV     EAX, 3                  ; Multiplikand
MUL     DWORD PTR [ESI]         ; Multiplikator
JC      res_64                  ; -> Ergebnis mit 64 Bit
MOV     res_32, EAX             ; ansonsten Produkt speichern
```

NEG (8/16p/32)
Negate Integer - Vorzeichenwechsel

Prozessoren
8086/80186/80286/80386/80486

Syntax
NEG op

Ablauf
op $\Leftarrow$ -(op)

Formate

	op
NEG	reg
NEG	mem

Beschreibung
NEG subtrahiert den als *op* adressierten Operanden und speichert das Ergebnis dieser Operation wieder in *op*. Der Effekt dieses Befehls ist ein Vorzeichenwechsel nach den Regeln des Zweierkomplements: Aus -3 wird +3 und umgekehrt.

Flags

OF	DF	IF	TF	SF	ZF	AF	PF	CF
x	-	-	-	x	x	x	x	x

Fehler

	Protected	Real	V8086
12	#SS(0)		
13	#GP(0)	INT 13	#GP(0)
14	#PF(ec)		#PF(ec)
17	#AC(0)	#AC(0)	

Beispiel

```
; Berechnung des Absolutwertes in EAX
              OR    EAX, EAX         ; Prüfung des Vorzeichens
              JNS   positive_num     ; -> ist positiver Wert
              NEG   EAX              ; ansonsten Vorzeichenwechsel
positive_num: ...
```

NOP (-)
No Operation - Leerbefehl

Prozessoren
8086/80186/80286/80386/80486

Syntax
NOP

Anwendung
NOP

Beschreibung
Auf diesen Befehl reagiert der Prozessor mit der Ausführung eines Leerzyklus, auf den das Lesen des direkt nachfolgenden Befehls folgt. Der einzige Sinn von NOP liegt im Belegen von Platz innerhalb eines Codesegments.

Flags

OF	DF	IF	TF	SF	ZF	AF	PF	CF
-	-	-	-	-	-	-	-	-

Fehler
Keine

Beispiel
```
NOP                      ; hier geschieht überhaupt nichts
```

NOT (8/16p/32)
Boolean Complement - bitweises Invertieren

Prozessoren
8086/80186/80286/80386/80486

Syntax
NOT op

Ablauf
op ⇐ ~op

Formate

	op
NOT	reg
NOT	mem

Beschreibung
NOT führt mit den als *op* adressierten Operanden eine bitweise Negation aus und speichert das Ergebnis dieser Operation wieder in *op*. Der Operand wird ohne Rücksicht auf den Kontext als reines Bitmuster behandelt, die Verknüpfung selbst geschieht auf der Basis einzelner Bits und nach den Regeln einer booleschen Negation.

In *op* werden also alle Bits gesetzt, die vor der Ausführung der Operation zurücksetzt waren und umgekehrt.

Flags

OF	DF	IF	TF	SF	ZF	AF	PF	CF
-	-	-	-	-	-	-	-	-

Fehler

	Protected	Real	V8086
12	#SS(0)		
13	#GP(0)	INT 13	#GP(0)
14	#PF(ec)		#PF(ec)
17	#AC(0)		#AC(0)

Beispiel

```
MOV  AL,11001010b
NOT  AL              ; AL ⇐ 00110101b
```

OR (8/16p/32)
Boolean OR - bitweises ODER

Prozessoren
8086/80186/80286/80386/80486

Syntax
OR dest, src

Ablauf
dest ⇐ dest | src

Formate

	dest	src
OR	reg,	idata
OR	mem,	idata
OR	reg,	reg
OR	reg,	mem
OR	mem,	reg

Beschreibung

OR führt mit den als *src* und *dest* adressierten Operanden eine bitweise ODER-Verknüpfung aus und speichert das Ergebnis dieser Operation wieder in *dest*. Beide Operanden werden ohne Rücksicht auf den Kontext als reine Bitmuster behandelt, die Verknüpfung selbst geschieht auf der Basis einzelner Bits und nach den Regeln einer booleschen Addition:

0 | 0 = 0
0 | 1 = 1
1 | 0 = 1
1 | 1 = 1

In *dest* werden also alle Bits gesetzt, die vor der Ausführung der Operation entweder in *dest* oder in *src* gesetzt waren.

Flags

OF	DF	IF	TF	SF	ZF	AF	PF	CF
0	-	-	-	x	x	-	x	-	x	-	0

Fehler

	Protected	Real	V8086
13	#GP(0)	INT 13	#GP(0)
14	#PF(ec)		#PF(ec)
17	#AC(0)		#AC(0)

Beispiel

```
OR      AL, 80H         ; MSB von AL setzen
```

OUT (8/16p/32)
Output to Port - Schreiben zu einem Port

Prozessoren
8086/80186/80286/80386/80486

Syntax
OUT port, acc

Ablauf
port ⇐ acc

Formate

	port	acc
OUT	data,	acc
OUT	DX,	acc

Beschreibung
Mit diesem Befehl lassen sich Bytes, Worte und DWords vom Akkumulator aus zu einem I/O-Port schreiben. Direkte Angaben der Adresse des zu lesenden Ports sind auf den Bereich von 0 bis 255 (0 bis FFh) beschränkt, weshalb Schreibaktionen zu Ports mit höheren Adressen über die Befehlsfolge

```
MOV DX, Port_Num    ; Adresse des Ports in DX
OUT Acc,DX          ; Ausgabe (1, 2 oder 4 Bytes)
```

geschehen müssen (die ihrerseits Portadressen im Bereich von 0 bis FFFFh möglich macht). Wenn ein OUT-Befehl mehr als ein einzelnes Byte schreibt, legt die angegebene Portadresse lediglich den Start der Aktion fest:

```
OUT AL, 33h         ; schreibt zum Port 33h
OUT AX, 33h         ; beschreibt die Ports 33h (niederwertiges Byte) und 34h
OUT EAX, 33h        ; beschreibt die Ports 33h .. 36h (in dieser Reihenfolge)
```

OUT wird vom Prozessor als privilegierter Befehl eingestuft, zu dessen Ausführung zumindest eine der folgenden Bedingungen erfüllt sein muß:

- Der Prozessor arbeitet im Real Mode.

- Der Prozessor arbeitet im Protected Mode, das Codesegment des aktiven Prozesses hat eine Privilegstufe, die gleich oder höher der vom System festgelegten I/O-Privilegstufe ist.

- Der Prozessor arbeitet im Protected Mode oder im virtuellen 8086er-Modus, die durch den OUT-Befehl angesprochenen Portadressen sind über das I/O Permission Bitmap im TS-Segment des laufenden Prozesses zur Benutzung freigegeben.

In allen anderen Fällen betrachtet der Prozessor OUT-Befehle als allgemeine Schutzverletzung, d.h. reagiert mit einem Interrupt 13. (Details zu IOPL, CPL und der I/O Permission Bitmap in TS-Segmenten finden Sie in Kapitel 5.)

Flags

OF	DF	IF	TF	SF	ZF		AF		PF		CF
-	-	-	-	-	-	-	-	-	-	-	-

Fehler

	Protected	Real	V8086
13	#GP(0)		#GP(0)

Beispiel

```
MOV    DX, 378h         ; Portadresse in DX
OUT    DX, AX           ; Ausgabe über die Ports 378h and 379h
```

OUTS (8/16p/32)
Output String - Ausgabe einer Bytefolge über Ports

Prozessoren
80186/80286/80386/80486

Syntax
OUTS

Ablauf
```
if opcode is (OUTSB, OUTSW, OUTSD) then opsize ⇐ (1,2,4)
port (DX) ⇐ DS:[ESI]
if (DF = 0) then
    ESI ⇐ ESI + opsize
else
    ESI ⇐ ESI - opsize
endif
```

Formate

Befehl	Erläuterung
OUTSB	; Ausgabe einzelner Bytes
OUTSW	; wortweise Ausgabe
OUTSD	; Ausgabe von DWords

Beschreibung

Dieser Befehl, von dem insgesamt drei Varianten für die verschiedenen Operandengrößen existieren, führt in einem ersten Schritt das technische Äquivalent von OUT aus, schreibt aber nicht den Inhalt des Akkumulators, sondern den Inhalt des über DS:ESI adressierten Speicherbereichs zum über DX indizierten Port. Danach wird ESI abhängig vom DF-Bit in EFLAGS um die Anzahl der geschriebenen Bytes erhöht (DF zurücksetzt) bzw. erniedrigt (DF gesetzt).

Wenn ein OUTS-Befehl mehr als ein einzelnes Byte schreibt, legt DX lediglich den Start der Aktion fest:

```
MOV DX,134h    ; Portadresse
INSB           ; Port 134h ⇐ ES:[EDI]
INSW           ; Port 134h ⇐ ES:[EDI], Port 135h ⇐ ES:[EDI+1]
INSD           ; Ports 134h .. 137h ⇐ ES:[EDI] .. ES:[EDI+3]
```

Kapitel 8 - Befehlssatz der 80386/486-Prozessoren

OUTS wird wie OUT vom Prozessor als privilegierter Befehl eingestuft, zu dessen Ausführung zumindest eine der folgenden Bedingungen erfüllt sein muß:

- Der Prozessor arbeitet im Real Mode.

- Der Prozessor arbeitet im Protected Mode, das Codesegment des aktiven Prozesses hat eine Privilegstufe, die gleich oder höher der vom System festgelegten I/O-Privilegstufe ist.

- Der Prozessor arbeitet im Protected Mode oder im virtuellen 8086er-Modus, die durch den OUTS-Befehl angesprochenen Portadressen sind über das I/O Permission Bitmap im TS-Segment des laufenden Prozesses zur Benutzung freigegeben.

In allen anderen Fällen betrachtet der Prozessor OUTS-Befehle als allgemeine Schutzverletzung, d.h. reagiert mit einem Interrupt 13. (Details zu IOPL, CPL und der I/O Permission Bitmap in TS-Segmenten finden Sie in Kapitel 5.)

OUTS-Befehle lassen sich über ein vorangestelltes REP-Präfix wiederholen, wobei das Register ECX als Zähler dient. Bei derartigen Wiederholungen erhöht bzw. erniedrigt der Prozessor zwar das Register ESI, läßt DX aber unverändert, d.h. gibt die im über DS:ESI adressierten Speicherbereich enthalenen Werte nacheinander über ein und denselben Portbereich aus.

Im Gegensatz zu INS-Befehlen läßt sich hier über ein vorangestelltes Segment-Präfix explizit festlegen, daß der Prozessor ein anderes Register als DS zur Adressierung des Quellbereichs benutzen soll.

Flags

OF	DF	IF	TF	SF	ZF		AF		PF		CF
-	-	-	-	-	-	-	-	-	-	-	-

Fehler

	Protected	Real	V8086
12	#SS(0)		#SS(0)
13	#GP(0)	INT 13	#GP(0)
14	#PF(ec)		#PF(ec)
17	#AC(0)		#AC(0)

Beispiel

```
LEA    ESI, IO_CHNL_CMD    ; ESI auf Startadresse einer Bytefolge
MOV    ECX, 8              ; Länge der Bytefolge als Zähler (CX)
MOV    DX, CONTROLLER      ; Portadresse in DX
REP    OUTSB               ; Ausgabe der Bytefolge
```

POP (16)
Pop Segment Register - Lesen eines Segmentregisters vom Stack

Prozessoren
8086/80186/80286/80386/80486

Syntax
POP seg

Ablauf
seg ⇐ SS:[ESP]
ESP ⇐ ESP + 4

Anwendung

	seg
POP	sreg

Beschreibung

Dieser Befehl liest die »obersten« (via SS:ESP adressierten) 32 Bit vom Stack, speichert die niederwertigen 16 Bit im angegebenen Segmentregister und erhöht danach ESP um vier. Die höherwertigen 16 Bit des gelesenen Wertes bleiben unberücksichtigt. *seg* kann für ein beliebiges Segmentregister des Prozessors mit Ausnahme von CS stehen.

Der Prozessor behandelt diese Leseaktion in derselben Weise wie einen MOV-Befehl, der ein Segmentregister setzt, d.h. prüft den gelesenen Wert nach den Regeln des Protected Mode. Konsequent muß es sich entweder um einen gültigen (80386-)Selektor oder um einen Null-Selektor (d.h. den Wert 0 handeln).

Das Register SS kann wie DS, ES, FS und GS das Ziel eines POP-Befehls darstellen, wird aber in zweifacher Hinsicht speziell behandelt:

■ Null-Selektoren sind hier nicht erlaubt, d.h. werden mit einem Interrupt 13 quittiert.

■ Der Prozessor sperrt nach einer Ladeaktion von SS sämtliche Hardware-Interrupts inklusive NMI für die Dauer des nächsten Befehls (der seinerseits das Register ESP setzen sollte).

Ein POP von SS dürfte allerdings nur in den seltensten Fällen sinnvoll sein, weil sich der Prozessor damit sozusagen seinen eigenen Stack unter den Füßen wegzieht.

Befehlssatz der 80386/486-Prozessoren

Im Real Mode sowie im virtuellen 8086er-Modus lesen POP-Befehle lediglich 16 Bit (und erhöhen ESP konsequent um 2).

Flags

OF	DF	IF	TF	SF	ZF	AF	PF	CF
-	-	-	-	-	-	-	-	-

Fehler

	Protected	Real	V8086
10	#NP(sel)		
12	#SS(0)		#SS(0)
13	#GP(0)	INT 13	#GP(0)
14	#PF(ec)		#PF(ec)

Beispiel

```
PUSH  DS
POP   ES    ; Alternative zu MOV AX, DS / MOV ES,AX
```

POP (16p/32)
Pop Value off Stack - Wert vom Stack lesen

Prozessoren
8086/80186/80286/80386/80486

Syntax
POP dest

Ablauf
```
dest ⇐ SS:[ESP]
if (sizeof (dest) = 16) then
    ESP ⇐ ESP + 2
else
    ESP ⇐ ESP + 4
endif
```

Formate

	dest
POP	reg
POP	mem

Beschreibung

Dieser Befehl liest den momentan »obersten« (via SS:ESP adressierten) Wert vom Stack, speichert ihn in dem als *dest* angegebenen Operanden und erhöht ESP danach um die Anzahl der gelesenen Bytes.

Da der Prozessor bei ganzzahlig durch vier teilbaren Speicheradressen am effizientesten arbeitet, sollten Werte mit kleineren Wortgrößen als 4 vor der Speicherung grundsätzlich auf 32 Bit erweitert werden (was üblicherweise mit dem Befehl MOVZX geschieht).

Im Real Mode bzw. dem virtuellen 8086er-Modus liest und schreibt der Prozessor bei PUSH- und POP-Befehlen lediglich 16 anstelle von 32 Bit. Probleme in puncto Durchsatz ergeben sich dadurch nicht, weil der Prozessor nur beim Mischen verschiedener Wortgrößen zusätzliche Zyklen beim Zugriff einlegen muß.

Flags

OF	DF	IF	TF	SF	ZF	AF	PF	CF
-	-	-	-	-	-	-	-	-

Fehler

	Protected	Real	V8086
12	#SS(0)		
13	#GP(0)	INT 13	#GP(0)
14	#PF(ec)		#PF(ec)

Beispiel

```
PUSH DS
POP  ECX    ; Alternative zu MOV ECX, DS
```

POPA (16)
Pop All General Registers - Lesen aller 16-Bit-Register vom Stack

Prozessoren
80186/80286/80386/80486

Syntax
POPA

Ablauf
```
POP    DI
POP    SI
POP    BP
ADD    ESP, 2    ; gespeicherter Wert für SP ignoriert
POP    BX
POP    DX
POP    CX
POP    AX
```

Anwendung
POPA

Beschreibung
POPA stellt das Gegenstück zu PUSHA dar: Dieser Befehl liest die »obersten« 16 Bytes vom Stack und setzt mit den gelesenen Werten sämtliche allgemeinen 16-Bit-Register mit Ausnahme von SP. Da ESP im Zuge dieser Leseaktionen um insgesamt 16 - also einen ganzzahlig durch vier teilbaren Wert - erhöht wird, bleibt eine eventuelle Ausrichtung von Stackadressen auf DWord-Grenzen unverändert.

Flags

OF	DF	IF	TF	SF	ZF	AF	PF	CF
-	-	-	-	-	-	-	-	-

Fehler

	Protected	Real	V8086
12	#SS(0)		
13		INT 13	#GP(0)
14	#PF(ec)		#PF(ec)

Beispiel

```
; 80286-Variante zum Sichern aller Register
PUSHA     ; alle 16-Bit-Register sichern
...       ; (beliebige Operationen)
POPA      ; stellt den alten Zustand wieder her
```

POPAD (32)
Pop All General Registers - Lesen aller allgemeinen 32-Bit-Register vom Stack

Prozessoren
80386/80486

Syntax
POPAD

Ablauf
```
POP    EDI
POP    ESI
POP    EBP
ADD    ESP, 4    ; gespeicherter Wert für ESP ignoriert
POP    EBX
POP    EDX
POP    ECX
POP    EAX
```

Anwendung
POPAD

Beschreibung
POPAD stellt das Gegenstück zu PUSHAD und damit die 80386-Variante des Befehlspaars PUSHA/POPA dar: Der Prozessor liest hier sämtliche allgemeinen 32-Bit-Register vom Stack und erhöht ESP im Zuge dieser Leseaktionen um insgesamt 32.

Flags

OF	DF	IF	TF	SF	ZF	AF	PF	CF
-	-	-	-	-	-	-	-	-

Fehler

	Protected	Real	V8086
12	#SS(0)		
13		INT 13	#GP(0)
14	#PF(ec)		#PF(ec)

Beispiel

```
; 80386-Variante zum Sichern aller Register
PUSHAD    ; alle allgemeinen Register auf den Stack
...       ; (beliebige Operationen)
POPAD     ; Wiederherstellen der Register
```

POPF (16)
Pop Stack into FLAGS - Lesen des Registers FLAGS vom Stack

Prozessoren
8086/80186/80286/80386/80486

Syntax
POPF

Ablauf
FLAGS ⇐ SS:[ESP]
ESP ⇐ ESP + 2

Anwendung
POPF

Beschreibung
POPF liest das »oberste« (via SS:ESP adressierte) Wort vom Stack, setzt damit die niederwertigen 16 Bits des Registers EFLAGS und erhöht schließlich ESP um zwei.

Dieser Befehl stammt aus den Zeiten des 80286: Er zerstört eine eventuelle Ausrichtung der Stackadressen auf DWord-Grenzen und sollte deshalb ausschließlich in Programmen benutzt werden, die für diesen Prozessor geschrieben wurden. (Im Real Mode und im virtuellen 8086er-Modus läßt er sich natürlich problemlos einsetzen, weil der Stack dort grundsätzlich auf Wortgrenzen ausgerichtet ist.)

Für den 80386 geschriebene Programme sollte man anstelle von POPF den Befehl POPFD einsetzen.

Flags

OF	DF	IF	TF	SF	ZF	AF	PF	CF
x	x	x	x	x	x	x	x	x	x	x	x	x

Fehler

	Protected	Real	V8086
12	#SS(0)		
13		INT 13	#GP(0)
14	#PF(ec)		#PF(ec)

Beispiel

```
; 80286er-Variante
CMP AX,BX     ; Vergleich, setzt die Flags
PUSHF         ; Festhalten des Vergleichsergebnisses
...           ; (beliebige Operationen)
POPF          ; Wiederherstellen der Flags
JNE not_same  ; ... und Reaktion des Programms
```

POPFD (32)
Pop Stack into EFLAGS - Lesen des Registers EFLAGS vom Stack

Prozessoren
80386/80486

Syntax
POPFD

Ablauf
EFLAGS ⇐ SS:[ESP]
ESP ⇐ ESP + 4

Anwendung
POPFD

Beschreibung
POPFD stellt die 80836-Variante von POPF dar: dieser Befehl liest die »obersten« (via SS:ESP adressierten) 32 Bits vom Stack, kopiert den gelesenen Wert in das Register EFLAGS und erhöht danach ESP um vier.

Da die Bits von EFLAGS das Verhalten des gesamten Systems steuern, arbeitet der Prozessor hier allerdings nicht mit einer reinen Kopie, sondern berücksichtigt einige Besonderheiten:

■ Die Bits VM und RF bleiben in EFLAGS unverändert - unabhängig davon, welche Werte sich bei der Ausführung von POPFD auf dem Stack befunden haben.

■ Das Bit IF wird nur dann mit dem vom Stack gelesenen Wert gesetzt, wenn die ausführende Routine I/O-Privilegen hat (d.h. CPL kleiner oder gleich IOPL ist).

■ Das Feld IOPL wird nur dann neu gesetzt, wenn die ausführende Routine auf der Privilegstufe 0 läuft.

Flags

OF	DF	IF	TF	SF	ZF		AF	PF		CF
x	x	x	x	x	x		x	x		x

Fehler

	Protected	Real	V8086
12	#SS(0)		
13	INT 13		#GP(0)
14	#PF(ec)	#PF(ec)	

Beispiel

```
; 80386er-Variante
CMP     EAX,EBX     ; Vergleich, setzt die Flags
PUSHFD              ; Festhalten des Vergleichsergebnisses
...                 ; (beliebige Operationen)
POPFD               ; Wiederherstellen der Flags
JNE not_same        ; ... und Reaktion des Programms
```

PUSH (8/16p/32)
Push Value onto Stack - Speichern eines Wertes auf dem Stack

Prozessoren
8086/80186/80286/80386/80486

Syntax
PUSH op

Ablauf
```
if (sizeof(op) = 16)
    ESP ⇐ ESP - 2
else
    ESP ⇐ ESP - 4
endif
SS:[ESP] ⇐ op
```

Formate

	op
PUSH	idata
PUSH	reg
PUSH	sreg
PUSH	mem

Beschreibung
Dieser Befehl liest den als *op* angegebenen Operanden, erniedrigt ESP um die Anzahl der gelesenen Bytes und schreibt den gelesenen Wert dann in den via SS:ESP adressierten Speicherbereich. (Auch wenn das damit neu auf den Stack gelegte Element logisch das »oberste« darstellt, wächst der Stack also in Richtung absteigender Adressen.)

Der 80286 und seine Nachfolger arbeiten exakt in der zuvor angegebenen Reihenfolge: Sie speichern folglich beim Befehl PUSH SP den Wert, den SP bzw. ESP vor der Erniedrigung hatte. (Der 8086 verhält sich in diesem Punkt anders: Er legt den neuen (niedrigeren) Wert von SP auf den Stack.)

Da der 80386 und seine Nachfolger am effizientesten arbeiten, wenn Stackadressen ganzzahlig durch vier teilbar sind, sollten Werte mit 8 oder 16 Bit vor einer Speicherung auf 32 Bit erweitert werden. Bei Segmentregistern geschieht diese Erweiterung automatisch:

Der Prozessor speichert hier grundsätzlich 32 Bit (und ignoriert das zusätzliche Wort beim POP dieser Register).

Im Real Mode und dem virtuellen 8086er-Modus wird dagegen sowohl bei allgemeinen Registern als auch bei Segmentregistern mit 16 Bits gearbeitet. Nachteile entstehen dadurch nicht, weil der Prozessor lediglich bei gemischten Wortgrößen zusätzliche Zyklen für Zugriffe einlegen muß.

Flags

OF	DF	IF	TF	SF	ZF	AF	PF	CF
-	-	-	-	-	-	-	-	-

Fehler

	Protected	Real	V8086
12	#SS(0)		
13	#GP(0)		
14	#PF(ec)		#PF(ec)

Beispiel

```
MOV    AL,7              ; PUSH AL würde 16 Bit speichern, deshalb
MOVZX  EAX,AL            ; Erweiterung von 8 auf 32 Bits
PUSH   EAX               ; und Speichern dieses Wertes
PUSH   array[ESI*4]      ; PUSH eines Speicherbereichs
```

PUSHA (16)
Push 16-Bit General Registers - Speichern der 16-Bit-Register auf dem Stack

Prozessoren
80186/80286/80386/80486

Syntax
PUSHA

Ablauf
```
temp ⇐ SP
PUSH    AX
PUSH    CX
PUSH    DX
PUSH    BX
PUSH    temp    ; alter Stand von SP
PUSH    BP
PUSH    SI
PUSH    DI
```

Anwendung
PUSHA

Beschreibung
PUSHA stellt das Gegenstück zu POPA dar, speichert alle allgemeinen 16-Bit-Register in fest vorgegebener Reihenfolge auf dem Stack und erniedrigt SP im Zuge dieser Aktion um insgesamt 16. Für SP wird dabei der Wert gespeichert, den dieses Register zu Beginn der Befehlsausführung hatte. Gelesen wird dieses Register übrigens von POPA nicht - seine Speicherung dient lediglich zwei Zwecken:

- Über eine Adressierung des Stacks via BP kann eine Routine auch nachträglich herausfinden, welchen Wert SP zum Zeitpunkt der Speicherung hatte.

- Durch die Speicherung von SP ergeben sich insgesamt 16 Bytes Platzbedarf - also eine ganzahlig durch vier teilbare Größe.

PUSHA und POPA stammen aus den Zeiten des 80286 und sind im Real Mode bzw. dem virtuellen 8086er-Modus ohne Einschränkung anwendbar. Für den 80386 geschriebene Programme sollten dieses Befehlspaar durch PUSHAD und POPAD ersetzen.

Flags

OF	DF	IF	TF	SF	ZF		AF		PF		CF
-	-	-	-	-	-	-	-	-	-	-	-

Fehler

	Protected	Real	V8086
12	#SS(0)		
13	INT 13	#GP(0)	
14	#PF(ec)		#PF(ec)

Beispiel

```
; 80286-Variante zum Sichern aller Register
PUSHA   ; alle 16-Bit-Register sichern
...     ; (beliebige Operationen)
POPA    ; stellt den alten Zustand wieder her
```

PUSHAD (32)
Push 32-Bit General Registers - Speichern der 32-Bit-Register auf dem Stack

Prozessoren
80386/80486

Syntax
PUSHAD

Ablauf
```
temp ⇐ ESP
PUSH    EAX
PUSH    ECX
PUSH    EDX
PUSH    EBX
PUSH    temp
PUSH    EBP
PUSH    ESI
PUSH    EDI
```

Anwendung
PUSHAD

Beschreibung
PUSHAD stellt das Gegenstück zu POPAD und damit die 80386er-Variante des Befehlspaars PUSHA/POPA dar: Der Prozessor speichert hier sämtliche allgemeinen 32-Bit-Register in fest vorgegebener Reihenfolge auf dem Stack. ESP wird im Zuge dieser Operation um 32 erniedrigt, aber mit dem Wert gespeichert, den dieses Register vor der Ausführung des Befehls hatte. POPAD berücksichtigt dieses Register nicht: Der einzige Zweck der Speicherung besteht in einer möglichen Auswertung des ursprünglichen Wertes durch eine Routine, die den Stack via EBP adressiert.

Flags

OF	DF	IF	TF	SF	ZF	AF	PF	CF
-	-	-	-	-	-	-	-	-

Fehler

	Protected	Real	V8086
12	#SS(0)		#GP(0)
13	INT 13		
14	#PF(ec)		#PF(ec)

Beispiel

```
; 80386-Variante zum Sichern aller Register
PUSHAD    ; alle 32-Bit-Register sichern
...       ; (beliebige Operationen)
POPAD     ; stellt den alten Zustand wieder her
```

PUSHF (16)
Push 16-Bit EFLAGS Register - Speichern des Registers FLAGS auf dem Stack

Prozessoren
8086/80186/80286/80386/80486

Syntax
PUSHF

Ablauf
ESP = ESP - 2
SS:[ESP] ⇐ FLAGS

Anwendung
PUSHF

Beschreibung
PUSHF erniedrigt ESP um zwei und kopiert dann die niederwertigen 16 Bits des Registers EFLAGS in den via SS:ESP adressierten Bereich. Da dadurch die Ausrichtung des Stacks auf DWord-Grenzen zerstört wird, sollte dieser Befehl in 80386-Programmen durch PUSHFD ersetzt werden.

Im virtuellen 8086er-Modus prüft der Prozessor bei PUSHF den Wert von IOPL: Ist er kleiner als 3, wird ein allgemeiner Schutzfehler (Interrupt 13) ausgelöst.

Flags

OF	DF	IF	TF	SF	ZF	AF	PF	CF
-	-	-	-	-	-	-	-	-

Fehler

	Protected	Real	V8086
12	#SS(0)		
13			#GP(0)
14	#PF(ec)		#PF(ec)

Beispiel

```
; 80286er-Variante
CMP AX,BX     ; Vergleich, setzt die Flags
PUSHF         ; Festhalten des Vergleichsergebnisses
...           ; (beliebige Operationen)
POPF          ; Wiederherstellen der Flags
JNE not_same  ; ... und Reaktion des Programms
```

PUSHFD (32)
Push EFLAGS Register - Speichern von EFLAGS auf dem Stack

Prozessoren
80386/80486

Syntax
PUSHFD

Ablauf
ESP = ESP - 4
SS:[ESP] ⇐ EFLAGS

Anwendung
PUSHFD

Beschreibung
PUSHFD stellt das Gegenstück zu POPFD und damit die 80386er-Variante des Befehlspaars PUSHF/POPF dar: Der Prozessor erniedrigt hier ESP um vier und kopiert dann das Register EFLAGS in den via SS:ESP adressierten Bereich, speichert dort also den vollständigen Maschinenstatus.

Im virtuellen 8086er-Modus löst dieser Befehl einen Interrupt 13 aus, wenn IOPL einen Wert kleiner 3 hat. Außerdem ist die Speicherung dort nicht komplett: Ein in diesem Modus laufendes Programm wird das Bit VM auf dem Stack immer in zurückgesetzter Form vorfinden.

Flags

OF	DF	IF	TF	SF	ZF		AF		PF		CF
-	-	-	-	-	-	-	-	-	-	-	-

Fehler

	Protected	Real	V8086
12	#SS(0)		
13			#GP(0)
14	#PF(ec)		#PF(ec)

Beispiel

```
; 80386er-Variante
CMP    EAX,EBX      ; Vergleich, setzt die Flags
PUSHFS              ; Festhalten des Vergleichsergebnisses
...                 ; (beliebige Operationen)
POPFS               ; Wiederherstellen der Flags
JNE not_same        ; ... und Reaktion des Programms
```

RCL (8/16p/32)
Rotate Through Carry Left - Linksrotation mit Kopie in CF

Prozessoren
8086/80186/80286/80386/80486

Syntax
RCL dest, count

Ablauf
```
temp ⇐ max (count, 31)
if (temp = 1) then
    OF ⇐ (highbit(dest) != CF)
else
    OF ⇐ ?
endif
value ⇐ concatenate (CF, dest)
while (temp != 0)
    x ⇐ highbit (value)
    value ⇐ (value << 1) + x
    temp ⇐ temp - 1
    endwhile
CF ⇐ highbit (value)
dest ⇐ value
```

Formate

	dest	count
RCL	reg,	idata
RCL	mem,	idata
RCL	reg,	CL
RCL	mem,	CL

Beschreibung

RCL rotiert den als *dest* adressierten Operanden um *count* Bitpositionen nach links. Von der Logik her handelt es sich dabei um eine Folge von Einzelaktionen: Das höchstwertige Bit von *dest* wird jeweils in das CF-Bit des Registers EFLAGS geschoben und danach von dort aus auf die freigewordene Bitposition 0 kopiert. Ein Beispiel dazu:

Befehlssatz der 80386/486-Prozessoren

```
MOV   AL, 10110000b
RCL   AL, 1            ; CF gesetzt, AL ⇐ 01100001b
RCL   AL, 1            ; CF zurückgesetzt, AL ⇐ 11000010b
```

Tatsächlich führen der 80386 und seine Nachfolger Verschiebungen um mehrere Positionen aber in einem einzigen Takt aus - eine Optimierung, die durch einen sogenannten *Barrel Shifter* (zu deutsch in etwa: »Umschieben oder Umgießen von Fässern«) möglich wird.

Obwohl die Angabe von *count* über das Register CL theoretisch bis zu 255 Verschiebungen möglich machen würde, begrenzen der 80386 und der 80486 diesen Operanden sinnvollerweise auf 31, d.h. führen eine interne Maskierung mit dem Wert 1Fh aus. (Der Inhalt dieses Registers bleibt in jedem Fall unverändert.)

RCL hinterläßt das OF-Bit des EFLAGS-Registers nur dann in einem definierten Zustand, wenn *dest* um eine einzige Bitposition verschoben wird. Ansonsten ist dieses Flag undefiniert.

Flags

OF	DF	IF	TF	SF	ZF	AF	PF	CF
x	-	-	-	-	-	-	-	x

Fehler

	Protected	Real	V8086
12	#SS(0)		
13	#GP(0)	INT 13	#GP(0)
14	#PF(ec)		#PF(ec)
17	#AC(0)		#AC(0)

Beispiel

```
MOV   EBX, C0000001h
RCL   EBX, 3           ; EBX ⇐ 00000007h, CF gesetzt
```

RCR (8/16p/32)
Rotate Through Carry Right - Rechtsrotation mit Kopie in CF

Prozessoren
8086/80186/80286/80386/80486

Syntax
RCR dest, count

Ablauf
```
temp ⇐ max (count, 31)
if (temp = 1) then
    OF ⇐ (highbit(dest) != highbit(dest << 1))
else
    OF ⇐ ?
endif
value ⇐ concatenate (dest, CF)
while (temp != 0)
    x ⇐ value & 1
    value ⇐ (value >> 1)
    highbit (value) ⇐ x
    temp ⇐ temp - 1
    endwhile
CF ⇐ highbit (value)
dest ⇐ value
```

Formate

	dest	count
RCR	reg,	idata
RCR	mem,	idata
RCR	reg,	CL
RCR	mem,	CL

Beschreibung
RCR rotiert den als *dest* adressierten Operanden um *count* Bitpositionen nach rechts. Von der Logik her handelt es sich dabei um eine Folge von Einzelaktionen: Das niederwertige Bit von *dest* wird jeweils in das CF-Bit des Registers EFLAGS geschoben und danach von dort aus auf das freigewordene höchstwertige Bit kopiert. Ein Beispiel dazu:

```
MOV   AL, 10110010b
RCR   AL, 1           ; CF zurückgesetzt, AL ⇐ 01011001b
RCR   AL, 1           ; CF gesetzt, AL ⇐ 10110010b
```

Tatsächlich führen der 80386 und seine Nachfolger Verschiebungen um mehrere Positionen aber in einem einzigen Takt aus - eine Optimierung, die durch einen sogenannten *Barrel Shifter* (zu deutsch in etwa: »Umschieben oder Umgießen von Fässern«) möglich wird.

Obwohl die Angabe von *count* über das Register CL theoretisch bis zu 255 Verschiebungen möglich machen würde, begrenzen der 80386 und der 80486 diesen Operanden sinnvollerweise auf 31, d.h. führen eine interne Maskierung mit dem Wert 1Fh aus. (Der Inhalt dieses Registers bleibt in jedem Fall unverändert.)

RCR hinterläßt das OF-Bit des EFLAGS-Registers nur dann in einem definierten Zustand, wenn *dest* um eine einzige Bitposition verschoben wird. Ansonsten ist dieses Flag undefiniert.

Flags

OF	DF	IF	TF	SF	ZF	AF	PF	CF
x	-	-	-	-	-	-	-	x

Fehler

	Protected	Real	V8086
12	#SS(0)		
13	#GP(0)	INT 13	#GP(0)
14	#PF(ec)		#PF(ec)
17	#AC(0)		#AC(0)

Beispiel

```
MOV AL, 11001010
RCR AL, 4           ; AL ⇐ 10101100, CF gesetzt
```

REP (-)
Repeat String Prefix - Wiederholungs-Präfix für Stringbefehle

Prozessoren
8086/80186/80286/80386/80486

Syntax
REP

Formate
REP
REPE
REPZ
REPNE
REPNZ

Beschreibung

REP-Präfixe verwenden das Register ECX als Wiederholungszähler und lassen sich auf sämtliche Stringbefehle des 80386 (CMPS, INS, LODS, MOVS, OUTS, SCAS sowie STOS) anwenden.

Das Register ECX wird für jede Wiederholung eines solchen Befehls um eins erniedrigt und dient bei REP als einziges Abbruchkriterium: Die Wiederholung des Befehls wird beendet, wenn ECX den Wert 0 erreicht. (Hat dieses Register bereits vor der ersten Wiederholung den Wert 0, wird der Stringbefehl komplett übersprungen.)

Die anderen vier Varianten machen eine Wiederholung nicht nur von ECX, sondern auch vom Stand des ZF-Bits in EFLAGS abhängig. Ihr Einsatz anstelle von REP ist nur dann sinnvoll, wenn der Stringbefehl selbst dieses Flag setzt. (CMPS und SCAS erfüllen dieses Kriterium, die restlichen Stringbefehle lassen ZF dagegen unverändert.)

Weitere Details finden Sie in den jeweiligen Abschnitten über die einzelnen Stringbefehle.

Flags

OF	DF	IF	TF	SF	ZF	AF	PF	CF
-	-	-	-	-	-	-	-	-

Fehler

	Protected	Real	V8086
6	#UD()	INT 6	#UD()

Beispiel

```
; Initialisierung eines 1 KByte großen Speicherbereichs mit 0
MOV     EDI,10000h          ; Startadresse des Bereichs
MOV     EAX, 0
MOV     ECX, 1024/4         ; = 256 Wiederholungen
REP     STOSD               ; ES:[EDI] ⇐ EAX, EDI ⇐ EDI + 4
```

RET (-)
Near Return from Subroutine - Rücksprung ohne Wechsel des Segments

Prozessoren
8086/80186/80286/80386/80486

Syntax
RET count

Ablauf
EIP ⇐ pop ()
ESP ⇐ ESP + count

Formate

	count
RET	
RET	idata

Beschreibung
RET stellt üblicherweise den Abschluß eines mit CALL (NEAR) aufgerufenen Unterprogramms dar: Dieser Befehl liest die »obersten« (via SS:ESP adressierten) 32 Bit vom Stack und kopiert den gelesenen Wert in das Register EIP - legt mithin fest, ab welcher Adresse das Programm fortgesetzt wird. Wenn der Parameter *count* nicht angegeben ist, wird ESP nach dieser Leseaktion um vier, ansonsten um vier + *count* erhöht. (Die zweite Variante von RET wird vor allem von Pascal-Compilern verwendet, die auf diese Weise vor dem Unterprogramm-Aufruf auf den Stack gelegte Parameter wieder entfernen lassen.)

Da es sich bei RET um eine reine Kopieraktion in ein Register handelt und der Prozessor die Veränderung von ESP nicht als arithmetische Operation betrachtet, bleiben die Flags unverändert.

Flags

OF	DF	IF	TF	SF	ZF	AF	PF	CF
-	-	-	-	-	-	-	-	-

Fehler

	Protected	Real	V8086
12	#SS(0)		
13	#GP(0)	INT 13	#GP(0)
14	#PF(ec)		#PF(ec)

Beispiel

```
        MOV    EAX, 44550022h    ; ein Parameter (4 Bytes)
        PUSH   EAX               ; auf den Stack
        CALL   MY_SUB
        ...
        ...
MY_SUB: ENTER  16,0              ; 16 Bytes lokale Variablen
        MOV    EBX,[EBP+4]       ; EBX ⇐ 44550022h
        ....
        RET 4                    ; Rücksprung, Parameter vom Stack
```

RETF (-)
Far Return from Subroutine - Rücksprung mit Wechsel des Segments

Prozessoren
8086/80186/80286/80386/80486

Syntax
RETF count

Ablauf
EIP ⇐ pop()
CS ⇐ pop()
ESP ⇐ ESP + count

Formate

	count
RETF	
RETF	idata

Beschreibung

Diese Variante des RET-Befehls stellt den üblichen Abschluß von Unterprogrammen dar, die mit dem Befehl CALL (FAR) aufgerufen worden sind: RETF liest die »obersten« 64 Bit vom Stack und setzt die gelesenen Werte in das Registerpaar CS:EIP ein - legt also fest, von welchem Segment und von welcher Offset-Adresse der nächste Befehl gelesen wird.

Der Prozessor geht dabei vom folgenden Inhalt des Stacks aus:

```
          ....     eventuelle Parameter
SP+8      xxxx     Wort beliebigen Inhalts, wird ignoriert
          CS       Segmentadresse
          EIP      höherwertige Hälfte
SP+0      EIP      niederwertige Hälfte
```

Wenn der Parameter *count* nicht angegeben ist, wird ESP bei dieser Leseaktion um acht, ansonsten um acht + *count* erhöht. (Die zweite Variante von RETF wird vor allem von Pascal-Compilern verwendet, die auf diese Weise vor dem Unterprogramm-Aufruf auf den Stack gelegte Parameter wieder entfernen lassen.)

Die Leseaktion von CS entspricht effektiv dem Setzen dieses Registers mit einem neuen Wert und beinhaltet eine Prüfung nach den Regeln des Protected Mode (siehe Kapitel 5).

Bei RETF handelt es sich um eine reine Kopieraktion in ein Register, der Prozessor betrachtet die Veränderung von ESP nicht als arithmetische Operation. Aus diesem Grund bleiben die Flags unverändert.

Flags

OF	DF	IF	TF	SF	ZF		AF		PF		CF
-	-	-	-	-	-	-	-	-	-	-	-

Fehler

	Protected	Real	V8086
10	#NP(sel)		
12	#SS(0)		
13	#GP(0)	INT 13	#GP(0)
14	#PF(ec)		#PF(ec)

Beispiel

```
        MOV    EAX, 44550022h    ; ein Parameter (4 Bytes)
        PUSH   EAX               ; auf den Stack
        CALL   OTHERSEG:MY_SUB   ; in einem anderen Segment
        ...
        ...
MY_SUB: ENTER 16,0               ; 16 Bytes lokale Variablen
        MOV EBX,[EBP+8]          ; EBX ⇐ 44550022h
        ....
        RET 4                    ; Rücksprung, Parameter vom Stack
```

ROL (8/16p/32)
Rotate Left - Linksrotation

Prozessoren
8086/80186/80286/80386/80486

Syntax
ROL dest, count

Ablauf
```
temp ⇐ max (count, 31)
if (temp = 1) then
    OF ⇐ (highbit(dest) != CF)
else
    OF ⇐ ?
endif
while (temp != 0)
    x ⇐ highbit (dest)
    dest ⇐ (dest << 1) + x
    temp ⇐ temp - 1
endwhile
CF ⇐ highbit (dest)
```

Formate

	dest	count
ROL	reg,	idata
ROL	mem,	idata
ROL	reg,	CL
ROL	mem,	CL

Beschreibung

ROL rotiert den als *dest* adressierten Operanden um *count* Bitpositionen nach links. Von der Logik her handelt es sich dabei um eine Folge von Einzelaktionen: Das höchstwertige Bit von *dest* wird jeweils in ein Schattenregister geschoben und danach von dort aus auf die freigewordene Bitposition 0 kopiert. Ein Beispiel dazu:

```
MOV   AL, 10110000b
ROL   AL, 1            ; AL ⇐ 01100001b
ROL   AL, 1            ; AL ⇐ 11000010b
```

Tatsächlich führen der 80386 und seine Nachfolger Verschiebungen um mehrere Positionen aber in einem einzigen Takt aus - eine Optimierung, die durch einen sogenannten *Barrel Shifter* (zu deutsch in etwa: »Umschieben oder Umgießen von Fässern«) möglich wird.

Obwohl die Angabe von *count* über das Register CL theoretisch bis zu 255 Verschiebungen möglich machen würde, begrenzen der 80386 und der 80486 diesen Operanden sinnvollerweise auf 31, d.h. führen eine interne Maskierung mit dem Wert 1Fh aus. (Der Inhalt dieses Registers bleibt in jedem Fall unverändert.)

ROL hinterläßt das OF-Bit des EFLAGS-Registers nur dann in einem definierten Zustand, wenn *dest* um eine einzige Bitposition verschoben wird. Ansonsten ist dieses Flag undefiniert.

Das CF-Bit des EFLAGS-Registers wird hier (im Gegensatz zu RCL) nicht als Zwischenstation benutzt, sondern nach Abschluß der Operation mit einer Kopie des höchstwertigen Bits von *dest* gesetzt.

Flags

OF	DF	IF	TF	SF	ZF	AF	PF	CF
x	-	-	-	-	-	-	-	x

Fehler

	Protected	Real	V8086
12	#SS(0)		
13	#GP(0)	INT 13	#GP(0)
14	#PF(ec)		#PF(ec)
17	#AC(0)		#AC(0)

Beispiel

```
MOV  AL, 00011111b
ROL  AL, 3          ; AL ⇐ 11111000, CF gesetzt
```

ROR (8/16p/32)
Rotate Right - Rechtsrotation

Prozessoren
8086/80186/80286/80386/80486

Syntax
ROR dest, count

Ablauf
```
temp ⇐ max (count, 31)
if (temp = 1) then
    OF ⇐ (highbit(dest) != highbit(dest << 1))
else
    OF ⇐ ?
endif
while (temp != 0)
    x ⇐ value & 1
    value ⇐ (value >> 1)
    highbit(value) ⇐ x
    temp ⇐ temp - 1
endwhile
CF ⇐ highbit (value)
dest ⇐ value
```

Formate

	dest	count
ROR	reg,	idata
ROR	mem,	idata
ROR	reg,	CL
ROR	mem,	CL

Beschreibung
ROR rotiert den als *dest* adressierten Operanden um *count* Bitpositionen nach rechts. Von der Logik her handelt es sich dabei um eine Folge von Einzelaktionen: Das niederwertige Bit von *dest* wird jeweils in ein Schattenregister geschoben und danach von dort aus auf die freigewordene höchstwertige Bitposition kopiert. Ein Beispiel dazu:

```
MOV   AL, 10110010b
ROR   AL, 1              ; AL ⇐ 01011001b
ROR   AL, 1              ; AL ⇐ 10110010b
```

Tatsächlich führen der 80386 und seine Nachfolger Verschiebungen um mehrere Positionen aber in einem einzigen Takt aus - eine Optimierung, die durch einen sogenannten *Barrel Shifter* (zu deutsch in etwa: »Umschieben oder Umgießen von Fässern«) möglich wird.

Obwohl die Angabe von *count* über das Register CL theoretisch bis zu 255 Verschiebungen möglich machen würde, begrenzen der 80386 und der 80486 diesen Operanden sinnvollerweise auf 31, d.h. führen eine interne Maskierung mit dem Wert 1Fh aus. (Der Inhalt dieses Registers bleibt in jedem Fall unverändert.)

ROR hinterläßt das OF-Bit des EFLAGS-Registers nur dann in einem definierten Zustand, wenn *dest* um eine einzige Bitposition verschoben wird. Ansonsten ist dieses Flag undefiniert.

Das CF-Bit des EFLAGS-Registers wird hier (im Gegensatz zu RCR) nicht als Zwischenstation benutzt, sondern nach Abschluß der Operation mit einer Kopie des höchstwertigen Bits von *dest* gesetzt.

Flags

OF	DF	IF	TF	SF	ZF	AF	PF	CF
x	-	-	-	-	-	-	-	x

Fehler

	Protected	Real	V8086
12	#SS(0)		
13	#GP(0)	INT 13	#GP(0)
14	#PF(ec)		#PF(ec)
17	#AC(0)		#AC(0)

Beispiel

```
MOV   AL, 00000111b
MOV   Byte Ptr [EBX],AL
ROR   Byte Ptr [EBX],AL   ; DS:[EBX] ⇐ 11100000b, CF gesetzt
```

SAHF (8)
Store AH in EFLAGS - Speichern von AH in EFLAGS

Prozessoren
8086/80186/80286/80386/80486

Syntax
SAHF

Ablauf
EFLAGS ⇐ EFLAGS | (AH & 0D5H)

Anwendung
SAHF

Beschreibung
Dieser Befehl stellt das Gegenstück zu LAHF dar: Er kopiert die Bits 7, 6, 4, 2 und 0 aus dem Register AH in die niederwertigen 8 Bits des Registers EFLAGS. (Das Befehlspaar LAHF/SAHF wurde vor allem beim 8086 im Zusammenhang mit dem Coprozessor eingesetzt.)

Flags

OF	DF	IF	TF	SF	ZF	AF	PF	CF
-	-	-	-	x	x	x	x	x

Fehler
Keine

Beispiel
```
LAHF        ; Flags -> AH
OR AH, 4    ; Bit 2 setzen
SAHF        ; entspricht dem Befehl "Set OF"
```

SAL (8/16p/32)
Shift Left Arithmetic - arithmetisches Linksschieben

Prozessoren
8086/80186/80286/80386/80486

Syntax
SAL dest, count

Ablauf
```
temp ⇐ count & 001FH
while (temp != 0)
    CF ⇐ highorder (dest)
    dest ⇐ dest <
    temp ⇐ temp - 1
    end
if count = 1 then
    OF ⇐ highorder (dest) != CF
else
    OF ⇐ ?
```

Formate

	dest	count
SAL	reg,	idata
SAL	mem,	idata
SAL	reg,	CL
SAL	mem,	CL

Beschreibung
SAL verschiebt den im als *dest* adressierten Operanden enthaltenen Wert um *count* Bitpositionen nach links und führt damit die arithmetische Operation dest ⇐ dest * 2^{count} aus, wobei das CF-Bit als höchstwertige Stelle dient:

```
MOV  AL, 1011001b   ;
SAL  AL, 1          ; AL = 0110010b, CF gesetzt
SAL  AL, 1          ; AL = 1100100b, CF zurückgesetzt
```

Eine *logische* Linksverschiebung (mit dem Befehl SHL) hat exakt denselben Effekt.

Der Operand *count* kann entweder direkt angegeben oder im Register CL gespeichert sein. Er wird beim 80386 und seinen Nachfolgern implizit mit 1Fh maskiert, d.h. auf den Wertebereich von 0 bis 31 begrenzt. (Der Inhalt von CL bleibt sowohl bei einer eventuellen Begrenzung als auch bei der eigentlichen Schiebeoperation konstant.)

Wenn die Verschiebung lediglich um eine Bitposition stattfindet, setzt SAL das OF-Bit des EFLAGS-Registers zurück, falls CF und das höchstwertige Bit des Ergebnisses denselben Wert haben (lies: die beiden höchstwertigen Bits von *dest* vor der Verschiebung entweder beide gesetzt oder zurücksetzt waren). Haben diese beiden Bits unterschiedliche Werte, wird OF gesetzt; findet eine Verschiebung über mehr als eine Bitposition statt, bleibt OF undefiniert.

Flags

OF	DF	IF	TF	SF	ZF	AF	PF	CF
x	-	-	-	x	x	-	x	x

Fehler

	Protected	Real	V8086
12	#SS(0)		
13	#GP(0)	INT 13	#GP(0)
14	#PF(ec)		#PF(ec)
17	#AC(0)		#AC(0)

Beispiel

```
SAL    ECX, 7                ; ECX = ECX * 128 (= 2^7)
SAL    WORD PTR [EBP+8], CL
```

SAR (8/16p/32)
Shift Right Arithmetic - arithmetisches Rechtsschieben

Prozessoren
8086/80186/80286/80386/80486

Syntax
SAR dest, count

Ablauf
```
temp ⇐ count & 001FH
while (temp != 0)
    save ⇐ highorder (dest)
    CF = dest & 1
    dest ⇐ dest> 1
    highorder (dest) = save
    temp ⇐ temp - 1
    end
if count = 1 then
    OF ⇐ 0
else
    OF ⇐ ?
```

Formate

	dest	count
SAR	reg,	idata
SAR	mem,	idata
SAR	reg,	CL
SAR	mem,	CL

Beschreibung
SAR verschiebt den im als *dest* adressierten Operanden enthaltenen Wert um *count* Bitpositionen nach rechts, berücksichtigt aber ein Vorzeichen und führt damit das Äquivalent einer Division durch 2^{count} aus. Im Gegensatz zu einer echten Division werden negative Werte hier allerdings nicht gegen 0, sondern gegen minus Unendlich gerundet:

```
MOV  AX, 0FFFBh   ; dezimal -3, um eins nach rechts geschoben ergibt 0FFFEh,
SAR  AX, 1        ; d.h. -2. Eine Division durch 2 würde 0FFFFh (-1) ergeben
```

Eine *logische* Rechtsverschiebung (mit dem Befehl SHR) hat nicht denselben Effekt, sondern setzt das höchstwertige Bit von *dest* auf 0.

Der Operand *count* kann entweder direkt angegeben oder im Register CL gespeichert sein. Er wird beim 80386 und seinen Nachfolgern implizit mit 1Fh maskiert, d.h. auf den Wertebereich von 0 bis 31 begrenzt. (Der Inhalt von CL bleibt sowohl bei einer eventuellen Begrenzung als auch bei der eigentlichen Schiebeoperation konstant.)

Wenn *count* den Wert 0 oder 1 hat, setzt der Prozessor das OF-Bit des Registers EFLAGS zurück. Für alle anderen Werte von *count* hinterläßt SAR dieses Flag in undefiniertem Zustand.

Flags

OF	DF	IF	TF	SF	ZF		AF		PF		CF
x	-	-	-	x	x	-	-	-	x	-	x

Fehler

	Protected	Real	V8086
12	#SS(0)		
13	#GP(0)	INT 13	#GP(0)
14	#PF(ec)		#PF(ec)
17	#AC(0)		#AC(0)

Beispiel

```
SAR     ECX, 7          ; ECX ⇐ ECX / 128 (2^7)
SAR     WORD PTR [EBP+8], CL
```

SBB (8/16p/32)

Subtraction with Borrow - Subtraktion mit Übertrag

Prozessoren
8086/80186/80286/80386/80486

Syntax
SBB dest, src

Ablauf
dest ⇐ dest − src − CF

Formate

	dest	src
SBB	reg,	idata
SBB	mem,	idata
SBB	reg,	reg
SBB	reg,	mem
SBB	mem,	reg

Beschreibung

SBB subtrahiert den als *src* adressierten Operanden von *dest* und speichert das Ergebnis dieser Operation wieder in *dest*. Wenn vor der Ausführung dieses Befehls das CF-Bit im Register EFLAGS gesetzt war, wird das als negativer Übertrag (»borrow«) betrachtet: Der Prozessor erniedrigt in diesem Fall das Ergebnis um eins.

Auf diese Weise lassen sich Überträge bei fortlaufenden Subtraktionen berücksichtigen. Ergibt sich bei der Subtraktion bzw. einem nachfolgenden Erniedrigen wieder ein Unterlauf, wird das CF-Bit erneut gesetzt.

Flags

OF	DF	IF	TF	SF	ZF	AF	PF	CF
x	-	-	-	x	x	x	x	x

Fehler

	Protected	Real	V8086
12	#SS(0)		
13	#GP(0)	INT 13	#GP(0)
14	#PF(ec)		#PF(ec)
17	#AC(0)		#AC(0)

Beispiel

```
; Subtraktion mit 64 Bit
SUB     EAX, ECX        ; niederwertige 32 Bits
SBB     EDX, EBX        ; höherwertige Hälfte mit Übertrag
```

SCAS (8/16p/32)
Scan String - Bytefolge absuchen

Prozessoren
8086/80186/80286/80386/80486

Syntax
SCAS

Ablauf
```
if opcode is (SCASB, SCASW, SCASD) then opsize ⇐ (1, 2, 4)
NULL ⇐ acc - ES:[EDI]
if (DF = 0) then
    EDI ⇐ EDI + opsize
else
    EDI ⇐ EDI - opsize
endif
```

Formate

Befehl	Erläuterung
SCASB	; Suche einzelner Bytes
SCASW	; wortweise Suche
SCASD	; Suche nach DWords

Beschreibung

Dieser Befehl, von dem insgesamt drei Varianten für die verschiedenen Operandengrößen existieren, führt in einem ersten Schritt das technische Äquivalent von CMP aus und verwendet dabei implizite Operanden: Er vergleicht den Inhalt des Akkumulators mit dem Inhalt des via ES:DI adressierten Bereichs. Das tatsächliche Ergebnis wird (wie bei CMP) nicht gespeichert, sondern lediglich zum Setzen der Flags verwendet.

Nach Ausführung des Vergleichs wird das Indexregister EDI abhängig vom Stand des DF-Bits im EFLAGS-Register um die Operandengröße erhöht (DF zurückgesetzt) bzw. erniedrigt (DF gesetzt).

SCAS-Befehle lassen sich über das Voranstellen der Präfixe REPE (»repeat while equal«) bzw. REPNE (»repeat while not equal«) abhängig vom Stand des ZF-Bits als Wiederholungsbefehle programmieren. Das Register ECX legt in diesem Fall die Maximalzahl der Vergleiche fest.

Auf diese Weise lassen sich Speicherbereiche beliebiger Größe nach einem bestimmten Wert absuchen. Zu berücksichtigen ist dabei allerdings, daß der Prozessor das Register EDI unabhängig vom Stand der Flags (und eventueller Wiederholungen) erhöht bzw. erniedrigt: Je nach Suchrichtung ist dort entweder die Adresse des vorhergehenden oder des nachfolgenden Elements einer Fundstelle enthalten.

Der Prozessor verwendet grundsätzlich das Register ES zur Adressierung des abzusuchenden Bereichs, Segment-Präfixe sind hier also sinnlos.

Flags

OF	DF	IF	TF	SF	ZF		AF		PF		CF
x	-	-	-	x	x	-	x	-	x	-	x

Fehler

	Protected	Real	V8086
12	#SS(0)		
13	#GP(0)	INT 13	#GP(0)
14	#PF(ec)		#PF(ec)
17	#AC(0)		#AC(0)

Beispiel

```
; Absuchen eines Strings nach einem Sternchen ('*')
LES     EDI, [EBP+12]       ; Startadresse des Strings (Parameter)
MOV     ECX, [EBP+20]       ; Stringlänge als Zähler (Parameter)
CLD                         ; aufsteigende Adressen
MOV     AL, '*'             ; zu suchendes Zeichen
REPNE   SCASB               ; Suche
JE      found               ; -> gefunden. EDI = Adresse des '*' + 1
```

seg (-)
Segment Override Prefix - Segment-Präfix

Prozessoren
8086/80186/80286/80386/80486

Formate
```
CS:
DS:
SS:
ES:
FS:
GS:
```

Beschreibung
Solange Zugriffsbefehlen auf Speicheroperanden kein Segment-Präfix vorangestellt ist, verwendet der Prozessor für alle Adressierungen von Daten implizit das Register DS. Die Ausnahmen stellen Stringbefehle und Indizierungen via EBP dar: Im ersten Fall wird das Registerpaar ES:EDI als Zieladresse, im zweiten Fall das Segmentregister SS verwendet.

Segment-Präfixe setzen die Standardvorgaben des direkt darauffolgenden Befehls außer Kraft, d.h. legen das zu verwendende Segmentregister explizit fest. Insgesamt existieren lediglich drei Befehle, bei denen ein Segment-Präfix in Kombination mit Speicheroperanden wirkungslos bleibt: bei INS, SCAS und STOS ist ES als Ziel-Segment unveränderlich festgelegt.

Flags

OF	DF	IF	TF	SF	ZF		AF		PF		CF
-	-	-	-	-	-	-	-	-	-	-	-

Fehler
Keine

Beispiel
```
MOV    EAX, FS:[ESI]       ; FS anstelle von DS
ADD    DS:[EBP], 7         ; DS anstelle von SS
MOV    EAX, CS:[224455h]   ; CS anstelle von DS
```

SETcc (8)
Set Byte on Condition - Byte abhängig von Flags setzen

Prozessoren
80386/80486

Syntax
SETcc dest

Ablauf
```
if (cc) then
    dest ⇐ 1
else
    dest ⇐ 0
endif
```

Formate

Befehl		Setzt dest auf 1, wenn...
SETA	dest	»above« – größer (vorzeichenloses x > y) / CF = 0 & ZF = 0
SETAE	dest	»above equal« – größer oder gleich / CF = 0
SETB	dest	»below« – kleiner (vorzeichenloses x < y) / CF = 1
SETBE	dest	»below equal« – kleiner oder gleich / CF = 1	ZF = 1
SETC	dest	»carry« – Übertrag / CF = 1
SETE	dest	»equal« – gleich / ZF = 1
SETG	dest	»greater« – größer (vorzeichenbehaftetes x > y) / SF = OF & ZF = 0
SETGE	dest	»greater equal« – größer oder gleich / SF = OF
SETL	dest	»less« – kleiner (vorzeichenbehaftetes x < y) / SF != OF
SETLE	dest	»less equal« – kleiner oder gleich / SF != OF oder ZF = 1
SETNA	dest	»not above« – nicht größer (SETBE)
SETNAE	dest	»not above equal« – nicht größer oder gleich (SETB)
SETNB	dest	»not less« – nicht kleiner (SETAE)
SETNBE	dest	»not less equal« – nicht kleiner oder gleich (SETA)
SETNC	dest	»no carry« – kein Übertrag / CF = 0
SETNE	dest	»not equal« – nicht gleich / ZF = 0
SETNG	dest	»not greater« – nicht größer (SETLE)

Befehlssatz der 80386/486-Prozessoren

Befehl	Setzt dest auf 1, wenn...
SETNGE dest	»not greater equal« – nicht größer oder gleich (SETL)
SETNL dest	»not less« – nicht kleiner (SETGE)
SETNLE dest	»not less equal« – nicht kleiner oder gleich / SF = OF & ZF = 0
SETNO dest	»no overflow« – kein Überlauf / OF = 0
SETNP dest	»no parity« – Parität ungerade / PF = 0
SETNS dest	»no sign« – positiv / SF = 0
SETNZ dest	»not zero« – ungleich 0 / ZF = 0
SETO dest	»overflow« – Überlauf / OF = 1
SETP dest	»parity« – Parität gerade / PF = 1
SETPE dest	»parity equal« – Parität gerade / PF = 1
SETPO dest	»parity odd« – Parität ungerade / PF = 0
SETS dest	»sign« – negativ / SF = 1
SETZ dest	»zero« – Null / ZF = 1

Beschreibung

SET-Befehle setzen das als *dest* adressierte Byte auf den Wert 1, wenn die jeweilige Bedingung erfüllt ist (d.h. die Flags entsprechend der jeweiligen Befehlsvariante gesetzt sind). Ansonsten wird der Wert 0 in *dest* gespeichert.

Auf diese Weise lassen sich boolesche Variablen von Hochsprachen ohne die sonst notwendigen Sprungbefehle abhängig von Bedingungen setzen (siehe »Beispiel«).

Flags

OF	DF	IF	TF	SF	ZF		AF		PF		CF
-	-	-	-	-	-	-	-	-	-	-	-

Fehler

	Protected	Real	V8086
12	#SS(0)		
13	#GP(0)	INT 13	#GP(0)
14	#PF(ec)		#PF(ec)

Beispiel

```
; Umsetzung des C-Konstrukts bFlag = (a > 5); auf konventionelle Art:
        CMP   [a], 5          ; wäre in einem Assembler-Programm
        JBE   isfalse         ; auch eleganter möglich, wird von
        MOV   AL, 1           ; Compilern meist aber tatsächlich
        JMP   NEAR setval     ; so umständlich codiert
isfalse: MOV  AL,0
setval:  MOV  [bFlag],AL

; Alternative mit SET-Befehlen
        CMP   [a],5           ; Vergleich zum Setzen der Flags
        SETA  [bFlag]         ; Setzen von bFlag abhängig von den Flags
```

SGDT (-)
Store GDT Register - GDT-Register speichern

Prozessoren
80286/80386/80486

Syntax
SGDT dest

Ablauf
dest ⇐ GDTR.LIMIT
dest + 2 ⇐ GDTR.BASE

Anwendung

	dest
SGDT	mem

Beschreibung
Auf diesen Befehl reagiert der Prozessor mit dem Speichern der Basisadresse und des Limit-Feldes des GDT-Registers. Der als *dest* angegebene Speicherbereich wird dabei in derselben Weise wie beim Befehl LGDT strukturiert:

```
GDTRec STRUC
   Limit   dw ?    ; Limit
   Base    dd ?    ; Basisadresse
GDTRec ENDS
```

Flags

OF	DF	IF	TF	SF	ZF	AF	PF	CF
-	-	-	-	-	-	-	-	-

Fehler

	Protected	Real	V8086
6*	#UD()	INT 6	#UD()
12	#SS(0)		
13	#GP(0)	INT 13	#GP(0)
14	#PF(ec)		#PF(ec)
17	#AC(0)		#AC(0)

Der Interrupt 6 (»undefined opcode«) stellt die Reaktion des Prozessors auf den Versuch dar, zusammen mit SGDT ein Register als *dest* anzugeben.

Beispiel
```
SGDT [300H]              ; GDTR speichern
```

SHL (8/16p/32)
Shift Left Logical - logisches Linksssschieben

Prozessoren
8086/80186/80286/80386/80486

Syntax
SHL dest, count

Ablauf
```
temp ⇐ count & 001FH
while (temp != 0)
    CF ⇐ highorder (dest)
    dest ⇐ dest <
    temp ⇐ temp - 1
    end
if count = 1 then
    OF ⇐ highorder (dest) != CF
else
    OF ⇐ ?
```

Formate

	dest	count
SHL	reg,	idata
SHL	mem,	idata
SHL	reg,	CL
SHL	mem,	CL

Beschreibung
SHL verschiebt den im als *dest* adressierten Operanden enthaltenen Wert um *count* Bitpositionen nach links und führt damit die arithmetische Operation dest ⇐ dest * 2^{count} aus, wobei das CF-Bit als höchstwertige Stelle dient:

```
MOV  AL, 1011001b  ;
SHL  AL, 1         ; AL = 0110010b, CF gesetzt
SHL  AL, 1         ; AL = 1100100b, CF zurückgesetzt
```

Eine *arithmetische* Linksverschiebung (mit dem Befehl SAL) hat exakt denselben Effekt.

Der Operand *count* kann entweder direkt angegeben oder im Register CL gespeichert sein. Er wird beim 80386 und seinen Nachfolgern implizit mit 1Fh maskiert, d.h. auf den Wertebereich von 0 bis 31 begrenzt. (Der Inhalt von CL bleibt sowohl bei einer eventuellen Begrenzung als auch bei der eigentlichen Schiebeoperation konstant.)

Wenn die Verschiebung lediglich um eine Bitposition stattfindet, setzt SHL das OF-Bit des EFLAGS-Registers zurück, falls CF und das höchstwertige Bit des Ergebnisses denselben Wert haben (lies: die beiden höchstwertigen Bits von *dest* vor der Verschiebung entweder beide gesetzt oder zurücksetzt waren). Haben diese beiden Bits unterschiedliche Werte, wird OF gesetzt; findet eine Verschiebung über mehr als eine Bitposition statt, bleibt OF undefiniert.

Flags

OF	DF	IF	TF	SF	ZF	AF	PF	CF
x	-	-	-	x	x	-	x	x

Fehler

	Protected	Real	V8086
12	#SS(0)		
13	#GP(0)	INT 13	#GP(0)
14	#PF(ec)		#PF(ec)
17	#AC(0)		#AC(0)

Beispiel

```
SHL    ECX, 7                ; ECX ⇐ ECX * 128 (2^7)
SHL    WORD PTR [EBP+8], CL
```

SHLD (16p/32)
Shift Left Double - logisches Linksschieben zweier Werte

Prozessoren
80386/80486

Syntax
SHLD dest, src, count

Ablauf
```
temp  ⇐ max (count, 31)
value ⇐ concatenate (dest, src)
value ⇐ value << temp
dest  ⇐ value
```

Formate

	dest	src	count
SHLD	reg,	reg,	idata
SHLD	mem,	reg,	idata
SHLD	reg,	reg,	CL
SHLD	mem,	reg,	CL

Beschreibung

SHLD definiert den als *dest* adressierten Operanden als höherwertigen, den als *src* adressierten Operanden als niederwertigen Teil eines Wertes, verschiebt diesen Wert um *count* Bitpositionen nach links und speichert schließlich den höherwertigen Teil des Ergebnisses wieder in *dest*. Das CF-Bit des EFLAGS-Registers wird dabei als Überlauf verwendet (d.h. enthält hinterher das zuletzt aus *dest* herausgeschobene Bit); freiwerdende Bitpositionen füllt der Prozessor mit 0 auf (siehe »Beispiel«).

Der Operand *count* kann entweder direkt angegeben oder im Register CL gespeichert sein. Er wird beim 80386 und seinen Nachfolgern implizit mit 1Fh maskiert, d.h. auf den Wertebereich von 0 bis 31 begrenzt. (Der Inhalt von CL bleibt sowohl bei einer eventuellen Begrenzung als auch bei der eigentlichen Schiebeoperation konstant.)

Flags

OF	DF	IF	TF	SF	ZF	AF	PF	CF
?	-	-	-	x	x	?	x	x

Fehler

	Protected	Real	V8086
12	#SS(0)		
13	#GP(0)	INT 13	#GP(0)
14	#PF(ec)		#PF(ec)
17	#AC(0)		#AC(0)

Beispiel

```
MOV     EAX, 11110000h
MOV     EDX, 22223333h
SHLD    EAX, EDX, 4          ; EAX ⇐ 11100002, EDX unverändert, CF gesetzt
```

SHR (8/16p/32)
Shift Right Logical - logisches Rechtsschieben

Prozessoren
8086/80186/80286/80386/80486

Syntax
SHR dest, count

Ablauf
```
temp ⇐ count & 001FH
while (temp != 9)
    CF = dest & 1
    dest ⇐ dest> 1
    temp ⇐ temp - 1
    end
if count = 1 then
    OF ⇐ highorder (dest)
else
    OF ⇐ ?
```

Formate

	dest	count
SHR	reg,	idata
SHR	mem,	idata
SHR	reg,	CL
SHR	mem,	CL

Beschreibung
SHR verschiebt den im als *dest* adressierten Operanden enthaltenen Wert um *count* Bit-positionen nach rechts und führt damit für positive Werte das Äquivalent einer Division durch 2^{count} aus. Da das höchstwertige Bit mit verschoben wird, ist diese Operation für vorzeichenbehaftete negative Werte ungeeignet (vgl. SAR).

Das jeweils niederwertigste Bit von *dest* wird in das CF-Bit des Registers EFLAGS kopiert, freiwerdende Bitpositionen besetzt der Prozessor mit 0:

```
MOV   AL, 11110101b
SHR   AL, 1              ; AL ⇐ 01111010b, CF gesetzt
SHR   AL, 1              ; AL ⇐ 001111101b, CF zurückgesetzt
```

Der Operand *count* kann entweder direkt angegeben oder im Register CL gespeichert sein. Er wird beim 80386 und seinen Nachfolgern implizit mit 1Fh maskiert, d.h. auf den Wertebereich von 0 bis 31 begrenzt. (Der Inhalt von CL bleibt sowohl bei einer eventuellen Begrenzung als auch bei der eigentlichen Schiebeoperation konstant.)

Wenn *count* den Wert 0 oder 1 hat, setzt der Prozessor das OF-Bit des Registers EFLAGS zurück. Für alle anderen Werte von *count* hinterläßt SHR dieses Flag in undefiniertem Zustand.

Flags

OF	DF	IF	TF	SF	ZF	AF	PF	CF
x	-	-	-	x	x	-	-	-	x	-	x

Fehler

	Protected	Real	V8086
12	#SS(0)		
13	#GP(0)	INT 13	#GP(0)
14	#PF(ec)		#PF(ec)
17	#AC(0)		#AC(0)

Beispiel

```
SHR   ECX,7                  ; Inhalt von ECX um 7 Bitpositionen nach rechts
SHL   WORD PTR [EBP+8], CL
```

SHRD (16p/32)
Shift Right Double - logisches Rechtsschieben zweier Werte

Prozessoren
80386/80486

Syntax
SHRD dest, src, count

Ablauf
```
temp  ⇐ max (count, 31)
value ⇐ cat (src, dest)
value ⇐ value >> temp
dest  ⇐ value
```

Formate

	dest	src	count
SHRD	reg,	reg,	idata
SHRD	mem,	reg,	idata
SHRD	reg,	reg,	CL
SHRD	mem,	reg,	CL

Beschreibung
SHRD definiert den als *dest* adressierten Operanden als niederwertigen, den als *src* adressierten Operanden als höherwertigen Teil eines Wertes, verschiebt diesen Wert um *count* Bitpositionen nach rechts und speichert schließlich den niederwertigen Teil des Ergebnisses wieder in *dest*. Das CF-Bit des EFLAGS-Registers wird dabei als Unterlauf verwendet (d.h. enthält hinterher das zuletzt aus *dest* »nach rechts« herausgeschobene Bit); freiwerdende Bitpositionen füllt der Prozessor mit 0 auf (siehe »Beispiel«).

Der Operand *count* kann entweder direkt angegeben oder im Register CL gespeichert sein. Er wird beim 80386 und seinen Nachfolgern implizit mit 1Fh maskiert, d.h. auf den Wertebereich von 0 bis 31 begrenzt. (Der Inhalt von CL bleibt sowohl bei einer eventuellen Begrenzung als auch bei der eigentlichen Schiebeoperation konstant.)

Flags

OF	DF	IF	TF	SF	ZF	AF	PF	CF
?	-	-	-	x	x	?	x	x

Fehler

	Protected	Real	V8086
12	#SS(0)		
13	#GP(0)	INT 13	#GP(0)
14	#PF(ec)		#PF(ec)
17	#AC(0)		#AC(0)

Beispiel

```
MOV    EAX, 11110000h
MOV    EDX, 22223333h
SHLD   EAX, EDX, 4           ; EAX ⇐ 31111000h, EDX unverändert, CF = 0
```

SIDT (-)
Store IDT Register - IDT-Register speichern

Prozessoren
80286/80386/80486

Syntax
SIDT dest

Ablauf
dest ⇐ IDTR.LIMIT
dest + 2 ⇐ IDTR.BASE

Anwendung

	dest
SIDT	mem

Beschreibung
Auf diesen Befehl reagiert der Prozessor mit dem Speichern der Basisadresse und des Limit-Feldes des IDT-Registers. Der als *dest* angegebene Speicherbereich wird dabei in derselben Weise wie beim Befehl LIDT strukturiert:

```
IDTRec STRUC
    Limit   dw ?    ; Limit
    Base    dd ?    ; Basisadresse
IDTRec ENDS
```

Flags

OF	DF	IF	TF	SF	ZF	AF	PF	CF
-	-	-	-	-	-	-	-	-

Fehler

	Protected	Real	V8086
6*	#UD()	INT 6	#UD()
12	#SS(0)		
13	#GP(0)	INT 13	#GP(0)
14	#PF(ec)		#PF(ec)
17	#AC(0)		#AC(0);FN<CC18.6>

Der Interrupt 6 (»undefined opcode«) stellt die Reaktion des Prozessors auf den Versuch dar, zusammen mit SIDT ein Register als *dest* anzugeben.

Beispiel

```
SIDT    int_tab            ; Speichern von Basis und Limit von IDT
```

SLDT (16)
Store LDT Register - LDT-Register speichern

Prozessoren
80286/80386/80486

Syntax
SLDT dest

Ablauf
dest ⇐ LDTR

Formate

	dest
SLDT	reg
SLDT	mem

Beschreibung
SLDT setzt den als *dest* adressierten Operanden mit einer Kopie des im Register LDT enthaltenen Selektors und unterscheidet sich damit von den Befehlen SGDT bzw. SIDT in zweifacher Hinsicht: Zum einen geht es hier nicht um Basisadresse und Limit, zum anderen läßt sich auch eines der allgemeinen 16-Bit-Register als Ziel der Operation verwenden.

Flags

OF	DF	IF	TF	SF	ZF	AF	PF	CF
-	-	-	-	-	-	-	-	-

Fehler

	Protected	Real	V8086
6		INT 6	#UD()
12	#SS(0)		
13	#GP(0)		
14	#PF(ec)		
17	#AC(0)		#AC(0)

Beispiel

```
SLDT    DX              ; Kopie des Selektors in DX
```

SMSW (16)
Store Machine Status Word - Maschinenstatuswort speichern

Prozessoren
80286/80386/80486

Syntax
SMSW dest

Ablauf
dest ⇐ MSW

Formate

	dest
SMSW	reg
SMSW	mem

Beschreibung
SMSW stellt das Gegenstück zu LMSW dar und kopiert die niederwertigen 16 Bits des Registers CR0 in den als *dest* adressierten Operanden. Dieser Befehl ist ausschließlich aus Kompatibilitätsgründen zum 80286 definiert und sollte in 80836-Programmen durch MOV <Reg>,CR0 ersetzt werden.

Flags

OF	DF	IF	TF	SF	ZF	AF	PF	CF
-	-	-	-	-	-	-	-	-

Fehler

	Protected	Real	V8086
6			
12	#SS(0)		
13	#GP(0)	INT 13	#GP(0)
14	#PF(ec)		#PF(ec)
17	#AC(0)		#AC(0)

Beispiel

```
SMSW    [DI]    ; entspricht MOV EAX, CR0 / MOV [DI], AX
```

STC (-)
Set Carry Flag - CF-Bit setzen

Prozessoren
8086/80186/80286/80386/80486

Syntax
STC

Ablauf
CF ⇐ 1

Anwendung
STC

Beschreibung
STC stellt das Gegenstück zu CLC dar und setzt das CF-Bit im Register EFLAGS. (Dieses Flag wird häufig als Indikator für die fehlerfreie Ausführung von Routinen benutzt: Im gesetzten Zustand steht es üblicherweise für »nicht gefunden« bzw. »Operation mißlungen«.

Flags

OF	DF	IF	TF	SF	ZF	AF	PF	CF
-	-	-	-	-	-	-	-	1

Fehler
Keine

Beispiel
```
; "typisches" Ende einer in Assembler geschriebenen Routine
         .....
OKExit:  CLC                ; "alles OK"
         JMP SHORT Done
ErrExit: STC                ; CF als Signal für Fehler setzen
Done:    LEAVE
         RET
```

STD (-)
Set Direction Flag - Richtungsflag setzen

Prozessoren
8086/80186/80286/80386/80486

Syntax
STD

Ablauf
DF $\Leftarrow$ 1

Anwendung
STD

Beschreibung
STD stellt das Gegenstück zu CLD dar: Dieser Befehl setzt das DF-Bit im Register EFLAGS und legt auf diese Weise fest, daß nachfolgende Stringbefehle mit absteigenden Adressen arbeiten (d.h. die Indexregister ESI bzw. EDI nach jeder Einzeloperation erniedrigen). Wenn das DF-Bit zurückgesetzt ist, beinhalten Stringbefehle dagegen ein Erhöhen dieser Register.

Flags

OF	DF	IF	TF	SF	ZF		AF		PF		CF
-	-	-	-	-	-	-	-	-	-	-	-

Fehler
Keine

Beispiel
```
; Kopie in absteigender Richtung
LES EDI, [EBP+8]          ; Zieladresse
LDS ESI, [EBP+12]         ; Quelladresse
MOV ECX, [EBP+4]          ; Länge des Strings als Zähler
ADD EDI, ECX              ; Ziel-Ende
ADD ESI, ECX              ; Quell-Ende
STD                       ; absteigende Adressen
REP MOVSB                 ; Kopieren des Strings
```

STI (-)
Set Interrupt Flag - IF-Bit setzen

Prozessoren
8086/80186/80286/80386/80486

Syntax
STI

Ablauf
IF ⇐ 1

Anwendung
STI

Beschreibung
STI stellt das Gegenstück zum Befehl CLI dar und setzt das IF-Bit im EFLAGS-Register. In diesem Zustand reagiert der Prozessor auf Hardware-Interrupts (d.h. prüft nach der Ausführung jedes Einzelbefehls den Pegel der Leitung INTR).

Die ausführende Routine muß I/O-Privilegien haben (CPL ≤ IOPL) - ansonsten reagiert der Prozessor (wie bei CLI) mit einem Interrupt 13.

Flags

OF	DF	IF	TF	SF	ZF	AF	PF	CF
-	-	-	-	-	-	-	-	-

Fault;TX   PM   RM   V8086   13   #GP(0)

Beispiel

```
        CLI                  ; Interrupts aus
        MOV AL, SEMAPHORE    ; Semaphore lesen ...
        DEC AL               ; ... um eins erniedrigen ...
        JZ done              ; -> 0 erreicht
        MOV SEMAPHORE, AL    ; ... und wieder speichern
DONE:   STI                  ; erledigt: Interrupts wieder an
```

STOS (8/16p/32)
Store String - Bytefolge schreiben

Prozessoren
8086/80186/80286/80386/80486

Syntax
STOS

Ablauf
```
if opcode is (STOSB, STOSW, STOSD) then opsize ⇐ (1, 2, 4)
ES:[EDI] ⇐ accum
if (DF = 0) then
    EDI ⇐ EDI + opsize
else
    EDI ⇐ EDI - opsize
endif
```

Formate

Befehl	Erläuterung
STOSB	; Schreiben einzelner Bytes
STOSW	; wortweises Schreiben
STOSD	; Schreiben von DWords

Beschreibung

Dieser Befehl, von dem insgesamt drei Varianten für die verschiedenen Operandengrößen existieren, führt in einem ersten Schritt das technische Äquivalent von MOV aus und verwendet dabei implizite Operanden: Er speichert den Inhalt des Akkumulators (Al, AX, EAX, je nach Opcode) in dem via ES:EDI adressierten Speicherbereich. Danach werden die Indexregister ESI und EDI abhängig vom Stand des DF-Bits im EFLAGS-Register um die Operandengröße erhöht (DF zurückgesetzt) bzw. erniedrigt (DF gesetzt).

STOS-Befehle lassen sich über das Voranstellen des Präfixes REP (»repeat«) als Wiederholungsbefehle programmieren. Das Register ECX legt in diesem Fall die Anzahl der Wiederholungen fest. (Die restlichen Varianten der REP-Präfixe sind hier nicht sonderlich sinnvoll, weil die Speicheroperation das ZF-Bit unverändert läßt.)

Befehlssatz der 80386/486-Prozessoren

Da der Prozessor grundsätzlich das Register ES zur Adressierung des Zielsegments verwendet, sind Segment-Präfixe im Zusammenhang mit STOS-Befehlen sinnlos (und werden schlicht ignoriert).

Flags

OF	DF	IF	TF	SF	ZF	AF	PF	CF
-	-	-	-	-	-	-	-	-

Fehler

	Protected	Real	V8086
12	#SS(0)		
13	#GP(0)	INT 13	#GP(0)
14	#PF(ec)		#PF(ec)
17	#AC(0)		#AC(0)

Beispiel

```
; Zurücksetzen der ersten 100 Bytes des via ES adressierten Segments auf 0
MOV     EDI, 0          ; Startadresse
MOV     ECX, 100 / 4    ; Bytezahl in DWords
XOR     EAX, EAX        ; der zu schreibende Wert (0)
CLD                     ; aufsteigende Adressen
REP     STOSD           ; Ausführung
```

STR (16)
Store Task Register - Task Register speichern

Prozessoren
80286/80386/80486

Syntax
STR dest

Ablauf
dest ⇐ TR

Formate

	dest
STR	reg
STR	mem

Beschreibung
STR stellt das Gegenstück zu LTR dar und speichert den im Task Register enthaltenen Selektor in dem als *dest* adressierten Operanden.

Flags

OF	DF	IF	TF	SF	ZF	AF	PF	CF
-	-	-	-	-	-	-	-	-

Fehler

	Protected	Real	V8086
6		INT 6	#UD()
12	#SS(0)		
13	#GP(0)		
14	#PF(ec)		
17	#AC(0)		#AC(0)

Beispiel

```
STR     CX        ; Selektor des aktiven TS-Segments in CX speichern
```

SUB (8/16p/32)
Subtraction - Subtraktion ohne Übertrag

Prozessoren
8086/80186/80286/80386/80486

Syntax
SUB dest, src

Ablauf
dest ⇐ dest − src

Formate

	dest	src
SUB	reg,	idata
SUB	mem,	idata
SUB	reg,	reg
SUB	reg,	mem
SUB	mem,	reg

Beschreibung
SUB subtrahiert den als *src* adressierten Operanden von dem als *dest* adressierten Operanden und speichert das Ergebnis wieder in *dest*. Im Gegensatz zum Befehl SBC wird ein eventuell bestehender Übertrag (CF-Bit) nicht berücksichtigt.

Flags

OF	DF	IF	TF	SF	ZF	AF	PF	CF
x	-	-	-	x	x	x	x	x

Fehler

	Protected	Real	V8086
12	#SS(0)		
13	#GP(0)	INT 13	#GP(0)
14	#PF(ec)		#PF(ec)
17	#AC(0)		#AC(0)

Beispiel

```
; Subtraktion mit 64 Bit
SUB     EAX, ECX        ; niederwertige 32 Bits
SBB     EDX, EBX        ; höherwertige Hälfte mit Übertrag
```

TEST (8/16p/32)
Test Bits - Bit-Test

Prozessoren
8086/80186/80286/80386/80486

Syntax
TEST dest, src

Ablauf
NULL ⇐ dest & src

Formate

	dest	src
TEST	reg,	idata
TEST	mem,	idata
TEST	reg,	reg
TEST	reg,	mem
TEST	mem,	reg

Beschreibung

TEST führt mit den als *src* und *dest* adressierten Operanden eine bitweise AND-Verknüpfung aus, speichert im Gegensatz zu AND das Ergebnis dieser Operation aber nicht und setzt lediglich die Flags entsprechend.

Beide Operanden werden ohne Rücksicht auf den Kontext als reine Bitmuster behandelt, die Verknüpfung selbst geschieht auf der Basis einzelner Bits und nach den Regeln einer booleschen Multiplikation:

0 & 0 = 0
0 & 1 = 0
1 & 0 = 0
1 & 1 = 1

Im temporären Zwischenergebnis bleiben also nur die Bits gesetzt, die vor der Ausführung der Operation sowohl in *dest* als auch in *src* gesetzt waren.

Mit diesem Befehl läßt sich der Zustand einzelner Bits »zerstörungsfrei« prüfen (siehe »Beispiel«).

Flags

OF	DF	IF	TF	SF	ZF		AF		PF		CF
0	-	-	-	x	x	-	?	-	x	-	0

Fehler

	Protected	Real	V8086
12	#SS(0)		
13	#GP(0)	INT 13	#GP(0)
14	#PF(ec)		#PF(ec)
17	#AC(0)		#AC(0)

Beispiel

```
TEST    AL, 0FH                  ; Ist irgeneines der Bits 0..3 in AL gesetzt?
JNZ     is_set                   ; -> ja
TEST    EBX, ECX                 ; zu prüfender Wert in EBX, Maske in ECX
TEST    WORD PTR[EBP+6], 8000H   ; ist der via EBP adressierte Integer negativ?
JS      is_negative              ; -> ja
```

VERR (16)
Verify Read Access - Leseerlaubnis prüfen

Prozessoren
80286/80386/80486

Syntax
VERR select

Ablauf
```
if (accessible(select)) & read_access(select)) then
    ZF ⇐ 1
else
    ZF ⇐ 0
endif
```

Formate

	select
VERR	reg
VERR	mem

Beschreibung

Mit diesem Befehl kann ein Programm prüfen, ob es Lesezugriff auf ein bestimmtes Segment hat, ohne dabei gleich einen Interrupt auszulösen: VERR (»*Verify R*ead«) interpretiert den als *select* adressierten Operanden als Selektor, liest den entsprechenden Deskriptor und führt einen Vergleich der Privilegstufen aus. Zusätzlich wird sichergestellt, daß es sich um einen gültigen (80386-)Deskriptor handelt, der seinerseits für ein über seinen Typ als lesbar gekennzeichnetes Segment steht.

Wenn diese Prüfungen positiv ausfallen (also das Programm diesen Selektor ohne Schutzverletzung in eines der Segmentregister DS, ES, FS oder GS laden kann), dann setzt VERR das ZF-Bit im Register EFLAGS. Ein zurückgesetztes ZF-Flag steht dagegen für »Zugriff verboten« und kann entweder eine unpassende Privilegstufe, ein als »nur ausführbar« gekennzeichnetes Segment oder einen völlig ungültigen Selektor signalisieren. Interrupts werden auch in diesem Fall nicht ausgelöst.

Bitte beachten Sie, daß sich VERR rein auf die soeben beschriebene Funktion beschränkt: Ob sich ein Segment momentan im Hauptspeicher befindet (d.h. als »present« gekennzeichnet ist), läßt sich mit diesem Befehl nicht ermitteln. Dasselbe gilt für

Befehlssatz der 80386/486-Prozessoren

Schutzmechanismen, die über Paging implementiert sind (also über die Bits U/W und R/W in Paging-Tabellen).

Flags

OF	DF	IF	TF	SF	ZF	AF	PF	CF
-	-	-	-	-	x	-	-	-

Fehler

	Protected	Real	V8086
6		INT 6	#UD()
12	#SS(0)		
13	#GP(0)		
14	#PF(ec)		
17	#AC(0)		#AC(0)

Die in dieser Tabelle zusammengefaßten Fehlermöglichkeiten stehen ausschließlich für unzulässige Speicherzugriffe im Rahmen der Adressierung des Operanden *select* - also nicht für die von VERR ausgeführte Prüfung selbst.

Beispiel

```
          VERR  WORD PTR [EBP+8]     ; Prüfung eines Selektors (auf dem Stack)
          JZ    CONTINUE             ; -> Zugriff erlaubt
          JMP   ErrExit              ; Ansonsten Fehler signalisieren & Abbruch
CONTINUE: MOV   ES,WORD PTR [EBP+8]  ; Selektor laden
          MOV   EAX,ES:[0]
```

VERW (16)
Verify Write Access - Schreiberlaubnis prüfen

Prozessoren
80286/80386/80486

Syntax
VERW select

Ablauf
```
if (accessible(select)) & write_access(select)) then
    ZF ⇐ 1
else
    ZF ⇐ 0
endif
```

Formate

	select
VERW	reg
VERW	mem

Beschreibung

Mit diesem Befehl kann ein Programm prüfen, ob es Schreibzugriff auf ein bestimmtes Segment hat, ohne dabei gleich einen Interrupt auszulösen: VERW (»Verify Write«) interpretiert den als *select* adressierten Operanden als Selektor, liest den entsprechenden Deskriptor und führt einen Vergleich der Privilegstufen aus. Zusätzlich wird sichergestellt, daß es sich um einen gültigen (80386-)Deskriptor handelt, der seinerseits für ein über seinen Typ als beschreibbar gekennzeichnetes Segment steht.

Wenn diese Prüfungen positiv ausfallen (also das Programm diesen Selektor ohne Schutzverletzung in eines der Segmentregister DS, ES, FS oder GS laden und danach über dieses Register Schreiboperationen ausführen kann), dann setzt VERW das ZF-Bit im Register EFLAGS. Ein zurückgesetztes ZF-Bit steht dagegen für »Zugriff verboten« und kann entweder eine unpassende Privilegstufe, ein als »nur ausführbar« bzw. »nur lesbar« gekennzeichnetes Segment oder einen völlig ungültigen Selektor signalisieren. Interrupts werden auch in diesem Fall nicht ausgelöst.

Bitte beachten Sie, daß VERW sich rein auf die soeben beschriebene Funktion beschränkt: Ob sich ein Segment momentan im Hauptspeicher befindet (d.h. als »present«

gekennzeichnet ist), läßt sich mit diesem Befehl nicht ermitteln. Dasselbe gilt für Schutzmechanismen, die über Paging implementiert sind (also über die Bits U/W und R/W in Paging-Tabellen).

Flags

OF	DF	IF	TF	SF	ZF	AF	PF	CF
-	-	-	-	-	x	-	-	-

Fehler

	Protected	Real	V8086
6		INT 6	#UD()
12	#SS(0)		
13	#GP(0)		
14	#PF(ec)		
17	#AC(0)		#AC(0)

Die in dieser Tabelle zusammengefaßten Fehlermöglichkeiten stehen ausschließlich für unzulässige Speicherzugriffe im Rahmen der Adressierung des Operanden *select* - also nicht für die von VERR ausgeführte Prüfung selbst.

Beispiel

```
          VERW  WORD PTR [EBP+8]     ; Prüfung eines Selektors (auf dem Stack)
          JZ    CONTINUE             ; -> Zugriff erlaubt
          JMP   ErrExit              ; Ansonsten Fehler signalisieren & Abbruch
CONTINUE: MOV   ES,WORD PTR [EBP+8]  ; Selektor laden
          MOV   ES:[0], EAX
```

WAIT (-)
Wait Until Not Busy - Warten auf inaktives BUSY-Signal

Prozessoren
8086/80186/80286/80386/80486

Syntax
WAIT

Anwendung
WAIT

Beschreibung
Auf diesen Befehl reagiert der 80386 mit einer Prüfung der Signalleitung BUSY:

- Wenn BUSY inaktiv (im Zustand »1«) ist, wird die Programmausführung nach einer Prüfung der Signalleitung ERROR (siehe unten) ohne Verzögerung mit dem direkt auf WAIT folgenden Befehl fortgesetzt.

- Ist BUSY dagegen aktiv (im Zustand »0«), dann geht der Prozessor so lange in einen Wartezustand, bis diese Leitung wieder inaktiv wird. Solange das IF-Bit im EFLAGs-Register gesetzt ist, werden Hardware-Interrupts auch in diesem Wartezustand bearbeitet.

Die Leitung BUSY wird üblicherweise von einem numerischen Coprozessor gesteuert, der darüber seinen momentanen Beschäftigungszustand anzeigt. Konsequent sollte auf einem 80386er-System jeder Fließkomma-Befehl mit einem WAIT eingeleitet werden: Nur so läßt sich sicherstellen, daß der Prozessor einen momentan noch beschäftigten Coprozessor nicht mit neuen Befehlen bombardiert.

Neben BUSY prüft der Prozessor bei WAIT die Signalleitung ERROR, die der Coprozessor bei unmaskierten Ausnahmebedingungen setzt: Ist sie aktiv, wird ein Interrupt 16 ausgelöst.

Der 80486 kommt ohne BUSY-Leitung aus, der 80486SX überprüft sie bei der Zusammenarbeit mit einem 80487SX nicht: Diese beiden Prozessoren beschränken sich auf eine Abfrage von ERROR.

Wenn die Bits MP (»monitor coprocessor«) und TS (»task switched«) des Registers CR0 beide gesetzt sind, reagieren der 80386 und seine Nachfolger auf WAIT direkt mit einem Interrupt 7 und ermöglichen es Multitasking-Betriebssystemen so, den Status des Coprozessors zu sichern.

Flags

OF	DF	IF	TF	SF	ZF	AF	PF	CF
-	-	-	-	-	-	-	-	-

(12 Felder)

Fehler

	Protected	Real	V8086
7	#NM()	INT 7	#NM()
16	#MF()	INT 16	#MF()

Beispiel

```
FST     result      ; Speichern eines Fließkommawertes via NDP
WAIT                ; Warten auf das Ende der Aktion
PUSH    result      ; Wert auf den Stack legen
CALL    fp_print    ; ... und weiterverarbeiten
```

WBINVD (-)
Write-Back and Invalidate Cache - Cache schreiben und für ungültig erklären

Prozessoren
80486

Syntax
WBINVD

Ablauf
Invalidate cache

Anwendung
WBINVD

Beschreibung
Dieser Befehl unterscheidet sich von INVD lediglich in einem Punkt: Nachdem der 80486 den Inhalt seines internen Caches als ungültig gekennzeichnet hat, führt er anstelle von einem speziellen Buszyklus zwei verschiedene Zyklen aus. Der erste dieser beiden Zyklen kann von der Steuerelektronik eines externen Caches als Befehl zum Zurückschreiben eventuell noch nicht wieder im Hauptspeicher abgelegter Werte interpretiert werden; der zweite Zyklus entspricht dem Spezialzyklus von INVD: auf ihn sollte ein externer Cache mit dem Löschen seiner Daten reagieren.

Flags

OF	DF	IF	TF	SF	ZF	AF	PF	CF
-	-	-	-	-	-	-	-	-

Fehler
Keine

Beispiel
```
WBINVD    ; Cache zurücksetzen und externe Elektronik zum Zurückschreiben
          ; ihrer Daten auffordern
```

XADD (8/16p/32)

Exchange and Add - Austausch und Addition

Prozessoren
80486

Syntax
XADD dest, src

Ablauf
temp ⇐ dest
dest ⇐ temp + src
src ⇐ temp

Formate

	dest	src
XADD	reg,	reg
XADD	mem,	reg

Beschreibung

Dieser Befehl besteht aus zwei Schritten, von denen der erste funktional mit ADD identisch ist: Der Prozessor addiert die als *dest* und *src* adressierten Operanden und speichert das Ergebnis der Operation wieder in *dest*. Durch diese Addition werden auch die Flags gesetzt. Der zweite Schritt besteht aus dem Speichern des Originalwertes von *dest* in *src*:

```
MOV   AX,2233h
MOV   BX,4455h
XADD  AX,BX      ; AX ⇐ 6688h, BX ⇐ 2233h
```

XADD wird (mit einem vorangestellen LOCK) vor allem bei der Bearbeitung von Semaphoren in Multiprozessor-Systemen eingesetzt.

Flags

OF	DF	IF	TF	SF	ZF	AF	PF	CF
x	-	-	-	x	x	x	x	x

Fehler

	Protected	Real	V8086
12	#SS(0)		
13	#GP(0)	INT 13	#GP(0)
14	#PF(ec)		#PF(ec)
17	#AC(0)		#AC(0)

Beispiel

```
MOV    AL,1       ; Um diesen Wert soll die Semaphore erhöht werden
LOCK
XADD   sema,AL    ; Erhöhung
JC     failed     ; Überlauf! Fehlerbehandlung mit altem Wert in AL
```

XCHG (8/16p/32)
Exchange - Austausch

Prozessoren
8086/80186/80286/80386/80486

Syntax
XCHG op1, op2

Ablauf
temp ⇐ op1
op1 ⇐ op2
op2 ⇐ temp

Formate

	op1	op2
XCHG	reg,	reg
XCHG	reg,	mem
XCHG	mem,	reg

Beschreibung
XCHG tauscht die Inhalte der als *op1* und *op2* adressierten Operanden miteinander aus. Wenn auch nur einer dieser beiden Operanden ein Bereich des Hauptspeichers ist, aktiviert der Prozessor während der gesamten Ausführungszeit dieses Befehls die Signalleitung LOCK und sperrt den Hauptspeicher damit gegen Zugriffe anderer Geräte bzw. Prozessoren.

Flags

OF	DF	IF	TF	SF	ZF	AF	PF	CF
-	-	-	-	-	-	-	-	-

Fehler

	Protected	Real	V8086
12	#SS(0)		
13	#GP(0)	INT 13	#GP(0)
14	#PF(ec)		#PF(ec)
17	#AC(0)		#AC(0)

Beispiel

```
MOV     EAX, 22222222h
MOV     EBX, 33333333h
XCHG    EAX, ECX          ; EAX ⇐ 33333333h, EBX ⇐ 22222222h
XCHG    AL, [ESI+10]      ; Austausch Registerinhalt/Speicherinhalt
```

XLATB (-)
Translate Byte - Byte über Tabelle umsetzen

Prozessoren
8086/80186/80286/80386/80486

Syntax
XLATB

Ablauf
AL ⇐ DS:[EBX+AL]

Anwendung
XLATB

Beschreibung
XLATB interpretiert den Inhalt von AL als (vorzeichenlosen) Index in eine Tabelle mit 256 Byte-Elementen, deren Startadresse durch EBX festgelegt ist, liest den entsprechenden Tabelleneintrag und speichert ihn in AL - ersetzt mithin einen Wert durch einen anderen. Auf diese Weise lassen sich vor allem Umsetzungen zwischen verschiedenen Zeichensätzen recht einfach gestalten (siehe »Beispiel«).

Die implizite Verwendung des Registers DS für die Adressierung der Tabelle läßt sich durch ein vorangestelltes Segment-Präfix außer Kraft setzen.

Flags

OF	DF	IF	TF	SF	ZF	AF	PF	CF
-	-	-	-	-	-	-	-	-

Fehler

	Protected	Real	V8086
12	#SS(0)		
13	#GP(0)	INT 13	#GP(0)
14	#PF(ec)		#PF(ec)

Beispiel

```
ANSITbl:   db ....                  ; ANSI-Zeichencodes (256 Bytes)

; Umsetzung IBM-Zeichencodes in ANSI-Zeichencodes
; Aufruf mit Quell- und Zieladresse auf dem Stack
OEMToAnsi PROC FAR
          ENTER 0,0
          LFS  SI,[EBP+8]           ; Quelladresse
          LES  DI,[EPB+12]          ; Zieladresse
          LEA  EBX,ANSITbl          ; Tabellen-Adresse
Xlate:    LODSB FS:                 ; ein Byte laden
          OR   AL,AL                ; String-Ende?
          JZ   Done                 ; -> ja
          XLAT                      ; Umsetzung des Zeichencodes
          STOSB                     ; Speichern im Zielpuffer
          JMP  Xlate                ; nächstes Zeichen
Done:     LEAVE
          RET
```

XOR (8/16p/32)
Boolean Exclusive OR - bitweises exklusives ODER

Prozessoren
8086/80186/80286/80386/80486

Syntax
XOR dest, src

Ablauf
dest ⇐ dest ^ src

Formate

	dest	src
XOR	reg,	idata
XOR	mem,	idata
XOR	reg,	reg
XOR	reg,	mem
XOR	mem,	reg

Beschreibung

XOR führt mit den als *src* und *dest* adressierten Operanden eine bitweise exklusive ODER-Verknüpfung aus und speichert das Ergebnis dieser Operation wieder in *dest*. Beide Operanden werden ohne Rücksicht auf den Kontext als reine Bitmuster behandelt, die Verknüpfung selbst geschieht auf der Basis einzelner Bits und nach den Regeln einer booleschen Antivalenz:

0 ^ 0 = 0
0 ^ 1 = 1
1 ^ 0 = 1
1 ^ 1 = 0

In *dest* werden also nur die Bits gesetzt, in denen sich *dest* vor der Ausführung der Operation von *src* unterscheidet (vgl. »Beispiel«).

Flags

OF	DF	IF	TF	SF	ZF	AF	PF	CF
0	-	-	-	x	x	?	x	0

Fehler

	Protected	Real	V8086
12	#SS(0)		
13	#GP(0)	INT 13	#GP(0)
14	#PF(ec)		#PF(ec)
17	#AC(0)		#AC(0)

Beispiel

```
MOV     AL,11001010b
XOR     AL, 0FFH            ; AL ⇐ 00110101b
XOR     ECX, ECX            ; ECX ⇐ ECX ^ ECX, d.h. ECX ⇐ 0
```

Fließkomma-Befehle

9

Die folgenden knapp 100 Seiten beschreiben den Befehlssatz des 80387 in alphabetischer Reihenfolge der mnemonischen Namen. Sie sind wie die Beschreibung der Prozessorbefehle in Kapitel 8 in erster Linie zum Nachschlagen gedacht.

Auch hier sind die einzelnen Einträge stark formalisiert: Zusammen mit dem mnemonischen Namen, seiner ausgeschriebenen Form und seiner deutschen Übersetzung gibt der erste Teil jedes Abschnitts an, auf welchen Prozessor/Coprozessor-Gespannen der jeweilige Befehl verfügbar ist. Unterschiede zwischen den Varianten 80387DX, 80387SX, 80487SX und dem im 80486 eingebauten NDP gibt es nicht, weshalb die Bezeichnung 80387 als Sammelbegriff verwendet wird.

Da die Operandengrößen hier in allen Modi dieselben sind, wurde auf eine explizite Angabe verzichtet. Die folgende Tabelle gibt einen kurzen Überblick über den Zweck der restlichen Abschnitte:

Abschnitt	Zweck
Formate	die möglichen Formen des Befehls zusammen mit einer Beschreibung der jeweiligen Operation. Hier wird wie in Kapitel 8 eine Pseudo-Hochsprache verwendet, die sich an Pascal orientiert. Eine Wiederholung der Operatoren finden Sie auf der nächsten Seite.
Beschreibung	erläutert Zweck und Wirkungsweise des Befehls.
Ausnahmen	gibt an, welche Ausnahmebedingungen der Befehl erzeugen kann. Die dabei verwendeten Kürzel faßt die folgende Tabelle zusammen.
Beispiel	stellt den Registerstack des Coprozessors jeweils vor und nach der Ausführung eines Befehls dar.

Für Ausnahmebedingungen werden die folgenden Abkürzungen benutzt:

Kürzel	Bedeutung
SF	stack fault (Stackfehler) - für Über- und Unterläufe des Registerstacks
PE	precision exception (Genauigkeit) - für Rundungsfehler, die durch Konvertierung zwischen den Formaten erzeugt werden
UE	underflow exception (Unterlauf) - zwangsweise Rundung auf 0
OE	overflow exception (Überlauf)
DE	denormal exception (denormalisierter Wert) - für Werte, die sich nicht mehr im IEEE-Format darstellen lassen
IE	invalid operation exception (unzulässiger/undefinierter Befehl)

Die im Abschnitt »Formate« verwendeten Operator-Zeichen wurden bereits in Kapitel 4 vorgestellt und sind hier der Übersichtlichkeit halber noch einmal wiederholt:

Operator	Bedeutung	Operator	Bedeutung
+	Addition	&	Boolesches AND
-	Subtraktion	>	Größer als
*	Multiplikation	<	Kleiner als
/	Division	>>	Rechtsverschiebung
~	Nicht	<<	Linksverschiebung
=	Gleich	≤	Kleiner gleich
!=	Ungleich	≥	Größer gleich
|	Oder	⇐	Zuweisung
^	Exklusives Oder		

Fließkomma-Befehle

FABS
Absolute Value - absoluter Wert

Prozessoren
8087/80287/80387

Formate

Befehl	Ablauf
FABS	; If (ST < 0) then ST $\Leftarrow$ ST −1

Beschreibung
FABS berechnet den absoluten (positiven) Wert in ST(0) und speichert das Ergebnis der Berechnung wieder in diesem Register.

Ausnahmen

SF	PE	UE	OE	ZE	DE	IE
x	-	-	-	-	-	-

Beispiel

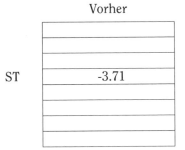

Vorher — ST: -3.71

Nachher — ST: 3.71

FABS

Kapitel 9 - Fließkomma-Befehle

FADD
Addition

Prozessoren
8087/80287/80387

Formate

Befehl		Ablauf
FADD		; ST(1) ⇐ ST + ST(1); pop();
FADD	mem32	; ST ⇐ ST + mem32
FADD	mem64	; ST ⇐ ST + mem64
FADD	ST(n)	; ST ⇐ ST + ST(n)
FADD	ST, ST(n)	; ST ⇐ ST + ST(n)
FADD	ST(n), ST	; ST(n) ⇐ ST(n) + ST
FADDP	ST, ST(n)	; ST ⇐ ST + ST(n); pop();
FADDP	ST(n), ST	; ST(n) ⇐ ST(n) + ST; pop();

Beschreibung

FADD addiert seine beiden Operanden und speichert das Ergebnis der Berechnung im zuerst angegebenen Operanden bzw. in ST(0). FADDP führt dieselbe Operation aus, entfernt danach aber zusätzlich ST(0) vom Stack. Beide Befehle konvertieren Speicheroperanden vor der Berechnung in das Format Temp Real.

Die Addition eines Wertes zu unendlich ergibt wiederum unendlich. Die Addition zweier Unendlichkeiten ist nur möglich, wenn beide dasselbe Vorzeichen haben. Das Ergebnis dieser Addition ist wiederum unendlich.

Ausnahmen

SF	PE	UE	OE	ZE	DE	IE
x	x	x	x	-	x	x

Beispiel

	Vorher
ST	4.66
ST(1)	0.21
ST(2)	13.00

	Nachher
ST	4.87
ST(1)	13.00

FADD

	Vorher
ST	4.66
ST(1)	0.21
ST(2)	13.00

	Nachher
ST	4.66
ST(1)	0.21
ST(2)	17.66

FADD ST(2), ST

FBLD
BCD Load - Laden einer BCD-Zahl

Prozessoren
8087/80287/80387

Formate

Befehl		Ablauf
FBLD	mem80	; push(float(mem80))

Beschreibung
FBLD liest 10 Bytes ab der durch *mem80* angegebenen Adresse und interpretiert die gelesenen Daten als BCD-Zahl mit 19 Dezimalstellen. Dieser Wert wird in das Format Temp Real umgewandelt und auf den Rechenstack gelegt, d.h. findet sich nach der Operation in ST(0). Fehlerprüfungen für diese Operation sind nicht definiert: Wenn *mem80* für einen undefinierten Speicherbereich steht, enthält ST(0) danach einen dementsprechend undefinierten Wert.

Ausnahmen

SF	PE	UE	OE	ZE	DE	IE
x	-	-	-	-	-	-

Beispiel

Vorher

| ST | 102.08 |

Nachher

| ST | 17.00 |
| ST(1) | 102.08 |

FBLD [ESI] ; ESI zeigt auf eine BCD-Zahl (17)

Fließkomma-Befehle

FBSTP
BCD Store and Pop - Speichern als BCD-Zahl und POP

Prozessoren
8087/80287/80387

Formate

Befehl		Ablauf
FBSTP	mem80	; mem80 ⇐ BCD(ST); pop();

Beschreibung
FBSTP rechnet den in ST(0) enthaltenen Wert in eine (ganzzahlige) BCD-Zahl um, schreibt ihn ab der durch *mem80* angegebenen Adresse in den Hauptspeicher und entfernt ST(0) danach vom Stack.

Im Gegensatz zu den meisten anderen arithmetischen Operationen betrachtet der Coprozessor ruhige NaNs hier als ungültigen Befehl, d.h. setzt das Flag IE.

Ausnahmen

SF	PE	UE	OE	ZE	DE	IE
x	-	-	-	-	-	-

Beispiel

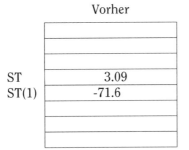

FBSTP [0A2H] ; BCD-Zahl (3) -> Hauptspeicher

FCHS
Change Sign - Vorzeichenwechsel

Prozessoren
8087/80287/80387

Formate

Befehl	Ablauf
FCHS	; ST $\Leftarrow$ ST * -1

Beschreibung
FCHS invertiert das Vorzeichen des in ST(0) gespeicherten Wertes.

Ausnahmen

SF	PE	UE	OE	ZE	DE	IE
	-	-	-	-	-	-

Beispiel

Vorher

ST	1023.99
ST(1)	6.2001

Nachher

ST	-1023.99
ST(1)	6.2001

FCHS

FCLEX
Clear Exceptions - Ausnahme-Flags zurücksetzen

Prozessoren
8087/80287/80387

Formate

Befehl	Ablauf
FCLEX	; SW ⇐ SW & 07F00H
FNCLEX	; SW ⇐ SW & 07F00H

Beschreibung
FNCLEX setzt sämtliche Ausnahme-Flags (im Statuswort-Register) sowie das »Busy«-Bit zurück. FCLEX führt dieselbe Operation aus, stellt ihr aber eine Prüfung auf unmaskierte Ausnahmezustände voran (die ihrerseits einen Interrupt auslösen kann).

Ausnahmen

SF	PE	UE	OE	ZE	DE	IE
-	-	-	-	-	-	-

FCOM
Compare - Vergleich

Prozessoren
8087/80287/80387

Formate

Befehl		Ablauf
FCOM		; compare ST, ST(1)
FCOM	mem32	; compare (ST, mem32)
FCOM	mem64	; compare (ST, mem64)
FCOM	ST(n)	; compare (ST, ST(n))
FCOMP	mem32	; compare (ST, mem32); pop();
FCOMP	mem64	; compare (ST, mem64); pop();
FCOMP	ST(n)	; compare (ST, ST(n)); pop();
FCOMPP		; compare (ST, ST(1)); pop(); pop();

Beschreibung

FCOM vergleicht die beiden Operanden miteinander und setzt die Bits C3..C0 des Statusregisters entsprechend. FCOMP verbindet dieselbe Operation mit dem Entfernen von ST(0); FCOMPP wirft nicht nur ST(0), sondern auch ST(1) vom Stack.

Die folgende Tabelle gibt die Zusammenhänge zwischen den Bits C3..C0 und den verglichenen Operanden wieder:

Verhältnis	C3	C2	C1	C0
op1 > op2	0	0	-	0
op1 < op2	0	0	-	1
op1 = op2	1	0	-	0
Vergleich mit NaN	1	1	-	1

Hier ist zu berücksichtigen, daß FCOM die Werte +0.0 und -0.0 als gleich betrachtet.

Fließkomma-Befehle

Die Bits C3..C0 sind im Statuswort des Coprozessors so angeordnet, daß die Befehlsfolge

```
FCOM    op              ; Vergleich
FSTSW   AX              ; Speichern des Statuswortes in AX
SAHF                    ; Kopie von AH in die Flags
```

die Bits ZF, PF und CF (in dieser Reihenfolge) mit den entsprechenden Werten setzt: Vergleiche zwischen Fließkommawerten lassen sich auf diese Weise genauso wie Vergleiche zwischen Integern behandeln, d.h. über Sprungbefehle wie JE, JNE, JA, JAE, JB und JBE auswerten. Ein gesetztes PF-Bit signalisiert, daß zumindest einer der beiden Operanden des Vergleichs eine NaN darstellt.

Im Gegensatz zu den meisten anderen arithmetischen Operationen betrachtet der Coprozessor ruhige NaNs bei Vergleichen als ungültigen Befehl, d.h. setzt das Flag IE.

Ausnahmen

SF	PE	UE	OE	ZE	DE	IE
x	-	-	-	-	x	x

Beispiel

	Vorher			Nachher
ST	21.0		ST	-21.0
ST(1)	6.0		ST(1)	6.0
ST(2)	0.1114		ST(2)	0.1114

FCOM ST(2)

	Vorher			Nachher
ST	-21.0			
ST(1)	6.0		ST	0.1114
ST(2)	0.1114			

FCOMPP

FCOS
Cosine - Cosinus

Prozessoren
80387

Formate

Befehl	Ablauf
FCOS	; ST $\Leftarrow$ cos(ST)

Beschreibung

FCOS interpretiert den Inhalt von ST(0) als Winkelangabe in der Einheit *rad*, berechnet den dazugehörigen Cosinus und speichert das Ergebnis dieser Berechnung wieder in ST(0).

Wenn der in ST(0) enthaltene Wert außerhalb des Bereichs $\pm 2^{63}$ liegt, bricht der Coprozessor die Ausführung von FCOS ab, läßt ST(0) unverändert und setzt das Flag C2. Im zurückgesetzten Zustand signalisiert dieses Flag eine fehlerfreie Ausführung.

Ausnahmen

SF	PE	UE	OE	ZE	DE	IE
x	x	x	-	-	x	x

Beispiel

Vorher

ST	0.785399
ST(1)	-6.1

Nachher

ST	0.7071...
ST(1)	-6.1

FCOS

FDECSTP
Decrement Stack Pointer - Stackzeiger erniedrigen

Prozessoren
8087/80287/80387

Formate

Befehl	Ablauf
FDECSTP	; TOP ⇐ (TOP - 1) & 07H

Beschreibung
Dieser Befehl erniedrigt den Stackzeiger des Coprozessors direkt um eins und stellt damit das logische Äquivalent zum Laden eines weiteren Wertes dar. Das nunmehr als ST(0) adressierte Register bleibt uninitialisiert, die Bits des Tag-Registers bleiben unverändert.

Ausnahmen

SF	PE	UE	OE	ZE	DE	IE
-	-	-	-	-	-	-

Beispiel

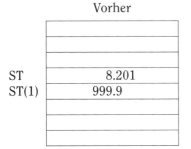

Vorher

ST	8.201
ST(1)	999.9

Nachher

ST	?
ST(1)	8.201
ST(2)	999.9

FDECSTP

FDIV
Division

Prozessoren
8087/80287/80387

Formate

Befehl		Ablauf
FDIV		ST(1) ⇐ ST(1) / ST; pop();
FDIV	mem32	ST ⇐ ST / mem32
FDIV	mem64	ST ⇐ ST / mem64
FDIV	ST(n)	ST ⇐ ST / ST(n)
FDIV	ST, ST(n)	ST ⇐ ST / ST(n)
FDIV	ST(n), ST	ST(n) ⇐ ST(n) / ST
FDIVP	ST, ST(n)	ST ⇐ ST / ST(n); pop();
FDIVP	ST(n), ST	ST(n) ⇐ ST(n) / ST; pop ();

Beschreibung

FDIV dividiert den als ersten angegebenen (bzw. impliziten) Operanden durch den zweiten und speichert das Ergebnis wieder im ersten Operanden. FDIVP führt dieselbe Operation aus, entfernt danach aber zusätzlich das Register ST(0) vom Stack. Speicheroperanden werden von FDIV in das Format Temp Real konvertiert.

Die Division einer reellen Zahl durch unendlich ergibt 0, die Division von unendlich durch eine reelle Zahl dagegen wieder unendlich. Die Division zweier Unendlichkeiten ist nicht definiert.

Ausnahmen

SF	PE	UE	OE	ZE	DE	IE
x	x	x	x	x	x	x

Fließkomma-Befehle

Beispiel

	Vorher
ST	4.0
ST(1)	0.4
ST(2)	5.0

	Nachher
ST	0.1
ST(1)	5.0

FDIV

	Vorher
ST	4.0
ST(1)	0.4
ST(2)	5.0

	Nachher
ST	4.0
ST(1)	0.4
ST(2)	1.25

FDIV ST(2), ST

FDIVR
Division Reversed - Division mit umgekehrten Operanden

Prozessoren
8087/80287/80387

Formate

Befehl		Ablauf
FDIVR		ST(1) ⇐ ST / ST(1); pop();
FDIVR	mem32	ST ⇐ mem32 / ST
FDIVR	mem64	ST ⇐ mem64 / ST
FDIVR	ST(n)	ST ⇐ ST(n) / ST
FDIVR	ST, ST(n)	ST ⇐ ST(n) / ST
FDIVR	ST(n), ST	ST(n) ⇐ ST / ST(n)
FDIVRP	ST, ST(n)	ST ⇐ ST(n) / ST; pop();
FDIVRP	ST(n), ST	ST(n) ⇐ ST / ST(n); pop ();

Beschreibung
FDIVR und FDIVRP führen dieselben Operationen wie FDIV und FDIVP aus, vertauschen aber die Reihenfolge der Operanden: der zweite Operand wird hier durch den ersten dividiert, das Ergebnis der Berechnung wieder im ersten Operanden gespeichert. Speicheroperanden werden von FDIVR und FDIVRP in das Format Temp Real konvertiert.

Die Division einer reellen Zahl durch unendlich ergibt 0, die Division von unendlich durch eine reelle Zahl dagegen wieder unendlich. Die Division zweier Unendlichkeiten ist nicht definiert.

Ausnahmen

SF	PE	UE	OE	ZE	DE	IE
x	x	x	x	x	x	x

Beispiel

	Vorher			Nachher
ST	4.0		ST	10.0
ST(1)	0.4		ST(1)	5.0
ST(2)	5.0			

FDIVR

	Vorher			Nachher
ST	4.0		ST	4.0
ST(1)	0.4		ST(1)	0.4
ST(2)	5.0		ST(2)	0.8

FDIVR ST(2), ST

FFREE
Free NDP Register

Prozessoren
8087/80287/80387

Formate

Befehl		Ablauf
FFREE	ST(n)	; TW(n) $\Leftarrow$ UNUSED

Beschreibung
FFREE kennzeichnet das angegebene Register als »frei«, was lediglich über ein Zurücksetzen der zu diesem Register gehörigen Tag-Bits geschieht. Der Inhalt des Registers und der Stackzeiger bleiben unverändert.

Ausnahmen

SF	PE	UE	OE	ZE	DE	IE
-	-	-	-	-	-	-

Beispiel

Vorher

ST	19000.3
ST(1)	-7.7
ST(2)	0.0001

Nachher

ST	19000.3
ST(1)	<leer>
ST(2)	0.001

FFREE ST(1)

FIADD
Integer Addition - Integer-Addition

Prozessoren
8087/80287/80387

Formate

Befehl		Ablauf
FIADD	mem16	; ST $\Leftarrow$ ST + float(mem16)
FIADD	mem32	; ST $\Leftarrow$ ST + float(mem32)

Beschreibung
FIADD interpretiert die Inhalte der Speicherzellen ab der durch *mem16* bzw. *mem32* angegebenen Adresse als vorzeichenbehaftetes Wort bzw. DWord, konvertiert diesen Wert in das Format Temp Real und addiert ihn zum Inhalt des Registers ST(0). (Abgesehen von der Tatsache, daß FIADD als zweiten Operanden einen Integer verwendet, entspricht diese Operation dem Befehl FADD.)

Ausnahmen

SF	PE	UE	OE	ZE	DE	IE
x	x	x	x	-	x	x

Beispiel

Vorher:
- ST: 17.6
- ST(1): 0.333

Nachher:
- ST: -35.2
- ST(1): 0.333

```
FIADD WORD PTR[EXC]  ; EXC zeigt auf Integer (-2)
```

FICOM
Integer Compare - Integervergleich

Prozessoren
8087/80287/80387

Formate

Befehl		Ablauf
FICOM	mem16	; compare (ST, mem16)
FICOM	mem32	; compare (ST, mem32)
FICOMP	mem16	; compare (ST, mem16); pop();
FICOMP	mem32	; compare (ST, mem32); pop();

Beschreibung

FICOM interpretiert die Inhalte der Speicherzellen ab der durch *mem16* bzw. *mem32* angegebenen Adresse als vorzeichenbehaftetes Wort bzw. DWord, konvertiert diesen Wert in das Format Temp Real und führt danach einen Vergleich mit ST(0) durch - also das Äquivalent von FCOM. Konsequent werden dabei auch dieselben Statusbits wie bei FCOM gesetzt:

Verhältnis	C3	C2	C1	C0
op1 > op2	0	0	-	0
op1 < op2	0	0	-	1
op1 = op2	1	0	-	0
Vergleich mit NaN	1	1	-	1

Die Bits C3..C0 sind im Statuswort des Coprozessors so angeordnet, daß die Befehlsfolge

```
FCOM    op          ; Vergleich
FSTSW   AX          ; Speichern des Statuswortes in AX
SAHF                ; Kopie von AH in die Flags
```

die Bits ZF, PF und CF (in dieser Reihenfolge) mit den entsprechenden Werten setzt: Vergleiche zwischen Fließkommawerten lassen sich auf diese Weise genauso wie Vergleiche zwischen Integern behandeln, d.h. über Sprungbefehle wie JE, JNE, JA, JAE, JB und JBE auswerten. Ein gesetztes PF-Bit signalisiert, daß einer der beiden Operanden - bei FICOM also zwangsläufig der im NDP gespeicherte - eine NaN darstellt.

Ausnahmen

SF	PE	UE	OE	ZE	DE	IE
x	-	-	-	-	x	x

Beispiel

Vorher

ST	6.0
ST(1)	13792.29731

Nachher

ST	13792.29731

FIMCOMP WORD PTR [0FC6H] ; = Integer (6)

C3	C2	C1	C0
1	0	-	0

Kapitel 9 - Fließkomma-Befehle

FIDIV
Integer Division - Division durch einen Integerwert

Prozessoren
8087/80287/80387

Formate

Befehl		Ablauf
FIDIV	mem16	; ST $\Leftarrow$ ST / real(mem16)
FIDIV	mem32	; ST $\Leftarrow$ ST / real(mem32)

Beschreibung
FIDIV dividiert den in ST(0) enthaltenen Wert durch eine Integerzahl: Die Inhalte der Speicherzellen ab der durch *mem16* bzw. *mem32* angegebenen Adresse werden als vorzeichenbehaftetes Wort bzw. DWord interpretiert, in das Format Temp Real konvertiert und als Divisor verwendet; das Ergebnis der Berechnung landet wieder in ST(0). (Bis auf die Tatsache, daß hier eine Integerzahl verwendet wird, ist FIDIV zu FDIV äquivalent.)

Ausnahmen

SF	PE	UE	OE	ZE	DE	IE
x	x	x	x	x	x	x

Beispiel

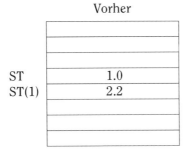

	Vorher			Nachher
ST	1.0		ST	-0.25
ST(1)	2.2		ST(1)	2.2

FIDIV DWORD PTR [EBP+16] ; = Integer (-4)

FIDIVR
Integer Division Reversed - Integerdivision mit vertauschten Operanden

Prozessoren
8087/80287/80387

Formate

Befehl		Ablauf
FIDIVR	mem16	; ST ⇐ real(mem16) / ST
FIDIVR	mem32	; ST ⇐ real(mem32) / ST

Beschreibung
FIDIVR stellt das Integer-Gegenstück zu FDIVR dar: Dieser Befehl dividiert einen Integerwert durch den Inhalt von ST(0), das Ergebnis wird wieder in ST(0) gespeichert.

Ausnahmen

SF	PE	UE	OE	ZE	DE	IE
x	x	x	x	x	x	x

Beispiel

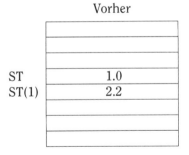

	Vorher
ST	1.0
ST(1)	2.2

	Nachher
ST	-4.0
ST(1)	2.2

FIDVR DWORD PTR [EBP+16] ; = Integer (−4)

Kapitel 9 - Fließkomma-Befehle

FILD
Integer Load - Laden eines Integerwertes

Prozessoren
8087/80287/80387

Formate

Befehl		Ablauf
FILD	mem16	; push (float (mem16))
FILD	mem32	; push (float (mem32))
FILD	mem64	; push (float (mem64))

Beschreibung
FILD liest ab der durch den Operanden angegebenen Startadresse 16, 32 oder 64 Bits und interpretiert die gelesenen Daten als vorzeichenbehaftete Integerzahl, die in das Format Temp Real umgewandelt und auf den Stack gelegt wird.

Ausnahmen

SF	PE	UE	OE	ZE	DE	IE
x	-	-	-	-	-	-

Beispiel

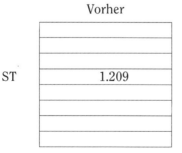

FILD QWORD PTR [EAX] ; = Integer (666)

FIMUL
Integer Multiplication - Multiplikation mit einem Integerwert

Prozessoren
8087/80287/80387

Formate

Befehl		Ablauf
FIMUL	mem16	; ST $\Leftarrow$ ST * real(mem16)
FIMUL	mem32	; ST $\Leftarrow$ ST * real(mem32)

Beschreibung
FIMUL stellt das Gegenstück zu FMUL dar: Dieser Befehl liest ab der durch den Operanden angegebenen Adresse 16 bzw. 32 Bit, interpretiert diese Daten als vorzeichenbehafteten Integer und wandelt sie in das Format Temp Real um. Die restliche Operation ist dieselbe wie bei FMUL, d.h. besteht aus einer Multiplikation mit dem Inhalt des Registers ST(0), in dem auch das dabei entstandene Produkt gespeichert wird.

Ausnahmen

SF	PE	UE	OE	ZE	DE	IE
x	x	x	x	-	x	x

Beispiel

Vorher

ST	-0.04
ST(1)	17.9

Nachher

ST	0.16
ST(1)	17.9

FIMUL WORD PTR [ESI+EAX] ; = Integer (–4)

FINCSTP
Increment Stack Pointer - Stackzeiger erhöhen

Prozessoren
8087/80287/80387

Formate

Befehl	Ablauf
FINCSTP	; TOP ⇐ (TOP + 1) & 07H

Beschreibung
FINCSTP ist das Gegenstück zu FDECSTP: Dieser Befehl erhöht den Stackzeiger um eins, ohne dabei Inhalte der Rechenregister oder des Tag-Registers zu verändern. Aus ST(0) wird durch diese Operation ST(7), aus ST(1) das Register ST(0) usw.

Ausnahmen

SF	PE	UE	OE	ZE	DE	IE
-	-	-	-	-	-	-

Beispiel

Vorher

ST	72.32
ST(1)	37.72

Nachher

ST(7)	72.32
ST	37.72

FINCSTP

FINIT
Initialize NDP - Initialisierung des Coprozessors

Prozessoren
8087/80287/80387

Formate

Befehl	Ablauf
FINIT	; CW ⇐ 037FH; SW ⇐ SW & 4700H; TW ⇐ 0FFFFH
FNINIT	; CW ⇐ 037FH; SW ⇐ SW & 4700H; TW ⇐ 0FFFFH

Beschreibung

FNINIT setzt den Coprozessor auf den Status zurück, den er nach einem RESET-Impuls bekommt: Sämtliche Register gelten als »leer«, sämtliche Ausnahmezustände sind maskiert, Rundungen geschehen in Richtung des jeweils nächstliegenden Wertes, und die Rechengenauigkeit wird äquivalent zum Format Long Real gesetzt.

Der Befehl FINIT hat dieselbe Wirkung, führt vor der Initialisierung aber eine Prüfung auf unmaskierte Ausnahmezustände aus (die ihrerseits einen Interrupt zur Folge haben kann).

Ausnahmen

SF	PE	UE	OE	ZE	DE	IE
-	-	-	-	-	-	-

FIST
Integer Store - Speichern eines Integerwertes

Prozessoren
8087/80287/80387

Formate

Befehl		Ablauf
FIST	mem16	; mem16 $\Leftarrow$ int(ST)
FIST	mem32	; mem32 $\Leftarrow$ int(ST)
FISTP	mem16	; mem16 $\Leftarrow$ int(ST); pop();
FISTP	mem32	; mem32 $\Leftarrow$ int(ST); pop();
FISTP	mem64	; mem64 $\Leftarrow$ int(ST); pop();

Beschreibung

FIST speichert den Inhalt des Registers ST(0) als vorzeichenbehafteten Integer mit 16 oder 32 Bit. Die Konvertierung in dieses Format ist mit einer Rundung verbunden, die nach dem über das Kontrollwort festgelegten Verfahren geschieht.

FISTP erweitert diese Operation nicht nur um ein nachfolgendes Entfernen von ST(0), sondern auch hinsichtlich der Formate: Über diesen Befehl lassen sich auch Integer mit 64 Bit speichern. Ein weiterer Unterschied: Während der Coprozessor die Speicherung ruhiger NaNs über FIST als ungültige Operation betrachtet (und das Flag IE setzt), lassen sich diese Werte mit FISTP ohne weiteres speichern. (Was dabei herauskommt, ist allerdings eine andere Frage.)

Wenn es sich bei dem zu speichernden Wert um 0.0 handelt, geht ein eventuelles negatives Vorzeichen verloren (lies: -0.0 wird bei Integern auf dieselbe Weise wie +0.0 dargestellt).

Ausnahmen

SF	PE	UE	OE	ZE	DE	IE
x	x	-	-	-	-	x

Beispiel

	Vorher		Nachher
ST	32.1		32.1
ST(1)	456.789		456.789

```
FIST DWORD PTR [EPB+42]  ; Integer (32) -> Hauptspeicher
```

FISUB
Integer Subtraction - Subtraktion eines Integerwertes

Prozessoren
8087/80287/80387

Formate

Befehl		Ablauf
FISUB	mem16	; ST ⇐ ST - real(mem16)
FISUB	mem32	; ST ⇐ ST - real(mem32)

Beschreibung
FISUB interpretiert den angegebenen Operanden als vorzeichenbehaftetes Wort bzw. DWord und wandelt diesen Wert in das Format Temp Real um. Die restlichen Operationen sind dieselben wie bei FSUB: Der Wert wird vom Inhalt von ST(0) subtrahiert, das Ergebnis wieder in ST(0) gespeichert.

Ausnahmen

SF	PE	UE	OE	ZE	DE	IE
x	x	x	x	-	x	x

Beispiel

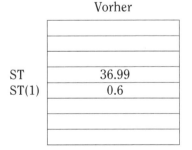

FISUB WORD PTR [0A72H] ; = Integer (3)

FISUBR
Integer Subtraction Reversed - Integer-Subtraktion mit vertauschten Operanden

Prozessoren
8087/80287/80387

Formate

Befehl		Ablauf
FISUBR	mem16	; ST $\Leftarrow$ real(mem16) − ST
FISUBR	mem32	; ST $\Leftarrow$ real(mem32) − ST

Beschreibung
FISUBR intepretiert den angegebenen Operanden als vorzeichenbehaftetes Wort bzw. DWord und wandelt diesen Wert in das Format Temp Real um. Die restlichen Operationen sind dieselben wie beim Befehl FSUBR: Von diesem Wert wird der Inhalt von ST(0) abgezogen, das Ergebnis dieser Operation landet wieder in ST(0).

Ausnahmen

SF	PE	UE	OE	ZE	DE	IE
x	x	x	x	-	x	x

Beispiel

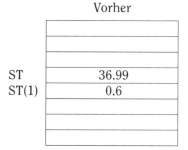

FISUBR WORD PTR [0A72H] ; = Integer (3)

Kapitel 9 - Fließkomma-Befehle

FLD
Load Real - Laden eines Fließkommawertes

Prozessoren
8087/80287/80387

Formate

Befehl		Ablauf
FLD	mem32	; push(mem32)
FLD	mem64	; push(mem64)
FLD	mem80	; push(mem80)
FLD	ST(n)	; push(ST(n))

Beschreibung

FLD erniedrigt den Stackzeiger um eins, adressiert darüber ein neues Rechenregister und füllt dieses Register - das neue ST(0) - mit einer Kopie des angegebenen Operanden.

Operanden mit 32 und 64 Bit werden im Zuge dieser Kopieraktion in das Format Temp Real konvertiert. Wenn Operanden dieser Art im denormalisierten Format vorliegen, setzt der Coprozessor das Bit DE. (Denormalisierte Temp Real-Werte lösen im Gegensatz zu Single und Double keine Ausnahmezustände aus.)

Ausnahmen

SF	PE	UE	OE	ZE	DE	IE
x	-	-	-	-	x	x

Beispiel

	Vorher			Nachher
			ST	6.1
ST	19362.0		ST(1)	19362.0
ST(1)	7.11		ST(2)	7.11

```
FLD DWORD PTR [EDX]  ; = Fließkommazahl (6.1)
```

FLDconst
Load Constant - Laden einer Konstanten

Prozessoren
8087/80287/80387

Formate

Befehl	Ablauf
FLD1	; push(1.0)
FLDL2E	; push(log2(e))
FLDL2T	; push(log2(10))
FLDLG2	; push(log10(2))
FLDLN2	; push(ln(2))
FLDPI	; push(PI)
FLDZ	; push(+0.0)

Beschreibung
Ein FLDconst-Befehl legt die jeweilige Konstante auf den Rechenstack, d.h. erniedrigt den Stackzeiger um eins und füllt das nunmehr als ST(0) erreichbare Register mit dem jeweiligen Wert. Das Kürzel LN steht dabei für den Logarithmus zur Basis *e*.

Ausnahmen

SF	PE	UE	OE	ZE	DE	IE
x	-	-	-	-	-	-

Fließkomma-Befehle

Beispiel

	Vorher		Nachher
ST	4.0	ST	3.141596...
		ST(1)	4.0

FLDPI

FLDCW
Load Control Word - Kontrollwort-Register laden

Prozessoren
8087/80287/80387

Formate

Befehl		Ablauf
FLDCW	mem16	; CW ⇐ mem16

Beschreibung
FLDCW liest ab der angegebenen Adresse 16 Bit aus dem Hauptspeicher und kopiert sie ohne Veränderung in das Kontrollwort-Register, d.h. setzt sämtliche Bits dieses Registers neu.

Wenn bei dieser Aktion zuvor gesetzte Maskenbits zurückgesetzt werden und der Coprozessor sich im entsprechenden Ausnahmezustand befindet, reagiert er auf den nächsten Fließkomma-Befehl mit einem Interrupt.

Ausnahmen

SF	PE	UE	OE	ZE	DE	IE
x	x	x	x	x	x	x

FLDENV
Load Environment - Fließkomma-Umgebung laden

Prozessoren
8087/80287/80387

Formate

Befehl		Ablauf
FLDENV	memp	; NDP $\Leftarrow$ memp

Beschreibung
FLDENV interpretiert den angegebenen Operanden als Startadresse eines Speicherbereichs mit der in Abbildung 9.1 (auf der nächsten Seite) wiedergegebenen Struktur, liest diesen Speicherbereich und setzt mit den gelesenen Werten die drei Steuerregister (Kontrollwort, Statuswort und Tag) sowie die Fehler-Register. Wenn durch diese Ladeoperation Ausnahme-Bits im Statuswort gesetzt werden, die nicht durch entsprechend gesetzte Bits im Kontrollwort maskiert sind, reagiert der Coprozessor beim nächsten Fließkomma-Befehl mit einem Interrupt.

Ausnahmen

SF	PE	UE	OE	ZE	DE	IE
x	x	x	x	x	x	x

Kapitel 9 - Fließkomma-Befehle

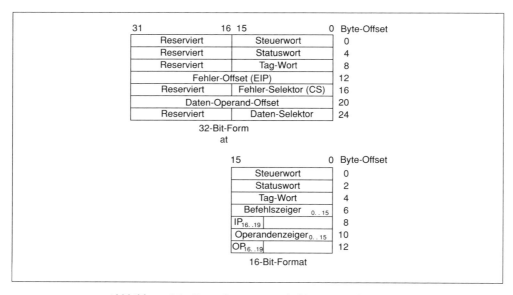

Abbbildung 9.1 - Datenformat von F[N]STENV und FLDENV

FMUL

Multiplication - Multiplikation

Prozessoren
8087/80287/80387

Formate

Befehl		Ablauf
FMUL		; ST(1) ⇐ ST(1) * ST; pop();
FMUL	mem32	; ST ⇐ ST * mem32
FMUL	mem64	; ST ⇐ ST * mem64
FMUL	ST(n)	; ST ⇐ ST * ST(n)
FMUL	ST, ST(n)	; ST ⇐ ST * ST(n)
FMUL	ST(n), ST	; ST(n) ⇐ ST(n) * ST
FMULP	ST, ST(n)	; ST ⇐ ST * ST(n) ; pop() ;
FMULP	ST(n), ST	; ST(n) ⇐ ST(n) * ST ; pop() ;

Beschreibung

FMUL multipliziert die angegebenen bzw. impliziten Operanden miteinander und speichert das Produkt in ST(0) bzw. ST(n). Hauptspeicher-Operanden werden vor der Ausführung der Berechnung in das Format Temp Real konvertiert.

FMULP führt dieselbe Operation aus, entfernt danach aber das Register ST(0) vom Rechenstack (weshalb dem Befehl FMULP ST, ST(n) eher akademische Bedeutung zukommt).

Multiplikationen von 0 mit unendlich gelten als undefinierte Operation, Multiplikationen anderer Werte mit unendlich ergeben wiederum unendlich.

Ausnahmen

SF	PE	UE	OE	ZE	DE	IE
x	x	x	x	-	x	x

Kapitel 9 - Fließkomma-Befehle

Beispiel

	Vorher
ST	2.0
ST(1)	0.01
ST(2)	7.6

	Nachher
ST	0.02
ST(1)	7.6

FMUL

	Vorher
ST	2.0
ST(1)	0.01
ST(2)	7.6

	Nachher
ST	0.02
ST(1)	0.01
ST(2)	7.6

FMUL ST(1)

FNOP
No Operation - Leerbefehl

Prozessoren
8087/80287/80387

Formate

Befehl	Ablauf
FNOP	

Beschreibung
Der Befehl FNOP ist ein Alias für FST ST, ST, hat keine sichtbare Wirkung und tut im Prinzip dasselbe wie der Prozessorbefehl NOP: Er belegt Platz im Codesegment. (Sollte vor der Ausführung von FNOP ein unmaskierter Ausnahmezustand vorliegen, reagiert der Coprozessor allerdings auch hier mit einem Interrupt.)

Ausnahmen

SF	PE	UE	OE	ZE	DE	IE
-	-	-	-	-	-	-

Beispiel

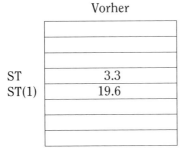

	Vorher		Nachher
ST	3.3	ST	3.3
ST(1)	19.6	ST(1)	19.6

FNOP

Kapitel 9 - Fließkomma-Befehle

FPATAN
Partial Arctangent - (partieller) Arcustangens

Prozessoren
8087/80287/80387

Formate

Befehl	Ablauf
FPATAN	; ST(1) ⇐ atan(ST(1) / ST); pop();

Beschreibung
FPATAN interpretiert die Inhalte der Register ST(1) und ST(0) als Verhältnis (führt also die Division ST(1) / ST(0) aus), berechnet den Arcustangens und speichert das Ergebnis in der Einheit *Rad* im Register ST(1).

Dieser Befehl wird aus »historischen« Gründen als »partiell« bezeichnet: Der 8087 und der 80287 hatten hier einige Grenzen bezüglich des erlaubten Wertebereichs, die aber für den 80387 und seine Nachfolger nicht mehr gelten.

Ausnahmen

SF	PE	UE	OE	ZE	DE	IE
x	x	x	-	-	x	x

Beispiel

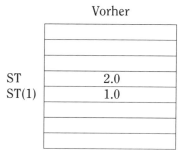

FPATAN

FPREM
Partial Remainder - partieller Rest

Prozessoren
8087/80287/80387

Formate

Befehl	Ablauf
FPREM	; ST $\Leftarrow$ remainder (ST / ST(1))

Beschreibung

FPREM berechnet den Restwert der Division von ST(0)/ST(1) und speichert das Ergebnis in ST(0). Da es hier um eine exakte Restwertbildung geht, geschieht die Berechnung über wiederholte Subtraktionen, die allerdings (bei großen Verhältniszahlen) ausgesprochen zeitaufwendig sein kann. Damit der Coprozessor nicht über mehrere hundert Millisekunden durchgehend blockiert wird, sind hier zwei unterschiedliche Abbruchkriterien definiert:

- Wenn sich der Restwert in einem Durchlauf komplett berechnen läßt, wird das Bit C2 des Statusworts zurückgesetzt.

- Wurde ST(0) dagegen über einen Faktor von mehr als 2^{64} reduziert und steht das Ergebnis immer noch nicht fest, setzt der Coprozessor das Bit C2 im Statuswort.

Ein Programm kann das Bit C2 über die Befehlsfolge FSTAW AX / LAHF auswerten und gegebenenfalls weitere FPREM-Befehle ausführen. (Da ST(0) in diesem Fall einen partiell reduzierten Restwert enthält und ST(1) unverändert ist, läßt sich FPREM bis zum Erreichen des endgültigen Ergebnisses beliebig oft wiederholen.)

Wenn die Operation abgeschlossen (d.h. ST(1) einen größeren Wert als ST(0) enthält und folglich das Bit C2 zurückgesetzt) ist, lassen sich die drei niederwertigsten Bits der Division ST / ST(1) über die Statusbits C0, C1 und C3 nach der folgenden Formel berechnen:

$Q = C0 \times 4 + C3 \times 2 + C1$

FPREM wird vor allem für die Reduktion der Operanden transzendenter Funktionen auf erlaubte Wertebereiche benutzt - wie beispielsweise für F2XM1, wo ST im Wertebereich von -1 bis 1 liegen muß. Da dieser Befehl ein absolut exaktes Ergebnis (im Rahmen der Möglichkeiten des Formats Temp Real) produziert, ignoriert der Coprozessor hier die Steuerbits für Genauigkeit (»Precision«) sowie Rundung.

Der Befehl FPREM1 führt im Prinzip dieselbe Funktion aus, hält sich bei der Berechnung aber an den IEEE-Standard 754 und produziert deshalb unter Umständen leicht abweichende Ergebnisse, wenn der Restwert nahe dem Divisionsfaktor liegt. FPREM führt die in diesen Fällen unvermeidliche Rundung gegen 0 aus, FPREM1 rundet dagegen in Richtung des nächstliegenden geradzahligen Wertes.

Ausnahmen

SF	PE	UE	OE	ZE	DE	IE
-	-	-	-	-	-	-

Beispiel

Vorher

ST	6
ST(1)	4

Nachher

ST	2
ST(1)	4

FPREM

FPREM1
IEEE Partial Remainder - partieller Rest nach IEEE-Norm

Prozessoren
80387

Formate

Befehl	Ablauf
FPREM1	; ST $\Leftarrow$ remainder (ST + ST(1))

Beschreibung

FPREM1 führt im Prinzip dieselbe Operation wie FPREM aus, d.h. berechnet den Restwert der Division von ST(0)/ST(1) und speichert das Ergebnis in ST(0). Da es hier um eine exakte Restwertbildung geht, geschieht die Berechnung über wiederholte Subtraktionen, die allerdings (bei großen Verhältniszahlen) ausgesprochen zeitaufwendig sein kann. Damit der Coprozessor nicht über mehrere hundert Millisekunden durchgehend blockiert wird, sind hier zwei unterschiedliche Abbruchkriterien definiert:

■ Wenn sich der Restwert in einem Durchlauf komplett berechnen läßt, wird das Bit C2 des Statuswortes zurückgesetzt.

■ Wurde ST(0) dagegen über einen Faktor von mehr als 2^{64} reduziert und steht das Ergebnis immer noch nicht fest, setzt der Coprozessor das Bit C2 im Statuswort.

Ein Programm kann das Bit C2 über die Befehlsfolge FSTAW AX / LAHF auswerten und gegebenenfalls weitere FPREM-Befehle ausführen. (Da ST(0) in diesem Fall einen partiell reduzierten Restwert enthält und ST(1) unverändert ist, läßt sich FPREM bis zum Erreichen des endgültigen Ergebnisses beliebig oft wiederholen.)

Wenn die Operation abgeschlossen (d.h. ST(1) einen größeren Wert als ST(0) enthält und folglich das Bit C2 zurückgesetzt) ist, lassen sich die drei niederwertigsten Bits der Division ST / ST(1) über die Statusbits C0, C1 und C3 nach der folgenden Formel berechnen:

$Q = C0 \times 4 + C3 \times 2 + C1$

FPREM wird vor allem für die Reduktion der Operanden transzendenter Funktionen auf erlaubte Wertebereiche benutzt - wie beispielsweise für F2XM1, wo ST im Wertebereich von -1 bis 1 liegen muß. Da dieser Befehl ein absolut exaktes Ergebnis (im Rahmen der Möglichkeiten des Formats Temp Real) produziert, ignoriert der Coprozessor hier die Steuerbits für Genauigkeit (»Precision«) sowie Rundung.

Der Befehl FPREM arbeitet wie gesagt im Prinzip genauso wie FPREM1, hält sich bei der Berechnung aber nicht an den IEEE-Standard 754 und produziert deshalb unter Umständen leicht abweichende Ergebnisse, wenn der Restwert nahe dem Divisionsfaktor liegt. FPREM1 führt die in diesem Fällen unvermeidliche Rundung in Richtung des nächstliegenden geradzahligen Wertes aus, FPREM rundet dagegen in Richtung 0.

Ausnahmen

SF	PE	UE	OE	ZE	DE	IE
x	-	x	-	-	x	x

Beispiel

Vorher

| ST | 6.0 |
| ST(1) | 4.0 |

Nachher

| ST | 2.0 |
| ST(1) | 4.0 |

FPREM1 ; C2=0

FPTAN
Partial Tangent - partieller Tangens

Prozessoren
8087/80287/80387

Formate

Befehl	Ablauf
FPTAN	; ST $\Leftarrow$ tan(ST); push(1.0);

Beschreibung

FPTAN interpretiert den Inhalt von ST(0) als Winkelangabe in der Einheit *Rad*, berechnet den dazugehörigen Tangens und stellt ihn als normierte Verhältniszahl dar. Da für diese Darstellung zwei Register gebraucht werden, ist hier eine feste Anordnung vorgegeben: Das Ergebnis der Berechnung wird in ST(0) gespeichert, danach der Nenner des Bruchs in Form der Konstanten 1.0 auf den Stack gelegt. Konsequent findet sich das eigentliche Rechenergebnis also in ST(1), ST(0) enthält die Konstante 1.0.

FPTAN wird als »partieller Tangens« bezeichnet, weil das Argument dieser Funktion eine positive Zahl im Wertebereich von 0 bis $\pi * 2^{63}$ sein muß. Bei Werten außerhalb dieses Bereichs läßt der NDP die Register unverändert und setzt das Flag C2 im Statusregister. Ein zurückgesetztes C2-Bit in diesem Register zeigt eine fehlerfreie Ausführung an.

Ausnahmen

SF	PE	UE	OE	ZE	DE	IE
x	x	x	-	-	x	x

Kapitel 9 - Fließkomma-Befehle

Beispiel

	Vorher			Nachher
		ST	1.0	
ST	0.78539...	ST(1)	1.0	
ST(1)	6.2	ST(2)	6.2	

FPTAN

Fließkomma-Befehle

FRNDINT
Round to Integer - Rundung auf ganze Zahlen

Prozessoren
8087/80287/80387

Formate

Befehl	Ablauf
FRNDINT	; ST ⇐ int(ST)

Beschreibung
FRNDINT rundet den in ST(0) enthaltenen Wert auf eine ganze Zahl und speichert das Ergebnis der Berechnung wieder in diesem Register. In welche Richtung diese Rundung stattfindet, wird durch das Feld RC im Kontrollwort-Register festgelegt (siehe Kapitel 2).

Ausnahmen

SF	PE	UE	OE	ZE	DE	IE
x	x	-	-	-	x	x

Beispiel

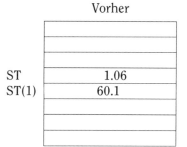

Vorher

| ST | 1.06 |
| ST(1) | 60.1 |

Nachher

| ST | 1.0 |
| ST(1) | 60.1 |

FRNDINT

FRSTOR
Restore NDP State - Coprozessor-Status wiederherstellen

Prozessoren
8087/80287/80387

Formate

Befehl	Ablauf
FRSTOR memp	; NDP $\Leftarrow$ memp

Beschreibung
FRSTOR stellt das Gegenstück zum Befehl FSTOR dar, d.h. lädt sämtliche Register des Coprozessors mit (üblicherweise zuvor gespeicherten) Werten. Der angegebene Operand wird als Startadresse eines Hauptspeicherbereichs betrachtet, dessen Struktur sich je nach Betriebsart leicht unterscheidet (vgl. Abbildungen 9.2 und 9.3).

Für diesen Ladebefehl gilt dasselbe wie für FLDENV: Da er sowohl das Kontrollwort- als auch das Statuswort-Register neu setzt, legt er damit auch eventuelle Ausnahmezustände und ihre Maskierung fest, d.h. kann einen Interrupt auslösen.

Ausnahmen

SF	PE	UE	OE	ZE	DE	IE
x	x	x	x	x	x	x

Fließkomma-Befehle

```
                                    15                       0   Byte-Offset
                                    |    Steuerwort     |        0
         Umgebungs-                 |    Statuswort     |        2
              Teil                  |    Tag-Wort       |        4
                                    |  Befehlszeiger 0..15|      6
                                    |IP 16..19|                  8
                                    |Operandenzeiger 0..15|     10
                             31     |OP 16..19|                 12
                                    |    ST(0) 0..31     |      14
         Register-                  |    ST(0) 32..63    |      18
              Teil      |ST(1) 0..15 |    ST(0) 64..79    |     22
                                    |    ST(1) 16..47    |      26
                                    |    ST(1) 48..79    |      30
                                    |    ST(2) 0..31     |      34
                                    |    ST(2) 32..63    |      38
                        |ST(3) 0..15 |    ST(2) 64..79    |     42
                                    |    ST(3) 16..47    |      46
                                    |    ST(3) 48..79    |      50
                                    |    ST(4) 0..31     |      54
                                    |    ST(4) 32..63    |      58
                        |ST(5) 0..15 |    ST(4) 64..79    |     62
                                    |    ST(5) 16..47    |      66
                                    |    ST(5) 48..79    |      70
                                    |    ST(6) 0..31     |      74
                                    |    ST(6) 32..63    |      78
                        |ST(7) 0..15 |    ST(6) 64..79    |     82
                                    |    ST(7) 16..47    |      86
                                    |    ST(7) 48..79    |      90
                          16-Bit-Format (Real-& V86-Mode)
```

Abbildung 9.2 - Datenstruktur von F[N]SAVE und FRSTOR (Real Mode, virtueller 8086er-Modus)

Kapitel 9 - Fließkomma-Befehle

		31 ... 16	15 ... 0	Byte-Offset
Umgebungs-Teil		Reserviert	Steuerwort	0
		Reserviert	Statuswort	4
		Reserviert	Tag-Wort	8
		Fehler-Offset (EIP)		12
		Reserviert	Fehler-Selektor (CS)	16
		Daten-Operand-Offset		20
		Reserviert	Daten-Selektor	24
Register-Teil		$ST(0)_{0..31}$		28
		$ST(0)_{32..63}$		32
		$ST(1)_{0..15}$	$ST(0)_{64..79}$	36
		$ST(1)_{16..47}$		40
		$ST(1)_{48..79}$		44
		$ST(2)_{0..31}$		48
		$ST(2)_{32..63}$		52
		$ST(3)_{0..15}$	$ST(2)_{64..79}$	56
		$ST(3)_{16..47}$		60
		$ST(3)_{48..79}$		64
		$ST(4)_{0..31}$		68
		$ST(4)_{32..63}$		72
		$ST(5)_{0..15}$	$ST(4)_{64..79}$	76
		$ST(5)_{16..47}$		80
		$ST(5)_{48..79}$		84
		$ST(6)_{0..31}$		88
		$ST(6)_{32..63}$		92
		$ST(7)_{0..15}$	$ST(6)_{64..79}$	96
		$ST(7)_{16..47}$		100
		$ST(7)_{48..79}$		104

32-Bit-Format

Abbildung 9.3 - Datenstruktur von F[N]SAVE und FRSTOR (Protected Mode)

FSAVE
Save NDP State - Coprozessor-Status speichern

Prozessoren
8087/80287/80387

Formate

Befehl		Ablauf
FSAVE	memp	; memp ⇐ NDP
FNSAVE	memp	; memp ⇐ NDP

Beschreibung
FSAVE stellt das Gegenstück zu FRSTOR dar: Dieser Befehl interpretiert den angegebenen Operanden als Startadresse eines Hauptspeicherbereichs, in den sämtliche Register des Coprozessors geschrieben werden. Die Struktur dieser Speicherbereiche unterscheidet sich je nach Betriebsart leicht (siehe Abbildungen 9.2 und 9.3 auf den vorangehenden Seiten).

Nach der Speicherung führt der Coprozessor ein Äquivalent zum Befehl FINIT durch, d.h. kennzeichnet sämtliche Register als »leer« und setzt das Status- sowie das Kontrollwort mit definierten Werten.

FSAVE prüft vor der Speicherung eine Prüfung auf unmaskierte Ausnahmebedingungen, löst gegebenenfalls einen Interrupt aus und speichert gesetzte Ausnahme-Bits zusammen mit dem restlichen Status. Bei FNSAVE unterbleibt diese Prüfung, die Ausnahme-Bits werden grundsätzlich zurückgesetzt.

Beide Befehle kommen ohne ein vorangestelltes WAIT bzw. FWAIT aus, weil der Coprozessor hier einen eventuell noch in Bearbeitung befindlichen Befehl vor der Ausführung der Speicherung beendet. (Wer auf die gespeicherten Werte über den Prozessor zugreifen will, sollte F[N]SAVE allerdings in jedem Fall ein WAIT folgen lassen - ansonsten ist nicht sichergestellt, daß der Coprozessor den angegebenen Speicherbereich auch bereits beschrieben hat.)

Ausnahmen

SF	PE	UE	OE	ZE	DE	IE
-	-	-	-	-	-	-

FSCALE

Scale by 2^n - Skalierung mit 2^n

Prozessoren
8087/80287/80387

Formate

Befehl	Ablauf
FSCALE	; ST $\Leftarrow$ ST * $2^{int(ST(1))}$

Beschreibung

FSCALE skaliert den in ST(0) enthaltenen Wert mit $2^{ST(1)}$ und speichert das Ergebnis wieder in ST(0). Um eine echte Multiplikation handelt es sich dabei aus zwei Gründen nicht:

- Bei der Potenzierung von 2 wird lediglich der ganzzahlige Anteil des in ST(1) enthaltenen Wertes verwendet (für 1.77 also der Wert 1, für -2.33 der Wert -3).

- Der Coprozessor macht sich die Tatsache zunutze, daß sich $(x * 2^n) * (1.0 * 2^m)$ auch als $x * 2^{(n+m)}$ darstellen läßt. Was dabei herauskommt, ist tatsächlich eine schlichte Addition des ganzzahligen Anteils von ST(1) zum Exponenten des Wertes in ST(0).

Ausnahmen

SF	PE	UE	OE	ZE	DE	IE
x	x	x	x	-	x	x

Beispiel

Vorher

ST	1.0
ST(1)	3.01
ST(2)	92.6

Nachher

ST	8.0
ST(1)	3.01
ST(2)	92.6

FSCALE

FSETPM
Set Protected Mode - Umschaltung in den Protected Mode

Prozessoren
80287/80387

Formate

Befehl	Ablauf
FSETPM	; (Leerbefehl)

Beschreibung
Dieser Befehl stammt aus den Zeiten des 80286 bzw. des 80287: Dort wird er benötigt, um dem NDP eine Umschaltung des Prozessors vom Real in den Protected Mode zu signalisieren. Für den 80387 und seine Nachfolger spielt die Betriebsart des Prozessors keine Rolle, weshalb sie FSETPM schlicht ignorieren. Anders gesagt: dieser Befehl ist dort rein aus Gründen der Kompatibilität definiert.

Ausnahmen

SF	PE	UE	OE	ZE	DE	IE
-	-	-	-	-	-	-

FSIN
Sine - Sinus

Prozessoren
80387

Formate

Befehl	Ablauf
FSIN	; ST $\Leftarrow$ sin(ST);

Beschreibung
FSIN interpretiert den in ST(0) gespeicherten Wert als Winkelangabe in der Einheit *Rad*, berechnet den dazugehörigen Sinus und speichert das Ergebnis wieder in ST(0).

Wenn der in ST(0) enthaltene Operand außerhalb des Bereichs von -2^{63} bis $+2^{63}$ liegt, bricht der Coprozessor die Operation ab, läßt ST(0) unverändert und setzt das Flag C2 im Statusregister. Ein zurückgesetztes C2-Flag signalisiert eine fehlerfrei ausgeführte Berechnung.

Ausnahmen

SF	PE	UE	OE	ZE	DE	IE
x	x	x	-	-	x	x

Beispiel

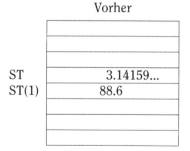

FSIN

FSINCOS
Sine and Cosine - Sinus und Cosinus

Prozessoren
80387

Formate

Befehl	Ablauf
FSINCOS	; temp $\Leftarrow$ ST; ST $\Leftarrow$ sin(temp); ; push(cos(temp))

Beschreibung
FSINCOS interpretiert den in ST(0) enthaltenen Wert als Winkelangabe in der Einheit *Rad*, berechnet in einem ersten Schritt den dazugehörigen Sinus und speichert das Ergebnis in ST(0). In einem zweiten Schritt wird zusätzlich der Cosinus berechnet und auf den Stack gelegt, weshalb sich nach Abschluß der gesamten Operation der Sinus in ST(1), der Cosinus in ST(0) befindet.

Für beide Berechnungen gelten dieselben Grenzen wie für FSIN und FCOS: Wenn der in ST(0) enthaltene Operand außerhalb des Bereichs von -2^{63} .. $+2^{63}$ liegt, bricht der Coprozessor die Operation ab, läßt ST(0) sowie den Stack unverändert und setzt das Flag C2 im Statuswort-Register. Ein zurückgesetztes C2-Flag signalisiert eine fehlerfreie Ausführung des Befehls.

Ausnahmen

SF	PE	UE	OE	ZE	DE	IE
x	x	x	-	-	x	x

Beispiel

	Vorher		Nachher
		ST	-1.0
ST	3.14159...	ST(1)	0.0
ST(1)	88.6	ST(2)	88.6

FSINCOS

FSQRT
Square Root - Quadratwurzel

Prozessoren
8087/80287/80387

Formate

Befehl	Ablauf
FSQRT	; ST $\Leftarrow$ sqrt(ST)

Beschreibung
FSQRT berechnet die Quadratwurzel des in ST(0) enthaltenen Wertes und speichert das Ergebnis wieder in ST(0). Die Anwendung von FSQRT auf negative Operanden wird als ungültiger Befehl betrachtet (d.h. setzt das Bit IE). Die Ausnahme von dieser Regel stellt der Wert -0.0 dar, dessen Quadratwurzel wieder der Wert -0.0 ist.

Die Quadratwurzel einer positiven Unendlichkeit ist als positive Unendlichkeit definiert.

Ausnahmen

SF	PE	UE	OE	ZE	DE	IE
x	x	x	-	-	x	x

Beispiel

Vorher:
- ST: 2.0
- ST(1): 21.3

Nachher:
- ST: 1.4142...
- ST(1): 21.3

FSQRT

FST

Store Floating Point - Fließkommazahl speichern

Prozessoren
8087/80287/80387

Formate

Befehl		Ablauf
FST	mem32	; mem32 $\Leftarrow$ ST
FST	mem64	; mem64 $\Leftarrow$ ST
FST	ST(n)	; ST(n) $\Leftarrow$ ST
FSTP	mem32	; mem32 $\Leftarrow$ ST; pop();
FSTP	mem64	; mem64 $\Leftarrow$ ST; pop();
FSTP	mem80	; mem80 $\Leftarrow$ ST; pop();
FSTP	ST(n)	; ST(n) $\Leftarrow$ ST; pop();

Beschreibung

FST kopiert den in ST(0) enthaltenen Wert in den angegebenen Operanden. Wenn das Ziel der Operation ein Bereich des Hauptspeichers ist, findet eine Konvertierung in das Format *Single* bzw. *Double* statt; Rundungen in diesem Zusammenhang werden über das Feld RC des Kontrollwort-Registers gesteuert (vgl. Kapitel 2).

Der Befehl FSTP stellt in zweifacher Hinsicht eine Erweiterung von FST dar: Zum einen enfernt er nach Abschluß der Operation das Register ST(0) vom Stack, zum anderen lassen sich damit auch Werte im Format Temp Real im Hauptspeicher ablegen.

Ausnahmen

SF	PE	UE	OE	ZE	DE	IE
x	x	x	x	-	x	x

Beispiel

	Vorher		Nachher
ST	69.0	ST	69.0
ST(1)	98.6	ST(1)	98.6

```
FST QWORD PTR [ESI]  ; Fließkommazahl (69.0) -> Hauptspeicher
```

FSTCW

Store Control Word - Kontrollwort-Register speichern

Prozessoren
8087/80287/80387

Formate

Befehl		Ablauf
FSTCW	mem16	; mem16 $\Leftarrow$ CW
FNSTCW	mem16	; mem16 $\Leftarrow$ CW

Beschreibung

FNSTCW kopiert den Inhalt des Kontrollwort-Registers in den als Operanden angegebenen Bereich des Hauptspeichers. Das Register selbst wird durch diesen Befehl nicht verändert, die Speicherung geschieht vollständig (d.h. ohne Maskierung bestimmter Bits).

FSTCW führt dieselbe Operation aus, prüft aber zuvor auf unmaskierte Ausnahmezustände.

Ausnahmen

SF	PE	UE	OE	ZE	DE	IE
-	-	-	-	-	-	-

FSTENV
Store Environment - Fließkomma-Umgebung speichern

Prozessoren
8087/80287/80387

Formate

Befehl		Ablauf
FSTENV	memp	memp ⇐ env(NDP)
FNSTENV	memp	memp ⇐ env(NDP)

Beschreibung
FNSTENV legt sämtliche Steuerregister (Kontrollwort, Statuswort, Tag) sowie die Fehlerzeiger-Register des Coprozessors im Hauptspeicher ab und ermöglicht so zu einem die Abfrage »von außen« (etwa für ein Programm, das den tatsächlichen Stand des Stackzeigers bestimmen will), zum anderen ein erneutes Laden dieser Werte über den Befehl FLDENV.

Der angegebene Operand wird dabei als Startadresse eines Speicherbereichs mit 28 Bytes Umfang und der in Abbildung 9.4 (auf der nächsten Seite) wiedergegebenen Struktur interpretiert.

FSTENV führt dieselbe Operation aus, prüft aber zuvor auf unmaskierte Ausnahmebedingungen.

Ausnahmen

SF	PE	UE	OE	ZE	DE	IE
-	-	-	-	-	-	-

Kapitel 9 - Fließkomma-Befehle

31	16	15	0	Byte-Offset
Reserviert		Steuerwort		0
Reserviert		Statuswort		4
Reserviert		Tag-Wort		8
Fehler-Offset (EIP)				12
Reserviert		Fehler-Selektor (CS)		16
Daten-Operand-Offset				20
Reserviert		Daten-Selektor		24

32-Bit-Format

15	0	Byte-Offset
Steuerwort		0
Statuswort		2
Tag-Wort		4
Befehlszeiger $_{0..15}$		6
$IP_{16..19}$		8
Operandenzeiger $_{0..15}$		10
$OP_{16..19}$		12

16-Bit-Format

Abbildung 9.4 - Datenformat von F[N]STENV und FLDENV

FSTSW
Store Status Word - Statuswort-Register speichern

Prozessoren
8087/80287/80387

Formate

Befehl		Ablauf
FSTSW	AX	AX ⇐ SW
FSTSW	mem16	mem16 ⇐ SW
FNSTSW	AX	AX ⇐ SW
FNSTSW	mem16	mem16 ⇐ SW

Beschreibung

FNSTSW kopiert das Statuswort-Register des Coprozessors in den angegebenen Operanden, bei dem es sich entweder um eine Speicheradresse oder um das Register AX handeln kann. Der Inhalt dieses Registers bleibt unverändert, eine Maskierung bestimmter Bits findet nicht statt.

FSTSW führt dieselbe Operation aus, prüft aber zuvor auf unmaskierte Ausnahmezustände.

Ausnahmen

SF	PE	UE	OE	ZE	DE	IE
-	-	-	-	-	-	-

FSUB

Subtraction - Subtraktion

Prozessoren
8087/80287/80387

Formate

Befehl		Ablauf
FSUB		; ST(1) ⇐ ST - ST(1); pop();
FSUB	mem32	; ST ⇐ ST - mem32
FSUB	mem64	; ST ⇐ ST - mem64
FSUB	ST(n)	; ST ⇐ ST - ST(n)
FSUB	ST, ST(n)	; ST ⇐ ST - ST(n)
FSUB	ST(n), ST	; ST(n) ⇐ ST(n) - ST
FSUBP	ST, ST(n)	; ST ⇐ ST - ST(n); pop();
FSUBP	ST(n), ST	; ST(n) ⇐ ST(n) - ST; pop();

Beschreibung

FSUB subtrahiert den zweiten vom ersten Operanden und speichert das Ergebnis der Berechnung im zuerst angegebenen Operanden bzw. in ST(0). FSUBP führt dieselbe Operation aus, entfernt danach aber zusätzlich ST(0) vom Stack. Beide Befehle konvertieren Speicheroperanden vor der Berechnung in das Format Temp Real.

Die Subtraktion eines Wertes von unendlich ergibt wiederum unendlich, dasselbe gilt für die Subtraktion einer Unendlichkeit von einer reellen Zahl. Die Subtraktion einer Unendlichkeit von einer anderen wird unabhängig vom Vorzeichen als ungültiger Befehl betrachtet.

Ausnahmen

SF	PE	UE	OE	ZE	DE	IE
x	x	x	x	-	x	x

Beispiel

	Vorher		Nachher
ST	9.81	ST	3.51
ST(1)	6.3	ST(1)	72.0
ST(2)	72.0		

FSUB

Beispiel

	Vorher		Nachher
ST	9.81	ST	7.61
ST(1)	6.3	ST(1)	6.3
ST(2)	72.0	ST(2)	72.0

FSUB DWORD PTR [ESI+4] ; = Fließkommazahl (2.2)

FSUBR
Subtraction Reversed - Subtraktion mit umgekehrten Operanden

Prozessoren
8087/80287/80387

Formate

Befehl		Ablauf
FSUBR		; ST(1) $\Leftarrow$ ST(1) - ST; pop();
FSUBR	mem32	; ST $\Leftarrow$ mem32 - ST
FSUBR	mem64	; ST $\Leftarrow$ mem64 - ST
FSUBR	ST(n)	; ST $\Leftarrow$ ST(n) - ST
FSUBR	ST, ST(n)	; ST $\Leftarrow$ ST(n) - ST
FSUBR	ST(n), ST	; ST(n) $\Leftarrow$ ST - ST(n)
FSUBRP	ST, ST(n)	; ST $\Leftarrow$ ST(n) - ST; pop();
FSUBRP	ST(n), ST	; ST(n) $\Leftarrow$ ST - ST(n); pop();

Beschreibung
FSUBR verhält sich wie FSUB, subtrahiert aber den ersten vom zweiten Operanden. Das Ergebnis der Berechnung wird im zuerst angegebenen Operanden bzw. in ST(0) gespeichert. FSUBRP führt dieselbe Operation aus, entfernt danach aber zusätzlich ST(0) vom Stack. Beide Befehle konvertieren Speicheroperanden vor der Berechnung in das Format Temp Real.

Die Subtraktion eines Wertes von unendlich ergibt wiederum unendlich, dasselbe gilt für die Subtraktion einer Unendlichkeit von einer reellen. Die Subtraktion einer Unendlichkeit von einer anderen wird unabhängig vom Vorzeichen als ungültiger Befehl betrachtet.

Ausnahmen

SF	PE	UE	OE	ZE	DE	IE
x	x	x	x	-	x	x

Beispiel

	Vorher			Nachher
ST	9.81		ST	-3.51
ST(1)	6.3		ST(1)	72.0
ST(2)	72.0			

FSUBR

	Vorher			Nachher
ST	9.81		ST	-7.61
ST(1)	6.3		ST(1)	6.3
ST(2)	72.0		ST(2)	72.0

```
FSUBR DWORD PTR [ESI+4]  ; = Fließkommazahl (2.2)
```

FTST
Test for Zero - Prüfung gegen 0

Prozessoren
8087/80287/80387

Formate

Befehl	Ablauf
FTST	; compare (ST, 0.0)

Beschreibung

FTST vergleicht ST(0) mit dem Wert 0.0 und setzt die Bits C3..C0 mit dem Ergebnis dieses Vergleichs. Die folgende Tabelle gibt die Zusammenhänge zwischen den Bits C3..C0 und den verglichenen Operanden wieder:

Verhältnis	C3	C2	C1	C0
op1 > op2	0	0	-	0
op1 < op2	0	0	-	1
op1 = op2	1	0	-	0
Vergleich mit NaN	1	1	-	1

Wie bei FCOM werden auch hier die Werte +0.0 und -0.0 als gleich betrachtet.

Die Bits C3..C0 sind im Statuswort des Coprozessors so angeordnet, daß die Befehlsfolge

```
FTST              ; Vergleich
FSTSW   AX        ; Speichern des Statuswortes in AX
SAHF              ; Kopie von AH in die Flags
```

die Bits ZF, PF und CF (in dieser Reihenfolge) mit den entsprechenden Werten setzt: Vergleiche zwischen Fließkommawerten lassen sich auf diese Weise genauso wie Vergleiche zwischen Integern behandeln, d.h. über Sprungbefehle wie JE, JNE, JA, JAE, JB und JBE auswerten. Ein gesetztes PF-Bit signalisiert, daß ST(0) eine NaN enthält.

Im Gegensatz zu den meisten anderen arithmetischen Operationen betrachtet der Coprozessor ruhige NaNs bei FTST als ungültigen Befehl, d.h. setzt das Flag IE.

Ausnahmen

SF	PE	UE	OE	ZE	DE	IE
x	-	-	-	-	x	x

Beispiel

	Vorher		Nachher
ST	-37.37	ST	-37.37
ST(1)	1.0	ST(1)	1.0

FTST

C3	C2	C1	C0
0	0	-	0

FUCOM
Unordered Compare - Vergleich ohne erzwungene Ordnung

Prozessoren
80387

Formate

Befehl		Ablauf
FUCOM		; compare (ST, ST(1))
FUCOM	mem32	; compare (ST, mem32)
FUCOM	mem64	; compare (ST, mem64)
FUCOM	ST(n)	; compare (ST, ST(n))
FUCOMP		; compare (ST, ST(1)); pop()
FUCOMP	mem32	; compare (ST, mem32); pop();
FUCOMP	mem64	; compare (ST, mem64); pop();
FUCOMP	ST(n)	; compare (ST, ST(n)); pop();
FUCOMPP		; compare (ST, ST(1)); pop(); pop();

Beschreibung
FUCOM vergleicht die beiden Operanden miteinander und setzt die Bits C3..C0 des Statusregisters entsprechend. FUCOMP verbindet dieselbe Operation mit dem Entfernen von ST(0); FUCOMPP wirft nicht nur ST(0), sondern auch ST(1) vom Stack.

FUCOM-Befehle führen dieselben Operationen wie FCOM-Befehle aus, betrachten NaNs aber nicht als ungültige Operanden, sondern lediglich als Werte, die sich nicht in eine bestimmte Ordnungsfolge stellen lassen (daher der Name »unordered compare«).

Wie bei FCOM werden auch hier die Werte +0.0 und -0.0 als gleich betrachtet.

Die folgende Tabelle gibt die Zusammenhänge zwischen den Bits C3..C0 und den verglichenen Operanden wieder:

Fließkomma-Befehle

Verhältnis	C3	C2	C1	C0
op1 > op2	0	0	-	0
op1 < op2	0	0	-	1
op1 = op2	1	0	-	0
ohne Ordnungsfolge, d.h. Vergleich mit NaNs	1	1	-	1

Die Bits C3..C0 sind im Statuswort des Coprozessors so angeordnet, daß die Befehlsfolge

```
FCOM    op      ; Vergleich
FSTSW   AX      ; Speichern des Statuswortes in AX
SAHF            ; Kopie von AH in die Flags
```

die Bits ZF, PF und CF (in dieser Reihenfolge) mit den entsprechenden Werten setzt: Vergleiche zwischen Fließkommawerten lassen sich auf diese Weise genauso wie Vergleiche zwischen Integern behandeln, d.h. über Sprungbefehle wie JE, JNE, JA, JAE, JB und JBE auswerten. Ein gesetztes PF-Bit signalisiert, daß zumindest einer der beiden Operanden des Vergleichs eine NaN darstellt.

Ausnahmen

SF	PE	UE	OE	ZE	DE	IE
x	-	-	-	-	x	x

Beispiel

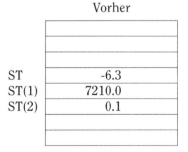

	Vorher			Nachher
ST	-6.3			
ST(1)	7210.0	ST	7210.0	
ST(2)	0.1	ST(1)	0.1	

FUCOMP ST(2)

C3	C2	C1	C0
0	0	-	1

FWAIT
Wait Until Not Busy - Warten auf inaktives BUSY-Signal

Prozessoren
8087/80287/80387

Formate

Befehl	Ablauf
FWAIT	; Prozessor wartet

Beschreibung
FWAIT stellt einen Alias zu WAIT (siehe Kapitel 8) dar und wird deshalb nicht vom Coprozessor, sondern vom Prozessor bearbeitet. Die meisten Assembler erlauben die alternative Verwendung des Namens FWAIT, die den Zusammenhang mit Fließkomma-Operationen verdeutlicht.

Ausnahmen

SF	PE	UE	OE	ZE	DE	IE
-	-	-	-	-	-	-

FXAM
Examine Top of Stack - ST(0) untersuchen

Prozessoren
8087/80287/80387

Formate

Befehl	Ablauf
FXAM	; CC $\Leftarrow$ examine (ST)

Beschreibung

FXAM »examiniert« den Inhalt des Registers ST(0) und setzt die Flags C3..C0 des Statuswort-Registers entsprechend. Die folgende Tabelle gibt die Bedeutung der diversen Bitkombinationen wieder:

Wert in ST	C3	C2	C1	C0
Nicht unterstützt*	0	0	v	0
NaN	0	0	v	1
Gültig (normal)	0	1	v	0
Unendlich	0	1	v	1
Null	1	0	v	0
Unbenutzt (TW=leer)	1	x	v	1
Denormalisiert	1	1	v	0

»Nicht unterstützt« steht in diesem Zusammenhang für Bitmuster, die von den Modellen 8087 und 80287 auf spezielle Weise behandelt, vom 80387 und seinen Nachfolgern aber nicht mehr verwendet werden. In diese Kategorie fallen Pseudo-NaNs, Pseudo-Null, Pseudo-Unendlichkeiten und »unnormale« (im Gegensatz zu denormalisierte) Werte.

Das Bit C1 wird von FXAM bei positiven Werten zurückgesetzt, bei negativen Werten gesetzt. Das Bit C2 ist bei als leer gekennzeichneten Registern undefiniert.

Kapitel 9 - Fließkomma-Befehle

Ausnahmen

SF	PE	UE	OE	ZE	DE	IE
-	-	-	-	-	-	-

Beispiel

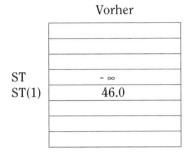

FXAM

C3	C2	C1	C0
0	0	-	1

528

FXCH
Exchange Stack Elements - Austausch von Rechenregistern

Prozessoren
8087/80287/80387

Formate

Befehl		Ablauf
FXCH		; temp ⇐ ST; ST ⇐ ST(1); ST(1) ⇐ temp
FXCH	ST(n)	; temp ⇐ ST; ST ⇐ ST(n); ST(n) ⇐ temp

Beschreibung
FXCH vertauscht die Inhalte seiner beiden Operanden. Der Hauptzweck dieses Befehls liegt darin, einen Wert temporär in das Register ST(0) zu befördern, das als Quelle und Ziel der meisten Rechenoperationen dient.

Ausnahmen

SF	PE	UE	OE	ZE	DE	IE
x	-	-	-	-	-	-

Beispiel

Vorher

ST	3.0
ST(1)	2.0
ST(2)	1.0

Nachher

ST	2.0
ST(1)	3.0
ST(2)	1.0

FXCH

FXTRACT
Extract Floating-Point Components - Wert in Mantisse und Exponent zerlegen

Prozessoren
8087/80287/80387

Formate

Befehl	Ablauf
FXTRACT	; temp $\Leftarrow$ ST; ST $\Leftarrow$ exponent(temp) ; push(fraction(temp))

Beschreibung

FXTRACT zerlegt den Inhalt von ST(0) in seine beiden Komponenten »Mantisse« und »Exponent«. Die Mantisse wird in ST(0) gespeichert, der Exponent von seinem internen Format (mit »bias«, d.h. Voreinstellung) auf einen echten Wert umgerechnet und dann auf den Stack gelegt. Als Ergebnis befindet sich die Mantisse nach Ausführung des Befehls in ST(1), der Exponent in ST(0).

Wenn ST(0) vor Ausführung des Befehls den Wert 0 enthält, speichert der Coprozessor den Exponenten in Form einer negativen Unendlichkeit.

Ausnahmen

SF	PE	UE	OE	ZE	DE	IE
x	-	-	-	x	x	x

Beispiel

Vorher: ST = $1.59 * 2^4$

Nachher: ST = 1.59, ST(1) = 4.0

FXTRACT

FYL2X
Compute Y * log$_2$ X - Berechnung von y * log$_2$(x)

Prozessoren
8087/80287/80387

Formate

Befehl	Ablauf
FYL2X	; temp $\Leftarrow$ log$_2$(ST); pop(); ST $\Leftarrow$ ST * temp

Beschreibung
FYL2X berechnet den Logarithmus zur Basis 2 für den in ST(0) enthaltenen Wert, multipliziert ST(1) damit und wirft schließlich ST(0) vom Stack - führt also eine Operation aus, die sich auch so ausdrücken läßt:

ST(1) * log$_2$(ST)

Der zu Beginn der Befehlsausführung in ST(0) enthaltene Wert muß im Bereich von 0 bis (+) unendlich liegen - ansonsten ist das Ergebnis undefiniert.

Aufgrund der Tatsache, daß sich der Logarithmus eines Wertes zu einer beliebigen Basis auch über die Formel

log$_n$(x) = log$_2$(x) / log$_2$(n)

ausdrücken läßt, kann man mit FYL2X auch Logarithmen zu anderen Basen berechnen. Das folgende Programmfragment demonstriert dieses Verfahren für eine Zahl x und die Basis n:

```
FLD1                        ; 1.0
FLD      n                  ; n, 1.0              n = gewünschte Basis
FYL2X                       ; log2 n
FLD1                        ; 1.0, log2 n
FDIVP    ST(1), ST          ; 1/log2 n
FLD      x                  ; x, 1/log2 n         x = Zahlenwert
FYL2X                       ; log2 x * 1/log2 n
```

Ausnahmen

SF	PE	UE	OE	ZE	DE	IE
x	x	x	x	x	x	x

Kapitel 9 - Fließkomma-Befehle

Beispiel

	Vorher			Nachher
ST	8.0		ST	0.03
ST(1)	0.01		ST(1)	0.333
ST(2)	0.3333			

FYL2X

FYL2XP1
Compute Y x log₂ (X + 1) - Berechnung von y * log₂(x+1)

Prozessoren
8087/80287/80387

Formate

Befehl	Ablauf
FYL2XP1	temp $\Leftarrow$ log$_2$(ST+1.0); pop(); ST $\Leftarrow$ ST * temp

Beschreibung
FYL2X addiert 1.0 zu dem in ST(0) enthaltenen Wert hinzu, berechnet den Logarithmus zur Basis 2, multipliziert ST(1) mit dem Ergebnis und wirft schließlich ST(0) vom Stack - führt also eine Operation aus, die sich auch so ausdrücken läßt:

ST(1) * log$_2$(ST+1)

Der zu Beginn der Ausführung von FYL2XP1 in ST(0) enthaltene Wert muß im Bereich von -1 + √2 / 2 bis 1 - √2 / 2 liegen, oder das Ergebnis des Befehls ist undefiniert.

Definiert wurde FYL2XP1 hauptsächlich, um die bei inversen hyperbolischen Funktionen häufig benötigte Berechnung »Logarithmus von ST(0) + 1« ohne Rundungsverluste durchführen zu können. Da es sich bei der Operation »ST(0) + 1« nicht um eine echte Addition handelt, ist allerdings auch der erlaubte Wertebereich begrenzt.

Ausnahmen

SF	PE	UE	OE	ZE	DE	IE
x	x	x	-	-	x	x

Kapitel 9 - Fließkomma-Befehle

Beispiel

Vorher

ST	15.0
ST(1)	10.0
ST(2)	7.7

Nachher

ST	40.0
ST(1)	7.7

FYL2XP1

F2XM1

Compute $2^x - 1$ - Berechnung von $2^x - 1$

Prozessoren

8087/80287/80387

Formate

Befehl	Ablauf
F2XM1	; ST $\Leftarrow 2^{ST} - 1$

Beschreibung

F2XM1 potenziert die Zahl 2.0 mit dem Inhalt von ST(0), zieht 1.0 vom Ergebnis der Berechnung ab und speichert das Resultat wieder in ST(0). Vorausgesetzt wird hier allerdings, daß sich der in ST(0) enthaltene Wert im Bereich von -0.5 bis +0.5 bewegt - ansonsten ist das Ergebnis undefiniert.

Diese zugegeben etwas komplizierte Funktion wurde anstelle der einfacheren Berechnung 2^x gewählt, um Rundungsfehler für kleine x zu vermeiden, die speziell bei hyperbolischen Funktionen hohe Ungenauigkeiten nach sich ziehen würden.

Da der Wertebereich von F2XM1 ausgesprochen eng bemessen ist, verwenden Unterprogramme zur Berechnung von 2^x üblicherweise den Befehl FRNDINT und skalieren das Ergebnis hinterher über FSCALE.

Die allgemeine Funktion x^y läßt sich unter Zuhilfenahme der Befehle FYL2X und F2XM1 ebenfalls berechnen, weil hier der folgende Zusammenhang gilt:

$x^y = 2^y * \log_2(x)$

Ausnahmen

SF	PE	UE	OE	ZE	DE	IE
x	x	x	-	-	x	x

Beispiel

	Vorher			Nachher
ST	0.01	ST	0.0069
ST(1)	3.0	ST(1)	3.0

F2XM1

Zweierpotenzen

A

Die folgende Tabelle gibt die am häufigsten verwendeten Potenzen von 2 wieder.

Potenz von 2	dezimaler Wert	hexadezimaler Wert
0	1	1
1	2	2
2	4	4
3	8	8
4	16	10
5	32	20
6	64	40
7	128	80
8	256	100
9	512	200
10	1024	400
11	2048	800
12	4096	1000
13	8192	2000
14	16384	4000
15	32768	8000
16	65536	10000
...	...	
20	1048576	100000
...	...	
31	2147483648	80000000
32	4294967296	100000000

Tabelle A.1 - Potenzen von 2

ASCII-Zeichensatz B

Die folgende Tabelle gibt die Zusammenhänge zwischen numerischen Werten und dem ISO-Zeichensatz wieder. Im Bereich von (dezimal) 0 bis 127 stimmt dieser Zeichensatz mit den ISO- und ANSI-Definitionen überein, den (hier nicht wiedergegebenen) Bereich von 128 bis 255 hat IBM dagegen ohne internationale Normung besetzt. Die dreibuchstabigen Kürzel für die Zeichencodes im Bereich von 0 bis 31 stammen aus der Zeit der Fernschreiber und sind inzwischen überwiegend ohne praktische Bedeutung.

Bits 0..3	0000	0001	0010	0011	0100	0101	0110	0111
				Höherwertige Bits				
0000	NUL	DLE	Leerz.	0	@	P	`	p
0001	SOH	DC1	!	1	A	Q	a	q
0010	STX	DC2	"	2	B	R	b	r
0011	ETX	DC3	#	3	C	S	c	s
0100	EOT	DC4	$	4	D	T	d	t
0101	ENQ	NAK	%	5	E	U	e	u
0110	ACK	SYN	&	6	F	V	f	v
0111	BEL	ETB	'	7	G	W	g	w
1000	BS	CAN	(	8	H	X	h	x
1001	HT	EM	)	9	I	Y	i	y
1010	LF	SUB	*	:	J	Z	j	z
1011	VT	ESC	+	;	K	[	k	{
1100	FF	FS	,	<	L	\	l	|
1101	CR	GS	-	=	M	]	m	}
1110	SO	RS	.	>	N	^	n	~
1111	SI	US	/	?	O	_	o	DEL

Tabelle B.1 - ASCII- und ISO-Zeichensatz

Opcode-Tabellen

C

Mit Hilfe dieses Anhangs lassen sich Befehle des 80386 und seiner Nachfolger auch dann entschlüsseln, wenn kein geeigneter Disassembler zur Verfügung steht. Die Wiedergabe dieses Materials geschieht mit freundlicher Genehmigung der Intel Corporation.

Um einen Opcode manuell zu dekodieren, gehen Sie folgendermaßen vor:

- Opcodes, die nicht mit dem Byte 0Fh beginnen, werden in eine höherwertige Hälfte und eine niederwertige Hälfte zerlegt. Die höherwertigen 4 Bits bilden den Index zur entsprechenden Zeile in der Tabelle C.3, die niederwertigen 4 Bits den Index zur Spalte innerhalb der jeweiligen Zeile.

- Opcodes, die mit dem Byte 0Fh beginnen, sind in der Tabelle C.4 aufgeführt. Das Ordnungsverfahren ist dasselbe, bezieht sich aber auf das zweite Byte des Befehls.

Die Bytefolge 0Fh 9Ah führt also zur Zeile »9« und der Spalte »A« in der Tabelle C.4 und steht offensichtlich für den Befehl PUSH GS; das Byte D4h führt zur Zeile »D« und der Spalte »4« in Tabelle C.3, d.h. dem Befehl AAM.

Einträge der Form »Gruppe n« stehen für Befehle, die erst durch die Bits des direkt darauffolgenden (r/m-)Bytes endgültig festgelegt werden. Insgesamt existieren 8 verschiedene Gruppen dieser Art, die in Tabelle C.5 aufgelistet sind.

Eine weitere (und letzte) Variante stellen die sogenannten ESC-Befehle (Opcodes 0Fh E8h .. 0Fh EFh) dar: Diese Bytefolgen leiten Befehle für den Coprozessor ein, die sie in den Tabellen C.7 bis C.14 finden. Die bei diesen Befehlen verwendeten Operanden- und Adressierungskürzel listet Tabelle C.6 auf.

Legende

Solange es sich nicht um Register handelt (deren Namen in den Tabellen direkt angegeben sind) werden Operanden in der Form *Zz* notiert: Der Großbuchstabe steht für die Art der Adressierung, der Kleinbuchstabe für die Art und Größe des Operanden.

Die Tabelle C.1 gibt die Kürzel für Adressierungarten, die Tabelle C.2 die Kürzel für Operanden wieder.

Kürzel	Beschreibung der Adressierungart
A	»absolute« (direkte Adresse): die Operandenadresse ist direkter Bestandteil des Befehls, der seinerseits ohne r/m-Byte auskommt. Basisregister, Indexregister und Skalierung lassen sich nicht verwenden. Beispiel: JMP FAR (Opcode = EAh) ist als »JMP Ap« notiert.
C	»control« (Steuerregister): das Feld *reg* im r/m-Byte legt ein Steuerregister (CRx) fest. Beispiel: MOV CRx, <Reg> (Opcode 0Fh 20h) ist als »MOV Cd, Rd« notiert.
D	»debug« (Debug-Register): das Feld *reg* im r/m-Byte legt ein Debug-Register (DRx) fest. Beispiel: MOV DRx, <Reg> (Opcode 0Fh 21h) ist als »MOV Dd,Rd« notiert.
E	»extendable« (erweiterbar): auf den Opcode folgt ein r/m-Byte zum Festlegen des Operanden, bei dem es sich entweder um ein allgemeines Register oder um eine Speicheradresse handeln kann. Speicheradressen werden über ein Segmentregister sowie wahlweise über Basisregister, Indexregister, Skalierungen oder ein Displacement berechnet. Beispiel: OR <Adresse>, <Reg> (Opcode 80h) ist als OR Eb,Gb notiert.
F	»flags« (Flag-Register)
G	»general« (allgemeines Register): das Feld *Reg* im auf den Opcode folgenden r/m-Byte legt das Register fest. Beispiel: ADD Adresse, Reg (Opcode 00h) ist als ADD Eb,Gb notiert.
I	»immediate« (direkt angegeben): der Operand ist als direkter Teil des Befehls in den folgenden Bytes enthalten. Beispiel: PUSH <Wert> (Opcode 68h) ist als »PUSH Iv« notiert.
J	»jump« (Sprung): der Befehl enthält die direkte Angabe eines relativen Wertes. Beispiel: JS <Offset> (Opcode 78h) ist als »JS Jb« notiert.
M	»memory«: der Operand muß für eine Speicheradresse stehen. Beispiel: LGS <Adresse> (Opcode 0Fh B5h) ist als »LGS Mp« notiert.
O	»offset«: der Befehl enthält kein r/m-Byte, aber einen direkt codierten Offset zu einem Operanden in Form eines Wortes oder eines Doppelwortes. Basisregister, Indexregister und Skalierung lassen sich nicht verwenden. Beispiel: MOV AL,<Adresse> (Opcode A0h) ist als MOV »AL, Ob« notiert.
R	»register«: das Feld *mod* des folgenden r/m-Bytes bezieht sich ausschließlich auf allgemeine Register des Prozessors. Beispiel: MOV CRx, <Reg> (Opcode 0Fh 20h) ist als »MOV Cd,Rd« notiert.
S	»segment«: das Feld *reg* des folgenden r/m-Bytes bezieht sich auf ein Segmentregister. Beispiel: MOV <Adresse>, <SReg> (Opcode 8Ch) ist als »MOV Ew,Sw« notiert. ▶

Kürzel	Beschreibung der Adressierungart
T	»test« (Test-Register): das Feld *reg* des folgenden r/m-Bytes bezieht sich auf ein Test-Register. Beispiel: MOV TRx,<Reg> (Opcode 0Fh 24h) ist als »MOV Td,Rd« notiert.
X	für Speicheradressierungen via DS:ESI (in den Befehlen MOVS, CMPS, OUTS, LODS und SCAS)
Y	für Speicheradressierungen via ES:EDI (in den Befehlen MOVS, CMPS, INS und STOS)

Tabelle C.1 - Kürzel für die Adressierungsarten

Kürzel	Beschreibung des Operandentyps
a	zwei Operanden des Typs Word oder DWord mit direkt aufeinanderfolgenden Speicheradressen
b	Byte, unabhängig vom Größenattribut
c	Byte oder Wort, wird durch das Größenattribut festgelegt
d	DWord, unabhängig vom Größenattribut
e	wird nur für Register verwendet und steht hier für die Registergröße: eAX bedeutet beispielsweise, daß es je nach Größenattribut um AX oder EAX geht
p	Zeiger mit 32 oder 48 Bit, abhängig vom Größenattribut
s	Segment-Deskriptor (mit 6 Bytes)
v	Wort oder DWord, abhängig vom Größenattribut
w	Wort, unabhängig vom Größenattribut

Tabelle C.2 - Kürzel für die Operandentypen

Tabelle C.3 - Opcodes mit einem Byte

	0	1	2	3	4	5	6	7
0	ADD Eb,Gb	ADD Ev,Gv	ADD Gb,Eb	ADD Gv,Ev	ADD AL,Ib	ADD eAX,Iv	PUSH ES	POP ES
1	ADC Eb,Gb	ADC Ev,Gv	ADC Gb,Eb	ADC Gv,Ev	ADC AL,Ib	ADC eAX,Iv	PUSH SS	POP SS
2	AND Eb,Gb	AND Ev,Gv	AND Gb,Eb	AND Gv,Ev	AND AL,Ib	AND eAX,Iv	ES:	DAA
3	XOR Eb,Gb	XOR Ev,Gv	XOR Gb,Eb	XOR Gv,Ev	XOR AL,Ib	XOR eAX,Iv	SS:	AAA
4	INC eAX	INC eCX	INC eDX	INC eBX	INC eSP	INC eBP	INC eSI	INC eDI
5	PUSH eAX	PUSH eCX	PUSH eDX	PUSH eBX	PUSH eSP	PUSH eBP	PUSH eSI	PUSH eDI
6	PUSHAD	POPAD	BOUND Gv,Ma	ARPL Ew,Rw	FS:	GS:	OPSIZE:	ADRSIZE:
7	JO Jb	JNO Jb	JB Jb	JNB Jb	JZ Jb	JNZ Jb	JBE Jb	JNBE Jb
8	Gruppe 1 Eb,Ib	Gruppe 1 Ev,Iv		Gruppe 1 Ev,Ib	TEST Eb,Gb	TEST Ev,Gv	XCHG Eb,Gb	XCHG Ev,Gv
9	NOP	XCHG eCX,eAX	XCHG eDX,eAX	XCHG eBX,eAX	XCHG eSP,eAX	XCHG eBP,eAX	XCHG eSI,eAX	XCHG eDI,eAX
A	MOV AL,Ob	MOV eAX,Ov	MOV Ob,AL	MOV Ov,eAX	MOVSB	MOVSW/D	CMPSB	CMPSW/D
B	MOV AI,Ib	MOV CL,Ib	MOV DL,Ib	MOV BL,Ib	MOV AH,Ib	MOV CH,Ib	MOV DH,Ib	MOV BH,Ib
C	Gruppe 2 Eb,Ib	Gruppe 2 Ev,Lb	RET (near) Iw	RET (near)	LES Gv,Mp	LDS Gv,Mp	MOV Eb,Ib	MOV Ev,Iv
D	Gruppe 2 Eb,1	Gruppe 2 Ev,1	Gruppe 2 Eb,CL	Gruppe 2 Ev,CL	AAM	AAD		XLAT
E	LOOPNE Jb	LOOPE Jb	LOOP Jb	JCXZ Jb	IN AL,Ib	IN eAX,Ib	OUT iB,AL	OUT Ib,eAX
F	LOCK		REPNE	REP REPE	HLT	CMC	Gruppe 3 Eb	Gruppe 3 Ev

Opcode-Tabellen

	8	9	A	B	C	D	E	F
0	OR Eb,Gb	OR Ev,Gv	OR Gb,Eb	OR Gv,Ev	OR AL,Ib	OR eAX,Iv	PUSH CS	Präfix: 2-Byte-Op
1	SBB Eb,Gb	SBB Ev,Gv	SBB Gb,Eb	SBB Gv,Ev	SBB AL,Ib	SBB eAX,Iv	PUSH DS	POP DS
2	SUB Eb,Gb	SUB Ev,Gv	SUB Gb,Eb	SUB Gv,Ev	SUB AL,Ib	SUB eAX,Iv	CS:	DAS
3	CMP Eb,Gb	CMP Ev,Gv	CMP Gb,Eb	CMP Gv,Ev	CMP AL,Ib	CMP eAX,Iv	DS:	AAS
4	DEC eAX	DEC eCX	DEC eDX	DEC eBX	DEC eSP	DEC eBP	DEC eSI	DEC eDI
5	POP eAX	POP eCX	POP eDX	POP eBX	POP eSP	POP eBP	POP eSI	POP eDI
6	PUSH Iv	IMUL Gv,Ev,Iv	PUSH Ib	IMUL Gv,Ev,Ib	INSB Yb,DX	INSW/D Yv,DX	OUTSB Dx,Xb	OUTSW/D Dx,Xv
7	JS Jb	JNS Jb	JP Jb	JNP Jb	JL Jb	JNL Jb	JLE Jb	JNLE Jb
8	MOV eAX,Iv	MOV eCX,Iv	MOV eDX,Iv	MOV eBX,Iv	MOV eSP,Iv	LEA eBP,Iv	MOV eSI,Iv	POP eDI,Iv
9	CBW	CWD	CALL Ap	WAIT	PUSHF Fv	POPF Fv	SAHF	LAHF
A	TEST AL,Ib	TEST eAX,Iv	STOSB	STOSW/D	LODSB	LODSW/D	SCASB	SCASW/D
B	MOV eAX,Iv	MOV eCX,Iv	MOV eDx,Iv	MOV eBX,Iv	MOV eSP,Iv	MOV eBP,Iv	MOV ESI,Iv	MOV eDI,Iv
C	ENTER Iw,Ib	LEAVE	RET FAR Iw		INT 3	INT Ib	INTO	IRET
D	ESC 0	ESC 1	ESC 2	ESC 3	ESC 4	ESC 5	ESC 6	ESC 7
E	CALL Av	JMP Jv	JMP Ap	JMP Jb	IN AL,DX	IN eAX,DX	OUT DX,AL	OUT DX,eAX
F	CLC	STC	CLI	STI	CLD	STD	Gruppe 4	Gruppe 5

Tabelle C.4 - Opcodes mit zwei Bytes (erstes Byte = 0Fh)

	0	1	2	3	4	5	6	7
0	Gruppe 6	Gruppe 7	LAR Gv,Ew	LSL Gv,Ew			CLTS	
1	INVPLG Ea							
2	MOV Cd,Rd	MOV Dd,Rd	MOV Rd,Cd	MOV Rd,Dd	MOV Td,Rd		MOV Rd,Td	
3								
4								
5								
6								
7								
8	JO Jv	JNO Jv	JB Jv	JNB Jv	JZ Jv	JNZ Jv	JBE Jv	JNBE Jv
9	SETO Eb	SETNO Eb	SETB Eb	SETNB Eb	SETZ Eb	SETNZ Eb	SETBE Eb	SETNBE Eb
A	PUSH FS	POP FS		BT Ev,Gv	SHLD Ev,Gv,Ib	SHLD Ev,Gv,CL	CMPXCHG Eb,Rb	CMPXCHG Ev,Rv
B	A6	A7	LSS Mp	BTR Ev,Gv	LFS Mp	LGS Mp	MOVZX Gv,Eb	MOVZX Gv,Ew
C	XADD Eb,Rb	XADD Ev,Rv						
D								
E								
F								

Opcode-Tabellen

	8	9	A	B	C	D	E	F
0	INVD	WBINVD						
1								
2								
3								
4								
5								
6								
7								
8	JS Jv	JNS Jv	JP Jv	JNP Jv	JL Jv	JNL Jv	JLE Jv	JNLE Jv
9	SETS Eb	SETNS Eb	SETP Eb	SETNP Eb	SETL Eb	SETNL Eb	SETLE Eb	SETNLE Eb
A	PUSH GS	POP GS		BTS EvmGv	SHRD Ev,Gv,IB	SHRD Ev,Gv,CL		IMUL Gv,Ev
B			Gruppe 8 Ev,Ib	BTC Ev,Gv	BSF Gv,Ev	BSR Gv,Ev	MOVSX Gv,Eb	MOVSX Gv,Ew
C	BSWAP EAX	BSWAP ECX	BSWAP EDX	BSWAP EBX	BSWAP ESP	BSWAP EBP	BSWAP ESI	BSWAP EDI
D								
E								
F								

Tabelle C.5 - Opcodes der Gruppen 1 bis 8

	000	001	010	011	100	101	110	111
1	ADD	OR	ADC	SBB	AND	SUB	XOR	CMP
2	ROL	ROR	RCL	RCR	SHL	SHR		SAR
3	TEST Ib/Iv		NOT	NEG	MUL AL/eAX	IMUL AL/eAX	DIV AL/eAX	IDIV AL/eAX
4	INC Eb	DEC Eb						
5	INC Ev	DEC Ev	CALL Ev	CALL Ep	JMP Ev	JMP Ep	PUSH Ev	
6	SLDT Ew	STR Ew	LLDT Ew	LTR Ew	VERR Ew	VERW Ew		
7	SGDT Ms	SIDT Ms	LGDT Ms	LIDT Ms	SMSW Ew		LMSW Ew	
8					BT	BTS	BTR	BTC

Die Bestimmung dieser Befehle geschieht über das direkt auf den Opcode folgende r/m-Byte. Die Struktur dieses Bytes wird zwar teilweise durch den Befehl selbst bestimmt (vgl. Anhang D), ist aber in einem Punkt konstant: Die Bits 5, 4 und 3 legen die Art der Operation innerhalb der jeweiligen Gruppe fest.

```
 7  6   5  4  3   2  1  0
| mod |   nnn   |   r/m   |
```

Die drei Bits des Feldes *nnn* legen den Befehl fest und entsprechen damit den Spalten der Tabelle C.5. Gegeben sei beispielsweise die Bytefolge 83h F0h: Ein Nachschlagen in Tabelle C.2 ergibt »Gruppe 1 / Ev,Ib«, also eine Speicher- oder Registeroperation mit einem direkt angegebenen Wert. Ausschreiben des Wertes F0h in binärer Form ergibt 11110000b und damit den Befehl XOR (Tabelle C.5, Gruppe 1, Spalte »110«). Zwischen Register- und Speicheradressierung wird bei Befehlen der Art »Ev,Ib« über das Bitfeld *mod* unterschieden: Da hier beide Bits dieses Feldes gesetzt sind, handelt es sich um ein Register als Ziel der Operation (vgl. Anhang D). Konsequent bestimmt das Bitfeld *r/m* das

Zielregister (wobei der Prozessor hier natürlich auch mit Nummern arbeiten muß). Die Reihenfolge der Registernummern ist AX, CX, DX, BX, SP, BP, SI, DI - vgl. beispielsweise Opcodes der Form 4xh und 5xh. Woraus (nach zugegeben langer Bastelei) schließlich folgt:

```
83 F0 xx yy  = XOR AX, yyxx  ; bzw. XOR EAX, xxyyzzaa
```

ESC-Befehle für den Coprozessor

Befehle für den Coprozessor setzen sich im Minimalfall aus vier Bytes zusammen:

```
0Fh DxH Opcode r/m-Byte
```

Das gesamte Konstrukt wird als ESC-Befehl bezeichnet und in die Gruppen »ESC 0« bis »ESC 7« (also die Opcodes 0Fh D8h .. 0Fh DFh) eingeordnet. Tabelle C.6 gibt die Kürzel für Adressierungsarten und Operandengrößen wieder:

Kürzel	Adressierungart und Operandengröße
Es	»short« - effektive Adresse, Short Real (Single)
El	»long« - effektive Adresse, Long Real (Double)
Et	»temp« - effektive Adresse, Temp Real
Ew	»word« - effektive Adresse, Wort (Integer)
Ed	»double« - effektive Adresse, DWord (Integer mit 32 Bit)
Eq	»quad« - effektive Adresse, QWord (Integer mit 64 Bit)
Ea	effektive Adresse, keine Operandengröße
ST(i)	Element i des Rechenstacks (d.h. Register ST(i))
ST	das oberste Element des Rechenstacks (d.h. Register ST(0))

Tabelle C.6 - Adressierungs- und Operandenkürzel für NDP-Befehle

Die Tabellen C.7 bis C.15 listen die Behle der Kategorien ESC 0 bis ESC 7 auf. Die Unterteilung in Spalten geschieht über das Feld *nnn* des r/m-Bytes, die Unterteilung in Zeilen über das Feld *mod*. Das Feld *r/m* legt bei Adressierungen der Form ST(i) die Nummer des anzusprechenden Registers fest.

```
 7  6  5  4  3  2  1  0
┌──────┬────────┬────────┐
│ mod  │  nnn   │  r/m   │
└──────┴────────┴────────┘
```

Tabelle C.7 - ESC 0

mod	000	001	010	011	100	101	110	111
00, 01, 10	FADD Es	FMUL Es	FCOM Es	FCOMP Es	FSUB Es	FSUBR Es	FDIV Es	FDIVR Es
11	FADD ST,ST(i)	FMUL ST,ST(i)	FCOM ST,ST(i)	FCOMP ST,ST(i)	FSUB ST,ST(i)	FSUBR ST,ST(i)	FDIV ST,ST(i)	FDIVR ST,ST(i)

Für *mod* = 11b legt das Feld r/m hier fest, auf welches Register *i* sich die Operation bezieht.

Tabelle C.8 - ESC 1

r/m	000	001	010	011	100	101	110	111
xxx	FLD Es		FST Es	FSTP Es	FLDENV Ea	FLDCW Ew	FSTENV Ea	FSTCW Ew
000	FLD ST(0)	FXCH ST(0)	FNOP		FCHS	FLD1	F2XM1	FPREM
001	FLD ST(1)	FXCH ST(1)			FABS	FLD2T	FYL2X	FYL2XP1
010	FLD ST(2)	FXCH ST(2)				FLD2E	FPTAN	FSQRT
011	FLD ST(3)	FXCH ST(3)				FLDPI	FPATAN	FSINCOS
100	FLD ST(4)	FXCH ST(4)			FTST	FLDLG2	FXTRACT	FRNDINT
101	FLD ST(5)	FXCH ST(5)			FXAM	FLDLN2	FPREM1	FSCALE
110	FLD ST(6)	FXCH ST(6)				FLDZ	FDECSTP	FSIN
111	FLD ST(7)	FXCH ST(7)					FINCSTP	FCOS

Opcode-Tabellen

Bitte beachten Sie, daß bei Befehlen der Gruppe ESC 1 in zweifacher Hinsicht unterschieden wird: Wenn das Feld *mod* des r/m-Bytes die Werte 00b, 01b oder 10b hat, bleibt das Feld *r/m* unberücksichtigt (»xxx«). Eine Auswertung des *r/m*-Feldes findet nur statt, wenn *mod* den Wert 11b enthält.

Tabelle C.9 - ESC 2

mod	000	001	010	011	100	101	110	111
00, 01,10	FIADD Ew	FIMUL Ew	FICOM Ew	FICOMP Ew	FISUB Ew	FISUBR Ew	FIDIV Ew	FIDIVR Ew
11		FUCOMPP						

FUCOMP ist mit dem Wert 101b im Feld *r/m* codiert.

Tabelle C.10 - ESC 3

mod	000	001	010	011	100	101	110	111
00, 01,10	FILD Ew		FIST Ew	FISTP Ew	FLD Et		FSTP Et	Ew
11					Gruppe 3a			

Tabelle C.11 - ESC 3a

000	001	010	011	100	101	110	111
(FENI)	(FDISI)	FCLEX	FINIT	(FSETPM)			

Die Befehle der Gruppe 3a werden über das Feld *r/m* unterschieden. *mod* hat grundsätzlich den Wert 11b, *nnn* den Wert 100b. Eingeklammerte Befehle werden vom 80387 zwar aus Gründen der Kompatibilität akzeptiert, bleiben aber ohne Auswirkungen.

Tabelle C.12 - ESC 4

mod	000	001	010	011	100	101	110	111
00, 01,10	FADD El	FMUL El	FCOM El	FCOMP El	FSUB El	FSUBR El	FDIV El	FDIVR El
11	FADD ST,ST(i)	FMUL ST,ST(i)	FCOM ST,ST(i)	FCOMP ST,ST(i)	FSUB ST,ST(i)	FSUBR ST,ST(i)	FDIV ST,ST(i)	FDIVR ST,ST(i)

Für *mod* = 11b legt das Feld *r/m* hier fest, auf welches Register *i* sich die Operation bezieht.

Tabelle C.13 - ESC 5

mod	000	001	010	011	100	101	110	111
00, 01,10	FLD El	El	FST El	FSTP El	FRSTOR Ea		FSAVE Ea	FSTSW Ew
11	FFREE ST(i)		FST ST(i)	FSTP ST(i)	FUCOM ST(i)	FUCOMP ST(i)		

Für *mod* = 11b legt das Feld *r/m* hier fest, auf welches Register *i* sich die Operation bezieht.

Tabelle C.14 - ESC 6

mod	000	001	010	011	100	101	110	111
00, 01,10	FIADD Ed	FIMUL Ed	FICOM Ed	FICOMP Ed	FISUB Ed	FISUBR Ed	FIDIV Ed	FIDIVR Ed
11	FADDP ST(i),ST	FMULP ST(i),ST		FUCOMPP	FSUBP ST(i),ST	FSUBRP ST(i),ST	FDIVP ST(i),ST	FDIVRP ST(i),ST

Für *mod* = 11b legt das Feld *r/m* hier fest, auf welches Register *i* sich die Operation bezieht. Der Befehl FUCOMPP ist mit *r/m* = 001b codiert.

Tabelle C.15 - ESC 7

mod	000	001	010	011	100	101	110	111
00, 01, 10	FILD Ed		FIST Ed	FISTP Ed	FBLD Ed	FILD Eq	FBSTP Eb	FISTP Eq
11	FSTSW AX							

Der Befehl FSTSW AX ist mit r/m = 000b codiert.

Befehlsformat und Zeitbedarf

◆ D ◆

Dieser Anhang schlüsselt den Befehlssatz des Prozessors 80386 und seiner Nachfolger nach Kategorien auf, klärt die Details der Codierung auf der Ebene einzelner Bitfelder und gibt den Zeitbedarf bei der Ausführung an. Die Wiedergabe dieses Materials erfolgt mit freundlicher Genehmigung der Intel Corporation.

Die folgenden Abschnitte erläutern die Legende der Tabelle, aus der diese Aufschlüsselung letztlich besteht; die Bedeutung der verschiedenen Werte innerhalb der Bitfelder der Befehle (wie etwa Indices für Register) wird am Ende dieses Anhangs besprochen.

Zeitbedarf und Umrechnungen

Um von der tatsächlichen Taktfrequenz unabhängig zu bleiben, ist der Zeitbedarf bei der Ausführung von Befehlen in Taktzyklen angegeben. Die auf einem realen System benötigte Zeitspanne ergibt sich über die Multiplikation mit der Zeit für einen Takt - beispielsweise mit 40 Nanosekunden bei 25 MHz.

Die angegebene Anzahl der Taktzyklen geht von den folgenden Voraussetzungen aus:

1. Der Befehl wurde gelesen, dekodiert und steht nun prozessorintern unmittelbar vor der Ausführung.

2. Bus- und Speicherzugriffe kommen ohne Wartezyklen aus und werden nicht durch HOLD-Signale anderer Systemkomponenten verlängert bzw. zeitweilig blockiert.

3. Der Befehl löst keine Ausnahmezustände oder Schutzfehler aus.

4. Die Berechnung effektiver Adressen geschieht über ein allgemeines Rechenregister, Skalierung und die Angabe eines Offsets sind möglich. Adreßberechnungen, die zwei anstelle von einem Rechenregister voraussetzen, benötigen beim 80386 einen zusätzlichen Takt, der beim 80486 durch die interne Parallelität maskiert werden kann (aber nicht muß).

5. Wortweise Speicherzugriffe geschehen mit geradzahligen Speicheradressen, DWord-Zugriffe mit ganzzahlig durch vier teilbaren Speicheradressen. Ist diese Bedingung nicht erfüllt, benötigen sowohl der 80386 als auch der 80486 einen zusätzlichen Taktzyklus. (Was die SX-Varianten betrifft: siehe Punkt 9 dieser Liste.)

6. Die folgenden Befehlskombinationen machen beim 80386 einen zusätzlichen Takt erforderlich, der beim 80486 aufgrund der internen Parallelität maskiert werden kann (aber nicht maskiert werden muß):

   - Das zur Bildung einer effektiven Adresse verwendete Basisregister stellt das Zielregister des direkt nachfolgenden Befehls dar.
   - Der Befehl enthält sowohl eine direkt angegebene Adresse als auch ein Displacement.

7. Wenn der Paging-Mechanismus aktiviert ist: die Adresse der verwendeten Speicherseite befindet sich bereits im TLB, d.h. muß nicht erst über das Paging-Verzeichnis und eine Paging-Tabelle ermittelt werden.

8. Beim 80486 und 80486SX ist der interne Cache aktiviert, und die folgenden Punkte treffen zu:

   - Die entsprechende Cache-Zeile (16 Bytes) ist vollständig aufgefüllt, bevor der nächste Befehl diese Daten verwendet. (Andernfalls wartet der Prozessor, bis diese 16 Bytes vollständig gelesen sind).
   - Die bei Sprüngen mit JMP als nächstes zu lesenden Befehle sind bereits im Cache enthalten.
   - Der Cache-Inhalt wird nicht zwischenzeitlich für ungültig erklärt.
   - Befehle, die sich aus mehreren Bytes zusammensetzen, beginnen auf geradzahligen Speicheradressen.

9. Bei den Modellen 80386SX und 80486SX muß für das Lesen eines Befehls mit mehr als 16 Bit pro zusätzlichem Befehlswort ein weiterer Zyklus addiert werden. (Ein aus vier Bytes bestehender Befehl macht also einen zusätzlichen Zyklus erforderlich, ein aus 5 oder 6 Bytes bestehender Befehl einen zweiten usw.).

Legende zur Tabelle

Wenn für die Ausführungzeit zwei verschiedene Werte angegeben sind, steht der kleinere dieser beiden Werte für einen Registerzugriff, der größere für die Ausführung des Befehls mit Speicheroperanden. $n=$ steht bei Stringbefehlen für die Anzahl der Wiederholungen, $m=$ für die Anzahl der Elemente im direkt darauffolgenden Befehl. Direkt angegebene Daten und Displacements beliebiger Größe werden in diesem Zusammenhang als einzelnes Element gezählt, ansonsten ist unter der Elementenzahl schlicht die Anzahl der Befehlsbytes und eventueller Präfixe zu verstehen.

Befehlsformat und Zeitbedarf

Die in der Spalte »allgemeine Hinweise« verwendeten Kleinbuchstaben sind in die Gruppen »Real Mode«, »virtueller 8086er-Modus« und »Protected Mode« unterteilt. Ihre Bedeutung:

Zeichen	Erläuterung
Real Mode	
a	nur im Protected Mode zulässig: die Anwendung des Befehls im Real Mode erzeugt einen Interrupt 6.
b	wird auch im Real Mode auf Einhaltung der Segmentgrenzen überprüft. Der Prozessor reagiert bei Überschreitung des (auf 0FFFFh fixierten) Limits von CS, DS, ES, FS und GS mit einem Interrupt 13, auf Überschreiten des Limits im Zusammenhang mit SS mit einem Interrupt 12.
c	ist ein Protected Mode-Befehl, läßt sich aber auch im Real Mode ausführen und ermöglicht so Vorbereitungen für die Umschaltung.
Real Mode und virtueller 8086er-Modus	

d	Multiplikationen geschehen in optimierter Form und werden beendet, sobald sämtliche gesetzten Bits des Operanden (d.h. des Multiplikators) bearbeitet sind. Die Angabe der benötigten Taktzyklen geschieht deshalb in der Form Minimum..Maximum. Die für eine bestimmte Operandengröße benötigte Ausführungszeit läßt sich mit der folgenden Regel berechnen (bei der m für den Multiplikator steht):
	`if m = 0 then Taktzahl = 9`
	`    else Taktzahl = Max(log₂ (abs(m)), 3) + 6`

e	abhängig vom Wert des Operanden kann der Prozessor mit einem Ausnahme-Interrupt reagieren.
f	unabhängig von einem eventuellen LOCK-Präfix gibt der Prozessor ein LOCK-Signal aus
g	für die Dauer von Zugriffen auf Deskriptor-Tabellen wird ein LOCK-Signal ausgegeben
Protected Mode	
h	wird auf die Einhaltung der Segmentgrenzen und hinsichtlich der Zugriffsrechte überprüft. Unerlaubte Zugriffe sowie die Überschreitung der Segmentgrenzen von CS, DS, ES, FS und GS lösen einen Interrupt aus, die Überschreitung der Segmentgrenzen von SS hat einen Interrupt 12 zur Folge. ▶

Anhang D - Befehlsformat und Zeitbedarf

Zeichen	Erläuterung
i	wird im Zusammenhang mit dem Laden von Segmentregistern hinsichtlich der Zugriffrechte (CPL, RPL und DPL) überprüft und gegebenenfalls mit einem Interrupt 13 beantwortet. Zugriffe auf nicht als »present« gekennzeichnete Segmente via CS, DS, ES, FS und GS haben einen Interrupt 11 zur Folge, das Laden eines als »not present« gekennzeichneten Stacksegments einen Interrupt 12.
j	wird grundsätzlich von einem impliziten LOCK begleitet, wenn es sich dabei um einen Zugriff auf die GDT oder eine LDT handelt.
k	das Sprungziel wird hinsichtlich der Zugriffrechte überprüft, der Prozessor löst gegebenenfalls einen Interrupt 13 aus.
l	hat einen Interrupt 13 zur Folge, wenn das ausführende Programm nicht auf der höchsten Privilegstufe (0) läuft.
m	hat einen Interrupt 13 zur Folge, wenn das ausführende Programm nicht über I/O-Privilegen verfügt (d.h. CPL numerisch größer als IOPL ist).
n	aktualisiert das IF-Bit des Registers EFLAGS nicht, wenn das ausführende Programm keine I/O-Privilegien hat; läßt IOPL und VM unverändert, wenn das ausführende Programm nicht auf der Privilegstufe 0 läuft.
o	läßt sich nicht verwenden, um das PE-Bit des Registers CR0 zurückzusetzen. Zu diesem Zweck muß MOV CR0,<Reg> benutzt werden.
p	Schutzverletzungen beliebiger Art erzeugen keinen Interrupt, sondern setzen lediglich das ZF-Bit zurück.
q	für ESC-Befehle: der Prozessor prüft hier vor der Weitergabe an den Coprozessor, ob der Operand vollständig innerhalb der jeweiligen Segmentgrenzen liegt. Wenn nein, wird ein Interrupt 13 bzw. (für Stackzugriffe) ein Interrupt 12 ausgelöst.
r	das Sprungziel wird hinsichtlich der Segmentgrenzen überprüft; ihre Überschreitung hat einen Interrupt 13 zur Folge.

Befehlssatz des 80386/80486: Formate und Taktzyklen

Befehl	Format		Takte (486)	Cache Miss	Cache Hinw.	Takte (386)	allg. Hinw.
Datentransfer allgemein							
MOV = Move							
Reg ⇒ Reg	`1000100w`	`mod reg r/m`	1			2	b,h
Reg ⇒ Mem	`1000100w`	`mod reg r/m`	1			2	b,h
Mem ⇒ Reg	`1000101w`	`mod reg r/m`	1	2		4	b,h
Imm ⇒ Reg							
kurze Form	`1011w reg`	`Imm data`	1			2	b,h
lange Form	`1100011w`	`mod 000 r/m` `Imm data`	1			2	b,h
Imm ⇒ Mem	`1100011w`	`mod 000 r/m` `Imm data`	1			2	b,h
Mem ⇒ Akku	`1010000w`	`Displacement`	1	2		4	b,h
Akku ⇒ Mem	`1010000w`	`Displacement`	1			2	b,h
Reg ⇒ SegReg (RM)	`10001110`	`mod sreg 3r/m`	3			2	b
(Protected Mode)			9	3	I	18	h,i,j
Mem ⇒ SegReg (RM)	`10001110`	`mod sreg 3r/m`	3	2		5	b
(Protected Mode)			9	5	I	19	h,i,j
SegReg ⇒ Reg/Mem	`10001100`	`mod sreg 3r/m`	3			2	b,h
MOVZX/MOVSX = Move zero/sign extension (z = 0 MOVZX/z = 1 MOVSX)							
Reg ⇒ Reg	`00001111`	`1011z11w` `mod reg r/m`	3			3	b,h
Mem ⇒ Reg	`00001111`	`1011z11w` `mod reg r/m`	3	2		6	b,h
PUSH = Push							
Reg							
kurze Form	`01010 reg`		1			2	b,h
lange Form	`11111111`	`mod 110 r/m`	4			5	b,h
Mem	`11111111`	`mod 110 r/m`	4	1	A	5	b,h

Befehlssatz des 80386/80486: Formate und Taktzyklen

Befehl	Format	Takte (486)	Cache Miss	Cache Hinw.	Takte (386)	allg. Hinw.
PUSH (Forts.)						
SegReg						
kurze Form	`000 sreg 2110`	3			2	b,h
lange Form	`0000 1111` `10 sreg 3000`	3			2	b,h
Imm	`0110 10s0` `Imm data`	1			2	b,h
PUSHA = Push all	`0110 0000`	11			18	b,h
POP = Pop						
Reg						
kurze Form	`01011 reg`	1	2		4	b,h
lange Form	`10001111` `mod 00 r/m`	4	1		5	b,h
Mem	`10001111` `mod 00 r/m`	5	2	A	5	b,h
SegReg						
kurze Form (RM)	`000sreg2111`	3	2		7	b
lange Form (RM)	`00001111` `10 sreg 3001`	3	2		7	b
Protected Mode						
kurze Form		9	5	I	21	h,i,j
lange Form		9	5	I	21	h,i,j
POPA = Pop all	`0110 0001`	9	15	I	24	b,h
XCHG = Exchange						
Reg mit Reg	`1000011w` `mod reg r/m`	3		B	3	
Mem mit Reg	`1000011w` `mod reg r/m`	3		B	5	b,f,h
Reg mit Akku	`10010 reg`	5		B	3	
LEA = Load EA to reg	`10001101` `mod reg r/m`	1			2	

Befehlssatz des 80386/80486: Formate und Taktzyklen

Befehl	Format	Takte (486)	Cache Miss	Cache Hinw.	Takte (386)	allg. Hinw.
Segment-Kontrolle						
LDS = Load pointer to DS	11000101 | mod reg r/m	6	7	1	7	b
(Protected Mode)		12	10	1	22	h,i,j
LES = Load pointer to ES	11000100 | mod reg r/m	6	7	1	7	b
(Protected Mode)		12	10	1	22	h,i,j
LFS = Load pointer to FS	00001111 | 10110100 | mod reg r/m	6	7	1	7	b
(Protected Mode)		12	10	1	25	h,i,j
LGS = Load pointer to GS	00001111 | 10110101 | mod reg r/m	6	7	1	7	b
(Protected Mode)		12	10	1	25	h,i,j
LSS = Load pointer to SS	00001111 | 10110110 | mod reg r/m	6	7	1	7	b
(Protected Mode)		12	10	1	25	h,i,j
Flag-Kontrolle						
CLC = Clear carry flag	11111000	2			2	
CLD = Clear direction flag	11111100	2			2	
CLI = Clear interrupt enable flag	11111010	5			3	m
CMC = Complement carry flag	11110101	2			2	
LAHF = Load AH mit flags	10011111	3			2	
POPF = Pop flags	10011101	9			5	b
(Protected Mode)		6			5	h,n
PUSHF = Push flags	10011100	4			4	b
(Protected Mode)		3			4	h
SAHF = Store AH from flags	10011110	2			3	
STC = Set carry flag	11111001	2			2	
STD = Set direction flag	11111010	2			2	
STI = Set interrupt enable flag	11111011	5			3	m

Befehlssatz des 80386/80486: Formate und Taktzyklen

Befehl	Format	Takte (486)	Cache Miss	Cache Hinw.	Takte (386)	allg. Hinw.
Arithmetik						
TTT = 0 / ADD = Add						
TTT = 1 / OR = Logical OR						
TTT = 2 / ADC = Add with carry						
TTT = 3 / SBB = Subtract with borrow						
TTT = 4 / AND = Logical AND						
TTT = 5 / SUB = Subtract						
TTT = 6 / XOR = Logical exclusive OR						
Reg ⇒ Reg	00TTT0dw mod reg r/m	1			2	
Mem ⇒ Reg	00TTT01w mod reg r/m	2	2		6	b,h
Reg ⇒ Mem	00TTT00w mod reg r/m	3	6		7	b,h
Imm ⇒ Reg	10000sw mod TTT r/m Imm data	1			2	
Imm ⇒ Akku	00TTT10w Imm data	1			2	
Imm ⇒ Mem	10000sw mod TTT r/m Imm data	3	6		7	b,h
INC = Increment						
Reg, kurze Form	010000 reg	1			2	
Reg, lange Form	1111111w mod 000 r/m	1			2	
Mem	1111111w mod 000 r/m	3	6		6	b,h
DEC = Decrement						
Reg, kurze Form	01001 reg	1			2	
Reg, lange Form	1111111w reg 001 r/m Imm data	1			2	
Mem	1111111w reg 001 r/m Imm data	3	6		6	b,h
NOT = Logical NOT						
Reg		1			2	
Mem	1111011w mod 010 r/m	3	6		6	b,h

Befehlssatz des 80386/80486: Formate und Taktzyklen

Befehl	Format	Takte (486)	Cache Miss	Cache Hinw.	Takte (386)	allg. Hinw.
NEG = Negate						
Reg	`1111011w` `mod 011 r/m`	1			2	
Mem		3	6		6	b,h
CMP = Compare						
Reg mit Reg	`001110dw` `mod reg r/m`	1			2	
Mem mit Reg	`0011100w` `mod reg r/m`	2	2		5	b,h
Reg mit Mem	`0011101w` `mod reg r/m`	2	2		6	b,h
Imm mit Reg	`100000sw` `mod 111 r/m` Imm data	1			2	
Imm mit Mem	`100000sw` `mod 111 r/m` Imm data	2	2		5	b,h
Imm mit Akku	`0011110w` Imm data	1			2	
TEST = Logical AND, result to flags						
Reg mit Reg	`1000010w` `mod reg r/m`	1			2	
Mem mit Reg	`1000010w` `mod reg r/m`	2	2		5	b,h
Imm mit Reg	`1111011w` `mod 000 r/m` Imm data	1			2	
Imm mit Mem	`1111011w` `mod 000 r/m` Imm data	2	2		5	b,h
Imm mit Akku	`1010100w` Imm data	1			2	
AAA = ASCII adjust for add	`00110111`	3			4	
AAS = ASCII adjust for subtract	`00111111`	3			4	
DAA = Decimal adjust for add	`00100111`	2			4	
DAS = Decimal adjust for subtract	`00101111`	2			4	
MUL = Unsigned multiply						
Akku mit Reg	`1111011w` `mod 100 r/m`					
_byte		13..18		C	9..14	d
_word		13..26		C	9..22	d
_dword		13..42		C	9..38	d

Befehlssatz des 80386/80486: Formate und Taktzyklen

Befehl	Format	Takte (486)	Cache Miss	Cache Hinw.	Takte (386)	allg. Hinw.
MUL (Fortsetzung)						
Akku mit Mem	`1111011w` `mod 100 r/m`					
_byte		13.18	1	C	12.17	b,d,h
_word		13.26	1	C	12.25	b,d,h
_dword		13.42	1	C	12.41	b,d,h
IMUL = Integer multiply (signed)						
Akku mit Reg	`1111011w` `mod 100 r/m`					
_byte		13.18		C	9.14	d
_word		13.26		C	9.22	d
_dword		13.42		C	9.38	d
Akku mit Mem	`1111011w` `mod 100 r/m`					
_byte		13.18		C	12.17	b,d,h
_word		13.26		C	12.25	b,d,h
_dword		13.42		C	12.41	b,d,h
Reg mit Reg	`00001111` `10101111` `mod reg r/m`					
_byte		13.18		C	9.14	d
_word		13.26		C	9.22	d
_dword		13.42		C	9.38	d
Reg mit Mem	`00001111` `10101111` `mod reg r/m`					
_byte		13.18	1	C	12.17	b,d,h
_word		13.26	1	C	12.25	b,d,h
_dword		13.42	1	C	12.41	b,d,h
Reg mit Imm ⇒ Reg	`011000s1` `mod reg r/m` `Imm data`					
_byte		13.18		C	9.14	d
_word		13.26		C	9.22	d
_dword		13.42		C	9.38	d

Befehlssatz des 80386/80486: Formate und Taktzyklen

Befehl	Format	Takte (486)	Cache Miss	Cache Hinw.	Takte (386)	allg. Hinw.
IMUL (Fortsetzung)						
Mem mit Imm ⇒ Reg	`01100s1` `mod reg r/m` `Imm data`					
_byte		13.18	2	C	12.17	b,d,h
_word		13.26	2	C	12.25	b,d,h
_dword		13.42	2	C	12.41	b,d,h
DIV = Divide (unsigned)						
Akku durch Reg	`1111011w` `mod 110 r/m`					
_byte		16			14	e
_word		24			22	e
_dword		40			38	e
Akku durch Mem	`1111011w` `mod 110 r/m`					
_byte		16			17	b,e,h
_word		24			25	b,e,h
_dword		40			41	b,e,h
IDIV = Integer divide (signed)						
Akku durch Reg	`1111011w` `mod 111 r/m`					
_byte		19			19	e
_word		27			27	e
_dword		43			43	e
Akku durch Mem	`1111011w` `mod 111 r/m`					
_byte		20			22	b,e,h
_word		28			30	b,e,h
_dword		44			46	b,e,h
AAD = ASCII adjust for divide	`11010101` `00001010`	14			19	
AAM = ASCII adjust for multiply	`11010100` `00001010`	15			17	

Befehlssatz des 80386/80486: Formate und Taktzyklen

Befehl	Format		Takte (486)	Cache Miss	Cache Hinw.	Takte (386)	allg. Hinw.
CBW = Convert byte to word	10011000		3			3	
CWD = Convert word to dword	10011001		3			2	
Logik							
Shift/Rotate							
TTT = 0 / ROL = Rotate left							
TTT = 1 / ROR = Rotate right							
TTT = 2 / RCL = Rotate through carry left							
TTT = 3 / RCR = Rotate through carry right							
TTT = 4 / SHL/SAL = Shift left							
TTT = 5 / SHR = Shift right							
TTT = 7 / SAR = Shift arithmetic right							
Rotate via Carry (RCL/RCR)							
Reg um 1	1101000w	mod TTT r/m	3			9	
Mem um 1	1101000w	mod TTT r/m	4	6		10	b,h
Reg CL mal	1101001w	mod TTT r/m	8..30		D	9	
Mem CL mal	1101001w	mod TTT r/m	9..31	6	E	10	b,h
Reg Imm	1100000w	mod TT r/m	Imm Data (8)	8..30		D	9	
Mem Imm	1100000w	mod TT r/m	Imm Data (8)	9..31	6	E	10	b,h
Alle anderen (ROL/ROR/SHL/SHR/SAL/SAR)							
Reg um 1	1101000w	mod TTT r/m	3			3	
Mem um 1	1101000w	mod TTT r/m	4	6		7	b,h
Reg CL mal	1101001w	mod TTT r/m	3			3	
Mem CL mal	1101001w	mod TTT r/m	4	6		7	b,h
Reg Imm	1100000w	mod TTT r/m	Imm Data (8)	2			3	
Mem Imm	1100000w	mod TTT r/m	Imm Data (8)	4	6		7	b,h

Befehlssatz des 80386/80486: Formate und Taktzyklen

Befehl	Format				Takte (486)	Cache Miss	Cache Hinw.	Takte (386)	allg. Hinw.
SHRD/SHLD = Shift right/left double r = 0 / SHLD _ r = 1 / SHRD									
Reg Imm mal	00001111	1010r100	mod reg r/m	18	2			3	
Mem Imm mal	00001111	1010r100	mod reg r/m	18	3	6		7	
Reg CL mal	00001111	1010r101	mod reg r/m		3			3	
Mem CL mal	00001111	1010r101	mod reg r/m		4	5		7	
BSWAP = Byte swap	00001111	11001 reg			1			N/A	
XADD = Exchange and add									
Reg $\Rightarrow$ Reg	00001111	1100000w	mod reg r/m		3			N/A	
Mem $\Rightarrow$ Reg	00001111	1100000w	mod reg r/m		4	6		N/A	
CMPXCHG = Compare and Exchange									
Reg $\Rightarrow$ Reg	00001111	1011000w	mod reg r/m		6			N/A	
Mem $\Rightarrow$ Reg	00001111	1011000w	mod reg r/m		7..10	2	F	N/A	
String..Befehle									
CMPS = Compare byte/word/dword	1010011w				8	6	P	10	b,h
LODS = Load byte/word/dword	1010110w				5	2		5	b,h
MOVS = Move byte/word/dword	1010010w				7	2	P	7	b,h
SCAS = Scan byte/word/dword	1010111w				6	2		7	b,h
STOS = Store byte/word/dword	1010101w				5			4	b,h
REPE/REPNE CMPS = Repeated compare									
ECX = 0					5			5	b,h
ECX > 0					7+7c		P,Q	5+9c	b,h
REP LODS = Repeated load									
ECX = 0					5			5	b,h
ECX > 0					7+4c		P,R	5+6c	b,h

Befehlssatz des 80386/80486: Formate und Taktzyklen

Befehl	Format	Takte (486)	Cache Miss	Cache Hinw.	Takte (386)	allg. Hinw.
REP MOVS = Repeated move						
ECX = 0		5			7	b,h
ECX = 1		13	1	P	11	b,h
ECX > 1		12+3c		P,S	7+4c	b,h
REPE/REPNE SCAS = Repeated scan						
ECX = 0		5			5	b,h
ECX > 0		7+5c		T	5+8c	b,h
REP STOS = Repeated store						
ECX = 0		5			5	b,h
ECX > 0		7+5c		T	5+5c	b,h
XLAT = Translate byte	11010111	4	2		5	h
Bit-Befehle						
BSF = Bit scan forward						
Reg, Reg	00001111 10111100 mod reg r/m	6..42		L	10+3b	
Mem, Reg	00001111 10111100 mod reg r/m	7..43	2	M	10+3b	b,h
BSR = Bit scan reverse						
Reg, Reg	00001111 10111101 mod reg r/m	6..103		N	10+3b	
Mem, Reg	00001111 10111101 mod reg r/m	7..104	2	O	10+3b	b,h
BT = Bit test						
Reg, Imm	00001111 10111010 mod 100 r/m I8	3			3	
Mem, Imm	00001111 10111010 mod 100 r/m I8	3	1		6	b,h
Reg, Reg	00001111 10100011 mod reg r/m	3			3	
Mem, Reg	00001111 10100011 mod reg r/m	8	2		12	b,h

Befehlssatz des 80386/80486: Formate und Taktzyklen

Befehl	Format		Takte (486)	Cache Miss	Cache Hinw.	Takte (386)	allg. Hinw.
Bit modify							
TTT = 5 / BTS = Bit test and set							
TTT = 6 / BTR = Bit test and reset							
TTT = 7 / BTC = Bit test and complement							
Reg, Imm	00001111 10111010	mod TTT r/m	18 6			6	
Mem, Imm	00001111 10111010	mod TTT r/m	18 8	2		8	b,h
Reg, Reg	00001111 10111011	mod TTT r/m	6			6	
Mem, Reg	00001111 10111011	mod TTT r/m	13	3		13	b,h
SETccc = Set byte on condition	00001111 1001cccc	mod 000 r/m					
cccc = 00 / SETO = Set if overflow							
cccc = 01 / SETNO = Set if no overflow							
cccc = 02 / SETB/SETNAE = Set if below/Set if not above or equal							
cccc = 03 / SETNB/SETAE = Set if not below/Set if above or equal							
cccc = 04 / SETE/SETZ = Set if equal/Set if zero							
cccc = 05 / SETNE/SETNZ = Set if not equal/Set if not zero							
cccc = 06 / SETBE/SETNA = Set if below or equal/Set if not above							
cccc = 07 / SETNBE/SETA = Set if not below or equal/Set if above							
cccc = 08 / SETS = Set if signed							
cccc = 09 / SETNS = Set if not signed							
cccc = 10 / SETP/SETPE = Set if parity/Set if parity even							
cccc = 11 / SETNP/SETPO = Set if not parity/Set if parity odd							
cccc = 12 / SETL/SETNGE = Set if less/Set if not greater or equal							
cccc = 13 / SETNL/SETGE = Set if not less/Set if greater or equal							
cccc = 14 / SETLE/SETNG = Set if less or equal/Set if not greater							
cccc = 15 / SETNLE/SETG = Set if not less or equal/Set if greater							

Befehlssatz des 80386/80486: Formate und Taktzyklen

Befehl	Format	Takte (486)	Cache Miss	Cache Hinw.	Takte (386)	allg. Hinw.
SET ccc (Fortsetzung)						
Reg (Bedingung trifft zu)		4			4	h
Reg (Bedingung unzutreffend)		3			4	h
Mem (Bedingung trifft zu)		3			5	h
Mem (Bedingung unzutreffend)		4			5	h
Bedingte Sprünge						
Jcc = Jump byte on condition						
8 Bit Displacement	`0111cccc` `Displacement (8)`					
16/32 Bit Displacement	`00001111` `1000cccc` `Displacement`					
cccc = 00 / JO = Jump if overflow						
cccc = 01 / JNO = Jump if no overflow						
cccc = 02 / JB/JNAE = Jump if below/Jump if not above or equal						
cccc = 03 / JNB/JAE = Jump if not below/Jump if above or equal						
cccc = 04 / JE/JZ = Jump if equal/Jump if zero						
cccc = 05 / JNE/JNZ = Jump if not equal/Jump if not zero						
cccc = 06 / JBE/JNA = Jump if below or equal/Jump if not above						
cccc = 07 / JNBE/A = Jump if not below or equal/Jump if above						
cccc = 08 / JS = Jump if signed						
cccc = 09 / JNS = Jump if not signed						
cccc = 10 / JP/JPE = Jump if parity/Jump if parity even						
cccc = 11 / JNP/JPO = Jump if not parity/Jump if parity odd						
cccc = 12 / JL/JNGE = Jump if less/Jump if not greater or equal						
cccc = 13 / JNL/JGE = Jump if not less/Jump if greater or equal						
cccc = 14 / JLE/JNG = Jump if less or equal/Jump if not greater						
cccc = 15 / JNLE/JG = Jump if not less or equal/Jump if greater						

Befehlssatz des 80386/80486: Formate und Taktzyklen

Befehl	Format	Takte (486)	Cache Miss	Cache Hinw.	Takte (386)	allg. Hinw.
Jcc (Fortsetzung)						
Sprung ausgeführt		3		W	7+m	r
Sprung nicht ausgeführt		1		W	3	
JCXZ/JECXZ = Jump if CX/ECX is zero	11100011 Displacement (8)					
Sprung ausgeführt		8		W	9+m	r
Sprung nicht ausgeführt		5		W	5	
LOOP = Loop ECX times	11100010 Displacement (8)					
Sprung ausgeführt		7		W	11+m	r
Sprung nicht ausgeführt		6		W	11	
LOOPE/LOOPZ = Loop if equal/zero	11100001 Displacement (8)					
Sprung ausgeführt		9		W	11+m	r
Sprung nicht ausgeführt		6		W	11	
LOOPNE/LOOPNZ = Loop if not equal/not zero	11100000 Displacement (8)					
Sprung ausgeführt		9		W	11+m	r
Sprung nicht ausgeführt		6		W	11	
Sprünge und Aufrufe						
JMP = Unconditional branch						
Kurz	11101001 Displacement (8)	3	3	G,W		7+m r
Direkt innerhalb Segment	11101001 Displacement	3		G,W	7+m	r
Reg ind. in Segment	11111111 mod 100 r/m	5		G	7+m	r
Mem ind. in Segment	11111111 mod 100 r/m	5	5	G,V	10+m	b,h,r
Direkt Intersegment (Real Mode)	11101010 vorzeichenloser Offset, Selektor	17	2		12+m	r
Direkt Intersegment (Protected Mode)		19	3	I	27+m	j,k,r
Via Call Gate, gleiche Pv-Stufe		32	6	I	45+m	h,j,k,r
Via Task Gate		43+TS	3	I,J	44+TS	

Befehlssatz des 80386/80486: Formate und Taktzyklen

Befehl	Format	Takte (486)	Cache Miss	Cache Hinw.	Takte (386)	allg. Hinw.
Direkt Intersegment (PM, Fortsetzung)						
Via TSS		42+TS	3	I,J	44+TS	
Indirekt Intersegment (Real Mode)	11111111 mod 101 r/m	13	9	G,I	17+m	b
Indirekt Intersegment (Protected Mode)		18	10	I	31+m	h,j,k,r
Via Call Gate, gleiche Pv-Stufe		31	13	I	49+m	
Via Task Gate		41+TS	10	I,J	49+TS	
Via TSS		42+TS	10	I,J	49+TS	
CALL = Call						
Direkt innerhalb Segment	11101000 Displacement	3		G,W	7+m	b,r
Reg ind. in Segment	11111111 mod 010 r/m	5		G,W	7+m	b,r
Mem ind. in Segment	11111111 mod 010 r/m	5	5	G	10+m	b,h,r
Direkt Intersegment (Real Mode)	10011010 vorzeichenloser Offset, Selektor	18	2	G,V	17+m	b,h,r
Direkt Intersegment (Protected Mode)		20	3	I	34+m	b,j,k,r
Via Call Gate, selbe Pv-Stufe		35	6	I	52+m	h,j,k,r
Via Call Gate, andere Pv-Stufe, keine Parameter		69	17	I	86+m	h,j,k,r
Via Call Gate, andere Pv-Stufe, x Parameter		77+4x	17+x	I,K	94+4x+m	h,j,k,r
Via Task Gate		38+TS	3	I,J	45+TS	
Via TSS		37+TS	3	I,J	45+TS	
Indirekt Intersegment (Real Mode)	11111111 mod 011 r/m	17	8	G	22+m	
Indirekt Intersegment (Protected Mode)		20	10	I	38+m	h,j,k,r
Via Call Gate, selbe Pv-Stufe		35	13	I	52+m	h,j,k,r
Via Call Gate, andere Pv-Stufe, keine Parameter		69	24	I	86+m	h,j,k,r
Via Call Gate, andere Pv-Stufe, x Parameter		77+4x	24+x	I,K	94+4x+m	h,j,k,r
Via Task Gate		38+TS	10	I,J	49+TS	
Via TSS		37+TS	10	I,J	49+TS	

Befehlssatz des 80386/80486: Formate und Taktzyklen

Befehl	Format		Takte (486)	Cache Miss	Cache Hinw.	Takte (386)	allg. Hinw.
RET = Return from call							
In Segment	11000011		5	5		10+m	b,g,h,r
In Segment, Korrektur ESP	11000010	Displacement (16)	5	5		10+m	b,g,h,r
Intersegment (Real Mode)	11001011		13	8	G	18+m	b
Intersegment, Korrektur ESP (Real Mode)	11001010	Displacement (16)	14	8	G	18+m	b
Intersegment (Protected Mode)			17	9	I	32+m	g,h,j,k,r
Intersegment, Korrektur ESP (Protected Mode)			18	9	I	32+m	g,h,j,k,r
Intersegment, zu anderer Pv-Stufe			35	12	I	68	h,j,k,r
Intersegment, zu anderer Pv-Stufe, mit Korr. ESP			36	12	I	68	h,j,k,r
ENTER = Enter procedure	11001000	Displacement (16), Ebene (8)					
Ebene = 0			14			10	b,h
Ebene = 1			17			12	b,h
Ebene (l) > 1			17+3l			15+4l	b,h
LEAVE = Leave procedure	11001001		5	1	H	4	b,h
Software-Interrupts							
INT3 = Debug interrupt	11001100		int		U	int	b
INTO = Interrupt on overflow	11001110						
Interrupt ausgeführt			2+int		U	2+int	b,e
Interrupt nicht ausgeführt			3			3	
INT = Interrupt n	11001101	Typ	4+int		U	4+int	b,e
BOUND = Interrupt if out of range	01100010	mod r/m					
Interrupt ausgeführt			24+int	7	U	11+int	b,e
Interrupt nicht ausgeführt			7	7	U	10	
IRET = Interrupt return	11001111						
Real Mode/V86 Mode			15	8		22	

Befehlssatz des 80386/80486: Formate und Taktzyklen

Befehl	Format	Takte (486)	Cache Miss	Cache Hinw.	Takte (386)	allg. Hinw.
IRET (Fortsetzung)						
Protected Mode, selbe Pv-Stufe		20	11	1	38	g,h,j,k,r
Protected Mode, andere Pv-Stufe		36	19	1	82	g,h,j,k,r
Protected Mode, verschachtelte Task		32+TS	4	I,J	16+TS	
Interrupts (INT) allgemein						
Real Mode		26	2		33	
Protected Mode via Gate, selbe Pv-Stufe		44	6	1	59	
Protected Mode via Gate, andere Pv-Stufe		71	17	1	99	
Protected Mode via Task Gate		37+TS	3	I,J	50+TS	
V86 Mode via Gate		82	17			
V86 Mode via Task Gate		37+TS	3	J	50+TS	
Task..Umschaltungen allgemein						
Zu 286 TSS		143	31		232..237	
Zu 386/486 TSS		162	55		259..266	
Zu V86 TSS		140	37		178	
Processor-Kontrolle						
HLT = Halt	11110100	4			5	
MOV = Move to/from control or debug Reg						
Reg ⇒ CR0	00001111 00100010 11eeereg	17	2		10	1
Reg ⇒ CR2..3	00001111 00100010 11eeereg	4			4.5	1
CRx ⇒ Reg	00001111 00100000 11eeereg	4			6	1
DR0..3 ⇒ Reg	00001111 00100001 11eeereg	9			22	1
DR6..7 ⇒ Reg	00001111 00100001 11eeereg	9			16	1
Reg ⇒ DR0..3	00001111 00100011 11eeereg	10			22	1
Reg ⇒ DR6..7	00001111 00100011 11eeereg	10			14	1

Befehlssatz des 80386/80486: Formate und Taktzyklen

Befehl	Format	Takte (486)	Cache Miss	Cache Hinw.	Takte (386)	allg. Hinw.
MOV (Fortsetzung)						
TRx ⇒ Reg	00001111 | 00100100 | 11eeereg	4			12	1
Reg ⇒ TRx	00001111 | 00100110 | 11eeereg	4			12	1
CLTS = Clear task switched bit	00001111 | 00000110	7	2		5	c,l
INVD = Invalidate cache	00001111 | 00001000	4			N/A	
WBINVLD = Write back and invalidate cache	00001111 | 00001001	5			N/A	
INVLPG = Invalidate TLB entry	00001111 | 00000001 | mod 111 r/m	12			N/A	
NOP = No operation	10010000	1			3	
Präfixe						
ADRSIZ = Address size override	01100111	1			0	
OPSIZ = Operand size override	01100110	1			0	
LOCK = Bus lock	11110000	1			0	
CS = Code segment override	00101110	1			0	
DS = Data segment override	00111110	1			0	
ES = Extra segment override	00100110	1			0	
FS = FS segment override	01100100	1			0	
GS = GS segment override	01100101	1			0	
SS = Stack segment override	00110110	1			0	
Schutzkontrolle						
ARPL = Adjust requested privilege level	01100011 | mod r/m					
Via Reg		9			20	a
Via Mem		9			21	a,h
LAR = Load access rights	00001111 | 00000010 | mod r/m					
Via Reg		11	3		15	a
Via Mem		11	5		16	a,g,h,j,p

575

Befehlssatz des 80386/80486: Formate und Taktzyklen

Befehl	Format			Takte (486)	Cache Miss	Cache Hinw.	Takte (386)	allg. Hinw.
LGDT = Load GDT Reg	00001111	00000001	mod 010 r/m	12	5		11	b,c,h,l
LIDT = Load IDT Reg	00001111	00000001	mod 011 r/m	12	5		11	b,c,h,l
LLDT = Load LDT Reg	00001111	00000000	mod 010 r/m					
Via Reg				11	3		20	a
Via Mem				11	6		24	a,g,h,j,l
LMSW = Load machine status word	00001111	00000001	mod 110 r/m					
Via Reg				13			10	b,c,h,l
Via Mem				13	1		13	b,c,h,l
LSL = Load segment limit	00001111	00000011	mod reg r/m					
Via Reg				10	3		20..25	a,g,h,j,p
Via Mem				10	6		21..26	a,g,h,j,p
LTR = Load task Reg	00001111	00000000	mod 001 r/m					
Via Reg				20			23	a,g,h,j,l
Via Mem				20			27	a,g,h,j,l
SGDT = Store GDT Reg	00001111	00000001	mod 000 r/m	10			9	b,c,h
SIDT = Store IDT Reg	00001111	00000001	mod 001 r/m	10			9	b,c,h
SLDT = Store SDT Reg	00001111	00000000	mod 000 r/m					
In Reg				2			2	a,h
In Mem				3			2	a,h
SMSW = Store machine status word	00001111	00000001	mod 100 r/m					
In Reg				2			10	b,c,h,l
In Mem				3			13	b,c,h,l
STR = Store task Reg	00001111	00000000	mod 001 r/m					
In Reg				2			2	a,h
In Mem				3			2	a,h

Befehlssatz des 80386/80486: Formate und Taktzyklen

Befehl	Format			Takte (486)	Cache Miss	Cache Hinw.	Takte (386)	allg. Hinw.
VERR = Verify read access								
Reg	00001111	0000000	mod 100 r/m	11	3		10	a,g,h,j,p
Mem				11	7		11	a,g,h,j,p
VERW = Verify write access								
Reg	00001111	0000000	mod 101 r/m	11	3		15	a,g,h,j,p
Mem				11	7		16	a,g,h,j,p
I/O-Befehle								
IN = Input from port								
Fixer Port	1110010w	Portnummer	26					
Variabler Port	1110111w		27					
Real Mode				14			12/13	
Protected Mode (CPL ≤ IOPL)				9/8			6/7	
Protect mode (CPL > IOPL)				29/28			26/27	
V86 Mode				27			26/27	
OUT = Output to port								
Fixer Port	1110011w	Portnummer	24					
Variabler Port	1110111w		25					
Real Mode				16			10/11	
Protected Mode (CP ≤ IOPL)				10/11			4/5	
Protect mode (CPL > IOPL)				31/30			24/25	
V86 Mode				29			24/25	
INS = Input string	0110110w		29					
Real Mode				17			15	
Protected Mode (CPL ≤ IOPL)				10			9	

Befehlssatz des 80386/80486: Formate und Taktzyklen

Befehl	Format	Takte (486)	Cache Miss	Cache Hinw.	Takte (386)	allg. Hinw.
INS (Fortsetzung)						
Protect mode (CPL>IOPL)		32			29	
V86 Mode		30			29	
OUTS = Output string	`0110111w`					
Real Mode		17			14	
Protected Mode (CPL ≤ IOPL)		10			8	
Protect mode (CPL > IOPL)		32			28	
V86 Mode		30			28	
REP INS = Repeated input string	`11110010 0110110w` 27+6n					
Real Mode		16+8c			13+6c	
Protected Mode (CPL ≤ IOPL)		10+8c			7+6c	
Protect mode (CPL > IOPL)		30+8c			27+6c	
V86 Mode		29+8c			27+6c	
REP OUTS = Repeated output string	`11110010 0110111w` 26+5n					
Real Mode		17+5c			12+5c	
Protected Mode (CPL ≤ IOPL)		11+5c			6+5c	
Protect mode (CPL > IOPL)		31+5c			26-5c	
V86 Mode		30+5c			26-5c	

Legende zu den Cache-Hinweisen

Zeichen	Bedeutung
A	Taktzyklen gelten für den Fall, daß Operanden- und Stackadresse in verschiedenen Zeilen des Cache gespeichert sind
B	LOCK grundsätzlich aktiv, Cache bleibt während des Befehls gesperrt
C	Taktzyklen werden nach der Formel $10 + \max(\log_2(\mathrm{abs}(m)), n)$ berechnet, wobei m für den Wert des Multiplikators steht, $n = 3$ für positive, 5 für negative ms
D	Taktzyklen = { Quotient(Zähler/Operandenlänge)}*7+9 = 8, wenn Zähler ≤ Operandenlänge (8,16,32 Bit)
E	Taktzyklen = { Quotient(Zähler/Operandenlänge)}*7+9 = 9, wenn Zähler ≤ Operandenlänge (8,16,32 Bit)
F	sowohl für Gleichheit als auch für Ungleichheit (zusätzliche Zyklen unabhängig von LOCK)
G	Taktzyklen gelten für den Fall, daß Operandenadressen für Leseaktionen (Indirektion), PUSH- und POP-Operationen sowie der Sprung in unterschiedlichen Cache-Zeilen gespeichert sind
H	pro Füllaktion einer Cache-Zeile (16 Bytes) werden 6 Taktzyklen gebraucht
I	Ladeaktionen eines noch nicht in den Schattenregistern enthaltenen Deskriptors benötigen 11 Taktzyklen
J	die Anzahl der für Task-Wechsel benötigten Takte (»TS«) finden Sie in den entsprechenden Tabelleneinträgen
K	pro Füllaktion einer Cache-Zeile (16 Bytes) werden 4 Taktzyklen gebraucht
L	Taktzyklen = $8+4(b+1) + 3(i+1) + 3(n+1) = 6$, falls der zweite Operand den Wert 0 hat. ($b = 0..3$, Byte-Nummer $<> 0$; $i = 0..1$, Nibble-Nummer $<> 0$; $n = 0..3$, Bitnummer innerhalb des Nibbles)
M	Taktzyklen = $9+4(b+1) + 3(i+1) + 3(n+1) = 7$, falls der zweite Operand den Wert 0 hat. (b, i und n wie bei Punkt L).
N	Taktzyklen = $7+3(32-n)$, wobei n = Bitposition (0..31)
O	Taktzyklen = $8+3(32-n)$, wobei n = Bitposition (0..31)
P	Taktzyklen gelten für den Fall, daß beide Strings in verschiedenen Zeilen des Cache gespeichert sind

Zeichen	Bedeutung
Q	Falls nicht im Cache enthalten, werden 6 Taktzyklen pro 16 Bytes fällig, die der Prozessor jeweils beim ersten Vergleich innerhalb der Seite einschiebt, um den Cache zu füllen.
R	Falls nicht im Cache enthalten, werden 2 Taktzyklen pro 16 Bytes fällig (ansonsten wie Q).
S	Falls nicht im Cache enthalten, werden 4 Taktzyklen pro 16 Bytes kopierter Daten fällig. Der Prozessor schiebt beim Kopieren des ersten Datums einen, beim Kopieren des zweiten Datums 3 Zyklen ein.
T	Falls nicht im Cache enthalten, werden 4 Taktzyklen pro 16 Bytes verglichener Daten fällig. Der Prozessor schiebt beim Vergleich des ersten Datums 2 Zyklen, beim Vergleich des zweiten Datums ebenfalls 2 Zyklen ein.
U	siehe Tabelleneinträge der einzelnen Interrupts
V	Wenn sowohl ein Displacement als auch ein direkter Wert verwendet werden, erhöht sich die Anzahl der Taktzyklen um eins.
W	Falls nicht im Cache enthalten, wird für ungerade Operandenadressen ein weiterer Zyklus gebraucht.

Codierung der Befehle

Sämtliche Befehle des Prozessors bauen auf ein allgemeines Format auf, das Abbildung D.1 wiedergibt. Sie beginnen grundsätzlich mit einem Opcode, der sich aus ein oder zwei Bytes zusammensetzt, der Rest ist optional: Eine Adreßangabe, die ihrerseits aus dem »r/m-Byte« und/oder einem »s/i/b«-Byte bestehen kann, ein Displacement mit 8, 16 oder 32 Bits sowie direkt angegebene Daten in Form von 1, 2 oder 4 Bytes.

TTTTTTTT	TTTTTTTT	mod TTT r/m	SS Index Basis	D32|16|8|–	I32|16|8|–
Opcode (1 | 2 Bytes) (T = Opcode–Bits)		r/m–Byte Register/Adressierungsmodi	s–i–b–Byte	Displacement	direkt angegebene Daten

Abbildung D.1 - Allgemeines Befehlsformat

Der Opcode selbst kann unter Umständen einige zusätzliche Informationen enthalten - wie beispielsweise die Wortgröße des Displacements, die Art der Vorzeichenerweiterung oder die Kennziffer des verwendeten Registers.

Befehlsformat und Zeitbedarf

Bei Befehlen, die mit Speicheroperanden arbeiten, folgt dem Opcode praktisch immer ein r/m-Byte, das sich aus den Feldern mod (Adressierungsmodus), r/m (register/memory) und drei weiteren Opcode-Bytes (»TTT«) zusammensetzt. Diesem Byte entnimmt der Prozessor die Information, ob der Befehl ein »s-i-b-Byte« (»Scale-Index-Base«) enthält, das seinerseits die endgültige Art der Adressierung festlegt.

Ein Displacement kann bei Befehlen mit Speicheroperanden also entweder direkt auf das r/m-Byte oder auf die Kombination von r/m- und s-i-b-Byte folgen. Mögliche Größen für Displacements sind 8, 16 und 32 Bit.

Direkt angegebene Operanden stellen grundsätzlich den letzten Teil eines Befehls dar, sie können ihrerseits zwischen einem und vier Bytes belegen.

Die folgende Tabelle listet sämtliche Felder auf, die in Prozessorbefehlen erscheinen können (und wie gesagt in einigen Fällen direkter Bestandteil des jeweiligen Opcodes sind):

Feld	Bits	Beschreibung
w	1	»word« - legt fest, ob Daten und Operanden aus einem oder (je nach Betriebsmodus) aus 16 bzw. 32 Bits bestehen
d	1	»direction« - legt fest, welcher Operand das Ziel und welcher die Quelle einer Operation darstellt
s	1	»sign extend« - gibt an, ob direkt angegebene Daten vorzeichenbehaftet erweitert werden müssen
reg	3	Kennziffer des Ziel-/Quellregisters (von AX .. SI)
r/m	3	»register/memory« - Adressierungsart (auch für Register)
mod	2	»mode« - Adressierungsart, zusammen mit »r/m«
ss	2	»scale« - Faktor für skalierte Indizierungen
index	3	Kennziffer eines allgemeinen Rechenregisters, das als Index verwendet wird (von AX .. SI)
base	3	Kennziffer eines allgemeinen Rechenregisters, das als Basis verwendet wird (von AX .. SI)
sreg2	2	legt das zu verwendende Segmentregister fest (CS, SS, DS, ES)
sreg3	3	legt ebenfalls das zu verwendende Segmentregister fest (CS, SS, DS, FS und GS)
cccc	4	legt bei bedingten Befehlen (Jcc, SETcc) die zu prüfenden Bedingungen (Flags) fest
eee	3	Kennziffern von Debug-, Steuer- und Test-Registern bei MOV-Befehlen

Die Verwendung der einzelnen Werte innerhalb dieser Felder ist in den Tabellen des folgenden Abschnitts aufgeschlüsselt.

Erweiterungen von 16 auf 32 Bit

Der 80386 und seine Nachfolger erweitern den Befehlssatz der Prozessoren 8086, 80186 und 80286 in zwei Richtungen: Sämtliche Befehle im Zusammenhang mit 16-Bit-Registern sind hier auch für 32-Bit-Register definiert, sämtliche Speicheradressierungen lassen sich alternativ mit 16 und mit 32 Bit erledigen.

Die vollständige Orthogonalität dieser Erweiterungen wurde durch eine Unterscheidung zwischen 16-Bit- und 32-Bit-Code über das D-Bit im Selektor des jeweiligen Codesegments sowie zwei neue Präfixe erreicht. Das D-Bit legt fest, ob der Prozessor standardmäßig von Operanden und Adressen mit 16 oder mit 32 Bit ausgeht. Es ist in 80286-kompatiblen Codesegmenten sowie im Real Mode und im virtuellen 8086er-Modus zurückgesetzt, weshalb der Prozessor dort bei Registern, Operanden und Speicheradressen mit 16 Bit Wortbreite arbeitet.

Wenn dieses Bit gesetzt ist, interpretiert der Prozessor 80286-kompatible Opcodes dagegen als Befehle zur Bearbeitung von 32 Bit breiten Operanden, Adressen und Registern. Damit 16-Bit-Befehle auch in diesem Modus zur Verfügung stehen, wurden zwei Präfixe eingeführt, die als Umschalter arbeiten:

- ADRSIZ leitet einen Befehl ein, dessen Adressengröße vom momentan gesetzten Modus abweicht, d.h. schaltet bei gesetztem D-Bit von 32 auf 16 Bit bzw. bei zurückgesetztem D-Bit von 16 auf 32 Bit um.

- OPSIZ leitet einen Befehl ein, dessen Operandengröße vom momentan gesetzten Modus abweicht, und arbeitet nach demselben Prinzip wie ADRSIZ, d.h. ebenfalls als Umschalter.

Falls notwendig, lassen sich einem Befehl beide Präfixe auf einmal voranstellen (was in sämtlichen Fällen der Assembler automatisch übernimmt). Sie sind nicht nur im 80286-kompatiblen Protected Mode, sondern auch im Real Mode sowie im virtuellen 8086er-Modus verfügbar.

Solange nicht explizit festgelegt, lassen Operationen mit 8 und 16 Bit die höherwertigen Teile der jeweiligen Register unverändert.

Codierung der Befehlsfelder

Wie auf den vorangehenden Seiten erläutert, setzen sich Befehle aus mehreren Bytes zusammen, die ihrerseits wieder in einzelne (und teilweise vom jeweiligen Befehl abhängige) Felder zerfallen. Die folgenden Abschnitte erläutern diese Felder im Detail und listen die Bedeutung der einzelnen Werte auf.

w - Wortgröße

Dieses Bit legt bei der Bearbeitung von Datenoperanden in Kombination mit dem D-Bit des aktiven Codesegments die Wortgröße fest. Insgesamt lassen sich mit w und D vier Kombinationen bilden:

w	D	Operandengröße
0	0	8 Bit
0	1	8 Bit
1	0	16 Bit
1	1	32 Bit

reg - Register-Kennziffer

Dieses Feld legt das Ziel- oder Quellregister einer Operation fest. Es kann entweder als Teil des Opcodes, als Feld *reg* des r/m-Bytes oder auch (in einigen Befehlen) als Feld *r/m* dieses Bytes erscheinen.

Da sich die Register nicht nur vollständig, sondern auch in Teilen adressieren lassen, muß der Prozessor hier zwischen zwei Befehlsarten (mit und ohne w-Bit) sowie zwischen Operanden mit 16 und 32 Bit (D-Bit im Codesegment-Deskriptor) unterscheiden.

Für Opcodes, die kein w-Bit enthalten, gilt die folgende Zuordnung:

reg	D-Bit = 0	D-Bit = 1
000	AX	EAX
001	CX	ECX
010	DX	EDX
011	BX	EBX
100	SP	ESP
101	BP	EBP
110	SI	ESI
111	DI	EDI

Opcodes, die ein w-Bit enthalten (und damit zwischen Registerteilen unterscheiden), ordnen diesem Feld dagegen die folgenden Bedeutungen zu:

reg	w-Bit	D-Bit = 0	D-Bit = 1
000	0		AL
001	0		CL
010	0		DL
011	0		BL
100	0		AH
101	0		CH
110	0		DH
111	0		BH
000	1	AX	EAX
001	1	CX	ECX
010	1	DX	EDX
011	1	BX	EBX
100	1	SP	ESP
101	1	BP	EBP
110	1	SI	ESI
111	1	DI	EDI

Anders gesagt: wenn das w-Bit zurückgesetzt ist, adressiert das Feld *reg* unabhängig vom über das D-Bit gesetzten Modus die Byte-Hälften der Register AX .. DX.

sreg2 und sreg3 - Segmentregister

Der 80386 und seine Nachfolger definieren zwei zusätzliche Segmentregister namens FS und GS, d.h. erhöhen die Gesamtzahl dieser Register von vier auf sechs. Aus diesem Grund existiert eine größere Anzahl von (80286-kompatiblen) Befehlen, die das beteiligte Segmentregister mit zwei Bits codieren; zusätzlich hinzugekommene Befehle verwenden dagegen drei Bits.

Die Bedeutung der einzelnen Werte:

sreg2	Segmentregister
00	ES
01	CS
10	SS
11	DS

sreg3	Segmentregister
000	ES
001	CS
010	SS
011	DS
100	FS
101	GS
110	reserviert, darf nicht verwendet werden
111	reserviert, darf nicht verwendet werden

Codierung der Addressierungsart

Speicheradressierungen beliebiger Art mit Ausnahme von Spezialbefehlen wie PUSH und POP setzen sich aus einem Opcode und einem r/m-Byte zusammen, dem optional ein s-i-b-Byte folgen kann.

Das s-i-b-Byte stellt eine Erweiterung gegenüber dem 80286 dar und wird folglich nur bei Adressierungen mit 32 Bit benutzt. Sein Vorhandensein in einem Befehl wird über den Wert 100b im Feld *r/m* in Kombination mit den Werten 00b, 01b oder 10b im Feld *mod* des r/m-Bytes signalisiert: In diesem Fall setzt sich die Adressierung aus dem Feld *mod* selbst sowie den Feldern *ss*, *index* und *base* des s-i-b-Bytes zusammen. (Das primär zur Bestimmung der Adressierungsart verwendete r/m-Byte enthält noch drei weitere Bits, die im Abbildung D.1 als TTT bezeichnet sind und je nach Befehl entweder eine Erweiterung des Opcodes oder die Kennziffer eines Registers darstellen.)

Nicht nur die Berechnung von Adressen, sondern auch die Interpretation des r/m-Bytes ist beim 80386 und seinen Nachfolgern vom D-Bit des aktiven Codesegments (bzw. einem vorangestellten ADRSIZ-Präfix) abhängig. Die folgenden Tabellen geben die möglichen Kombinationen von Adressengrößen, r/m-Byte und s-i-b-Byte wieder.

mod	r/m	Adressierung mit 32 Bit, ohne s-i-b-Byte Effektive Adresse
00	000	DS:[EAX]
00	001	DS:[ECX]
00	010	DS:[EDX]
00	011	DS:[EBX]
00	100	weitere Festlegung über s-i-b-Byte
00	101	DS:[d32]
00	110	DS:[ESI]
00	111	DS:[EDI]
01	000	DS:[EAX+d8]
01	001	DS:[ECX+d8]
01	010	DS:[EDX+d8]
01	011	DS:[EBX+d8]
01	100	weitere Festlegung über s-i-b-Byte
01	101	SS:[EBP+d8]
01	110	DS:[ESI+d8]
01	111	DS:[EDI+d8]
10	000	DS:[EAX+d32]
10	001	DS:[ECX+d32]
10	010	DS:[EDX+d32]
10	011	DS:[EBX+d32]
10	100	weitere Festlegung über s-i-b-Byte
10	101	SS:[EBP+d32]
10	110	DS:[ESI+d32]
10	111	DS:[EDI+d32]
11	000	für w = 0: AL, für w = 1: AX bzw. EAX, abhängig vom D-Bit
11	001	für w = 0: CL, für w = 1: CX bzw. ECX, abhängig vom D-Bit
11	010	für w = 0: DL, für w = 1: DX bzw. EDX, abhängig vom D-Bit
11	011	für w = 0: BL, für w = 1: BX bzw. EBX, abhängig vom D-Bit

Befehlsformat und Zeitbedarf

mod	r/m	Adressierung mit 32 Bit, ohne s-i-b-Byte Effektive Adresse
11	100	für w = 0: AH, für w = 1: SP bzw. ESP, abhängig vom D-Bit
11	101	für w = 0: CH, für w = 1: BP bzw. EBP, abhängig vom D-Bit
11	110	für w = 0: DH, für w = 1: SI bzw. ESI, abhängig vom D-Bit
11	111	für w = 0: BH, für w = 1: DI bzw. EDI, abhängig vom D-Bit

mod	base	Adressierung mit 32 Bit und s-i-b-Byte Effektive Adresse
00	000	DS:[EAX+skalierter Index]
00	001	DS:[ECX+skalierter Index]
00	010	DS:[EDX+skalierter Index]
00	011	DS:[EBX+skalierter Index]
00	100	DS:[ESP+skalierter Index]
00	101	DS:[d32+skalierter Index]
00	110	DS:[ESI+skalierter Index]
00	111	DS:[EDI+skalierter Index]
01	000	DS:[EAX+skalierter Index+d8]
01	001	DS:[ECX+skalierter Index+d8]
01	010	DS:[EDX+skalierter Index+d8]
01	011	DS:[EBX+skalierter Index+d8]
01	100	DS:[ESP+skalierter Index+d8]
01	101	SS:[EBP+skalierter Index+d8]
01	110	DS:[ESI+skalierter Index+d8]
01	111	DS:[EDI+skalierter Index+d8]
10	000	DS:[EAX+skalierter Index+d32]
10	001	DS:[ECX+skalierter Index+d32]
10	010	DS:[EDX+skalierter Index+d32]
10	011	DS:[EBX+skalierter Index+d32]
10	100	DS:[ESP+skalierter Index+d32]
10	101	SS:[EBP+skalierter Index+d32]
10	110	DS:[ESI+skalierter Index+d32] ▶

mod	base	Adressierung mit 32 Bit und s-i-b-Byte Effektive Adresse
10	111	DS:[EDI+skalierter Index+d32]
11	000	für w = 0: AL, für w = 1: AX bzw. EAX, abhängig vom D-Bit
11	001	für w = 0: CL, für w = 1: CX bzw. ECX, abhängig vom D-Bit
11	010	für w = 0: DL, für w = 1: DX bzw. EDX, abhängig vom D-Bit
11	011	für w = 0: BL, für w = 1: BX bzw. EBX, abhängig vom D-Bit
11	100	für w = 0: AH, für w = 1: SP bzw. ESP, abhängig vom D-Bit
11	101	für w = 0: CH, für w = 1: BP bzw. EBP, abhängig vom D-Bit
11	110	für w = 0: DH, für w = 1: SI bzw. ESI, abhängig vom D-Bit
11	111	für w = 0: BH, für w = 1: DI bzw. EDI, abhängig vom D-Bit

Das Feld *mod* stammt auch hier aus dem r/m-Byte, das Feld *base* dagegen aus dem s-i-b-Byte. Das Feld *ss* des s-i-b-Bytes legt hier den Skalierungsfaktor fest (00b = 1, 01b = 2, 10b = 4, 11b = 8). Das Feld *index* des s-i-b-Bytes bestimmt, welches der Register als skaliertes Indexregister benutzt wird:

Index	Register
000	EAX
001	ECX
010	EDX
011	EBX
100	kein Indexregister verwendet. *ss* muß in diesem Fall 00b sein, ansonsten ist die effektive Adresse undefiniert
101	EBP
110	ESI
111	EDI

Befehlsformat und Zeitbedarf

mod	r/m	Adressierung mit 16 Bit, ohne s-i-b-Byte Effektive Adresse
00	000	DS:[BX+SI]
00	001	DS:[BX+DI]
00	010	SS:[BP+SI]
00	011	SS:[BP+DI]
00	100	DS:[SI]
00	101	DS:[DI]
00	110	DS:[d16]
00	111	DS:[BX]
01	000	DS:[BX+SI+d8]
01	001	DS:[BX+DI+d8]
01	010	SS:[BP+SI+d8]
01	011	SS:[SI+SI+d8]
01	100	DS:[SI+d8]
01	101	DS:[DI+d8]
01	110	SS:[BP+d8]
01	111	DS:[BX+d8]
10	000	DS:[BX+SI+d16]
10	001	DS:[BX+DI+d16]
10	010	SS:[BP+SI+d16]
10	011	SS:[SI+SI+d16]
10	100	DS:[SI+d16]
10	101	DS:[DI+d16]
10	110	SS:[BP+d16]
10	111	DS:[BX+d16]
11	000	für w = 0: AL, für w = 1: AX bzw. EAX, abhängig vom D-Bit
11	001	für w = 0: CL, für w = 1: CX bzw. ECX, abhängig vom D-Bit
11	010	für w = 0: DL, für w = 1: DX bzw. EDX, abhängig vom D-Bit
11	011	für w = 0: BL, für w = 1: BX bzw. EBX, abhängig vom D-Bit
11	100	für w = 0: AH, für w = 1: SP bzw. ESP, abhängig vom D-Bit
11	101	für w = 0: CH, für w = 1: BP bzw. EBP, abhängig vom D-Bit
11	110	für w = 0: DH, für w = 1: SI bzw. ESI, abhängig vom D-Bit
11	111	für w = 0: BH, für w = 1: DI bzw. EDI, abhängig vom D-Bit

d - Richtung des Datentransfers

Dieses Bit legt bei Befehlen mit zwei Operanden fest, in welche Richtung der Datentransfer stattfindet:

d	Erläuterung
0	Register/Speicher ⇐ Register: Das Feld *reg* legt die Quelle des Datentransfers fest, die Felder *mod* und *r/m* bzw. *mod*, *ss* und *index* bestimmen die Adressierung des Ziels
1	Register ⇐ Register/Speicher: Das Feld *reg* legt das Ziel des Datentransfers fest, die Felder *mod* und *r/m* bzw. *mod*, *ss* und *index* bestimmen die Adressierung der Quelle

s - Vorzeichenbehaftete Erweiterung von Operanden

Dieses Feld ist im Opcode von Befehlen enthalten, die mit direkt angegebenen Daten arbeiten. Es wird nur berücksichtigt, wenn direkt angegebene 8-Bit-Daten auf 16 oder 32 Bit erweitert werden müssen - beispielsweise bei einem Befehl wie MOV EAX,3.

s	Effekt bei 8 Bit	Effekt bei 16 und 32 Bit
0	Daten unverändert	Daten unverändert
1	8 -> 16 bzw. 32 Bit	Daten unverändert

cccc - Bedingungscodes

Dieses Feld ist bei bedingten Sprüngen (Jcc) und bedingtem Setzen von Speicherzellen (SETcc) als Teil des Opcodes enthalten. Die Bedeutung der einzelnen Werte:

Befehlsart	cccc	Beschreibung
..O	0000	»overflow« - Überlauf
..NO	0001	»not overflow« - kein Überlauf
..B/NAE	0010	»below/not above or equal« - kleiner als
..NB/AE	0011	»not below/above equal« - nicht kleiner/größer oder gleich
..E/Z	0100	»equal« - gleich ▶

Befehlsart	cccc	Beschreibung
..NE/NZ	0101	»not equal« - ungleich
..BE/NA	0110	»below equal/not above« - kleiner oder gleich
..NBE/A	0111	»not below or equal/above« - größer
..S	1000	»sign« - negativ
..NS	1001	»no sign« - positiv
..P/PE	1010	»parity« - gerade Parität
..NP/PO	1011	»no parity« - ungerade Parität
..L/NGE	1100	»less/not greater« - kleiner
..NL/GE	1101	»not less/greater or equal« - größer oder gleich
..LE/NG	1110	»less or equal/not greater« - kleiner oder gleich
..NLE/G	1111	»not less or equal/greater« - größer

eee - Steuer-, Debug- und Test-Register

Dieses Feld ist nur in den Spezialvarianten der MOV-Befehle für Steuer-, Debug- und Test-Register vorhanden. Wie wohl auch nicht anders zu erwarten, legt es das jeweils anzusprechende Register fest.

eee	Steuer-Register	Debug-Register	Test-Register
000	CR0	DR0	undefiniert
001	CR1 (unbenutzt)	DR1	undefiniert
010	CR2	DR2	undefiniert
011	CR3	DR3	TR3
100	undefiniert	undefiniert	TR4
101	undefiniert	undefiniert	TR5
110	undefiniert	DR6	TR6
111	undefiniert	DR7	TR7

Fließkomma-Befehle

Die Tabellen der folgenden Seiten schlüsseln die Fließkomma-Befehle des Prozessors 80387 nach Opcode-Feldern und Zeitbedarf auf. Dieser Prozessor ist im 80486 direkt integriert, weshalb die meisten Befehle dort wesentlich schneller übermittelt und bearbeitet werden. Für den 80487SX gilt gegenüber dem 80387SX Analoges.

Legende

Im Zusammenhang mit den angegebenen Ausführungszeiten werden wiederum einige Kürzel verwendet:

Kürzel	Bedeutung
a	beim Laden des Wertes 0 (Format Single oder Double) aus dem Hauptspeicher sind fünf zusätzliche Takte fällig
b	für d = 1 erhöht sich der Zeitbedarf um drei Takte
c	für R = 1 erhöht sich der Zeitbedarf um einen Takt
d	für d = 0 erhöht sich der Zeitbedarf um drei Takte
e	typischer Zeitbedarf: 54 Takte (für d = 0: 49 Takte)
f	für R = 1 erhöht sich der Zeitbedarf um einen Takt
g	135 .. 141 Takte für R = 1
h	für d = 1 erhöht sich der Zeitbedarf um einen Takt
i	für Werte im Bereich von -0 bis (+) unendlich in ST(0)
j	die angegebenen Werte gelten für Operanden, derem Absolutwert kleiner als $\pi/4$ ist. Operanden außerhalb dieses Bereichs machen bis zu 76 Takte zur Reduktion erforderlich
k	für Absolutwerte im Bereich von 0 bis 2^{63} in ST(0)
l	für Werte im Bereich von -1.0 bis +1.0 in ST(0)
m	für Werte von ST(0) im Bereich von 0 bis +unendlich, von ST(1) im Bereich von -unendlich bis +unendlich
n	vorausgesetzt, daß die folgende Bedingung erfüllt ist: $0 \leq |ST(0)| < (2 - SQRT(2))/2$. ST(1) kann einen beliebigen Wert enthalten.

Befehlssatz des 80387/80487: Formate und Taktzyklen

Befehl	Codierung Byte 1	(opt.) Bytes 2-6	Takte 80387 Real 32	Takte 80387 Int 32	Takte 80387 Real 64	Takte 80387 Int 16	Takte 80487 Real 32	Takte 80487 Int 32	Takte 80487 Real 64	Takte 80487 Int 16
Datentransfer										
FLD = Load										
Int/Real Mem ⇒ ST(0)	ESC MF 1 | MOD 000 R/M	SIB/DISP	20	45-52	25	61-65	3(2)	3(3)	3(3)	13-16(2)
Longint Mem ⇒ ST(0)	ESC 111 | MOD 101 R/M	SIB/DISP		56-57				10-18(3)		
Real80 Mem ⇒ ST(0)	ESC 011 | MOD 101 R/M	SIB/DISP			44			6(4)		
BCD Mem ⇒ ST(0)	ESC 111 | MOD 100 R/M	SIB/DISP		266-275				70-103(4)		
ST(i) ⇒ ST(0)	ESC 001 | 11000 ST(i)									
FST = Store										
ST(0) ⇒ Int/Real Mem	ESC MF 1 | MOD 010 R/M	SIB/DISP	44	79-93	45	82-95	7	28-34	8	29-34
ST(i) ⇒ ST(0)	ESC 001 | 11000 ST(i)			11				3		
FSTP = Store and pop										
ST(0) ⇒ Int/Real Mem	ESC MF 1 | MOD 011 R/M	SIB/DISP	44	79-93	45	82-95	7	28-34	8	29-34
ST(0) ⇒ Longint Mem	ESC 111 | MOD 111 R/M	SIB/DISP		80-97				29-34		
ST(0) ⇒ Real80 Mem	ESC 011 | MOD 111 R/M	SIB/DISP			53			6		
ST(0) ⇒ BCD Mem	ESC 111 | MOD 110 R/M	SIB/DISP		512-534				172-176		
ST(0) ⇒ ST(i)	ESC 101 | 11001 ST(i)			12				3		
FXCH = Exchange										
ST(0) mit ST(i)	ESC 001 | 11001 ST(i)			18				4		
Vergleiche										
FCOM = Compare										
Int/Real Mem mit ST(0)	ESC MF 0 | MOD 010 R/M	SIB/DISP	26	56-63	31	71-75	4(2)	15-17(2)	4(3)	16-20(3)
ST(i) mit ST(0)	ESC 000 | 11010 ST(i)			24				4		

Befehlssatz des 80387/80487: Formate und Taktzyklen

Befehl	Codierung Byte 0	Codierung Byte 1	Codierung (opt.) Bytes 2-6	Takte 80387 Real 32	Takte 80387 Int 32	Takte 80387 Real 64	Takte 80387 Int 16	Takte 80487 Real 32	Takte 80487 Int 32	Takte 80487 Real 64	Takte 80487 Int 16
FCOMP = Compare and pop											
Int/Real Mem mit ST(0)	ESC MF 0	MOD 011 R/M	SIB/DISP	26	56-63	31	71-75	4(2)	15-17(2)	4(3)	16-20(3)
ST(i) mit ST(0)	ESC 000	11011 ST(i)				26			4		
FCOMPP = Compare and pop twice											
ST(i) mit ST(0)	ESC 110	11011001				26			5		
FTST = Test ST(0)	ESC 001	11100100				28			4		
FUCOM = unordered compare	ESC 101	11100 ST(i)				24			4		
FUCOMP = u. compare and pop	ESC 101	11101 ST(i)				26			4		
FUCOMPP = u. compare, pop twice	ESC 010	11101001				26			5		
FXAM = Examine ST(0)	ESC 001	11100101				30-38			8		
Konstanten											
FLDZ = Load +0.0 into ST(0)	ESC 001	11101110				20			4		
FLD1 = Load +1.0 into ST(0)	ESC 001	11101000				24			4		
FLDPI = Load π into ST(0)	ESC 001	11101011				40			8		
FLDL2T = Load log$_2$(10) into ST(0)	ESC 001	11101001				40			8		
FLDL2E = Load log$_2$(e) into ST(0)	ESC 001	11101010				40			8		
FLDLG2 = Load log$_{10}$(2) into ST(0)	ESC 001	11101100				41			8		
FLDLN2 = Load log$_e$(2) into ST(0)	ESC 001	11101101				41			8		
Arithmetik											
FADD = Add											
Int/Real Mem mit ST(0)	ESC MF 0	MOD 000 R/M	SIB/DISP	24-32	57-72	29-37	71-85	8-20(2)	19-32(2)	8-20(3)	20-34(2)
ST(i) mit ST(0)	ESC d P 0	11000 ST(i)			23-31b				8-20		

594

Befehlssatz des 80387/80487: Formate und Taktzyklen

Befehl	Codierung Byte 0	Codierung Byte 1	Codierung (opt.) Bytes 2-6	Takte 80387 Real 32	Takte 80387 Int 32	Takte 80387 Real 64	Takte 80387 Int 16	Takte 80487 Real 32	Takte 80487 Int 32	Takte 80487 Real 64	Takte 80487 Int 16
FSUB = Subtract											
Int/Real Mem von ST(0)	ESC MF 0	MOD 010 R/M	SIB/DISP	24-32	57-82	28-36	71-83c	8-20(2)	18-32(2)	8-20(3)	20-35(2)
ST(i) von ST(0)	ESC d P 0	1110 R R/M			26-34d				8-20		
FMUL = Multiply											
Int/Real Mem mit ST(0)	ESC MF 0	MOD 001 R/M	SIB/DISP	27-35	61-82	32-57	76-87	11(2)	22-24(2)	13(3)	23-27(2)
ST(i) mit ST(0)	ESC d P 0	11001 R/M			29-57e				16		
FDIV = Divide											
ST(0) durch Int/Real Mem	ESC MF 0	MOD 11R R/M	SIB/DISP	89	120-127f	94	136-140g	73(2)	84-84(2)	73(2)	85-89(2)
ST(0) durch ST(i)	ESC d P 0	1111 R R/M			88h				73		
FSQRT = Square root	ESC 001	11111010			122-129				83-87		
FSCALE = Scale ST(0) by ST(1)	ESC 001	11111101			67-86				30-32		
FPREM = Partial remainder	ESC 001	11111000			74-155				70-138		
FPREM1 = FPREM-IEEE	ESC 001	11110101			95-185				72-167		
FRNDINT = Round ST(0) to Int	ESC 001	11111100			66-80				21-30		
FXTRACT = Extract ST(0)	ESC 001	11110100			70-76				16-20		
FABS = Absolute value of ST(0)	ESC 001	11100001			22				3		
FCHS = Change sign of ST(0)	ESC 001	11100000			24-25				6		
Transzendente Funktionen											
FCOSk = Cosine of ST(0)	ESC 001	11111111			123-772i				193-279		
FPTANk = Partial tangent of ST(0)	ESC 001	11100010			191-497j				200-273		
FPATAN = Partial arctangent	ESC 001	11110011			314-487				218-303		
FSINk = Sine of ST(0)	ESC 001	11111110			122-771j				193-279		
FSINCOSk = Sine and cosine	ESC 001	11111011			194-809i				243-392		

Befehlssatz des 80387/80487: Formate und Taktzyklen

Befehl	Codierung			Takte 80387				Takte 80487			
	Byte 0	Byte 1	(opt.) Bytes 2-6	Real 32	Int 32	Real 64	Int 16	Real 32	Int 32	Real 64	Int 16
$F2XM1 = 2^{(ST(0))}-1$	ESC 001	11111000				211-476				140-279	
$FYL2X^m = ST(1) * \log_2((ST(0))$	ESC 001	11110001				120-538				196-329	
$FYL2XP1^n = ST(1) * \log_2(ST(0)+1)$	ESC 001	11111001				257-547				171-326	
Prozessorkontrolle											
FINIT = Initialize NDP	ESC 011	11100011				33				17	
FSTSW AX = Store status word	ESC 001	11100000				13				3	
FLDCW = Load control word	ESC 001	MOD 101 R/M	SIB/DISP			19				4(2)	
FSTCW = Store control word	ESC 101	MOD 111 R/M	SIB/DISP			15				3	
FSTSW = Store status word	ESC 101	MOD 111 R/M	SIB/DISP			15				3	
FCLEX = Clear exceptions	ESC 011	11100010				11				7	
FSTENV = Store environment	ESC 001	MOD 110 R/M	SIB/DISP			103-104				56-67	
FLDENV = Load environment	ESC 001	MOD 100 R/M	SIB/DISP			71				34-44	
FSAVE = Save state	ESC 101	MOD 110 R/M	SIB/DISP			375-376				143-154	
FRSTOR = Restore state	ESC 101	MOD 100 R/M	SIB/DISP			308				120-131(23-27)	
FINCSTP = Increment stack pointer	ESC 001	11101111				21				3	
FDECSTP = Decrement stack pointer	ESC 001	11110110				22				3	
FFREE = Free ST(i)	ESC 101	1100 ST(i)				18				3	
FNOP = No operation	ESC 001	11010000				12				3	

Tabelle zur Befehlsdekodierung

E

Die auf den folgenden Seiten wiedergegebene Tabelle führt sämtliche Befehle des 80386 und seiner Nachfolger in Reihenfolge der Opcodes auf. Sie ermöglicht wie ihr Gegenstück in Anhang C das manuelle Dekodieren von Bytefolgen, dürfte aber wesentlich einfacher zu verwenden sein, weil hier der Schwerpunkt nicht auf dem logischen Aufbau, sondern einer schlichten Liste liegt. Alle Listeneinträge haben dasselbe Format:

Opcode-Byte(s) Operanden-Byte(s) Mnemonischer Name

Für variante Teile von Opcodes und die Arten der Operanden werden die folgenden Kürzel verwendet:

Kürzel	Erläuterung
ea	Quell- und Zieloperand sind standardmäßig im r/m-Byte codiert (siehe Anhang D)
ea/n	der Zieloperand ist in den Feldern *mod* und *r/m* des r/m-Bytes codiert, das Feld *reg* dieses Bytes hat den Wert n
dat*n*	n Datenbytes folgen diesem Befehl direkt
-/n/reg	das Feld *mod* des r/m-Bytes wird ignoriert, das Feld *reg* legt das Register n einer Gruppe (Steuer-, Debug- und Test-Register) fest, das Feld *r/m* ein allgemeines Rechenregister
disp*n*	n Bytes Displacement folgen diesem Befehl direkt
Ea	effektive Adresse
Eb	Byte
Ew	Wort
Ed	DWord

Mit einem vorangestellten Sternchen (»*«) gekennzeichnete Befehle arbeiten im Protected Mode des 80386 mit 32 Bit; ihre Anwendung auf 16-Bit-Operanden und Adressen setzt die Präfixe OPSIZ bzw. ADRSIZ voraus. (Im Real Mode und im virtuellen 8086er-Modus ist es dagegen umgekehrt: Dort arbeiten diese Befehle mit 16 Bit, solange man ihnen keine Präfixe voranstellt.)

Anhang E - Tabelle zur Befehlsdekodierung

	Opcode	Befehl		Opcode	Befehl
	00 ea	ADD Eb, reg8	*	0F 80 disp32	JO disp32
*	01 ea	ADD Ed, reg32	*	0F 81 disp32	JNO disp32
	02 ea	ADD Reg8, Eb	*	0F 82 disp32	JB disp32
*	03 ea	ADD reg32, Ed	*	0F 83 disp32	JNB disp32
	04 data8	ADD AL, data8	*	0F 84 disp32	JZ disp32
*	05 data32	ADD EAX, data32	*	0F 85 disp32	JNZ disp32
*	06	PUSH ES	*	0F 86 disp32	JBE disp32
*	07	POP ES	*	0F 87 disp32	JNBE disp32
	08 ea	OR Eb, reg8	*	0F 88 disp32	JS disp32
*	09 ea	OR Ed, reg8	*	0F 89 disp32	JNS disp32
	0A ea	OR reg8, Eb	*	0F 8A disp32	JP disp32
*	0B ea	OR reg32, Ed	*	0F 8B disp32	JNP disp32
	0C data8	OR AL, data8	*	0F 8C disp32	JL disp32
*	0D data32	EOR EAX, data32	*	0F 8D disp32	JNL disp32
*	0E	PUSH CS	*	0F 8E disp32	JLE disp32
	0F 00 ea/0	SLDT Ew	*	0F 8F disp32	JNLE disp32
	0F 00 ea/1	STR Ew		0F 90 ea	SETO Eb
	0F 00 ea/2	LLDT Ew		0F 91 ea	SETNO Eb
	0F 00 ea/3	LTR Ew		0F 92 ea	SETB Eb
	0F 00 ea/4	VERR Ew		0F 93 ea	SETNB Eb
	0F 00 ea/5	VERW EW		0F 94 ea	SETZ Eb
	0F 01 ea/0	SGDT Ew		0F 95 ea	SETNZ Eb
	0F 01 ea/1	SIDT Ew		0F 96 ea	SETBE Eb
	0F 01 ea/2	LGDT Ew		0F 97 ea	SETNBE Eb
	0F 01 ea/3	LIDT Ew		0F 98 ea	SETS Eb
	0F 01 ea/4	SMSW Ew		0F 99 ea	SETNS Eb
	0F 01 ea/6	LMSW Ew		0F 9A ea	SETP Eb
*	0F 02 ea	LAR reg32, Ew		0F 9B ea	SETNP Eb
*	0F 03 ea	LSL reg32, Ew		0F 9C ea	SETL Eb
	0F 06	CLTS		0F 9D ea	SETNL Eb
	0F 08	INVD		0F 9E ea	SETLE Eb
	0F 09	WBINVD		0F 9F ea	SETNLE Eb
	0F 10 ea	INVPLG, ea	*	0F A0	PUSH FS
	0F 20 -/n/reg	MOV CRn, reg32	*	0F A1	POP FS
	0F 21 -/n/reg	MOV DRn, reg32		0F A3	BT Ed, reg32
	0F 22 -/n/reg	MOV reg32, CRn	*	0F A4	SHLD Ed, reg32, data8
	0F 23 -/n/reg	MOV reg32, DRn	*	0F A5	SHLD Ed, reg32, CL
	0F 24 -/n/reg	MOV TRn, reg32		0F A6	CMPXCHG Eb, reg8
	0F 26 -/n/reg	MOV reg32, TRn		0F A7	CMPXCHG Eb, reg32 ▶

Tabelle zur Befehlsdekodierung

	Opcode	Befehl		Opcode	Befehl
*	0F A8	PUSH GS	*	1D data32	SBB EAX, data32
*	0F A9	POP GS	*	1E	PUSH DS
*	0F AB	BTS Ed, reg32	*	1F	POP DS
*	0F AC	SHRD Ed, reg32, data8		20 ea	AND Eb, reg8
*	0F AD	SHRD Ed, reg32, CL	*	21 ea	AND Ed, reg32
*	0F AF	IMUL reg32, Ed		22 ea	AND reg8, Eb
*	0F B2 ea	LSS reg32, Ea	*	23 ea	AND reg32, Ed
*	0F B3 ea	BTR Ed, reg32		24 data8	AND AL, data8
*	0F B4 ea	LFS reg32, Ea	*	25 data32	AND EAX, data32
*	0F B5 ea	LGS reg32, Ea		26	ES:
*	0F B6 ea	MOVZX reg32, Eb		27	DAA
*	0F B7 ea	MOVZX reg32, Ew		28 ea	SUB Eb, reg8
*	0F BA ea/4 data8	BT Ed, data8	*	29 ea	SUB Ed, reg32
*	0F BA ea/5 data8	BTS Ed, data8		2A ea	SUB reg8, Eb
*	0F BA ea/6 data8	BTR Ed, data8	*	2B ea	SUB reg32, Ed
*	0F BA ea/7 data8	BTC Ed, data8		2C data8	SUB AL, data8
	0F C0	XADD Eb, reg8	*	2D data32	SUB EAX, data32
	0F C1	XADD Eb, reg32		2E	CS:
	0F C8	BSWAP EAX		2F	DAS
	0F C9	BSWAP ECX		30 ea	XOR Eb, reg8
	0F CA	BSWAP EDX	*	31 ea	XOR Ed, reg32
	0F CB	BSWAP EBX		32 ea	XOR reg8, Eb
	0F CC	BSWAP ESP	*	33 ea	XOR reg32, Ed
	0F CD	BSWAP EBP		34 data8	XOR AL, data8
	0F CE	BSWAP ESI	*	35 data32	XOR EAX, data32
	0F CF	BSWAP EDI		36	SS:
	10 ea	ADC Eb, reg8		37	AAA
*	11 ea	ADC Ed, reg32		38 ea	CMP Eb, reg8
	12 ea	ADC reg8, Eb	*	39 ea	CMP Ed, reg32
*	13 ea	ADC reg32, Ed		3A ea	CMP reg8, Eb
	14 data8	ADC AL, data8	*	3B ea	CMP reg32, Ed
*	15 data32	ADC EAX, data32		3C data8	CMP AL, data8
*	16	PUSH SS	*	3D data32	CMP EAX, data32
*	17	POP SS		3E	DS:
	18 ea	SBB Eb, reg8		3F	AAS
*	19 ea	SBB Ed, reg32	*	40	INC EAX
	1A ea	SBB reg8, Eb	*	41	INC ECX
*	1B ea	SBB reg32, Ed	*	42	INC EDX
	1C data8	SBB AL, data8	*	43	INC EBX

▶

599

Anhang E - Tabelle zur Befehlsdekodierung

Opcode		Befehl	Opcode		Befehl
*	44	INC ESP	*	6B ea data8	IMUL Reg32, Ed, data8
*	45	INC EBP		6C	INSB
*	46	INC ESI	*	6D	INSD
*	47	INC EDI		6E	OUTSB
*	48	DEC EAX	*	6F	OUTSD
*	49	DEC ECX		70 disp8	JO disp8
*	4A	DEC EDX		71 disp8	JNO disp8
*	4B	DEC EBX		72 disp8	JB disp8
*	4C	DEC ESP		73 disp8	JNB disp8
*	4D	DEC EBP		74 disp8	JZ disp8
*	4E	DEC ESI		75 disp8	JNZ disp8
*	4F	DEC EDI		76 disp8	JBE disp8
*	50	PUSH EAX		77 disp8	JNBE disp8
*	51	PUSH ECX		78 disp8	JS disp8
*	52	PUSH EDX		79 disp8	JNS disp8
*	53	PUSH EBX		7A disp8	JP disp8
*	54	PUSH ESP		7B disp8	JNP disp8
*	55	PUSH EBP		7C disp8	JL disp8
*	56	PUSH ESI		7D disp8	JNL disp8
*	57	PUSH EDI		7E disp8	JLE disp8
*	58	POP EAX		7F disp8	JNLE disp8
*	59	POP ECX		80 ea/0 data8	ADD Eb, data8
*	5A	POP EDX		80 ea/1 data8	OR Eb, data8
*	5B	POP EBX		80 ea/2 data8	ADC Eb, data8
*	5C	POP ESP		80 ea/3 data8	SBB Eb, data8
*	5D	POP EBP		80 ea/4 data8	AND Eb, data8
*	5E	POP ESI		80 ea/5 data8	SUB Eb, data8
*	5F	POP EDI		80 ea/6 data8	XOR Eb, data8
*	60	PUSHAD		80 ea/7 data8	CMP Eb, data8
*	61	POPAD	*	81 ea/0 data32	ADD Ed, data32
*	62 ea	BOUND reg32. Ea	*	81 ea/1 data32	OR Ed, data32
	63 ea	ARPL reg32. Ea	*	81 ea/2 data32	ADC Ed, data32
	64	FS:	*	81 ea/3 data32	SBB Ed, data32
	65	GS:	*	81 ea/4 data32	AND Ed, data32
	66	OPSIZ:	*	81 ea/5 data32	SUB Ed, data32
	67	ADRSIZ:	*	81 ea/6 data32	XOR Ed, data32
*	68 data32	PUSH data32	*	81 ea/7 data32	CMP Ed, data32
*	69 ea data32	IMUL reg32, Ed, data32	*	83 ea/0 data32	ADD Ed, data8
	6A data8	PUSH data8	*	83 ea/1 data32	OR Ed, data8

▶

Tabelle zur Befehlsdekodierung

	Opcode	Befehl		Opcode	Befehl
*	83 ea/2 data32	ADC Ed, data8	*	A5	MOVSD
*	83 ea/3 data32	SBB Ed, data8		A6	CMPSB
*	83 ea/4 data32	AND Ed, data8	*	A7	CMPSD
*	83 ea/5 data32	SUB Ed, data8		A8 data8	TEST AL, data8
*	83 ea/6 data32	XOR Ed, data8	*	A9 data32	TEST EAX, data32
*	83 ea/7 data32	CMP Ed, data8		AA	STOSB
	84 ea	TEST Eb, reg8	*	AB	STOSD
*	85 ea	TEST Ed, reg32		AC	LODSB
	86 ea	XCHG Eb, reg8	*	AD	LODSD
*	87 ea	XCHG Eb, reg32		AE	SCASB
	88 ea	MOV Eb, reg8	*	AF	SCASD
*	89 ea	MOV Ed, reg32		B0 data8	MOV AL, data8
	8A ea	MOV reg8, Eb		B1 data8	MOV CL, data8
*	8B ea	MOV reg32, Ed		B2 data8	MOV DL, data8
	8C ea/s	MOV Ew, sreg		B3 data8	MOV BL, data8
*	8D ea	LEA reg32, Ea		B4 data8	MOV AH, data8
	8E ea/s	MOV sreg, Ew		B5 data8	MOV CH, data8
*	8F ea	POP Ed		B6 data8	MOV DH, data8
	90	NOP		B7 data8	MOV BH, data8
*	91	XCHG EAX, ECX	*	B8 data32	MOV EAX, data32
*	92	XCHG EAX, EDX	*	B9 data32	MOV ECX, data32
*	93	XCHG EAX, EBX	*	BA data32	MOV EDX, data32
*	94	XCHG EAX, ESP	*	BB data32	MOV EBX, data32
*	95	XCHG EAX, EBP	*	BC data32	MOV ESP, data32
*	96	XCHG EAX, ESI	*	BD data32	MOV EBP, data32
*	97	XCHG EAX, EDI	*	BE data32	MOV ESI, data32
*	98	CBW / CWDE	*	BF data32	MOV EDI, data32
	99	CWD		C0 ea/0 data8	ROL Eb, data8
	9A offset32	CALL offset32		C0 ea/1 data8	ROR Eb, data8
	9B	WAIT		C0 ea/2 data8	RCL Eb, data8
*	9C	PUSHFD		C0 ea/3 data8	RCR Eb, data8
*	9D	POPFD		C0 ea/4 data8	SHL Eb, data8
	9E	SAHF		C0 ea/5 data8	SHR Eb, data8
	9F	LAHF		C0 ea/7 data8	SAR Eb, data8
	A0 disp	MOV AL, [disp]	*	C1 ea/0 data8	ROL Ed, data8
*	A1 disp	MOV EAX, [disp]	*	C1 ea/1 data8	ROR Ed, data8
	A2 disp	MOV [disp], AL	*	C1 ea/2 data8	RCL Ed, data8
*	A3 disp	MOV [disp], EAX	*	C1 ea/3 data8	RCR Ed, data8
	A4	MOVSB	*	C1 ea/4 data8	SHL Ed, data8

▶

Anhang E - Tabelle zur Befehlsdekodierung

	Opcode	Befehl		Opcode	Befehl
*	C1 ea/5 data8	SHR Ed, data8	*	D3 ea/2	RCL Ed, CL
*	C1 ea/7 data8	SAR Ed, data8	*	D3 ea/3	RCR Ed, CL
	C2 data16	RET data16	*	D3 ea/4	SHL Ed, CL
	C3	RET	*	D3 ea/5	SHR Ed, CL
*	C4 ea	LES reg32, Ed	*	D3 ea/7	SAR Ed, CL
*	C5 ea	LDS reg32, Ed		D4	AAM
	C6 ea data8	MOV reg8, data8		D5	AAD
*	C7 ea data32	MOV reg32, data32		D7	XLAT
	C8 data16 data8	ENTER data16, data8		D8 ea/0	FADD Real32
	C9	LEAVE		D8 ea/1	FMUL Real32
	CA data16	RETF data16		D8 ea/2	FCOM Real32
	CB	RETF		D8 ea/3	FCOMP Real32
	CC	INT 3		D8 ea/4	FSUB Real32
	CD data8	INT data8		D8 ea/5	FSUBR Real32
	CE	INTO		D8 ea/6	FDIV Real32
	CF	IRET		D8 ea/7	FDIVR Real32
	D0 ea/0	ROL Eb, 1		D8 C0+i	FADD ST,ST(i)
	D0 ea/1	ROR Eb, 1		D8 C8+i	FMUL ST,ST(i)
	D0 ea/2	RCL Eb, 1		D8 D0+i	FCOM ST,ST(i)
	D0 ea/3	RCR Eb, 1		D8 D8+i	FCOMP ST,ST(i)
	D0 ea/4	SHL Eb, 1		D8 E0+i	FSUB ST,ST(i)
	D0 ea/5	SHR Eb, 1		D8 E8+i	FSUBR ST,ST(i)
	D0 ea/7	SAR Eb, 1		D8 F0+i	FDIV ST,ST(i)
*	D1 ea/0	ROL Ed, 1		D8 F8+i	FDIVR ST,ST(i)
*	D1 ea/1	ROR Ed, 1		D9 ea/0	FLD Real32
*	D1 ea/2	RCL Ed, 1		D9 ea/2	FST Real32
*	D1 ea/3	RCR Ed, 1		D9 ea/3	FSTP Real32
*	D1 ea/4	SHL Ed, 1		D9 ea/4	FLDENV Ea
*	D1 ea/5	SHR Ed, 1		D9 ea/5	FLDCW Ew
*	D1 ea/7	SAR Ed, 1		D9 ea/6	FSTENV Ea
	D2 ea/0	ROL Eb, CL		D9 ea/7	FSTCW Ew
	D2 ea/1	ROR Eb, CL		D9 C0+i	FLD ST(i)
	D2 ea/2	RCL Eb, CL		D9 C8+i	FXCH ST(i)
	D2 ea/3	RCR Eb, CL		D9 D0	FNOP
	D2 ea/4	SHL Eb, CL		D9 E0	FCHS
	D2 ea/5	SHR Eb, CL		D9 E1	FABS
	D2 ea/7	SAR Eb, CL		D9 E4	FTST
*	D3 ea/0	ROL Ed, CL		D9 E5	FXAM
*	D3 ea/1	ROR Ed, CL		D9 E8	FLD1

Tabelle zur Befehlsdekodierung

Opcode	Befehl	Opcode	Befehl
D9 E9	FLDL2T	DC ea/1	FMUL Real64
D9 EA	FLDL2E	DC ea/2	FCOM Real64
D9 EB	FLDPI	DC ea/3	FCOMP Real64
D9 EC	FLDLG2	DC ea/4	FSUB Real64
D9 ED	FLDLN2	DC ea/5	FSUBR Real64
D9 EE	FLDZ	DC ea/6	FDIV Real64
D9 F0	F2XM1	DC ea/7	FDIVR Real64
D9 F1	FYL2X	DC C0+i	FADD ST(i), ST
D9 F2	FPTAN	DC C8+i	FMUL ST(i), ST
D9 F3	FPATAN	DC E0+i	FSUB ST(i), ST
D9 F4	FXTRACT	DC E8+i	FSUBR ST(i), ST
D9 F5	FPREM1	DC F0+i	FDIVR ST(i), ST
D9 F6	FDECSTP	DC F8+i	FDIV ST(i), ST
D9 F7	FINCSTP	DD ea/0	FLD Real64
D9 F8	FPREM	DD ea/2	FST Real64
D9 F9	FYL2XP1	DD ea/3	FSTP Real64
D9 FA	FSQRT	DD ea/4	FRSTOR Ea
D9 FB	FSINCOS	DD ea/6	FSAVE Ea
D9 FC	FRNDINT	DD ea/7	FSTSW Ew
D9 FD	FSCALE	DD C0+i	FFREE ST(i)
D9 FE	FSIN	DD D0+i	FST ST(i)
D9 FF	FCOS	DD D8+i	FSTP ST(i)
DA ea/0	FIADD Int32	DD E0+i	FUCOM ST(i)
DA ea/1	FIMUL Int32	DD E8+i	FUCOMP ST(i)
DA ea/2	FICOM Int32	DE ea/0	FIADD Int16
DA ea/3	FICOMP Int32	DE ea/1	FIMUL Int16
DA ea/4	FISUB Int32	DE ea/2	FICOM Int16
DA ea/5	FISUBR Int32	DE ea/3	FICOMP Int16
DA ea/6	FIDIV Int32	DE ea/4	FISUB Int16
DA ea/7	FIDIVR Int32	DE ea/5	FISUBR Int16
DA E9	FUCOMPP	DE ea/6	FIDIV Int16
DB ea/0	FILD Int32	DE ea/7	FIDIVR Int16
DB ea/2	FIST Int32	DE C0+i	FADDP ST(i), ST
DB ea/3	FISTP Int32	DE C8+i	FMULP ST(i), ST
DB ea/5	FLD Real80	DE D9	FCOMPP
DB ea/7	FSTP Real80	DE E0+i	FSUBRP ST(i), ST
DB E2	FCLEX	DE E8+i	FSUBP ST(i), ST
DB E3	FINIT	DE F0+i	FDIVRP ST(i), ST
DC ea/0	FADD Real64	DE F8+i	FDIVP ST(i), ST ▶

Anhang E - Tabelle zur Befehlsdekodierung

Opcode	Befehl		Opcode	Befehl
DF ea/0	FILD Int16		F6 ea/0 data8	TEST Eb, data8
DF ea/2	FIST Int16		F6 ea/2	NOT Eb
DF ea/3	FISTP Int16		F6 ea/3	NEG Eb
DF ea/4	FBLD Bcd80		F6 ea/4	MUL AL, Eb
DF ea/5	FILD Int64		F6 ea/5	IMUL AL, Eb
DF ea/6	FBSTP Bcd80		F6 ea/6	DIV AL, Eb
DF ea/7	FISTP Int64		F6 ea/7	IDIV AL, Eb
DF E0	FSTSW AX	*	F7 ea/0 data32	TEST Ed, data32
E0 disp8	LOOPNE, disp8	*	F7 ea/2	NOT Ed
E1 disp8	LOOPE, disp8	*	F7 ea/3	NEG Ed
E2 disp8	LOOP, disp8	*	F7 ea/4	MUL EAX, Ed
E3 disp8	JCXZ, disp8	*	F7 ea/5	IMUL EAX, Ed
E4 data8	IN AL, data8	*	F7 ea/6	DIV EAX, Ed
* E5 data8	IN EAX, data32	*	F7 ea/7	IDIV EAX, Ed
E6 data8	OUT data8, AL		F8	CLC
* E7 data8	OUT data8, EAX		F9	STC
E8 ea32	CALL ea32		FA	CLI
* E9 disp32	JMP disp32		FB	STI
EA ea48	JMP FAR ea48		FC	CLD
* EB disp8	JMP disp8		FD	STD
EC	IN AL,DX		FE ea/0	INC Eb
* ED	IN EAX, DX		FE ea/1	DEC Eb
EE	OUT DX, AL	*	FF ea/0	INC Ed
* EF	OUT DX, EAX	*	FF ea/1	DEC Ed
F0	LOCK	*	FF ea/2	CALL Ed
F2	REPNE/REPNZ	*	FF ea/3	CALL FAR ea
F3	REP/REPE/REPZ	*	FF ea/4	JMP Ed
F4	HLT	*	FF ea/5	JMP FAR ea
F5	CMC	*	FF ea/6	PUSH Ed

Unterschiede zwischen den Prozessoren

F

Obwohl die Prozessoren 8086, 80186, 80286, 80386 und 80486 Objektcode-kompatibel sind, gibt es eine Reihe kleinerer Unterschiede zwischen den einzelnen Modellen, die hauptsächlich auf die Geschichte der Entwicklung zurückzuführen sind. Die folgenden Abschnitte stellen einen Abriß dieser Unterschiede dar.

8086 vs. 80386/486 im Real Mode

Der 8086 reagiert nur auf wenige Ausnahmebedinungen mit einem Interrupt. Die Interrupts 6, 8 bis 13 und 16 sowie der (nur vom 80486 verwendete) Interupt 17 sind dort nicht belegt.

Zeitschleifen, die auf der Ausführungszeit der einzelnen Befehle aufbauen, werden von den Nachfolgern des 8086 nicht nur aufgrund höherer Taktfrequenzen erheblich schneller durchlaufen.

Divisionsfehler (INT 0) hinterlassen beim 8086 die Adresse des nachfolgenden Befehls auf dem Stack. Der 80386 speichert hier die Adresse des Befehls, der den Interrupt ausgelöst hat.

Der Befehlssatz des 80386 ist gegenüber dem Befehlssatz des 8086 stark erweitert. (Pder auch: was beim 8086 als undefiniert gilt, muß es beim 80386 nicht unbedingt sein.)

Der 80386 reagiert auf undefinierte Befehle mit einem Interrupt 6, der 8086 erzeugt lediglich undefinierte Ergebnisse.

Der 8086 reagiert auf den Befehl PUSH SP, indem er zuerst das Register SP erniedrigt und dann den neuen (erniedrigten) Wert auf den Stack legt. Der 80386 verwendet dagegen einen Zwischenspeicher (und legt den Wert ab, den SP vor der Erniedrigung hatte). Wenn es unbedingt notwendig sein sollte, das Verhalten des 8086 in diesem Punkt zu simulieren, kann man die folgenden Befehle verwenden:

```
PUSH BP      ; erniedrigt SP um zwei
MOV  BP,SP   ; Kopie des neuen Wertes von SP
XCHG BP,[BP] ; BP <- Originalwert, SP => Stack
```

Der 8086 begrenzt bei Schiebe- und Rotationsbefehlen den in CL angegebenen Wert nicht, weshalb man bei diesem Prozessor (sinnloserweise) einen Wert bis zu 255mal bitweise verschieben kann.

Anhang F - Unterschiede zwischen den Prozessoren

Der 80386 betrachtet Befehle mit mehr als 15 Bytes Gesamtlänge als allgemeine Schutzverletzung, d.h. reagiert mit einem Interrupt 13. (In der Praxis lassen sich Befehle derartiger Länge nur erzeugen, indem man ein halbes Dutzend redundante Präfixe benutzt.) Der 8086 prüft die Befehlslänge nicht: Sort kann man einem Befehl ohne weiteres 20 CS:-Präfixe voranstellen.

Der 80386 prüft beim Lesen von Operanden und Befehlen, ob während der Leseaktion Segmentgrenzen überschritten werden: Falls ja, wird ein Interrupt 13 erzeugt. PUSH-Befehle des 80386 enthalten eine implizite Prüfung des Registers ESP: Wenn dieses Register vor dem PUSH-Befehl einen Wert kleiner 2 bzw. 4 enthält, wird ein Interrupt 12 ausgelöst. Der 8086 definiert keine Prüfungen dieser Art, sondern fängt bei Segment-Überläufen einfach wieder bei 0, bei Segment-Unterläufen wieder bei 65535 zu zählen an.

Das Präfix LOCK läßt sich beim 8086 in beliebigem Kontext verwenden - also auch bei Befehlen, die überhaupt keine Speicherzugriffe beinhalten. Der 80386 reagiert in diesen Fällen mit einem Interrupt 6 (vgl. Abschnitt über LOCK in Kapitel 8).

Ältere Ausführungen des 8086 kommen manchmal bei der Einzelschritt-Ausführung von Befehlen durcheinander, weil dort das Timing von Hardware-Interrupts und Einzelschritt-Interrupts nicht vollständig geregelt ist. (Dieser Fehler ist allerdings vor einigen Jahren korrigiert worden.)

Der 8086 reagiert beim Befehl IDIV mit einem Interrupt 0, wenn das Ergebnis dieser Division die größtmögliche im Zielregister noch darstellbare negative Zahl ist. Der 80386 liefert dagegen ein korrektes Ergebnis: Er löst erst dann einen Interrupt aus, wenn das Ergebnis von IDIV überhaupt nicht mehr in das Zielregister hineinpaßt.(Integerdivision mit Vorzeichen)

Der 8086 definiert die Bits 12..15 des Registers FLAGS nicht und legt sie beim Befehl PUSHF grundsätzlich in gesetzter Form auf dem Stack ab. Diese Bits sind beim 80386 für Erweiterungen in der Steuerung des Systems zuständig (und nicht permanent gesetzt).

Ein NMI-Signal blockiert beim 80386 bis zum abschließenden IRET der darüber aufgerufenen Behandlungsroutine sämtliche Interrupts (NMI und INT). Beim 8086 wird lediglich INT maskiert.

Der 80386 verwendet für Coprozessor-Fehler den Interrupt 16. Beim 8086 müssen dagegen die Interrupt-Controller des Systems mit einer entsprechenden Interrupt-Nummer programmiert werden. Der 80486 definiert ein Umschalt-Bit, über das sich entweder das Verhalten des 80386 oder das Verhalten des 8086 (Interrupt 13) festlegen läßt.

Der 8086 speichert bei Coprozessor-Interrupts die Adresse des auslösenden ESC-Befehls als CS:IP auf dem Stack, ohne sich um eventuelle Präfixe zu kümmern. Der 80386 speichert dagegen die Adresse des kompletten Befehls, d.h. des ersten zum ESC-Befehl gehörigen Präfixes.

Der 8086 ist aufgrund der ihm zur Verfügung stehenden 20 Adreßleitungen auf einen physikalischen Adreßraum von 1 MB begrenzt. Mit Selektoren im Bereich von F001h .. FFFFh lassen sich lediglich logische Überläufe erzeugen - physikalisch adressiert wird dabei der Speicherbereich von 00000h .. 0FFF0h. Beim 80386 muß dieses Verhalten über zusätzliche Elektronik simuliert werden, der 80486 kann die 21. Adreßleitung auch über ein Steuerbit blockieren.

8086 vs. 80386/486 im virtuellen 8086er-Modus

Neben den im vorangehenden Abschnitt aufgeführten Punkten gibt es hier zwei weitere Unterschiede:

Lese- und Schreibaktionen mit Ports (I/O-Befehle) erzeugen einen Interrupt, wenn sie nicht explizit über die I/O Permission Bitmap des zum jeweiligen Prozeß gehörigen TS-Segments freigegeben sind.

Interrupts beliebiger Art (Hardware, Software und Ausnahmezustände) verwenden die IDT des übergeordneten (Protected Mode-)Betriebssystems. Die Behandlungsroutinen dieses Betriebssystems müssen für eine Abwickelung im gewünschten Sinne sorgen, d.h. den Interrupt-Ablauf des 8086 per Software simulieren.

80286 vs. 80386/486

Das Präfix LOCK bewirkt beim 80286 ein Sperren des gesamten Hauptspeichers gegen Zugriffe anderer Systemkomponenten. Der 80386 sperrt dagegen nur die tatsächlich angesprochenen Speicherbereiche.

Bei einem RESET-Impuls lädt der 80286 die nicht direkt im Rahmen des Startprozesses verwendeten Register mit konstanten Werten. Der 80386 führt dieselbe Operation aus, benutzt aber andere Werte (welche, ist nicht dokumentiert).

80386 vs. 80486

Der 80486 definiert eine Reihe zusätzlicher Bits in den Steuerregistern, den Einträgen von Paging-Tabellen und dem Register EFLAGS.

Der 80486 kann optional prüfen, ob Operanden mit mehr als einem Byte Umfang an Wort- bzw. DWord-Grenzen ausgerichtet sind und gegebenenfalls einen Interrupt 17 auslösen. Der 80386 definiert eine solche Prüfung nicht, der Interrupt 17 ist dort unbesetzt.

Die SX-Varianten

Der 80386SX verhält sich abgesehen von einem erhöhten Zeitbedarf beim Lesen und Schreiben von Operanden bzw. dem Lesen von Befehlen exakt wie der 80386DX.

(Unterschiede lassen sich hier nur demonstrieren, wenn man den Zeitbedarf bei Zugriffen auf DWords mißt, die einmal auf Wortgrenzen, einmal auf DWord-Grenzen im Speicher angeordnet sind. Der 80386SX braucht bei beiden Zugriffen dieselbe Zeit, der 80386DX ist beim Zugriff auf durch vier teilbare Adressen um einen Takt schneller.)

Für die Unterschiede zwischen den Prozessoren 80486DX und 80486SX gilt dasselbe, wenn man vom Fehlen des integrierten Coprozessors absieht. (Das Gespann 80486SX/80487SX verhält sich dagegen wieder exakt so wie ein 80486DX, solange man die Ausführungszeiten bei Speicherzugriffen von der Betrachtung ausnimmt.)

8087 vs. 80387/487

Ausnahmezustände des Coprozessors werden beim 8087 über den Standardmechanismus für Interrupts abgewickelt, beim 80387 dagegen über speziell dafür vorgesehene Hardware bzw. Signalleitungen. Der 80386 reagiert auf numerische Ausnahmezustände mit den Interrupts 7, 9 und 16, der 8087 dagegen mit einem Interrupt 13. (Der 80487 verwendet den Interrupt 7, definiert den Interrupt 9 nicht und kann zwischen den Interrupts 13 und 16 umschalten.)

Der 80387 verwendet im Real Mode und im virtuellen 8086er-Modus beim Befehl FSTENV das Format des 8087; im Protected Mode sind die Fehler-Register dagegen leicht abweichend strukturiert.

Die 8087-Befehle FENI und FDISI werden vom 80387 als FNOP interpretiert, d.h. bleiben ohne Wirkung.

Der 8087 führt Umrechnungen denormalisierter Werte nicht automatisch aus, signalisiert statt dessen einen Ausnahmezustand (»denormal exception«) und erwartet von der darüber aktivierten Behandlungsroutine, daß sie die notwendigen Arbeiten übernimmt. Der 80387 übernimmt das Normalisieren und Denormalisieren von Werten automatisch, weshalb 8087-Programme dort mit maskiertem DE-Bit meist schneller ausgeführt werden.

Der 8087 erwartet explizite WAITs vor jedem Fließkomma-Befehl und erreicht eine Synchronisation mit dem 8086 nur auf diese Weise. Der 80837 und seine Nachfolger führen diese Synchronisation automatisch aus und machen WAIT deshalb überflüssig. (WAIT-Befehle haben allerdings auch hier keinen nachteiligen Effekt.)

80287 vs. 80387/487

Der 80287-Befehl FSETPM wird vom 80387 als FNOP betrachtet, d.h. bleibt wirkungslos.

Der 8087 unterstützt sowohl das affine als auch das projektive Zahlenmodell, während der 80387 und seine Nachfolger reelle Zahlen ausschließlich als Zahlenstrahl (ohne Verbindung der beiden Enden) betrachten. Programme, die sich auf diese Spezialität verlassen, erzeugen auf einem 80287 andere Ergebnisse als auf einem 80387.

80387 vs. 80487

Der 80387 erzeugt bei bestimmten Fließkomma-Fehlern einen Interrupt 9, den der 80487 überhaupt nicht benutzt bzw. durch einen Interrupt 13 ersetzen kann.

Der 80486 erlaubt ein »Umdirigieren« von Fließkomma-Fehlern über das Bit NE im Register CR0 und die Signalleitungen FERR bzw. IGNNE.

Stichwortverzeichnis

16-Bit-Befehlssatz 207
80286 (Prozessor) 24
 Kompatibilität 212
 Segmente 150
 Unterschiede zum 80386/486 607
80287 (Coprozessor) 26
80386 (Prozessor) 27
 Abschalten nach Dreifachfehlern 167
 Fehlersuche 174
 Registersatz 43
 RESET 203
 Unterschiede zum 80486 607
 Unterschiede zum 8086 605
 Zeitbedarf 555
80386SX (Prozessor)
 Unterschiede zum 80386DX 607
 Zeitbedarf 556
80387 (Coprozessor) 28
 Ausnahmebedingungen 63
 Fehler, Interrupt 172
 Fehleradressen-Register 67
 nicht vorhanden, Interrupt 165
 Register 59
 Segment-Überlauf, Interrupt 167
 Statuswort-Register 62
 Steuerwort-Register 64
 Tag-Register 67
 Unterschiede zum 80287 608
 Unterschiede zum 80487 609
 Unterschiede zum 8087 608
 WAIT-Befehle 133
80486 (Prozessor) 28
 Cache 38, 197
 Geschwindigkeitzuwachs 30
 Mikroarchitektur 37
 Parallelisierung 34
 Registersatz 43
 RESET 203
 Unterschiede zum 8086 605
 Zeitbedarf 555

80486SX (Prozessor)
 Unterschiede zum 80486DX 607
 Zeitbedarf 556
80487 (Coprozessor)
 Register 59
 Unterschiede zum 80287 608
 Unterschiede zum 8087 608
8080 (Prozessor) 17
8086 (Prozessor) 18
 Registerstruktur 19
8087 (Coprozessor) 23
80x86-Familie, Entwicklung 17

A

AAA (ASCII-Korrektur nach Addition) 221
AAD (ASCII-Korrektur vor Division) 223
AAM (ASCII-Korrektur nach Multiplikation) 224
AAS (ASCII-Korrektur nach Subtraktion) 225
Abbau eines Stack-Rahmens 314
Abort 158
absoluter Wert 455
AC-Bit (EFLAGS-Register) 45
 Einschalten 51
Access Rights 78
ADC (Addition mit Übertrag) 227
ADD (Addition ohne Übertrag) 229
Addition 456
 Symbol 14
Addition mit Übertrag 227
Addition ohne Übertrag 229
Adressierung
 Basis 100
 Basis plus Displacement 101
 Basis plus Displacement plus Index 104
 direkte 99
 Größe 126
 indirekte plus Displacement 102
 physikalische 183

Stichwortverzeichnis

Adressierung (Fortsetzung)
  Skalierung 103
  Stack 105
  virtuelle 72
Adressierungsart 98
  Codierung in Befehlen 585
Adreßleitungen 69
ADRSIZ 126
AF-Bit (EFLAGS-Register) 47
affines Zahlenmodell 608
allgemeine Register 43
allgemeine Schutzverletzung 75
AM-Bit (CR0-Register) 51
AND (bitweises UND) 231
Architektur von Prozessoren 31
Arithmetik-Befehle 109
arithmetisches Linksschieben 399
arithmetisches Rechtsschieben 401
ARPL (RPL-Feld eines
  Selektors anpassen) 233
Array-Grenzen prüfen 165
ASCII 42
ASCII-Korrektur nach Addition 221
ASCII-Korrektur nach Multiplikation 224
ASCII-Korrektur nach Subtraktion 225
ASCII-Korrektur vor Division 223
ASCII-Zeichensatz 539
Assembler 13
Assoziativität 199
Aufrufe 118
  mit Wechsel des Segments 250
  ohne Wechsel des Segments 252
Ausführung von Programmen 93
Ausgabe 123
  einer Bytefolge über Ports 359
  I/O Permission Bitmap 157
  im virtuellen 8086er-Modus 215
Ausnahme-Flags zurücksetzen 461
Ausnahmebedingungen 163
  des Coprozessors 63
  Doppelfehler 166
Ausnahmezustände 158
Ausrichtung von Operanden 173
Austausch 447
Austausch und Addition 445
Austausch von Rechenregistern 529

B

B-Bit (80387-Statuswort) 62
Basisadresse im Segment-Deskriptor 77

Basisadressierung 100
BCD-Zahlen 42, 59, 111
bedingter Sprung 301
Befehle
  16 Bit 207
  AAA 221
  AAD 223
  AAM 224
  AAS 225
  ADC 227
  ADD 229
  AND 231
Arithmetik 109
ARPL 233
Aufrufe 118
Ausführung 93
Bedingungscodes 590
Bitfeld 112
BOUND 235
BSF 237
BSR 239
BSWAP 241
BT 242
BTC 244
BTR 246
BTS 248
CALL FAR 250
CALL NEAR 252
CBW 254
CDQ 255
CLC 256
CLD 257
CLI 258
CLTS 259
CMC 261
CMP 262
CMPS 264
CMPXCHG 266
Codierung 580
  der Adressierungsart 585
CWD 268
CWDE 269
DAA 270
DAS 272
Datentransfer 115
DEC 274
Dekodierung 36
Dekodierungstabelle 597
Dezimalarithmetik 111
DIV 276
ENTER 278

Stichwortverzeichnis

Befehle (Fortsetzung)
  Fließkomma 129
    Laden und Speichern 130
    Rechnen 131
    Steuerung 133
  Formate 555
  HLT 280
  IDIV 282
  IMUL 284
  IN 286
  in numerischer Ordnung 597
  INC 288
  INS 290
  INT 292
  INTO 294
  INVD 296
  INVLPG 297
  IRET 299
  Jcc 301
  JMP 306
  JMP FAR 304
  LAHF 308
  Längenprüfung 606
  LAR 310
  LEA 312
  LEAVE 314
  LGDT 316
  LIDT 318
  LLDT 320
  LMSW 322
  LOCK 324
  LODS 326
  Logik 111
  LOOPcc 328
  Lseg 330
  LSL 332
  LTR 334
  MOV 336, 338, 340
  MOVS 342
  MOVSX 344
  MOVZX 346
  MUL 348
  NEG 350
  NOP 352
  NOT 353
  Opcode 94
  Operanden 94
  OR 355
  OUT 357
  OUTS 359
  POP 362, 364

Befehle (Fortsetzung)
  POPA 366
  POPAD 368
  POPF 370
  POPFD 372
  Port 123
  Port- 97
  Präfixe 124
  PUSH 374
  PUSHA 376
  PUSHAD 378
  PUSHF 380
  PUSHFD 382
  RCL 384
  RCR 386
  reg-Feld 583
  REP 388
  RET 390
  RETF 392
  Richtungsbit 590
  ROL 394
  ROR 396
  SAHF 398
  SAL 399
  SAR 401
  SBB 403
  SCAS 405
  Schleifen 120
  seg 407
  SETcc 408
  SGDT 411
  SHL 413
  SHLD 415
  SHR 417
  SHRD 419
  SIDT 421
  SLDT 423
  SMSW 425
  Sprünge 118
  sregx-Feld 584
  Stack 105, 117
  STC 427
  STD 428
  STI 429
  STOS 430
  STR 432
  String 121
  Struktur 38
  SUB 434
  System 128
  TEST 436

Befehle (Fortsetzung)
  ungültige 165
  VERR 438
  VERW 440
  vorausschauend lesen 36
  WAIT 442
  WBINVD 444
  Wortgröße 583
  XADD 445
  XCHG 447
  XLATB 449
  XOR 451
  Zeigermanipulation 122
  Zeitbedarf 555
Befehlsformat 94
Befehlssatz, logische Struktur 541
Berechnung von 2x - 1 535
Berechnung von y * log2(x) 531
Berechnung von y * log2(x+1) 533
Betriebssysteme 15
Bias von Fließkommawerten 57
big-endian 41
Bit-Kopie in CF 242
Bit-Kopie in CF und Invertieren 244
Bit-Kopie in CF und Setzen 248
Bit-Kopie in CF und Zurücksetzen 246
Bit-Test 436
Bitfeld-Absuche
  in Richtung absteigender Indices 239
  in Richtung aufsteigender Indices 237
Bitfelder 39, 112
bitweises exklusives ODER 451
bitweises Invertieren 353
bitweises ODER 355
bitweises Schieben nach links 14
bitweises Schieben nach rechts 14
bitweises UND 231
BIU 35
Blockübertragung 22
BOUND 165
BOUND (Prüfung von Arraygrenzen) 235
Breakpoint-Interrupt 164
BSF (Bitfeld-Absuche in Richtung
  aufsteigender Indices) 237
BSR (Bitfeld-Absuche in Richtung
  absteigender Indices) 239
BSWAP (Vertauschen von Bytes) 241
BT (Bit-Kopie in CF) 242
BTC 112
BTC (Bit-Kopie in CF und Invertieren) 244
BTR 112

BTR (Bit-Kopie in CF und Zurücksetzen) 246
BTS 112
BTS (Bit-Kopie in CF und Setzen) 248
Bus-Interface 35
Byte 12, 39
Byte abhängig von Flags setzen 408
Byte mit Vorzeichen auf Wort erweitern 254
Byte über Tabelle umsetzen 449
Bytefolge absuchen 405
Bytefolge laden 326
Bytefolge schreiben 430

C

C0..C3-Bit (80387-Statuswort) 62
Cache 197
  für Paging 190
  Hinweise zu 579
  Steuerung 200
  Zeilen 199
  Zweck 197
Cache schreiben und für ungültig erklären 444
Cache-Inhalt für ungültig erklären 296
CALL 119, 155
CALL FAR (Aufruf einer Routine mit Wechsel
  des Segments) 250
Call Gate 141
  Stacksegmente 142
CALL NEAR (Aufruf ohne Wechsel des
  Segments) 252
CBW (Byte mit Vorzeichen auf Wort
  erweitern) 254
CD-Bit 200
CD-Bit (CR0-Register) 50
CDQ (DWord mit Vorzeichen auf 64 Bit
  erweitern) 255
CF-Bit (EFLAGS-Register) 48
CF-Bit in EFLAGS invertieren 261
CF-Bit in EFLAGS zurücksetzen 256
CF-Bit setzen 427
CLC (CF-Bit in EFLAGS zurücksetzen) 256
CLD (Richtungsflag zurücksetzen) 257
CLI (IF-Bit in EFLAGS zurücksetzen) 258
CLTS (Task-Wechselflag zurücksetzen) 259
CMC (CF-Bit in EFLAGS invertieren) 261
CMP (Vergleich zweier Integerwerte) 262
CMPS 121
CMPS (Stringvergleich) 264
CMPXCHG (Vergleich und Austausch) 266
Codierung der Befehle 580

Stichwortverzeichnis

Codierung von Programmen 195
Coprozessor-Status speichern 505
Coprozessor-Status wiederherstellen 502
Cosinus 464
CR0-Register 50
CR3-Register 188
CWD (Wort mit Vorzeichen
  auf DWord erweitern) 268
CWDE (Wort auf DWord
  in EAX erweitern) 269

D

D-Bit 186
d-Bit in Befehlen 590
DAA (Dezimalkorrektur nach Addition) 270
DAS (Dezimalkorrektur nach Subtraktion) 272
Datensegment 71
Datentransfer-Befehle 115
Datentypen 12
DE-Bit (80387-Statuswort) 63
Debug-Register 52
Debug-Register, Programmierung 177
DEC (Erniedrigung) 274
Deskriptor 73
Deskriptoren 75, 138
  AVL-Feld 80
  Formate 149
  Interrupt Gates 162
  RPL-Feld.i.RPL-Feld 145
  Tabellen 83, 145
  Trap Gates 162
  TSS 153
  TYPE-Feld 151
Dezimalarithmetik 111
Dezimalkorrektur nach Addition 270
Dezimalkorrektur nach Subtraktion 272
DF-Bit (EFLAGS-Register) 47
direkt angegebene Operanden 96
direkte Adressierung 99
Displacement 101, 102
DIV (vorzeichenlose Division) 276
Division 466
  Symbol 14
Division durch einen Integerwert 474
Division mit umgekehrten Operanden 468
Divisionsfehler 164
  Interrupt, Unterschiede 605
Doppelfehler 166
Doppelwort (siehe DWord), Speicherung 12

Double 57
DPL 79
Dreifachfehler 167
DWord 12, 41
  mit Vorzeichen auf 64 Bit erweitern 255
  Speicherung 12

E

EFLAGS-Register 45
  AC-Bit 45, 51
  AF-Bit 47
  CF-Bit 48
  DF-Bit 47
  IF-Bit 47
  IOPL-Bits 46
  NT-Bit 46
  OV-Bit 46
  PF-Bit 48
  RF-Bit 46
  SF-Bit 47
  TF-Bit 47
  VM-Bit 45
  ZF-Bit 47
Ein- und Ausgabe 97
Eingabe 123
  I/O Permission Bitmap 157
  im virtuellen 8086er-Modus 215
Einrichten eines Stack-Rahmens 278
Einzelschritt-Ausführung 175
Einzelschritt-Interrupt 164
EM-Bit (CR0-Register) 51
ENTER (Einrichten eines Stack-Rahmens) 278
Erhöhung 288
Erniedrigen von ECX und Sprung 328
Erniedrigung 274
ES-Bit (80387-Statuswort) 62
ESC-Befehle 549
ET-Bit (CR0-Register) 51
exklusives ODER
  Symbol 14
Expand Down-Segmente 81
Exponenten von Fließkommawerten 55
Extended 57

F

F2XM1 (Berechnung von 2x - 1) 535
FABS (absoluter Wert) 455
FADD (Addition) 456

Fault 158
FBLD (Laden einer BCD-Zahl) 458
FBSTP (Speichern als BCD-Zahl und POP) 459
FCHS (Vorzeichenwechsel) 460
FCLEX (Ausnahme-Flags zurücksetzen) 461
FCOM (Vergleich) 462
FCOS (Cosinus) 464
FDECSTP (Stackzeiger erniedrigen) 465
FDISI 608
FDIV (Division) 466
FDIVR (Division mit umgekehrten Operanden) 468
Fehleradressen-Register des Coprozessors 67
Fehlersuche 174
FENI 608
FFREE (Free NDP Register) 470
FIADD (Integer-Addition) 471
FICOM (Integervergleich) 472
FIDIV (Division durch Integerwert) 474
FIDIVR (Integerdivision mit vertauschten Operanden) 475
FIFO-Struktur 106
FILD (Laden eines Integerwertes) 476
FIMUL (Multiplikation mit Integerwert) 477
FINCSTP (Stackzeiger erhöhen) 478
FINIT (Initialisierung des Coprozessors) 479
FIST (Speichern eines Integerwertes) 480
FISUB (Subtraktion eines Integerwertes) 482
FISUBR (Integer-Subtraktion mit vertauschten Operanden) 483
Flag für Task-Wechsel zurücksetzen 259
Flat Model 72
FLD (Laden eines Fließkommawertes) 484
FLDconst (Laden einer Konstanten) 486
FLDCW (Kontrollwort-Register laden) 488
FLDENV (Fließkomma-Umgebung laden) 489
Fliekommazahl speichern 512
Fließkomma 53
  Befehle
    Laden und Speichern 130
    Rechen 131
    Steuerung 133
  Bias 57
  Datenformate 54
  Exponent 55
  IEEE-754 56
  Mantisse 55
  NaN 58
  Rundung 65

Fließkomma-Befehle
  Codierung 592
F2XM1 535
FABS 455
FADD 456
FBLD 458
FBSTP 459
FCHS 460
FCLEX 461
FCOM 462
FCOS 464
FDECSTP 465
FDIV 466
FDIVR 468
FFREE 470
FIADD 471
FICOM 472
FIDIV 474
FIDIVR 475
FILD 476
FIMUL 477
FINCSTP 478
FINIT 479
FIST 480
FISUB 482
FISUBR 483
FLD 484
FLDconst 486
FLDCW 488
FLDENV 489
FMUL 491
FNOP 493
FPATAN 494
FPREM 495
FPREM1 497
FPTAN 499
FRNDINT 501
FRSTOR 502
FSAVE 505
FSCALE 506
FSETPM 507
FSIN 508
FSINCOS 509
FSQRT 511
FST 512
FSTCW 514
FSTENV 515
FSTSW 517
FSUB 518
FSUBR 520
FTST 522

Stichwortverzeichnis

Fließkomma-Befehle (Fortsetzung)
  FUCOM 524
  FWAIT 526
  FXAM 527
  FXCH 529
  FXTRACT 530
  FYL2X 531
  FYL2XP1 533
Fließkomma-Umgebung laden 489
Fließkomma-Umgebung speichern 515
FMUL (Multiplikation) 491
FNOP (Leerbefehl) 493
FPATAN (partieller Arcustangens) 494
FPREM (partieller Rest) 495
FPREM1 (part. Rest nach IEEE-Norm) 497
FPTAN (partieller Tangens) 499
Fragmentierung 89
Free NDP Register 470
FRNDINT (Rundung auf ganze Zahlen) 501
FRSTOR 134
FRSTOR (Coprozessor-Status
  wiederherstellen) 502
FSAVE 134
FSAVE (Coprozessor-Status speichern) 505
FSCALE (Skalierung mit 2^n) 506
FSETPM (Umschaltung
  in den Protected Mode) 507
FSIN (Sinus) 508
FSINCOS (Sinus und Cosinus) 509
FSQRT (Quadratwurzel) 511
FST (Fließkommazahl speichern) 512
FSTCW (Kontrollwort-Register
  speichern) 514
FSTENV (Fließkomma-
  Umgebung speichern) 515
FSTSW (Statuswort-Register speichern) 517
FSUB (Subtraktion) 518
FSUBR (Subtraktion mit umgekehrten
  Operanden) 520
FTST (Prüfung gegen 0) 522
FUCOM (Vergleich ohne erzwungene
  Ordnung) 524
FWAIT (Warten auf inaktives
  BUSY-Signal) 526
FXAM (ST(0) untersuchen) 527
FXCH (Austausch von Rechenregistern) 529
FXTRACT (Wert in Mantisse
  und Exponent zerlegen) 530
FYL2X (y * log2(x)) 531
FYL2XP1 (y * log2(x+1)) 533

G

Gates 141
  Deskriptor-Formate 150
GDT 83, 145
  Adressierung 147
GDT-Register 49
  laden 316
  speichern 411
Gleich, Symbol 14
Global Descriptor Table 83
Granularity im Segment-Deskriptor 77
Größer als, Symbol 14
Größer gleich, Symbol 14

H

Halt 280
Hardware-Haltepunkte 176
Hardware-Interrupts 159
Hauptspeicher 70
  in Multitasking-Systemen 85
  Segmentierung 69
HLT (Halt) 280

I

I/O Permission Bitmap 157
I/O-Befehle im 8086er-Modus 215
I/O-Operanden 97
I/O-Privilegiert 46
ICE von Intel 178
IDIV (Integerdivision mit Vorzeichen) 282
  beim 8086 606
IDT 145
IDT-Register 49
  laden 318
  speichern 421
IE-Bit (80387-Statuswort) 64
IEEE, Standard 754 56
IF-Bit (EFLAGS-Register) 47
  setzen 429
  zurücksetzen 258
immediate (Operanden) 96
implizite Operanden 95
IMUL (vorzeichenbehaftete
  Multiplikation) 284
IN (Lesen von einem Port) 286
INC (Erhöhung) 288
Index bei Adressierungen 104
Indexregister, Skalierung 103
indirekte Adressierung 102

Initialisierung des Coprozessors 479
INS (Lesen einer Bytefolge über Ports) 290
INT (Software Interrupt) 292
Integer-Addition 471
Integer-Subtraktion
   mit vertauschten Operanden 483
Integerdivision
   mit vertauschten Operanden 475
Integerdivision mit Vorzeichen 282
Integervergleich 472
Interface 24
Interrupt 158
   00 (Divide) 164
   01 (Debugger) 164
   02 (NMI) 164
   03 (Breakpoint) 164
   04 (Overflow) 164
   05 (Bounds) 165
   06 (Invalid Opcode) 165
   07 (Coprocessor not Available) 165
   08 (Double Fault) 166
   09 (Coprocessor Segment Overrun) 167
   10 (Invalid Task State Segment) 167
   11 (not present) 168
   12 (Stack Fault) 169
   13 (General Protection) 170
   14 (Page Fault) 171
   16 (Coprocessor Error) 172
   17 (Alignment Check) 173
   Debug, Beispiele 180
   Gates 141, 161
   Hardware 155, 159
   im Real Mode 208
   im virtuellen 8086er-Modus 216
   Maskierung 173
   Priorität 173
   Software 159
Interrupt bei Überlauf 294
INTO (Interrupt bei Überlauf) 164, 294
Invalid Opcode 165
INVD (Cache-Inhalt für
   ungültig erklären) 296
INVLPG (TLB-Eintrag für
   ungültig erklären) 297
IOPL-Bits (EFLAGS-Register) 46
IRET (Rücksprung von einer Interrupt-
   Behandlungsroutine) 155, 299

J

Jcc (bedingter Sprung) 119, 301
JMP 155
JMP (Sprung ohne Wechsel
   des Segments) 119, 306
JMP FAR (Sprung mit Wechsel
   des Segments) 304

K

Kleiner als, Symbol 14
Kleiner gleich, Symbol 14
Komplement 40
Kontrollwort-Register laden 488
Kontrollwort-Register speichern 514
Kopie der Flags nach AH 308
Kopie mit Vorzeichenerweiterung 344
Kopie mit vorzeichenloser Erweiterung 346
Kopieren eines Selektors 338
Kopieren von Bytefolgen 342
Kopieren von Daten 336

L

Laden des Maschinenstatuswortes 322
Laden einer BCD-Zahl 458
Laden einer Konstanten 486
Laden eines Fließkommawertes 484
Laden eines Integerwertes 476
LAHF (Kopie der Flags nach AH) 308
LAR (Segment-Attribute prüfen) 310
Large (Speichermodell) 21
LDT 83, 145
   Adressierung 147
   Register 49
   Register laden 320
   Register speichern 423
   Zweck 147
LEA (Operandenadresse laden) 122, 312
LEAVE (Abbau eines Stack-Rahmens) 314
Leerbefehl 352, 493
Leseerlaubnis prüfen 438
Lesen aller 16-Bit-Register vom Stack 366
Lesen aller allgemeinen 32-Bit-Register vom
   Stack 368
Lesen des Registers EFLAGS vom Stack 372
Lesen des Registers FLAGS vom Stack 370
Lesen einer Bytefolge über Ports 290
Lesen eines Segmentregisters vom Stack 362

Stichwortverzeichnis

Lesen von einem Port 286
LGDT (GDT-Register laden) 316
LIDT (IDT-Register laden) 318
LIFO-Struktur 106
Limit im Segment-Deskriptor 77
  im Real Mode 204
lineare Adresse 69
  Bildung 73
Linksrotation 394
Linksrotation mit Kopie in CF 384
little-endian 41
LLDT (LDT-Register laden) 320
LMSW (Maschinenstatuswort laden) 322
Local Descriptor Table 83
LOCK 126, 165, 212
  beim 8086 606
LOCK (LOCK-Signalleitung aktivieren) 324
LOCK-Signalleitung aktivieren 324
LODS 121
LODS (Bytefolge laden) 326
Logikbefehle 111
logisches Linksschieben zweier Werte 415
logisches Linksssschieben 413
logisches ODER
  Symbol 14
logisches Rechtsschieben 417
logisches Rechtsschieben zweier Werte 419
logisches Speichermodell 69
logisches UND
  Symbol 14
Long Real 57
LOOP 120
LOOPcc (Erniedrigen von ECX und Sprung) 328
LOOPNZ 120
LOOPZ 120
Lseg (Segment-/Rechenregisterpaar laden) 330
LSL (Segmentgröße laden) 332
LTR (TS-Register laden) 334

M

Mantisse von Fließkommawerten 55
Maschinenstatuswort speichern 425
Mikroarchitektur 35
MOV 115
MOV (Kopieren eines Selektors) 338
MOV (Kopieren von Daten) 336
MOV (Spezialvarianten von MOV) 340
MOVS (Kopieren von Bytefolgen) 115, 342

MOVSX (Kopie mit Vorzeichenerweiterung) 107, 344
MOVZX 107
MOVZX (Kopie mit vorzeichenloser Erweiterung) 346
MP-Bit (CR0-Register) 52, 165
MSB 40
MUL (vorzeichenlose Multiplikation) 348
Multics 25
Multiplikation 491
  mit einem Integerwert 477
  mit LEA 123
  Symbol 14
Multiprocessing 152
Multitasking 152
  und Paging 193
Multitasking-Systeme 85
  Leistung 87

N

NaN (not a number) 58
NDP 53
NE-Bit (CR0-Register) 51
NEG (Vorzeichenwechsel) 350
Nicht, Symbol 14
NMI 164
  beim 8086 606
NOP (Leerbefehl) 352
NOT (bitweises Invertieren) 353
NT-Bit (EFLAGS-Register) 46
NW-Bit (CR0-Register) 50, 200

O

OE-Bit (80387-Statuswort) 63
Offset 72
Opcode 94
  manuell entschlüsseln 541
  Tabellen 541
  ungültiger 165
Operanden 94
  Adressierungsarten 98
  Ausrichtung 173
  direkt angegebene 96
    Erweiterung 590
  Größe 126
  I/O 97
  implizite 95
  Register 95
  Speicher 98

Operandenadresse laden 312
OPSIZ 126
OR (bitweises ODER) 355
OUT (Schreiben zu einem Port) 357
OUTS (Ausgabe einer Bytefolge) 359
OV-Bit (EFLAGS-Register) 46

P

P-Bit 187
Paging 183
　Beispiel 189
　Implementierung 186
　Interrupt 171
　Interrupts 191
　Kombination mit Segmenten 193
　Register CR3 188
　Tabelle 186
　Vor- und Nachteile 184
　vs. Segmente 184
Paging-Cache 190
Paging-Verzeichnis 187
Parallelbetrieb 152
Parallelverarbeitung 34
partieller Arcustangens 494
partieller Rest 495
partieller Rest nach IEEE-Norm 497
partieller Tangens 499
PCD-Bit 187
PE-Bit (80387-Statuswort) 63
PE-Bit (CR0-Register) 52
PF-Bit (EFLAGS-Register) 48
PG-Bit (CR0-Register) 50
physikalische Adressen 183
Pipelining 32
POP (Lesen eines Segment-
　registers vom Stack) 362
POP (Wert vom Stack lesen) 106, 364
POPA (Lesen aller 16-Bit-
　Register vom Stack) 366
POPAD (Lesen aller allgemeinen 32-
　Bit-Register vom Stack) 368
POPF (Lesen des Registers FLAGS
　vom Stack) 370
POPFD (Lesen des Registers EFLAGS
　vom Stack) 372
Portbefehle 123
　I/O Permission Bitmap 157
　im virtuellen 8086er-Modus 215
Ports 97

Prefetch 36
Present-Bit 79
　Speicherseiten 187
Priorität von Interrupts 173
Privileg, Begriffsdefinition 140
Privilegstufen 139
　Kommunikation 141
Programme, Codierung 195
projektives Zahlenmodell 608
Protected Mode 137
　Minimalsystem 211
　Register 49
　Ringe 139
　Umschaltung 210
　zurück zum Real Mode 213
Prozesse 152
Prozessor 17
Prüfung gegen 0 522
Prüfung von Arraygrenzen 235
PUSH (Speichern eines Wertes
　auf dem Stack) 106, 374
PUSHA (Speichern der 16-Bit-
　Register auf dem Stack) 376
PUSHAD (Speichern der 32-Bit-
　Register auf dem Stack) 378
PUSHF (Speichern des Registers FLAGS
　auf dem Stack) 380
PUSHFD (Speichern von EFLAGS
　auf dem Stack) 382

Q

Quadratwurzel 511
QWord 41

R

r/m-Byte 548
R/W-Bits 192
RCL (Linksrotation mit
　Kopie in CF) 114, 384
RCR (Rechtsrotation mit
　Kopie in CF) 114, 386
Real Mode 203
　Einschränkungen 209
　Speicheradressierung 204
　zurück zu 213
Rechteckwelle 34
Rechtsrotation 396
Rechtsrotation mit Kopie in CF 386
reg-Feld 583

Stichwortverzeichnis

Register
  allgemeine 43
  CR3 (Paging) 188
  Debug, Programmierung 177
  Debug- und Test 52
  des NDP 59
  EFLAGS 45
  für Protected Mode 49
  in Befehlen 583
  Operanden 95
  Steuer- 50
  Steuer-, Debug- und Test- in Befehlen 591
Registerstruktur 18
REP (Wiederholungs-Präfix für
  Stringbefehle) 121, 388
RESET-Ablauf 203
RET (Rücksprung ohne Wechsel des
  Segments) 390
RETF (Rücksprung mit Wechsel des
  Segments) 392
RF-Bit (EFLAGS-Register) 46
Richtungsflag setzen 428
Richtungsflag zurücksetzen 257
Ringmodell 139
  Kommunikation 141
  Stacksegmente 142
ROL (Linksrotation) 114, 394
ROR (Rechtsrotation) 114, 396
RPL-Feld eines Selektors anpassen 233
Rücksprung mit Wechsel des Segments 392
Rücksprung ohne Wechsel des Segments 390
Rücksprung von einer Interrupt-
  Behandlungsroutine 299
Rundung auf ganze Zahlen 501
Rundung bei Fließkommawerten 65

S

s-i-b-Byte 585
SAHF (Speichern von AH in EFLAGS) 398
SAL (arithmetisches Linksschieben) 114, 399
SAR (arithmetisches Rechtsschieben) 114
SAR (arithmetisches Rechtssschieben) 401
SBB (Subtraktion mit Übertrag) 403
SCAS (Bytefolge absuchen) 121, 405
Schleifenbefehle 120
Schreiben zu einem Port 357
Schreiberlaubnis prüfen 440
Schutzfehler 158
  allgemeiner 170

Schutzkonzept 137
  für Paging 192
seg (Segment-Präfix) 407
Segment-/Rechenregisterpaar laden 330
Segment-Attribute prüfen 310
Segment-Bit 79
Segment-Präfix 71, 407
Segmente 70
  Deskriptoren 75
  Expand Down 81
  Geschwindigkeit 87
  Kombination mit Paging 193
  nicht vorhandene
    Interrupt 168
  Präfixe 125
  Task State
    Struktur 154
  Überschreiten mit Fließkomma-Befehlen 167
  Verwaltung 84
  vorhandene 79
  vs. Paging 184
  Zugriff auf 138
Segmentgröße 74
  laden 332
segmentierter Speicher 69
Segmentierung 21
Segmentregister in Befehlen 584
Selektoren 72, 83, 137
SETcc (Byte abhängig von
  Flags setzen) 116, 408
SF-Bit (80387-Statuswort) 62
SF-Bit (EFLAGS-Register) 47
SGDT (GDT-Register speichern) 411
SHL (logisches Linksschieben) 114
SHL (logisches Linksssschieben) 413
SHLD (logisches Linksschieben zweier
  Werte) 114, 415
Short Real 57
SHR (logisches Rechtsschieben) 114, 417
SHRD (logisches Rechtsschieben
  zweier Werte) 114, 419
SIDT (IDT-Register speichern) 421
Single 57
Sinus 508
Slinus und Cosinus 509
Skalierung 103
Skalierung mit 2n 506
SLDT (LDT-Register speichern) 423
Small (Speichermodell) 21

621

SMSW (Maschinenstatuswort speichern) 425
Software-Haltepunkte 176
Software-Interrupts 159
  Befehl 292
Speicher
  Adressierung im Real Mode 204
  linearer 73
  logisches Modell 69
  Operanden 98
  Segmente
    Deskriptor-Formate 150
    Seiten 184
    Verwaltung 84
      Codierung von Anwendungen 195
      Geschwindigkeit 87
  virtueller 72, 84
  Zugriffe 197
Speichern als BCD-Zahl und POP 459
Speichern der 16-Bit-Register
  auf dem Stack 376
Speichern der 32-Bit-Register
  auf dem Stack 378
Speichern des Registers FLAGS
  auf dem Stack 380
Speichern eines Integerwertes 480
Speichern eines Wertes auf dem Stack 374
Speichern von AH in EFLAGS 398
Speichern von EFLAGS auf dem Stack 382
Speicherprogrammierung 93
Speicherseite 184
  nicht vorhanden 187
    Interrupt 171
  P-Bit 187
Speicherung 12
Spezialvarianten von MOV 340
Sprung mit Wechsel des Segments 304
Sprung ohne Wechsel des Segments 306
Sprünge 118
ST(0) untersuchen 527
Stack 105
  des Coprozessors 59
  Fehler, Interrupt 169
  im virtuellen 8086er-Modus 218
  Segmente 142
Stackbefehle 117
  Felder, Interrupt 169
  Unterschiede der Prozessoren 605
Stacksegment 71
  Prüfung auf Überlauf 81
Stackzeiger erhöhen 478
Stackzeiger erniedrigen 465

Statuswort-Register des 80387 62
Statuswort-Register speichern 517
STC (CF-Bit setzen) 427
STD (Richtungsflag setzen) 428
Steuerbefehle für den NDP 133
Steuerung des Caches 200
Steuerwort-Register des 80387 64
STI (IF-Bit setzen) 429
STOS 121
STOS (Bytefolge schreiben) 430
STR (Task Register speichern) 432
Stringbefehle 121
  Wiederholungs-Präfixe 121
Stringvergleich 264
SUB (Subtraktion ohne Übertrag) 434
Subroutine, Kontext 20
Subtraktion 518
  Symbol 14
Subtraktion eines Integerwertes 482
Subtraktion mit Übertrag 403
Subtraktion mit
  umgekehrten Operanden 520
Subtraktion ohne Übertrag 434
Swapping 86
Systembefehle 128
Systemsegmente, Deskriptoren 150

T

Tag-Register des 80387 67
Task 152
  Gate 141, 161
  State Segment 143
  Wechsel 155
    Interrupt 176
    Prüfung des TS-Segments 167
Task Register speichern 432
Task State Segment 50
Temp Real 57
TEST (Bit-Test) 436
Test-Register 52
TF-Bit 175
TF-Bit (EFLAGS-Register) 47
Tiny (Speichermodell) 21
TLB 190
TLB-Eintrag für ungültig erklären 297
TOS-Bits (80387-Statuswort) 62
Translation Looaside Buffer 190
Trap 158
  Gates 141, 161
TS-Bit (CR0-Register) 51, 156

Stichwortverzeichnis

TS-Register 49
  laden 334
TS-Segment 143, 153
  im virtuellen 8086er-Modus 214
  Prüfung 167
  Struktur 154
  ungültiges, Interrupt 167
  Typ-Feld 79
  TYPE-Feld im Deskriptor 151

U

U/S-Bits 192
Überlauf-Interrupt 164
Übersetzung 73
UE-Bit (80387-Statuswort) 63
Umschaltung in den Protected Mode 507
Ungleich, Symbol 14
Unterprogramm, Kontext 20

V

V86 Mode 213
Vergleich 462
Vergleich ohne erzwungene Ordnung 524
Vergleich und Austausch 266
Vergleich zweier Integerwerte 262
VERR (Leseerlaubnis prüfen) 438
Vertauschen von Bytes 241
VERW (Schreiberlaubnis prüfen) 440
virtuelle Adressen 73
  Umwandlung in physikalische 183
virtueller 8086er-Modus 213
  Interrupts 216
  Portbefehle 215
  Stack 218
  Unterschiede zum 8086 607
VM-Bit (EFLAGS-Register) 45
vorzeichenbehaftete Multiplikation 284
vorzeichenlose Division 276
vorzeichenlose Multiplikation 348
Vorzeichenwechsel 350, 460

W

WAIT (Warten auf inaktives
  BUSY-Signal) 133, 442, 608
  Coprozessor-Befehl 526
WBINVD (Cache schreiben und
  für ungültig erklären) 444
Wert in Mantisse und Exponent zerlegen 530
Wert vom Stack lesen 364
Wertebereiche von Operanden 40
Wiederholungs-Präfix für Stringbefehle 388
Wiederholungs-Präfixe 121
Wort 12, 40
  auf DWord in EAX erweitern 269
  mit Vorzeichen auf DWord erweitern 268
  Speicherung 12
Wortgröße in Befehlen 583
WP-Bit (CR0-Register) 51

X

XADD (Austausch und Addition) 445
XCHG (Austausch) 447
XLATB (Byte über Tabelle umsetzen) 449
XOR (bitweises exklusives ODER) 451

Z

Zahlensysteme 12
ZE-Bit (80387-Statuswort) 63
Zeigermanipulation 122
Zeilen des Caches 199
ZF-Bit (EFLAGS-Register) 47
Zugriff auf Segmente 138
Zugriffsberechtigungen
  im Segment-Deskriptor 78
Zuweisung, Symbol 14
Zweierpotenzen 537

Die Zukunft der Software-Entwicklung: Microsoft Windows!

In der Welt der objektorientierten Benutzeroberflächen wird nicht nur die Bedienung der Computer leichter. Auch die Erstellung von Programmen bleibt nicht mehr den technisch-mathematisch gebildeten Anwendern vorbehalten. John Clark Craig entwickelt im »Visual Basic Workshop« gemeinsam mit dem Leser die wichtigsten Techniken dieser neuen Art der Windows-Programmierung. Der Visual Basic Workshop enthält kleine gewerbliche Applikationen (Rechnungsstellung, Formulare, ...), Spiele, Utilities und ein Kommunikationsprogramm. Alle Programme befinden sich als Sourcecode und als ausführbares Programm auf der beigelegten Diskette.
John Clark Craig
Der Visual Basic Workshop
ISBN 3-86063-308-2, **DM 98,00**

Der »Windows Entwickler-Workshop« ist das erste Buch in einer neuen Serie, die sich an professionelle Software-Entwickler wendet. Jeder Band enthält die detailreiche Darstellung verschiedener komplexer technischer Themen aus dem Bereich der Windows-Programmierung. An ausführlichen Beispielen, die immer als kompletter Sourcecode abgedruckt und kommentiert werden, zeigt dieser Band, wie man Probleme bei der Entwicklung von Windows-Applikationen löst.
Zentrale Themen: Dynamic Data Exchange (DDE), Dynamic Link Libraries (DLL), Object Linking and Embedding (OLE), Debugging unter Windows
Richard Wilton
Windows Entwickler-Workshop
ISBN 3-86063-307-4, **DM 79,00**

Sollte es die Bibel für Windows-Programmierer geben, dann ist es dieses Buch. Charles Petzold, internationaler Star unter den Programmierern, hat Windows seit der Version 1.0 mit seinen Programmierbüchern begleitet. An der Entwicklung der neuen Versionen ist er beteiligt gewesen. Außerhalb der Windows-Entwicklungsabteilung gibt es vermutlich keinen Menschen, der mehr von dieser Programmierumgebung versteht als Charles Petzold. Trotzdem sind seine Bücher alles andere als schwer verdaulich. Klar strukturiert und gut geschrieben sind sie ein idealer Einstieg und ein profundes Nachschlagewerk für Windows-Programmierer.
Charles Petzold
Programmierung unter Windows 3
ISBN 3-86063-312-0, **DM 98,00**

Fordern Sie unverbindlich den aktuellen Katalog an.

Bücher von Microsoft Press erhalten Sie im Buchhandel oder in den Fachabteilungen der Warenhäuser. Die englischsprachigen Bücher von Microsoft Press erhalten Sie über Penguin Dtld, Frankfurt
(Tel. 069/72 76 23).

Microsoft Press
Frankfurter Ring 224
8000 München 40
Telefon (089) 3 23 90 30
Fax (089) 32 39 03 12